Die Rechtsprechung

des

Königlichen Ober-Tribunals

in

Straf-Sachen

herausgegeben vom

Ober-Staatsanwalt Dr. F. C. Oppenhoff,

fortgesetzt von den Mitgliedern

der

General-Staatsanwaltschaft.

Zwanzigster Band.

Berlin, 1879.

Druck und Verlag von G. Reimer.

Die mit lateinischen Schriftzeichen gesetzten Ueberschriften und Rechtssätze beziehen sich auf das durch die Straf-Prozeß-Ordnung vom 25. Juni 1867 geregelte Verfahren.

1879.

Gewerbeordnung. – Realberechtigter. – Erwerber.

Vor Erlaß der Gewerbeordnung erworbene Realberechtigungen zum Betriebe der Schankwirthschaft dauern zwar fort; Uebertragung der betreffenden Realität auf eine andere Person berechtigt aber den Erwerber nur mit polizeilicher Erlaubniß zum Fortbetriebe.

R.-Gew.-Ordn. v. 21. Juni 1869 §§ 1, 33, 48; Vgl. RbOTr. 19. S. 98.

Erk. (Z. I.) v. 3. Jan. 1879 c. Hißmann (921 I. Cr.).

Wie bereits in dem Erkenntnisse des Ob.-Tr.'s vom 27. Febr. 1878 (Oppenh. Rechtspr. 19. S. 98) ausgeführt worden ist, bleiben zwar nach Abs. 2 des § 1 der Reichs-Gew.-Ordn. gewerbliche, zur Zeit der Emanation derselben bestehende Realrechte auch ferner in Kraft und dürfen daher Personen, welche zu jener Zeit auf Grund eines Realrechts im Besitze der Berechtigung zum Betriebe eines Gewerbes, selbst eines nach den Bestimmungen der Reichs-Gewerbe-Ordnung polizeilich konzessionspflichtigen, waren, von dem Betriebe des Gewerbes nicht deshalb ausgeschlossen werden, weil sie den Erfordernissen dieses Gesetzes nicht entsprechen. Allein hieraus folgt nicht, daß jeder derzeitige Inhaber eines Hauses, auf welchem ein solches Realrecht haftet, ohne Weiteres zum Betriebe des betreffenden Gewerbes berechtigt ist. Vielmehr ergiebt sich aus § 48 ebendaselbst, daß wenn auch derartige Realberechtigungen in der Art übertragbar sind, daß der Erwerber dieselben für eigene Rechnung ausüben darf, diese Uebertragung doch nur an solche Personen geschehen darf, welche nach den Bestimmungen der Reichs-Gewerbe-Ordnung zum Betriebe des betreffenden Gewerbes befähigt sind. Hieraus folgt, daß die Angeklagte, welche sich auf eine derartige Uebertragung einer Realberechtigung berief, bevor sie den Betrieb des Schankwirthschaftsgewerbes begann, verpflichtet war, hierzu bei der zuständigen Polizeibehörde die Erlaubniß nachzusuchen und diese dadurch in den Stand zu setzen, zu prüfen, ob sie im Besitze der erwähnten Befähigung sei.

Antr. d. GStA.: gleichl. [9.—2.]

Gewerbesteuer. - Konkurskurator. - Ausverkauf.

Ein von dem Konkursverwalter bewirkter Verkauf der zur Konkursmasse eines Kaufmanns gehörigen Waaren zum Zweck der Versilberung derselben und Vertheilung des Erlöses unter die Gläubiger ist kein der Besteuerung unterliegender Gewerbebetrieb.

Gewerbesteuergesetz v. 30. Mai 1820 §§ 2, 5, 19; Vgl. RdOTr. 9. S. 672.

Erk. (Z. I.) v. 3. Jan. 1879 c. Lauenstein (914 I. Cr.).

Der Advokat L. ist in dem in der Provinz Hannover anhängigen Konkurse des Kaufmanns Sch. zum Konkurskurator vom Gerichte bestellt, und ließ auf Rechnung der Masse das Waarenlager des Kridars durch dessen früheren Handlungslehrling S. ausverkaufen ohne der ressortmäßigen Behörde anzuzeigen, daß er ein stehendes Gewerbe begründet habe. Deshalb aus § 19 des Gew.-Steuerges.'s v. 30. Mai 1820 und § 17 des Ges.'s v. 3. Juli 1876 angeklagt, ist er freigesprochen. Die von der Kgl. Finanzdirektion eingewendete NB. ist vom Ob.-Tr. zurückgewiesen.

Das Konkursverfahren ist nach der bürgerlichen Prozeß-Ordnung für Hannover v. 8. Novbr. 1850 eine Art des Zwangsvollstreckungsverfahrens, welches nach § 604 das. zu dem Zwecke stattfindet, um die ordnungsmäßige Vertheilung eines unzureichenden Vermögens unter mehrere Gläubiger zu bewirken. Für die Veräußerung der dazu gehörigen Mobilien und Immobilien hat der Konkurskurator Sorge zu tragen und ist die letztere in der Regel in der bei der Zwangsvollstreckung bestimmten Art vorzunehmen, § 621 das. In dieser Bestimmung tritt der Charakter des Verfahrens als einer Art der Zwangsvollstreckung klar hervor. Mit Genehmigung des Gerichts kann jedoch die Veräußerung von zur Masse gehörigen Mobiliargegenständen auch in anderer Weise erfolgen, ohne daß dieselbe in diesem Falle den Charakter der Zwangsvollstreckung verliert. Der Verkauf bleibt immer ein zur Versilberung der Masse und möglichsten Befriedigung der Gläubiger nothwendiger, und der Konkurskurator bewirkt ihn als unter Aufsicht des Gerichts im Interesse sämmtlicher Gläubiger bestellter Exekutionsvollstrecker. Der Verkauf der zur Masse gehörigen Mobilien und Immobilien bildet einen nothwendigen Bestandtheil des Konkursverfahrens, und so wenig dieses letztere im Ganzen als ein steuerpflichtiges Gewerbe anzusehen ist, so wenig läßt sich jener Theil als ein solches bezeichnen. — Oppenh. Rechtspr. Bd. IX S. 672. — Im vorliegenden Falle hat der Angeklagte nach der Feststellung der Vorderrichter weiter nichts gethan, als daß er das beim Ausbruche des Konkurses vorhandene Waarenlager des Gemeinschuldners zum Zwecke der Versilberung und Vertheilung des Erlöses unter die Gläubiger mithin nicht zum Zwecke des Erwerbs hat verkaufen lassen. Ein Fall der im § 621 Nr. 4 der hannoverschen Prozeß-Ordnung bezeichneten Art, die Beauftragung einer Person mit der Verwaltung einer zur Masse gehörigen Handlung oder eines Gewerbes, liegt nach der thatsächlichen Feststellung der Vorderrichter nicht vor. In der festgestellten Thätigkeit des Konkurskurators liegt eine Fortsetzung des Gewerbebetriebs des Gemeinschuldners nicht, und kann daher die Frage, ob, wenn eine solche Fortsetzung seitens des Konkursverwalters stattgefunden hätte, er sich durch Unterlassung der Anzeige hiervon strafbar gemacht haben würde, auf sich beruhen. Die NB. ist demnach zurückzuweisen. [9.—2.]

Unterschlagung. - Eigenthumsübertragung. - Zweck.

Der Uebergang des Eigenthums an einer mit Gestattung der Verwendung zu einem bestimmten Zweck übertragenen Kautionssumme wird dadurch nicht aufgehoben, daß das Geld von dem Empfänger zu einem andern Zweck verwendet wird.

StGB. § 246 [n. 7].

Erk. (B. I.) v. 3. Jan. 1879 c. Rudolf (1054 I. Cr.).

R. hatte die D. als Vorsteherin einer zu errichtenden Heilanstalt unter Zusicherung eines festen Gehalts engagirt; sich aber von ihr eine Kaution von 3000 Mk. bestellen lassen. Dieses Geld sollte er verzinsen, Kündigung aber ausgeschlossen sein, so lange das Engagement bestehe. Die Heilanstalt trat nicht ins Leben; R. hatte aber das Geld verbraucht und wurde deshalb wegen Unterschlagung bestraft. In seiner NB. tritt er Beweis darüber an, daß ihm die D. den Gebrauch des Geldes gestattet habe, weil er bei seiner Anlage Geld brauchen werde. Der Beweisantrag wird als unerheblich abgelehnt, weil R. das Geld zu anderen Zwecken verwendet habe. Das Ob.-Tr. vernichtete.

Der Angeklagte hatte, um nachzuweisen, daß er ein Recht gehabt habe, über die ihm von der Wittwe D. als Kaution gezahlten Gelder beliebig zu verfügen, sich auf ihr Zeugniß darüber berufen: daß sie vor dem 1. August 1877 zu ihm gesagt habe, er solle die 3000 Mk. von dem Rendanten R. immer holen, bei seiner Anlage werde er jedenfalls Geld brauchen. Dieser Beweisantrag ist deshalb abgelehnt, weil der Angeklagte die 3000 Mk. eben nicht zur Anlage der Heilanstalt verwendet habe, wenn er sich auch dazu ermächtigt gehalten haben sollte. Hierin liegt eine rechtsirrthümliche Auffassung des Begriffes der Eigenthumsübertragung. Konnte angenommen werden, daß die Frau D. dem Angeklagten durch die behauptete Aeußerung die freie Verfügung über das gezahlte Geld, wenn auch zu einem bestimmten Zwecke, gewährt habe, und ging mit der in Folge dessen geschehenen Zahlung das Eigenthum des Geldes auf den Angeklagten über, so wurde dieser Eigenthumsübergang nicht dadurch aufgehoben, daß der Angeklagte demnächst das Geld nicht zu den bezeichneten, sondern zu anderen Zwecken verwendete. Mit Recht macht Implorant geltend, daß die Nichterfüllung der Zweckbestimmung nur eine Kondiktion begründen würde, nicht aber das bereits übereignete Geld wiederum zu einer fremden Sache machen kann. Das angefochtene Urteil unterliegt daher der Vernichtung.

Antr. d. GStA.: gleichl. [18.—2.]

Vergehen gegen § 131. - Thatsache.

In dem Besprechen von Zuständen kann die Behauptung von Thatsachen im Sinne des § 131 des StGB.'s gefunden werden, wenn diese Zustände als die Resultate einer gleichmäßig sich stetig wiederholenden Thätigkeit hingestellt werden.

StGB. § 131.

Erk. (**Z.** II.) **v. 4. Jan.** 1878 c. **Borgmann** (**1166/78** II. Cr.).

In einem Artikel des von dem Beschuldigten redigirten E. Volksblatts hieß es hinsichtlich des Beamtenthums in Deutschland resp. Preußen:

„Im Großen und Ganzen kann das Land — stolz auf seine Beamten sein; aber die eigenthümliche Stellung derselben bringt es mit sich, daß sie ihren eigenen Willen den Befehlen und Wünschen von „Oben" unterordnen und so zu willenlosen Werkzeugen z. B. bei Wahlen in den Händen der Regierung werden. Die Beamten sind durchweg die strammsten Patrioten par ordre de mufti; denn irgendwie „reichsfeindlich" angehauchte Beamte werden geschwenkt. „Entweder — oder!" heißt es und da muß parirt werden, da hilft kein Sträuben".

Der Instanzrichter fand in der Behauptung daß die Beamten ohne eigenen Willen, nur nach den Befehlen der Regierung handelten z. B. wählten und daß, wenn sie dies nicht thäten, sie geschwenkt würden, die Behauptung von Thatsachen und bestrafte, da diese erdichtet, auch offenbar nur zu dem Zwecke aufgestellt seien, um bestehende

Staatseinrichtungen, die Regierung und das ganze Beamtenthum, verächtlich zu machen aus § 131 des StGB.'s.

Die Rüge des Beschuldigten, daß der Begriff der „Thatsache" verkannt sei, wurde von dem Ob.-Trib. mit folgenden Erwägungen zurückgewiesen.

In Erw., daß die von dem Beschuldigten vermißten speciellen Angaben von Personen, Ort und Zeit nicht erforderlich sind, weil ohne diese die von dem Beschuldigten besonders hervorgehobene Behauptung in dem Artikel, die Beamten würden von der Regierung geschwenkt, wenn sie nicht nach dem Willen derselben wählen, nur der zum Erweise der Wahrheit erforderlichen Bestimmtheit, nicht aber der Thatsächlichkeit entbehrt;

daß auch in dem Besprechen von Zuständen die Behauptung von Thatsachen im Sinne des § 131 des StGB.'s gefunden werden kann, wenn diese Zustände als die Resultate einer gleichmäßigen sich stetig wiederholenden Thätigkeit hingestellt werden;

daß daher den App.-Richter der Vorwurf einer irrthümlichen Rechtsanschauung nicht trifft, wenn er die inkriminirten Stellen als Behauptung von Thatsachen aufgefaßt hat.

Antr. d. GStA.: gleichl. [19.—4.]

Unkenntniß von Thatumständen. – Selbstverschuldete.

Soweit es sich nicht um ein Fahrlässigkeitsvergehen handelt, sind dem Thäter die ihm unbekannt gebliebenen Thatumstände selbst dann nicht anzurechnen, wenn er diese Unkenntniß selbst verschuldet.

StGB. § 59 [n. 13]; Vgl. RbOTr. 6. S. 290.

Erk. (B. II.) v. 4. Jan. 1879 c. Niederschabbehard (1101/78 II. Cr.).

Der Polizeirichter erachtet die Behauptung des Angeklagten, daß ihm die Grenzen des W.'schen Jagdreviers unbekannt gewesen, und er in dem guten Glauben gestanden habe, es gehöre der Ort, wo der Hase geschossen, zu diesem Jagdbezirk, durch dessen Verhalten nach der That, das Ergreifen der Flucht, für widerlegt. Das App.-Gericht hat die Feststellung des ersten Richters gebilligt und den von dem Angeklagten in zweiter Instanz angebotenen Beweis, daß er erst unmittelbar nach der That von den Grenzen des W.'schen Jagdreviers in Kenntniß gesetzt worden sei, zur Zeit der That aber in dem Glauben gestanden habe, er habe innerhalb dieses Jagdbezirks den Hasen geschossen, verworfen, nicht etwa aus dem Grunde, weil es diesem Beweisanerbieten, gegenüber der Feststellung des ersten Richters, thatsächliche Erheblichkeit abspricht, sondern um deswillen, weil es dem Beweisanerbieten, so wie begründet, rechtliche Bedeutung nicht beilegt. Hierbei geht das App.-Gericht davon aus, daß, wenn Angeklagter sich auch wirklich in dem von ihm behaupteten guten Glauben befunden haben sollte, dies rechtlich irrelevant sei, weil seine Unkenntniß der Grenzen eine selbstverschuldete gewesen und sich auf ein fahrlässiges Verhalten zurückführe, indem es ihm obgelegen habe, von dem ihn begleitenden Inhaber der Jagd Erkundigungen über die Grenzen des Reviers einzuziehen. Diese Auffassung ist eine rechtsirrthümliche. Um des Schutzes aus § 59 des StGB.'s theilhaftig zu werden, wird nur Unkenntniß eines zum gesetzlichen Thatbestande gehörenden Thatumstandes vorausgesetzt, während es nicht darauf ankommt, wodurch diese Unkenntniß veranlaßt worden ist. Es beseitigt sich daher der von dem Angeklagten auf seine Unkenntniß der Grenzen gestützte Strafausschließungsgrund nicht in der Erwägung, daß Angeklagter bei Anwendung genügender Vorsicht und Achtsamkeit im Stande gewesen wäre, sich über den Grenzzug des betreffenden Reviers zu vergewissern.

Antr. d. GStA.: gleichl. [7.—4.]

Wahlzettel. - Abgabe. - Urkunde.

Ein Wahlzettel ist, so lange er noch nicht in die Wahlurne gelegt ist, keine Urkunde.

StGB. § 274 Nr. 1.

Beschl. (Z. II.) v. 4. Jan. 1879 c. Stephan (3B. II. Cr.).

Die Instanzgerichte hatten die Eröffnung der Untersuchung gegen den Angeklagten abgelehnt, welcher nach der Anklage einen Wahlzettel zur Wahl eines Reichstagsabgeordneten, bevor derselbe zur Verwendung gekommen war, einem Anderen weggenommen und vernichtet hatte. Die Beschwerde des OStA.'s, welche auszuführen suchte, daß auch ein an sich nicht zur Verwendung gekommener Wahlzettel eine Urkunde sei, wurde, in Uebereinstimmung mit dem Antrage des GStA.'s zurückgewiesen. Gründe:

In Erw., daß als Privat-Urkunde im Sinne des § 247 pos. 1 des StGB.'s dasjenige Schriftstück zu gelten hat, welches zum Beweise eines Rechtes oder Rechtsverhältnisses von Erheblichkeit ist;

daß ein Schriftstück irgend welcher Art, insofern es, seiner Bestimmung gemäß, die Eigenschaft eines Beweismittels in der bezeichneten Richtung nur erst unter der Voraussetzung einer bestimmten Verwendung erlangt, auch erst mit dem Eintritt dieser Verwendung die Bedeutung einer Urkunde erhält;

daß ein in die Wahlurne noch nicht nieder gelegter Stimmzettel nur etwa eine Vermuthung für die Absicht des ihn besitzenden Wahlberechtigten ergiebt, den auf den Stimmzettel bezeichneten Kandidaten wählen zu wollen, für den Beweis irgend eines Rechtes, sei es in der Person des Wahlberechtigten oder des Kandidaten, dagegen keinerlei Bedeutung hat;

daß nach dem von den Instanzrichtern ihrer Entscheidung zu Grunde gelegten Sachverhalt die Vernichtung des hier fraglichen Wahlzettels in einem Zeitpunkt Statt gefunden hat, wo der Wahlberechtigte zwar sich schon im Wahllokal befand, jedoch noch bevor der Stimmzettel zur Wahlurne abgegeben war;

daß hiernach der Thatbestand des in der Anklage aufgestellten Vergehens nicht vorliegt, beschlossen: daß die Beschwerde zurückzuweisen.

Antr. d. GStA.'s: gleichl. [7.—3.]

Beleidigung. - Thatsachen. - Charaktereigenschaften.

Unter den Begriff behaupteter Thatsachen kann auch der Vorwurf schlechter Charaktereigenschaften gebracht werden, wenn er sich auf frühere äußere Vorgänge stützt, welche dadurch selbst als mitbehauptet angesehen werden.

StGB. § 186 [n. 7].

Erk. (Z. I.) v. 8. Jan. 1879 c. Bl. (1201 I. Cr.).

B. war aus § 186 des StGB.'s bestraft, weil er in einer durch eine Zeitung bewirkten Veröffentlichung die Behauptung gegen K. aufgestellt habe: daß er mit unverschämter Frechheit auftrete, wenn er sich in überlegener Stellung wisse. Seine NB. findet hierin eine Verletzung des § 186 cit., da dieser die Behauptung einer Thatsache, also einer konkreten Handlung fordere, während es sich hier nur um die Behauptung einer Charaktereigenschaft handle. Sie wurde zurückgewiesen.

Der § 186 erfordert in seinem Thatbestande die Behauptung einer Thatsache in Beziehung auf einen Anderen, welche denselben verächtlich zu machen oder in der öffentlichen Meinung herabzuwürdigen geeignet ist, im Gegensatze zu bloßen Urteilen und Kritiken, welche wegen ihrer Allgemeinheit und mangelnder erkennbarer Unterlagen sich als bloße Akte der Reflexion darstellen und keinen direkten substanziirten Rückschluß auf die Ehrenhaftigkeit und Achtungswürdigkeit desjenigen gestatten, auf welchen sie Bezug haben. Von diesem Standpunkte aus läßt sich der Vorwurf schlechter Charaktereigenschaften eines Menschen nicht ohne Weiteres und unter allen Umständen als ein derartiges allgemeines Urteil auffassen, sondern können Charaktereigenschaften rechtlich und namentlich dann auch unter den Begriff der Thatsache gebracht werden, wenn sie sich auf frühere äußere Vorgänge stützen, welche mit dem ausgesprochenen Vorwurfe selbst als mitbehauptet angesehen werden. Es kommt darauf an, ob der Vorwurf sich als ein konkret so bestimmter und faßbarer darstellt, daß daraus die Verächtlichkeit des davon Betroffenen und der Mangel der allgemeinen menschlichen Ehrenhaftigkeit als Folge nothwendig hervorgeht oder je nach der Auffassung der öffentlichen Meinung hervorgehen kann. Wo aber der Grenzpunkt liegt, an welchem ein derartiger Charaktervorwurf den Kreis des allgemeinen ehrenrührigen Urteils verläßt, und sich zu dem Behaupten einer speciellen Thatsache gestaltet, läßt sich objektiv nicht bestimmen, und unterliegt im einzelnen Falle ausschließlich dem Ermessen der Instanzrichter über die Thatfrage, welches keinen Gegenstand der Nachprüfung mit dem gegenwärtigen Rechtsmittel bildet.

Antr. d. GStA.: gleichl. [11.—2.]

Kirchengesetze. – Geistliche Amtshandlungen. – Außerhalb der Grenzen des eigenen Bezirks. – Verlangen der Pfarrkinder. – Guter Glaube.

1. Der Art. 2 des Ges.'s v. 21. Mai 1874 findet auch auf bereits vor dem Gesetz v. 11. Mai 1873 legal angestellte Geistliche Anwendung.

2. Die geistlichen Amtshandlungen brauchen nicht in der Absicht vorgenommen zu sein, das Gesetz v. 11. Mai 1873 zu umgehen und das staatliche Einspruchsrecht zu vereiteln.

3. Die Grenzen des Pfarrbezirks sind regelmäßig für den räumlichen Umfang der pfarramtlicheu Befugnisse maßgebend.

4. Nicht jeder Irrthum über den Umfang der einem Geistlichen zustehenden Befugnisse zur Stellvertretung und Aushülfe schließt nach § 59 des StGB.'s seine Bestrafung aus.

Ges. v. 21. Mai 1874 Art. 2; Ges. v. 11. Mai 1873 §§ 1—3; StGB. § 59 [n. 15].

Erk. (Z. I.) v. 8. Jan. 1879 c. Block (869 I. Cr.).

Der in S. legal bestellte katholische Pfarrer B. hat außerhalb seines Pfarrbezirks und der Diözese, zu welcher derselbe gehörte, in D. Beichte gehört und Messe gelesen. Er ist deshalb aus Art. 2 des Ges.'s v. 21. Mai 1874 bestraft. Seine NB. machte geltend: er sei in S. legal zum Pfarrer bestellt, habe nicht in der Absicht gehandelt, die Kirchengesetze zu umgehen, sei von eignen Pfarrkindern zu den vorgenommenen Handlungen aufgefordert, habe dieser Aufforderung genügen müssen und sich dazu für berechtigt gehalten. Die NB. ist zurückgewiesen.

[Zu 1.] Der Art. 2 des Ges.'s v. 21. Mai 1874 bedroht jeden Geistlichen, gleichviel ob er neu angestellt oder wie der Angeklagte bereits vor Erlaß des citirten Gesetzes rite angestellt war, mit Strafe, wenn er Amtshandlungen vornimmt, ohne den Nachweis führen zu können, daß er zu einem zu diesen Amtshandlungen in concreto ermächtigenden Amt oder zur Stellvertretung oder zur Hülfeleistung in demselben unter Beobachtung der §§ 1—3 des Ges.'s vom 11. Mai 1873 berufen ist. Wenn die NB. diese Strafbestimmung in den Fällen für ausgeschlossen betrachtet, wo, wie bei einem plötzlich hervortretenden Bedürfniß, die Einholung der Genehmigung der Staatsregierung zu den geistlichen Amtshandlungen vernünftiger Weise nicht erwartet werden konnte, so hat sie insoweit Recht, als Gefahr im Verzuge vorhanden ist, § 2 des Ges.'s v. 11. Mai 1873. Fehlt es an dieser Gefahr — und eine solche ist im gegebenen Falle nicht festgestellt — so bleibt die Ausübung geistlicher Amtshandlungen ohne Berücksichtigung des staatlichen Einspruchsrechts strafbar.

[Zu 2.] Diese Strafbarkeit ist auch nicht, wie die NB. vermeint, davon abhängig gemacht, daß die geistlichen Amtshandlungen in der Absicht vorgenommen werden, das Gesetz vom 11. Mai 1873 zu umgehen und das staatliche Einspruchsrecht zu vereiteln. Der Art. 2 a. a. O. enthält, wie im Erkenntniß des Kgl. Ob.-Tr.'s v. 1. März 1876 O. R. Bd. 17 S. 153 ff. nachgewiesen, eine selbständige Vorschrift und ist auf die Umgehung jenes Gesetzes nicht beschränkt. Das. Bd. 16 S. 184. Darum ist es auch gleichgültig, ob die festgestellten einzelnen Amtshandlungen in einer rite besetzten fremden Pfarrei mit Zustimmung des dortigen Parochus rein gelegentlich durch den an und für sich qualifizirten Angeklagten vorgenommen sind.

[Zu 3.] Der Umstand, daß der Angeklagte die in Rede stehenden geistlichen Amtshandlungen in einer fremden Diözese auf Verlangen seiner eigenen dort anwesenden Pfarrkinder in deren Kreise vorgenommen haben will, schließt eine Stellvertretung und Aushülfe in einer zu jener Diözese gehörenden Pfarrei nicht aus. Die Grenzen des Pfarrei-bezirks sind der Regel nach für den räumlichen Umfang der pfarramtlichen Befugnisse maßgebend; Tridentinum XXIV De reformatione cap. 9 u. 13, und dementsprechend wird auch nur innerhalb jener Grenzen von der Ausübung eigenen Amtsrechts die Rede sein können. Die NB. behauptet indeß, daß dem Angeklagten als Pfarrer zu S. nach kanonischem Recht die Befugniß zu den festgestellten Amtshandlungen zu D. zugestanden und wirft dem App.-Richter vor, daß er solche unmotivirter Weise nicht anerkannt habe. Darin geht die NB. zu weit. Es kann dahin gestellt bleiben, ob, wie von Schriftstellern des kanonischen Rechts ausgeführt wird, Seitz, Pfarramt, Bd. 2 Abth. 4 S. 40, 58, 59 der Pfarrer kraft seines Pfarramtes befugt ist, auch außerhalb der Bezirksgrenzen von seinen Pfarrkindern die Beichte zu hören und ob der Angeklagte sich durch Ausübung der Jurisdictio poenitentialis in D. nach Art. 2 a. a. O. bereits strafbar gemacht hat; denn der Angeklagte hat, wie für erwiesen angesehen worden, dort auch Messen gelesen. Dadurch wird die Feststellung der Instanzrichter getragen. Beim Sakrament der Messe hält das kanonische Recht streng daran fest, daß der Pfarrer nur innerhalb der örtlichen Grenzen seines Pfarrbezirks zu dieser geistlichen Amtshandlung berechtigt, dagegen außerhalb desselben durch sein Pfarramt, auch im Fall der besonderen Intention für die eigenen Parochianen Messe zu lesen nicht ermächtigt ist. In dem Attest des bischöflichen General-Vikariats von C. ist auch nach den Urteilsgründen dem Angeklagten als Pfarrer zu S. nur die Befugniß in der fremden Diözese von seinen Parochianen Beichte zu hören nicht aber die Ermächtigung Messe zu lesen bezeugt, dieser

Unterschied aber in der Beschwerde unter Nr. II verwischt. In dem Messelesen des Angeklagten zu D. im Kreise seiner Parochianen durfte daher der Appell.-Richter eine Aushülfe im Sinne des Art. 2 ohne Rechtsirrthum finden, und ebenso unbedenklich ist die angefochtene Entscheidung, daß es dem Angeklagten dazu an einer legalen Berufung gefehlt hat. Gesetz vom 11. Mai 1873 §§ 1 und 2. Das Verlangen seiner Pfarrkinder ist dieselbe zu ersetzen ebensowenig geeignet, wie die in der Zustimmung des Pfarrers zu D. etwa liegende stillschweigende Delegation und es erübrigt auch deshalb eine Untersuchung, ob, wie die NB. unter Nr. III geltend macht, der Angeklagte zum Messelesen in D. des vom App.-Richter vermißten Beglaubigungsschreibens (litterae recommanditae) seines Ordinarius aus dem Grunde nicht bedurfte, weil er dem dortigen Pfarrer persönlich bekannt war.

[Zu 4.] Anlangend die unter Nr. 4 gerügte Nichtanwendung des § 59 des StGB.'s, so hatte der Angeklagte in der Appellationsschrift den Schutz desselben für sich mit der Behauptung in Anspruch genommen, daß er bei den in Rede stehenden Amtshandluungen sich jedenfalls in unverschuldetem Irrthum in Bezug auf die thatsächlichen Voraussetzungen des Art. 2 befunden, da er nicht die Absicht gehabt habe, sich ein geistliches Amt anzumaßen, Stellvertretung oder Hülfeleistung im Sinne des Gesetzes zu leisten oder eine ihm nicht zustehende Amtshandlung auszuüben. Der App.-Richter hat indeß diesen Strafausschließungsgrund für nicht zutreffend erachtet, weil nicht ersichtlich sei, welche zum Thatbestand des Art. 2 gehörige Thatumstände der Angeklagte, „der grade bei Auslegung des Strafgesetzes selbst in einem Irrthum gewesen sein wolle" nicht gekannt habe, ein Irrthum über das Strafgesetz aber nicht entschuldigt werde. Dieser Entscheidungsgrund ist, insoweit er thatsächlicher Natur, mit der NB. nicht angreifbar, insoweit er eine rechtliche Beurteilung enthält, wohlbegründet, da eine besondere Absicht sich ein geistliches Amt anzumaßen oder Stellvertretung oder Hülfeleistung zu üben oder eine die Zuständigkeit überschreitende Amtshandlung auszuüben zur Strafbarkeit des § 23 Ges.'s v. 11. Mai 1873 und des Art. 2 des Ges.'s v. 21. Mai 1874 nicht erfordert wird. Vielmehr genügt nach der Rechtsprechung des Königl. Ober-Tribunals, daß geistliche Handlungen, welche sich objektiv als Amtshandlungen darstellen, von dem betreffenden Geistlichen vorgenommen werden, ohne daß dieselben Ausfluß eines eigenen ihm unter staatlicher Anerkennung übertragenen Amtes sind und daß der Geistliche sich dessen bewußt ist. Nicht jeder Irrthum über den Umfang der dem Geistlichen nach Emanation der Maigesetze noch verbliebenen Befugnisse zur Stellvertretung und Aushülfe schließt nach § 59 des StGB.'s seine Bestrafung auf Grund der citirten Strafbestimmungen aus, dies ist namentlich aldann nicht der Fall, wenn der Geistliche sich zur Aushülfe in einem fremden geistlichen Amt durch den hierauf gerichteten Wunsch seiner Parochianen in Verbindung mit der Zustimmung des Inhabers dieses Amts für berechtigt hält.

Antr. d. OStA.: gleichl. [17.—2.]

Abgabe einer falschen Versicherung an Eidesstatt. – Schriftliche. – Durch Dritte.

Die Abgabe einer falschen eidesstattlichen Versicherung ist auch dann strafbar, wenn sie schriftlich und mit dem Willen des Versichernden durch einen Dritten an die Behörde erfolgte.

StGB. § 156 [n. 5]; Vgl. RdOTr. 19. S. 402.

Erk. (Z. I.) v. 8. Jan. 1879 c. Steinw. (957 I. Cr.).

Um die Ableistung eines Schiedseides des Klägers in einem Wechselprozeß zu verhüten, legte der Anwalt des Verklagten St. in dem Schwörungstermin eine eidesstattliche Versicherung des W. vor, worin dieser das Gegentheil von dem erklärte, was Kläger beschwören sollte. Diese Versicherung war inhaltlich falsch; St. hatte sie aufgestellt unb den W. zu deren Unterzeichnung bestimmt. W. ist deshalb aus § 156 des StGB.'s und St. wegen Anstiftung in 2. Instanz aber nur aus § 159 bestraft, weil es für möglich gehalten wurde, daß das bei Gericht vorgelegte Schriftstück nur eine Abschrift gewesen sei. Die NB. des St. wurde zurückgewiesen.

Daß der Feststellung ein Rechtsirrthum zu Grunde liegt, läßt sich nicht erkennen. Derselbe kann namentlich nicht darin gefunden werden, daß der App.-Richter es für gleichgültig erachtet, ob die W.'sche Versicherung von diesem selbst oder mit seinem Willen von einem Andern der Behörde übergeben werden sollte.

Antr. des GStA.: gleichl. [18.—2.]

Kirchengesetze. - Hülfeleistung. - Amtshandlung.

1. Für die Strafbarkeit aus Art. 2 des Ges.'s v. 21. Mai 1874 ist es gleichgültig, ob das Amt in welchem Aushülfe geleistet ist, erledigt oder besetzt war.

Ges. v. 21. Mai 1874 Art. 2.

2. Diese Vorschrift wird auch dadurch nicht unbedingt ausgeschlossen, daß die Aushülfe nur in einer Amtshandlung bestanden hat.

Das.

Erk. (Z. I.) v. 8. Jan. 1879 c. **Widerkowski** (853 I. Cr.).

Der Probst W. aus S. hat bei einem Besuch in D. in Folge einer Aufforderung des dasigen Pfarrers für denselben gepredigt und die Beichte abgenommen. Deshalb aus Art. 2 des Ges.'s v. 21. Mai 1874 bestraft, hat er NB. eingewendet, die vom Ob.-Trib. zurückgewiesen ist.

Ob das Amt, in welchem durch die geistlichen Amtshandlungen Hülfe geleistet worden, erledigt oder ob es, wie im gegebenen Falle, gehörig besetzt war, ist für die Anwendung des Art. 2 nach Wortlaut und Zweck desselben von keiner Erheblichkeit. Diese Strafvorschrift wird auch dadurch nicht unbedingt ausgeschlossen, daß die Aushülfe nur in einer geistlichen Amtshandlung bestanden hat. Gegen den Angeklagten Probst W. ist überdies festgestellt, daß er mehrere Amtshandlungen vorgenommen, nämlich gepredigt und Beichte gehört hat. Insoweit ist der § 506 des ALR.'s Th. I Tit. 11 durch Art. 2 a. a. O. jedenfalls abgeändert. [17.—2.]

Strafantrag. - Gutsinspektor. - Hausfriedensbruch.

Verwaltern fremden Vermögens steht die Befugniß zur Stellung des Strafantrags wegen Hausfriedensbruchs regelmäßig zu, wenn sie eine selbständige Stellung einnehmen.

StGB. § 123 [v. 14];

Erk. (B. I.) v. 8. Jan. 1879 c. Wilke (1167 I. Cr.).

Der Gutsinspektor K. hatte dem W. befohlen den Gutshof zu verlassen, was dieser nicht that. Deshalb wegen Hausfriedensbruchs angeklagt wurde das Verfahren in der Berufungsinstanz eingestellt, weil die Legitimation eines Oekonomie-Inspektors zur Stellung des Strafantrags (der nur von ihm gestellt war) nicht anzunehmen sei. Auf NB. des StA.'s vernichtete das Ob.-Tr.

Die Annahme, daß ein Guts-Inspektor — Oberverwalter — auch innerhalb des Kreises seiner Funktionen zur Stellung von Strafanträgen grundsätzlich nicht legitimirt sei, steht mit einer richtigen Gesetzes-Auffassung nicht im Einklang. Das R.-StGB. enthält erschöpfende Vorschriften über die Antrags-Berechtigung nicht. Der § 65 cit. bezeichnet in seinem ersten Absatze den Verletzten als zur Stellung des Antrages berechtigt, die Abs. 2 und 3, so wie einige fernere §§, namentlich §§ 182, 195, 196, 232, enthalten sodann einzelne Bestimmungen über die gesetzliche Vertretung bei der Antragstellung. Selbstverständlich ist damit das Gebiet der letzteren nicht abgeschlossen, und es kommen außerdem die einschlägigen Vorschriften des Civilrechts zur Anwendung. Was nun aber die Frage angeht, ob dem Verwalter fremden Vermögens die in Rede stehende Befugniß einzuräumen sei, so ist dieselbe, wie das Kgl. Ob.-Trib. wiederholt angenommen hat, mit Rücksicht auf die rechtliche Stellung desselben und die Umstände des einzelnen Falles zu entscheiden, und muß bei denjenigen

Personen, welche eine selbständige Funktion der Art ausüben, in der Regel bejaht werden. Der Strafkammer lag es daher ob, von dem angegebenen Gesichtspunkte aus eine Prüfung der thatsächlichen Verhältnisse des vorliegenden Falles eintreten zu lassen, zumal von der Kronanwaltschaft auch nach dieser Richtung hin, die Wiederaufnahme des Beweisverfahrens beantragt war.

Antr. d. GStA.: gleichl. [16.—2.]

Zollvergehen. - Transport im Grenzbezirk.

Zur Anwendung des § 136 Nr. 5 d Vereinszollgesetz genügt es, wenn, ohne daß im Grenzbezirk eine auf dem Transport befindliche Waare ohne Zollausweis „betroffen" ist, anderweitig nachgewiesen wird, daß ein solcher Transport ohne Zollausweis im Grenzbezirk stattgefunden hat.

Vereinszollgesetz v. 1. Juli 1869 § 136 Nr. 5 d; Vgl. RbOTr. 14. S. 513 und 16. S. 91.

Erk. (**Z.** II.) v. 9. Jan. 1879 c. Jochymczyk (30 II. Cr.).
Antr. d. GStA.: gleichl. [10.—4.]

Kontrebande. - Einfuhrverbot zur Abwehr einer Viehseuche. - Strafbarkeit bei Nicht-Kenntniß. - Subsidiarische Haftbarkeit.

1. Die Strafbestimmung des Vereinszollgesetzes wegen Kontrebande umfaßt auch die Zuwiderhandlungen gegen ein aus gesundheitspolizeilichen Rücksichten erlassenes Einfuhrverbot.

2. Ein von den Verwaltungsbehörden eines Vereinsstaats erlassenes Vieheinfuhrverbot ist eine auf Grund des Vereinszollgesetzes erlassene Vorschrift. Ist solches gehörig bekannt gemacht, so kann Unbekanntschaft mit demselben Niemandem zur Entschuldigung gereichen.

3. Letzteres gilt wie für den eigentlichen Thäter der Kontrebande, auch für den Anstifter zu derselben.

4. Die subsidiarische Haftbarkeit der Handel- und Gewerbetreibenden für ihre Diener etc. greift nicht nur bei Zolldefraudationen, sondern auch bei dem Vergehen der Kontrebande Platz.

Vereinszollgesetz v. 1. Juli 1869 §§ 134, 163 und 153; Vgl. zu 1 RdOTr. 8. S. 631 und 15. S. 856.

Erk. (Z. II.) v. 9. Jan. 1879 c. Mielsch & Gen. (63 II. Cr.).

Der Fleischergeselle Ernst Wilh. W. ist auf Grund der thatsächlichen Feststellung: daß er gemeinschaftlich mit dem jetzt nicht mehr in Frage befindlichen Dienstknecht Anton G. am 28. April 1877 es unternommen habe, 4 Stück Rindvieh, deren Einfuhr durch die von der Königl. Regierung zu L., als der zuständigen Behörde, unter dem 22. Januar 1877 erlassene und gehörig bekannt gemachte Verfügung verboten war, diesem Verbote zuwider in den Preußischen Regierungsbezirk L. aus Oesterreich einzuführen, durch gleichlautende Erkenntnisse des Königl. Kreisgerichts zu L. v. 9. März und des Königl. Appell.-Gerichts zu Gl. vom 24. Septbr. 1878 auf Grund der §§ 134, 162 des Vereinszollges.'s v. 1. Juli 1869 und der §§ 28 und 29 des StGB.'s wegen Kontrebande mit einer Geldstrafe von 1800 Mk. eventuell 4 Monat Gefängniß belegt; es ist die Konfiskation der fraglichen 4 Stück Rindvieh ausgesprochen, und sind, für den Fall dieselbe nicht vollzogen werden kann, W. und G. solidarisch verhaftet erklärt, den Werth der Viehstücke mit 900 Mk. zu erlegen. Gegen den in erster Instanz freigesprochenen Angkl. M. hat das Königl. App.-Gericht zu Gl. in dem erwähnten Urteile festgestellt: daß er durch seinen Auftrag den W. vorsätzlich zu der oben erwähnten Handlung, wodurch sich derselbe der Kontrebande schuldig gemacht hat, bestimmt habe; ferner: daß er den Auftrag, durch welchen er den W. zur Kontrebande bestimmte, im Auslande ertheilte, wo diese Handlung mit Strafe bedroht war; endlich: daß der Mitangekl. W. als Knecht (Gewerbsgehülfe) in seinem, des Fleischermeisters und Viehhändlers M., Dienste gestanden hat, als er in dessen Auftrage am 28. April 1877 dem Verbote der Kgl. Regierung zu L. v. 22. Jan. 1877 entgegen 4 Stück Rindvieh von Oesterreich her in den Regierungsbezirk L. einführte. M. ist auf Grund dieser Feststellung als Anstifter ex §§ 134, 149, 163 des Vereinszollgesetzes und §§ 48, 28, 29 des StGB.'s ebenfalls zu einer Geldstrafe von 1800 Mk., eventuell 4 Monat Gefängniß verurteilt, die 4 Stück Rindvieh sind auch ihm gegenüber konfiszirt, und ist er, im Falle die Konfiskation nicht vollzogen werden könnte, solidarisch mit W. und G. zur Erlegung des Werths mit 900 Mk. verurteilt; M. ist ferner für schuldig erklärt: für die vom Angekl. W. verwirkte Geldstrafe und Prozeßkosten subsidiarisch zu haften. Die Angekl. W. und M. haben frist- und formgerecht die NB. eingelegt.

[1.] Der Angekl. W. glaubt, daß da es sich um die Verletzung eines gegen die Einschleppung der Rinderpest erlassenen Einfuhrverbots handele, sein Verhalten nur nach Maßgabe des Bundesges.'s v. 7. April 1869, Maßregeln gegen die Rinderpest betreffend — BGBl. S. 105 —, in Verbindung mit § 328 des StGB.'s, beurteilt werden könne, und er sonach straflos bleiben müsse, weil die Anwendung dieser Gesetze voraussetze, daß er zur Zeit von dem Bestehen des Einfuhrverbots Kenntniß hatte, und das Gegentheil vom App.-Richter zu seinen Gunsten festgestellt sei. Dieser negativen Feststellung ungeachtet hat der App.-Richter aber mit Recht die Strafbestimmung des § 134 des Vereinszollges.'s v. 1. Juli 1869 — BGBl. S. 317 — gegen den Angeklagten zur Anwendung gebracht, dessen Merkmale gegen denselben festgestellt sind. Während der § 1 dieses Gesetzes die Freiheit der Ein-, Aus- und Durchfuhr für den ganzen Umfang des Vereinsgebiets als die Regel hinstellt, bestimmt der § 2, daß Ausnahmen hiervon zeitweise für einzelne Gegenstände beim Eintritt außerordentlicher Umstände, oder zur Abwehr gefährlicher ansteckender Krankheiten, oder aus sonstigen gesundheits- oder sicherheitspolizeilichen Rücksichten für den ganzen Umfang oder einen Theil des Vereinsgebiets angeordnet werden können. Hieraus ergiebt es sich, daß für ein von den Verwaltungsbehörden eines Staates erlassenes Vieheinfuhrverbot, welches zur Verhütung der Einschleppung der Rinderpest erlassen wird, eine zwiefache gesetzliche Grundlage gegeben ist, einmal in dem Bundesgesetze vom 7. April 1869, und dann ganz unabhängig hiervon im § 2 des für das damals umfassendere Gebiet des Zollvereins erlassenen Vereinszollgesetzes. Hieraus folgt aber weiter, daß wenn der § 134 des Letzteren bestimmt, daß derjenige, welcher es unternimmt, Gegenstände, deren Einfuhr verboten ist, diesem Verbote zuwider einzuführen, sich der Kontrebande schuldig mache und mit den dort vorgesehenen Strafen belegt werden solle, diese Strafbestimmung auch diejenigen Fälle umfaßt, in welchen es sich um die Zuwiderhandlung gegen ein, wie im vorliegenden Falle, zur Abwendung der Rinderpest — also einer ansteckenden Krankheit — und somit aus gesundheitspolizeilichen Rücksichten erlassenes Einfuhrverbot handelt, unbeschadet der ideellen Konkurrenz, in welcher die aus § 134 strafbare Handlung mit einem schwerer zu bestrafenden Vergehen gegen § 328 des StGB.'s stehen würde, wenn zugleich die Kriterien des letzteren, insbesondere die Wissentlichkeit der Uebertretung des Einfuhrverbots feststände.

[2.] Aus der prinzipiellen Anwendbarkeit des § 134 cit. folgt dann aber auch mit Nothwendigkeit diejenige der übrigen im Vereinszollgesetze enthaltenen, die Konstatirung der Kontrebande betreffenden Bestimmungen, insbesondere des § 163, inhalts dessen Unbekanntschaft mit den Vorschriften dieses Gesetzes und den in Folge derselben gehörig bekannt gemachten Verwaltungsvorschriften Niemandem, auch nicht dem Ausländer zur Entschuldigung gereichen kann. Denn im Sinn dieses Paragraphen stellt das von den Verwaltungsbehörden eines Vereinsstaates erlassene Vieheinfuhrverbot unbedenklich eine in Folge der Vorschriften dieses Gesetzes — nämlich des § 2 desselben — erlassene Verwaltungsvorschrift dar, welche, wenn sie, wie hier unbestritten, gehörig bekannt gemacht ist, Jeden bindet, ohne daß er sich, wie der Angekl. W. es versucht, auf seine Unbekanntschaft mit derselben berufen könnte.

[3.] Ebenso unbegründet wie dessen NB. ist diejenige des E. M. über seine principale Verurteilung. Die zuletzt erörterte Bestimmung des Vereinszollgesetzes muß ebenso, wie auf den eigentlichen Thäter der Kontrebande, auch Anwendung finden auf den Anstifter. Die Ausführung der NB., daß diese Vorschrift den Begriff der Anstiftung im strafrechtlichen Sinne nicht habe ändern können, ist verfehlt, denn der § 163 begründet gegen Jeden, welcher thatsächlich eine Handlung vornimmt, die einer Bestimmung des Vereinszollgesetzes und der erwähnten Verwaltungsvorschriften zuwiderläuft, eine keine Widerlegung zulassende praesumtio juris et de jure, daß er die betreffende Bestimmung gekannt habe, also nicht blos gegen den eigentlichen Thäter, sondern auch gegen den Anstifter. Wenn von dem Appell.-Richter zu Gunsten des M. angenommen worden ist, daß er das Bewußtsein, daß das für Preußen erlassene Einfuhrverbot vom 22. Jan. 1877 noch bestand, nicht gehabt habe, so muß diese Feststellung der Vorschrift des § 163 gegenüber rechtlich bedeutungslos erscheinen.

[4.] Auch die eventuelle Beschwerde des M. über Verletzung des § 153 des Vereinszollgesetzes konnte für begründet nicht erachtet werden. Die NB. weist zwar auf den Unterschied der Fassung des § 152 und des § 153 hin, wonach im Ersteren von Uebertretungen der Vorschriften dieses Gesetzes, sowie der in Folge derselben öffentlich bekannt gemachten Verwaltungsvorschriften die Rede ist, während der § 153 von Verurteilungen wegen Verletzung der zollgesetzlichen und der Zollverwaltungsvorschriften spricht. Eine gleiche Fassung wie im § 152 findet sich auch in dem bereits erwähnten § 163 des Gesetzes. Allein auf diesen scheinbaren Unterschied kann um so weniger Gewicht gelegt werden, als das Gesetz den Namen „Vereins**zoll**gesetz“ führt, und deshalb die im § 153 gebrauchte Ausdrucksweise sämmtliche in diesem Gesetze enthaltenen Vorschriften, also auch diejenigen mit umfaßt, welche auf die in demselben mit behandelte „Kontrebande“ Bezug haben. Ueberdies fehlt es durchaus an einem inneren Grunde, weshalb das Gesetz die subsidiarische Haftbarkeit in Fällen des Vergehens der Kontrebande nach anderen Grundsätzen hätte reguliren sollen, als in Fällen der Zolldefraudation. Die Entstehungsgeschichte des § 153 und die dem Vereinszollgesetze vorangegangenen legislativen Verhandlungen enthalten auch nirgends eine Andeutung dafür, daß die Absicht obgewaltet hätte, hier eine Unterscheidung zu machen. Das Gegentheil ergiebt sich aber aus dem § 154, nach dessen zweiten Satze, der sich ausdrücklich auf Kontrebande und Defraudation bezieht, die dort von der Regel, daß der in Folge der Kontrebande oder Defraudation eintretende Verlust der Gegenstände des Vergehens jederzeit den Eigenthümer trifft, zugelassene Ausnahme dann nicht eintreten soll, wenn der ohne Theilnahme oder Mitwissen des Eigenthümers oder des in dessen Namen handelnden Befrachters die Kontrebande oder Defraudation verübende Waarenführer zu denjenigen Personen gehört, für welche der Eigenthümer oder der Befrachter nach § 153 subsidiarisch haftbar ist.

Antr. d. GStA.'s: gleichl. [8.—4.]

Arrestbruch. – Subhastation. – Pertinenzstücke.

Die Beschlagnahme begreift das unter Subhastation gestellte Grundstück in demjenigen Umfange, in welchem dasselbe den eingetragenen Gläubigern verhaftet ist, mithin auch die von dem Eigenthümer bereits vorher veräußerten Pertinenzien, sofern solche bei Einleitung der Subhastation noch nicht von dem Grundstücke räumlich getrennt sind. Die Bei-Seite-schaffung derselben nach Einleitung der Subhastation ist sonach strafbar aus

StGB. § 137 [n. 14]; Subh.-Ordn. v. 15. März 1869 § 9; ALR. I. 2 §§ 60, 108 und I. 20 § 445; Gesetz über den Eigenthumserwerb

v. 5. Mai 1872 § 30; Vgl. RdOTr. 17. S. 371 und 19. S. 46; Entscheid. 2. S. 383; Strieth. 2. S. 55; 12. S. 289 und 13. S. 96.

Erk. (Z. II.) v. 9. Jan. 1879 c. Rübsamen (1139/78 II. Cr.).

Antr. d. GStA.: gleichl. [10.—4.]

Hehler. – Dieb Angehöriger des Bestohlenen. – Mangelnder Strafantrag.

Der Umstand, daß der Dieb ein Angehöriger des Bestohlenen und als solcher Mangels Strafantrages des Letzteren nicht zu verfolgen ist, steht der Verfolgung und Bestrafung des Hehlers nicht entgegen.

StGB. § 247 [n. 22]; Vgl. RdOTr. 13. S. 154; 14. S. 332 und 17. S. 458.

Erk. (Z. II.) v. 9. Jan. 1879 c. Weber (39 II. Cr.).

Was die Rüge der Gesetzesverletzung anlangt, so ist zwar die Ausführung des App.-Richters, die Verfolgbarkeit des Vergehens des Angeklagten ergebe sich aus § 247 Abs. 3 des StGB.'s insofern nicht völlig zutreffend als diese Vorschrift sich nur auf Theilnehmer und Begünstiger nicht aber auf Hehler bezieht. Indessen kann es keinem Zweifel unterliegen, daß die Bestimmung des Abs. 1 a. a. O., wonach das Vergehen unter den dort erwähnten Verhältnissen gegen den Thäter nur auf Antrag zu verfolgen ist, ebensowenig dem Hehler zu Statten kommt, als dem im Abs. 3 genannten Theilnehmer und Begünstiger. Denn zunächst fallen die Hehler nicht in die Kategorie derjenigen Personen, deren Verfolgung von dem Antrage gegen einen Betheiligten abhängig ist, der § 63 des StGB.'s nennt vielmehr außer dem Thäter und Theilnehmer nur noch den Begünstiger. Sodann aber beziehen sich die Vorschriften über die Untheilbarkeit des Antrags nur auf Vergehen, deren Verfolgung überhaupt und unter allen Umständen nur auf Antrag eintritt, nicht auf solche, deren Verfolgung gegen den Thäter lediglich wegen eines besonderen Verhältnisses desselben zu dem Verletzten von einem Antrage des Letzteren abhängig gemacht ist. Bei diesen Vergehen findet im Gegentheil die allgemeine, im § 50 wie im § 247 des StGB.'s anerkannte Regel Anwendung, daß die besonderen Milderungs- und Strafausschließungsgründe nur zu Gunsten desjenigen wirken, in dessen Person sie eingetreten sind.

Antr. d. GStA.'s: gleichl. [19.—4.]

Schwurgericht. - Verschiedene Punkte. - Verdikt. - Zeitpunkt der Verlesung.

Wenn bei einer umfangreichen, verschiedene Strafthaten umfassenden, Verhandlung vor dem Schwurgerichte nach theilweiser Verhandlung über einzelne Punkte eine Berathung der Geschworenen über diesen erledigten Theil stattfindet, so darf doch die Verlesung des gefundenen Ausspruches erst mit den übrigen Aussprüchen am Schlusse der ganzen Verhandlung erfolgen.

Ges. v. 3. Mai 1852 Art. 84, 86.

Erk. (V. I.) v. 10. Jan. 1879 c. Landau (1316 I. Cr.).

Der Angriff der NB. ist begründet. Derselbe stützt sich auf folgende Thatsachen: Der Angeklagte war wegen zweier selbständiger wissentlicher Meineide in den Anklagestand versetzt, von denen der eine am 23. April 1877 in der Prozeßsache C. wider L., der andere am 3. Mai 1877 in der Prozeßsache B. wider L. geleistet sein sollte. Beim Beginne der schwurgerichtlichen Verhandlung vom 4. Oktbr. beschloß der Gerichtshof, im Einverständnisse mit dem Staatsanwalt, dem Vertheidiger und dem Angeklagten, jeden Fall des Meineides besonders zu verhandeln. Demgemäß wurde zuerst über den Meineidsfall v. 23. April 1877 verhandelt und über diesen den Geschworenen eine Frage vorgelegt. Nachdem dieselben in den Sitzungssaal zurückgekehrt waren, beantragte der Staatsanwalt, das Verdikt erst nach Entscheidung des zweiten Falles zu verlesen. Der Vertheidiger wendete hiergegen nichts ein. Der Gerichtshof beschloß jedoch, das Verdikt sofort verlesen zu lassen. Das geschah.

Der Angeklagte wurde hierauf in den Sitzungssaal zurückgeführt und in seiner Gegenwart der Ausspruch der Geschworenen durch den Gerichtsschreiber verlesen. Nachdem sodann noch ein Antrag des Vertheidigers abgelehnt worden, wurde zur Verhandlung bezüglich des zweiten Falles übergegangen, und schließlich über beide Fälle zusammen das Urteil gefällt. In der NB. ist dieses Verfahren als unzulässig angefochten. Es wird ausgeführt: bei dem ersten Falle sei die Anklage hauptsächlich auf das Zeugniß des Kaufmanns C. gestützt und die Schuldfrage von seiner Glaubwürdigkeit abhängig gewesen. Auch bei dem zweiten Falle stütze sich die Anklage zum Theil auf das Zeugniß des C. Die Geschworenen hätten nun, je nach dem Ausfalle der Beweisaufnahme über den zweiten Fall auch zu einer anderen Beurteilung des ersten Falles gelangen können und das eingeschlagene Verfahren sei daher um so weniger gerechtfertigt, als der Staatsanwalt Einspruch erhoben habe. Dieser Ausführung mußte insofern beigetreten werden, als anzuerkennen ist, daß auch bei umfangreichen Verhandlungen, bei denen durch die Lage der Sache eine Trennung der Verhandlung nach den einzelnen realkonkurrirenden Delikten gerechtfertigt ist, jedenfalls die Verkündung der Sprüche der Geschwornen nicht vor dem Abschlusse der Verhandlungen über sämmtliche Anklagepunkte erfolgen darf. Dieser Grundsatz des Verfahrens ist wesentlich, da durch eine verfrühte Verkündung einzelner Aussprüche der Geschworenen der Angeklagte verhindert wird, in Bezug auf die erledigten Theile der Verhandlung noch Anträge zu stellen. Es ist daher im vorliegenden Falle auch mit Recht die Verletzung der Artt. 84, 86 des Ges.'s v. 3. Mai 1852 gerügt worden, da die Ablehnung des Antrages auf Stellung einer dem § 157 Nr. 2 des StGB.'s entsprechenden Frage sich nur auf die Thatsache der bereits erfolgten aber vorzeitigen Verkündung des Verdikts über den ersten Anklagefall stützt.

Antr. d. GStA.: gleichl. [12.—3.]

Erpressung. – Drohung. – Denunciation, begründete.

Auch die Drohung mit einer an sich begründeten Denunciation kann den Thatbestand der Erpressung erfüllen, wenn sie mißbräuchlich zur Verschaffung eines rechtswidrigen Vermögensvortheils verwerthet wird.

StGB. § 253.

Erk. (Z. I.) v. 10. Jan. 1879 c. Stephani (983 I. Cr.).

Der Angeklagte hatte mit Denunciation wegen eines Verbrechens gedroht, wenn der Bedrohte nicht eine von ihm als unberechtigt erklärte Zahlung leisten würde. Deshalb in erster Instanz bestraft, trat er über die Wahrheit der Denunciation Beweis an, der jedoch als unerheblich abgelehnt wurde. Hierin fand die NB. eine Beschränkung der Vertheidigung.

Zurückweisung. Gründe:

Wenn die NB. ausführt, auch der von dem Angeklagten in Beziehung auf die Wahrheit der strafbaren Handlung, mit deren Denunciation an den Staatsanwalt er den Gutsbesitzer W. in dem fraglichen Brief bedroht, angetretene Beweis hätte vom App.-Richter erhoben werden müssen, weil die Bedrohung mit einer begründeten Denunciation nicht als eine Nöthigung im Sinne des § 253 des R.-StGB.'s angesehen werden könne, so ist die letztere Ansicht, wie das App.-Gericht zutreffend in Uebereinstimmung mit vielfachen Entscheidungen des Ob.-Tr.'s ausgeführt hat, rechtsirrthümlich. Auch in der Bedrohung mit einer begründeten Denunciation kann eine Nöthigung im Sinne des alleg. § gefunden werden, da das Strafbare in dem Mißbrauch des angedrohten Zwangsmittels zur Erreichung eines unerlaubten Zweckes, der Verschaffung eines rechtswidrigen Vermögensvortheils, liegt.

Antr. d. GStA.: gleichl. [9.—3.]

Intellektuelle Urkundenfälschung. – Dolus.

Die Strafbarkeit der zur Eintragung in öffentliche Urkunden von einer Person in einer ihr nicht

zustehenden Eigenschaft abgegebenen Erklärungen setzt voraus, daß der Thäter in dem Bewußtsein handelte, daß ihm diese Eigenschaft nicht zustehe.

StGB. § 271 [n. 4].

Erk. (Z. I.) v. 15. Jan. 1879 c. Dzialoszinski (947 I. Cr.).

Behufs Erwirkung einer Zollbefreiung für Retourwaaren zu Gunsten der Handlung S. hatte sich D. vor dem Steueramt eingefunden und als Konfektionair in dem S.'schen Geschäft die Erklärung abgegeben, daß die Waaren dessen Fabrikat und unter seiner Leitung gefertigt seien. Er war indessen nicht Konfektionair bei S., die Umstände lagen jedoch so, daß er sich dafür halten konnte. Deshalb ist er von der aus § 271 des StGB.'s gestützten Anklage freigesprochen und die NB. der StA.-schaft zurückgewiesen.

Die Anklage und in Uebereinstimmung mit ihr die thatsächliche Feststellung des ersten Richters gingen, soweit sie den Angekl. D. betrafen, dahin, daß er am 7. und 14. Oktbr. 1876 vorsätzlich bewirkt habe, daß Erklärungen, welche für Rechte und Rechtsverhältnisse von Erheblichkeit sind, in öffentlichen Registern als abgegeben bekundet wurden, während sie von ihm in einer ihm nicht zustehenden Eigenschaft abgegeben waren. Der App.-Richter hat in Uebereinstimmung mit dem ersten Richter die Anklage in dem Sinne aufgefaßt, daß der gedachte Angeklagte beschuldigt wurde, in den zollamtlichen Verhandlungen von den oben genannten Tagen sich eine Eigenschaft, nämlich die des Konfektionairs in dem Geschäft von S. beigelegt zu haben, welche ihm nicht zustand, und es hierdurch bewirkt zu haben, daß von dem Hauptsteueramte für ausländische Gegenstände, beziehungsweise dem Revisionsbureau fälschlicher Weise beurkundet wurde, daß jene Verhandlungen mit ihm in der Eigenschaft als der bezeichnete Konfektionair aufgenommen worden seien. Der App.-Richter nimmt nun als erwiesen an, daß der Angeklagte zur Zeit der Aufnahme der fraglichen Verhandlungen zwar nicht Konfektionair im strikten Sinne in dem oben genannten Geschäfte war, wohl aber vermöge seiner Stellung in demselben sich für den Konfektionair halten konnte, und daß er daher, wenn er in denselben als Konfektionair auftrat, nicht im Bewußtsein der Rechtswidrigkeit gehandelt hat. Hiermit war also vom App.-Richter verneint, daß der Angeklagte bei Abgabe der fraglichen Erklärung mit dem zu dem fraglichen Vergehen erforderlichen Dolus gehandelt habe, und konnte beim Mangel dieses Thatbestandsmoments von einer Anwendung des in der NB. als verletzt bezeichneten § 271 des Reichs-StGB.'s nicht die Rede sein.

Antr. d. GStA.: gleichl. [9.—2.]

Anstiftung. - Hehlerei. - Konkurrenz.

1. Anstiftung zum Diebstahl kann mit Hehlerei der von demselben herrührenden Gegenstände real konkurriren.

StGB. § 48 [n. 14], § 258 [n. 10].

2. Sind aber die beiden Handlungen nur Ausfluß eines verbrecherischen Willens, so charakterisiren sie sich nicht als verschiedene selbständige Strafthaten.

StGB. § 74 [n. 4]; Vgl. RdOTr. 17. S. 596.

Erk. (Z. I.) v. 15. Jan. 1879 c. Hildebrand (893 I. Cr.).

H. hat den A. durch Ueberredung vorsätzlich bestimmt Leder zu stehlen um es demnächst an sich zu bringen und hat es dem A. auch, nachdem dieser den Diebstahl begangen hatte, abgenommen. Er ist deshalb wegen Anstiftung und Hehlerei angeklagt, aber nur wegen Anstiftung bestraft, da anzunehmen sei, daß er gerade in Rücksicht auf die Erlangung des Leders den A. zur Begehung des Diebstahls angestiftet habe und daß daher das spätere Ansichbringen nicht als selbständiges Vergehen, wie vielmehr als Folge des verbrecherischen Entschlusses, aus dem auch die Anstiftung hervorging, aufzufassen sei. Die NB. der StA.-schaft wurde vom Ob.-Tr. zurückgewiesen.

Die NB., welche Gesetzesverletzung rügt, kann für begründet nicht erachtet werden. Derselben ist zuzugeben, daß in realer Konkurrenz mit der Anstiftung zum Diebstahle Hehlerei der von diesem herrührenden Gegenstände an sich möglich ist, da die letztere nach dem R.-StGB. ein selbstständiges Vergehen bildet. Die reale Konkurrenz setzt jedoch nach § 74 des R.=StGB.'s voraus, daß die neben einander zu bestrafenden mehreren Verbrechen oder Vergehen durch mehrere selbständige Handlungen verübt worden sind. Der Berufungsrichter hat nun auch von diesem Gesichtspunkte aus den von ihm als erwiesen angenommenen Sachverhalt geprüft und nicht allgemein die Möglichkeit der realen Konkurrenz von Hehlerei mit Anstiftung zum Diebstahle verneint, und die Entscheidung der Sache hängt daher lediglich von der Beantwortung der Frage ab, ob den Gründen, aus denen der Berufungsrichter das Vorliegen mehrerer selbständiger Handlungen verneint hat, ein Rechtsirrthum innewohnt. Dies muß verneint werden. Zum Begriffe der selbständigen Handlung gehört ein äußeres Thuen und ein verbrecherischer Wille. Im vorliegenden Falle hat nun der Berufungsrichter festgestellt, daß der Angeklagte bei der Anstiftung des A. zum Diebstahl von vornherein die Absicht verfolgte, sich die Diebstahlsobjekte anzueignen, und führt dann aus, daß das spätere Ansichbringen der gestohlenen Sachen daher lediglich als Ausfluß des Einen verbrecherischen Wollens, nicht aber als selbstständige Strafthat sich charakterisire. Hiernach hat also der Angeklagte nicht einen zwiefachen verbrecherischen Entschluß gefaßt, zunächst den, den A. zu dem Diebstahle zu bestimmen, und später den anderen verbrecherischen Entschluß, die gestohlenen Sachen an sich zu bringen, und wenn der Berufungsrichter unter diesen Umständen in dem gedachten Ansichbringen eine selbständige von der Anstiftung verschiedene Handlung nicht erblickt hat, so ist dies, wie das Ob.=Trib. bereits in einem analogen Falle, RdOTr. XVII S. 596, ausgeführt hat, für rechtsirrthümlich nicht zu erachten.

Antr. d. GStA.: gleichl. [9.—2.]

Ehemann. – Wegnahme der Illaten. – Hausfriedensbruch. – Widerstand. – Ehefrau.

1. Dem Ehemanne steht die freie Verfügung

über die von der Ehefrau eingebrachten Mobilien zu. Deren Wegnahme aus der Gewahrsam des Mannes zu Gunsten der Frau unterliegt daher der Bestrafung aus § 289 des StGB.'s.

StGB. § 289 [n. 3, 12].

2. Eindringen im Sinne des § 123 des StGB.'s ist das gegen den bekannten Willen des Berechtigten erfolgende Eintreten in dessen Wohnung, gleichviel ob dabei materieller Widerstand zu überwinden war oder nicht.

StGB. § 123 [n. 7].

3. Eine Ehefrau, welche mit dritten Personen lediglich zur Wegnahme der von ihr eingebrachten Mobilien gegen den Willen des Mannes in die gemeinschaftliche Ehewohnung eindringt, begeht Hausfriedensbruch.

StGB. § 123 [n. 8].

Erk. (Z. l.) v. 15. Jan. 1879 c. Wolter (995 I. Cr.).

Die Ehefrau H. hat das Haus ihres Mannes verlassen und lebt von ihm getrennt. Sie hat auch eine Ehescheidungsklage gegen ihn erhoben; ihr Antrag auf Regulirung eines Interimistikums und Herausgabe von Illaten ist aber abgewiesen. Nachdem letzteres geschehen war, jedoch vor Beendung des Ehescheidungsprozesses, ist sie Nachts in Abwesenheit des Mannes mit einer Anzahl anderer Personen (darunter W., R. und die G.) vor dessen Wohnung erschienen. Sie ist mit ihnen eingetreten und hat fast sämmtliches Mobiliar heraustragen und auf einem bereit stehenden Wagen wegfahren lassen. W., R. und die G, sind aus § 289 in idealer Konkurrenz mit Hausfriedensbruch, die H. aber mit Rücksicht auf § 289 Abs. 5 nur wegen gemeinschaftlichen Hausfriedensbruchs bestraft. Die RB. rügt: Die H. sei zum Eintritt in die eheliche Wohnung und zur Wegholung ihrer Sachen berechtigt gewesen; die übrigen Verurteilten aber könnten nur als ihre Gehülfen angesehen werden. Die Beschwerde ist zurückgewiesen.

[Zu 1.] Verfehlt ist die Ausführung der RB., daß die verehel. H. gesetzlich berechtigt gewesen sei, ihre eingebrachten Mobilien auch wider den Willen ihres Ehemannes wieder an sich zu nehmen und aus der Ehewohnung fortschaffen zu lassen, weil der Ehemann H. das ihm daran zustehende Nießbrauchsrecht durch eigenmächtige Verfügungen über einen Theil der eingebrachten Sachen verwirkt habe. Denn nach § 247 II, 1 ALR.'s, hat der Mann über die eingebrachten Mobilien die freie Verfügung.

[Zu 2.] Verfehlt ist ferner die Ausführung, daß ein Eindringen in die Wohnung eines Anderen begrifflich die Ueberwindung eines Hindernisses voraussetze, während die Angeklagten durch die offene Hinterthür in die H.'sche Wohnung ohne Hinderniß eingetreten seien. Denn unter „Eindringen" im Sinne des § 123 l. c. ist das gegen den bekannten Willen des Eigenthümers, Besitzers oder Inhabers erfolgende Eintreten in dessen Wohnung oder befriedetes Besitzthum zu verstehen, gleichviel ob dabei materieller Widerstand zu überwinden ist oder nicht.

[Zu 3.] Verfehlt ist endlich die Ausführung, daß die Angekl. W., R. und G. eventuell nur als Gehülfen der verehel. H. mit der milderen Strafe der Theilnehmer hätten belegt werden dürfen. Denn die Instanzrichter haben gegen dieselben ohne ersichtlichen Rechtsirrthum Mitthäterschaft thatsächlich festgestellt. Durch diese Feststellung erledigen sich auch die etwaigen Bedenken, welche gegen die Annahme eines Hausfriedensbruchs der verehel. H. aus der gesetzlichen Befugniß der Ehefrau, auch gegen den Willen des Ehemannes die gemeinschaftliche Ehewohnung zu betreten, hergeleitet werden könnten. Denn daß die verehel. H. sich ungeachtet dieser Befugniß dadurch, daß sie in Gemeinschaft mit dritten Personen lediglich zum Zwecke der Verübung des im § 289 des R.-StGB.'s vorgesehenen Vergehens gegen den ausdrücklich erklärten Willen ihres Ehemannes in die gemeinschaftliche Ehewohnung eindrang, einer Verletzung des § 123 l. c. schuldig gemacht habe, ist von den Instanzrichtern ohne Rechtsirrthum angenommen worden.

Antrag d. GStA.: entgegen. [15.—2.]

Fälschung. - Namensunterschrift. - Zustimmung des Berechtigten.

Die Rechtswidrigkeit der Unterzeichnung einer Privaturkunde mit dem Namen eines Andern wird durch die Möglichkeit oder Wahrscheinlichkeit, daß der Letztere zustimmen werde, nicht ausgeschlossen.

StGB. § 267 [n. 18].

Erk. (B. I.) v. 15. Jan. 1879 c. Wolter (1252 I. Cr.).

W. und H. beantragten bei der Versicherungsbank zu E. die Versicherung ihrer Mobilien. Der Agent der Bank verlangte zunächst eine Bescheinigung der Hauseigenthümer, daß diese gegen die Versicherung nichts einzuwenden hätten durch eigenhändige Vollziehung ihrer Namensunterschrift. Die Frauen des W. und H. haben nun die Namen der Hauseigenthümer selbst unter die Bescheinigungen geschrieben und haben dieselben eingereicht. Sie entschuldigen sich mit dem Glauben, daß die Hauseigenthümer damit einverstanden gewesen sein würden. Dies wird ihnen geglaubt und sie werden von der Anklage wegen Fälschung freigesprochen, weil dadurch die rechtswidrige Absicht ausgeschlossen werde. Auf NB. der StA.-schaft vernichtete das Ob.-Tr.

Wenn der Berufungsrichter annimmt, daß, wie er für das Vorhandensein einer rechtswidrigen Absicht als Merkmal der Urkundenfälschung nach § 267 des R.-StGB.'s erfordert, eine Verletzung der Rechte Dritter, bei Anfertigung der falschen Namensunterschriften vorliegend nicht in der Vorstellung und deshalb auch nicht in dem Bewußtsein und Willen der Angeklagten gelegen, weil diese die Hauseigenthümer mit der Versicherung einverstanden glaubten, so ist, wie der Zusammenhang ergiebt, hierbei nicht an ein von Seiten jener Hauseigenthümer nach erhaltener Kenntniß von den Versicherungsanträgen vorliegendes und in irgend welcher Weise, auch ohne Namensunterschrift derselben, zum Ausdruck gelangtes Einverständniß gedacht worden, sondern nur an eine Unterstellung der Angeklagten, daß auf erfolgende Mittheilung ein Widerspruch nicht erfolgen und die Unterschrift der Hauseigenthümer nicht verweigert werden würde. Ist es nun an sich schon ungerechtfertigt das Merkmal der Rechtsverletzung nur von dem Standpunkt der Hauseigenthümer und nicht zugleich von demjenigen sonstiger betheiligter Dritter, insbesondere vom Standpunkte der Versicherungsbank aus zu prüfen, auch die Frage aufzuwerfen, ob denn nicht die Letztere ein rechtliches Interesse daran besitze, daß ihr anstatt der ächten Namensunterschrift, worin für sie eine erhöhte Gewähr für die Richtigkeit der Werthverhältnisse und der sonstigen Umstände liegen sollte, worauf hin sie den Versicherungsvertrag abzuschließen gedachte, eine, wenngleich in dem Glauben, daß die ächte Unterschrift nicht verweigert werden würde, gefertigte, falsche, den betreffenden Personen unbekannt gebliebene und deshalb für den beabsichtigten Zweck bedeutungslose Unterschrift unterbreitet werde, so beruht auch die Feststellung des mangelnden Bewußtseins der Rechtswidrigkeit von derjenigen Grundlage aus, auf welche der Berufungsrichter sich beschränkt hat, auf irriger Rechtsanschauung. Hat Jedermann das Recht zu verlangen, daß seine Unterschrift nicht durch fälschliche Nachahmung unter Privat-Urkunden, welche Rechtsverhältnisse betreffen, mißbraucht werde, darf er also sein vorheriges Einverständniß zu solchen Unterschriften erfordern, wie dieses das Berufungsurteil ebenfalls anerkennt, so kann auch bei dem Mangel dieses Einverständnisses niemals die Rechtmäßigkeit der Letztern begründet sein. Die Möglichkeit und selbst Wahrscheinlichkeit, daß der Berechtigte zustimmen werde, ist der wirklich erfolgten Zustimmung nicht gleich zu achten. Die Prüfung des Berufungsrichters hatte sich deshalb nicht darauf zu erstrecken, ob die Hauseigenthümer, wenn sie vor erfolgtem Gebrauch der Urkunde gefragt oder in sonstiger Weise von der Beifügung ihres Namens in Kenntniß gesetzt worden wären, zugestimmt haben würden, sondern es mußte erwogen werden, ob die Angeklagten im Momente des Gebrauchs sich bewußt waren, daß die Hauseigenthümer zur Verweigerung ihrer Zustimmung berechtigt waren und die Ertheilung derselben noch nicht vorlag, demungeachtet aber in dem Bewußtsein dieses ihrem Vorhaben entgegenstehenden Rechtes zur Ausführung der That geschritten sind.

[11.—2.]

Gewerbeordnung. - Doktor. - Titel.

Selbst die Führung eines rechtmäßig erworbenen Doktortitels kann die Anwendbarkeit des § 147 Nr. 3 der Gewerbeordnung begründen.

R.-Gew.-Ordn. v. 21. Juni 1869 § 147 Nr. 3.

Erk. (Z. I.) v. 15. Jan. 1879 c. Zilz (1169 I. Cr.).

Z. war auf einer Preußischen Universität zum Doktor der Medizin promovirt, hatte aber die Staatsprüfung nicht beendet und ist deshalb keine legal approbirte Medizinalperson. Er übt die Arzneikunde aus und führt an seiner Wohnung Schilder worauf er sich als Doktor medicinae, speciell für Nerven-, Haut- und Unterleibsleiden bezeichnet, auch Sprechstunden festsetzt. Er ist aus § 147 Nr. 3 der R.-Gew.-Ordn. verurteilt und seine NB. vom Ob.-Tr. zurückgewiesen.

Insbesondere ist es, wie in wiederholten Entscheidungen des Ob.-Tr. nachgewiesen worden, keinesweges rechtsirrthümlich, wenn selbst die Führung eines rechtmäßig erworbenen Doktortitels nach der Lage des einzelnen Falles für geeignet erklärt wird, den irrigen Glauben zu erwecken, der Inhaber desselben sei eine geprüfte Medizinalperson. Daß dies vorliegend der Fall und daß der Angeklagte eine derartige Täuschung beabsichtigt habe, ist von dem App.-Richter festgestellt, und die hiergegen gerichteten Ausführungen der NB. enthalten nur einen unzulässigen Angriff gegen die Beweisführung.

Antr. d. GStA.: gleichl. [12.—2.]

Widerstand. - Rechtmäßige Amtsausübung. - Unterbeamter.

Der Grundsatz, daß ein Unterbeamter, welcher auf Grund einer materiell rechtmäßigen Verfügung seiner vorgesetzten Behörde handelt, sich seinerseits in rechtmäßiger Amtsausübung befindet, sobald nur

die vorgesetzte Behörde zu dieser Verfügung formell zuständig war, erleidet eine Ausnahme, wenn der Unterbeamte durch eigenes Verschulden die vorgesetzte Behörde zu der Verfügung veranlaßt hat.

StGB. § 113.

Erk. (Z. II.) v. 15. Jan. 1879 c. Kuse (72 II. Cr.).

Das Ob.-Tr. hat allerdings stets an dem Grundsatze festgehalten, daß ein Unterbeamter, welcher im Auftrage einer vorgesetzten Behörde handelt, sich in der rechtmäßigen Ausübung seines Amtes befindet, wenn die vorgesetzte Behörde zur Ertheilung des fraglichen Auftrags formell zuständig war, und daß die materielle Rechtmäßigkeit der von dieser Behörde getroffenen Anordnung alsdann nicht in Betracht komme. Allein dieser Grundsatz muß eine Ausnahme erleiden, wo der betreffende Unterbeamte durch sein eigenes Verschulden die vorgesetzte Behörde dazu veranlaßt hat eine weiter materiell nicht gerechtfertigte Verfügung an ihn zu erlassen, und er, obgleich er sich seines desfallsigen Verschuldens und der Folgen desselben bewußt war, es unterlassen hat, diejenigen Schritte zu thun, welche geeignet waren die vorgesetzte Behörde zur näheren Erwägung der Umstände zu veranlassen, welche der von ihm selbst herbeigeführten Verfügung entgegenstanden. Denn dann ist es der Unterbeamte allein, welchen die Verantwortlichkeit für die getroffene materiell nicht gerechtfertigte Verfügung treffen muß. Ein solcher Fall liegt nach den thatsächlichen Annahmen des App.-Richters, von welchen, da sie nicht prozessualisch angegriffen sind, allein ausgegangen werden muß, hier vor. Nach diesen Feststellungen hatte der Gerichtsbote K. am 1. April 1876 den richterlichen Befehl erhalten, bei dem Geometer Z. verschiedene Mobilien zu pfänden, er hat aber, obgleich Z. schon seit Februar 1876 keine Wohnung mehr bei dem Angekl. K. hatte und die fraglichen im Hause des Angeklagten befindlichen zu pfändenden Gegenstände also nicht mehr in seinem, sondern des Angeklagten Gewahrsam waren und wie das App.-Urteil sagt: „trotzdem er sich von dieser Sachlage pflichtgemäß überzeugt haben mußte" von der Pfändung nicht Abstand genommen und dieses zu den Prozeßakten referirt, sondern wie sich aus dem Pfändungsprotokoll v. 12. April 1876 ergiebt, gleichwohl die Pfändung vorgenommen, und lediglich zu seinem Protokolle vermerkt, daß Angeklagter gegen die Pfändung protestirt habe, da derselbe die Pfandstücke als sein Eigenthum ansehe. Auf Grund dieser — weil, wie dem Richter vorenthalten blieb, nicht bei Z., sondern bei K. vorgenommenen nicht zu Recht bestehenden Pfändung ist nun vom Richter — materiell — gesetzwidrig der Verkauf der gepfändeten Gegenstände verfügt worden, und hat dann die fragliche Widersetzlichkeit stattgefunden, als sich mit dieser Verfügung der Bote K. mit zwei Collegen zu dem Angeklagten begeben hatte, um die Pfänder behufs Verkaufs wegzunehmen. Der Appell.-Richter stellt nun noch weiter fest, „daß dem Boten K. ebenso wie den beiden ihn unterstützenden Beamten nach Lage der Sache die Rechtswidrigkeit der vorgenommenen Pfändung, demnach auch die Rechtswidrigkeit des auf Grund derselben verfügten Verkaufs sehr wohl bewußt sein mußte". Wußte aber K. und seine Begleiter, — und die Feststellung des Appell.-Richters kann nur so verstanden werden, daß sie dieses wußten, — daß die Pfändung ungesetzlicher Weise bei K. und nicht bei Z. angelegt, daß diese Ungesetzlichkeit aus dem Pfändungsprotokolle nicht ersichtlich und durch Verschweigen derselben der Richter veranlaßt worden war, den materiell nicht gerechtfertigten Verkaufsbefehl zu erlassen, so war es, unbeschadet ihrer sonstigen Verpflichtung den Befehlen des Richters genaue Folge zu leisten, — § 45 Tit. 24 Th. I der AGO. — unbedenklich vor Allem ihre Pflicht, vor Ausführung jenes Befehls dem Richter über die wahre Sachlage zu berichten, und dessen weitere Verfügung abzuwarten. Wenn sie statt dessen, und ungeachtet ihrer Kenntniß von der Unzulässigkeit des bisherigen Verfahrens, auf dem in der angegebenen Weise aufgenommenen, den Exekutions-Richter zu dem fraglichen

Verkaufsbefehle induzirenden Pfändungs-Protokolle fortbauend dazu übergingen zum Zwecke des rechtswidrigen Verkaufs die Mobilien abzuholen, so kann nur sie die Verantwortlichkeit für dieses unrechtmäßige Vorgehen treffen. Es ist daher von den Vorderrichtern mit Recht angenommen, daß sie sich nicht in rechtmäßiger Ausübung ihres Amtes befunden haben, und mußte daher die NB. des OStA.'s zurückgewiesen werden. [8.—4.]

Schwurgericht. - Wahrspruch. - Mangelnde Unterzeichnung des Vorstehers. - Nichtigkeitsbeschwerde des StA. bei Nicht-Schuldig.

Die Nicht-Unterzeichnung des Wahrspruchs durch den Vorsteher der Geschworenen kann im Falle der Nicht-Schuldig-Erklärung von dem Staatsanwalt nicht gerügt werden, sofern derselbe zugiebt, daß der Wahrspruch, so wie er verkündet und von dem Gerichtshofe seinem freisprechenden Urteile zu Grunde gelegt ist, von den Geschworenen in der That beschlossen worden ist.

Ges. v. 3. Mai 1852 Artt. 96 [n. 4 und 14] und 109 Abs. 2; Sic.: GA. 1. S. 201; Contra: RbOTr. 6. S. 230.

Erk. (Z. II.) v. 16. Jan. 1879 c. **Ehefr. Ludwig** (8 II. Cr.). Antr. d. GStA.: gleichl. [19.—4.]

Hausirgewerbe. - Reisender. - Steuerpflicht. - Eigene Rechnung.

1. Zum Begriffe des Gewerbes gehört weder der Betrieb für eigene Rechnung, noch ist ein solcher selbständiger Betrieb die Vorbedingung der Steuerpflicht.

2. Wer Waaren im Umherziehen zum Weiterverkauf ersteht, unterliegt der Hausirgewerbesteuer auch wenn er den Aufkauf im Auftrage und für Rechnung eines Dritten bewirkt.

3. Dagegen sind Handlungsreisende, welche für

einen Andern, der ein stehendes Gewerbe betreibt, umherziehend hierzu Waaren aufkaufen, der Hausirgewerbesteuer nicht unterworfen.

R.-Gew.-Ordn. v. 21. Juni 1869 §§ 55, 44; Ges. v. 5. Juni 1874; Ges. v. 3. Juli 1876 §§ 1 n. 2, 6, 18, 23; Regul. v. 28. April 1824 §§ 5. 28.

Erk. (Z. I.) v. 17. Jan. 1879 c. Schobries (938 I. Cr.).

Angeklagter hat für seinen Bruder, welcher ein stehendes Gewerbe als Viehhändler betrieb, Vieh im Umherziehen zum Weiterverkauf aufgekauft, war deshalb in den Instanzen wegen Hausirgewerbesteuer-Defraudation bestraft, da weder er selbst, noch sein Bruder einen Hausirgewerbeschein gelöst hatte und behauptete in seiner NB. Gesetzesverletzung, die er insbesondere darauf stützte, daß er das Vieh nicht für eigene Rechnung, sondern im Auftrage und für Rechnung seines Bruders aufgekauft habe.

Zurückweisung. Gründe:

Nach § 1 des Ges.'s v. 3. Juli 1876 unterliegt der Steuer vom Gewerbebetriebe im Umherziehen: 2. Wer ohne Begründung einer gewerblichen Niederlassung und ohne vorgängige Bestellung außerhalb seines Wohnorts in eigener Person Waaren bei anderen Personen als bei Kaufleuten oder an andern Orten als in offenen Verkaufsstellen zum Wiederverkauf ankauft. Die NB. irrt also, wenn sie das Vorhandensein eines Gewerbebetriebes mit der Verpflichtung zur Entrichtung der Gewerbesteuer im Umherziehen davon abhängig macht, daß der Käufer für sich selbst ankauft, um für sich selbst weiter zu verkaufen. Der Betrieb für eigene Rechnung gehört nicht zum Begriff des Gewerbes nach der R.-Gew.-Ordn. v. 21. Juni 1869. Ebensowenig bildet ein solcher selbständiger Betrieb die Vorbedingung der Steuerpflicht. Nach der früheren Preußischen Gesetzgebung war das Geschäft, im Umherziehen Waaren irgend einer Art zum Weiterverkauf zu erstehen, auch wenn es im Auftrage und für Rechnung eines Dritten betrieben wurde, der Gewerbesteuer nach Maßgabe des Regulativs vom 28. April 1824 §§ 5, 28 der Regel nach unterworfen. Darin ist durch die als verletzt bezeichnete

Bestimmung des § 1 Nr. 2 a. a. O. nichts geändert. Nur insofern das Gesetz vom 3. Juli 1876 nach dem Vorgang der R.-Gew.-Ordn. in § 2 Nr. 1 einen derartigen gewerblichen Ankauf durch Handelsreisende als Ausfluß des betreffenden stehenden Gewerbes ihrer Prinzipale und nicht als besonderes Gewerbe im Umherziehen betrachtet, hat es die — bereits durch das Gesetz vom 5. Juni 1874 eingetretene — Befreiung der Handelsreisenden von der im § 1 wiederholten Verpflichtung zur Entrichtung der Hausirgewerbesteuer aufrecht erhalten, gleichzeitig aber, indem es dieselbe als Ausnahme hinstellt erkennbar gemacht, daß es für alle übrigen derartig für fremde Rechnung umherreisenden Aufkäufer, bei der Pflicht zur Gewerbesteuer im Umherziehen nach § 1 bewendet. Der Gedanke dem stehenden Gewerbe in steuerlicher Beziehung einen noch weiteren Umfang zu vindiciren, als dies in der R.-Gew.-Ordn. geschehen, ist dem Gesetz v. 3. Juli 1876 fremd, welches ebensowohl die landesgesetzliche Steuergesetzgebung an die Grundsätze der R.-Gew.-Ordng. über den Gewerbebetrieb im Umherziehen „eng anzuschließen", (Motive zum Entwurf des Ges.'s v. 3. Juli 1876, Drucksachen des Abgeordnetenhauses von 1876 Nr. 87, § 14. Vgl. §§ 5 und 2 Nr. 1 desselben mit § 55 und § 44 der R.-Gew.-Ordn.) als eine Verringerung der Steuerintraden zu vermeiden bestrebt war. Motive a. a. O. § 27. Hat der mit auswärtigen Ankäufen Beauftragte den die Bezahlung der Gewerbesteuer voraussetzenden Gewerbeschein nicht gelöst, § 6 a. a. O., so begeht er die in § 18 a. a. O. vorgesehene Defraudation und ist der Strafe derselben verfallen. Das Gegentheil darf die NB. auch daraus nicht herleiten, daß der Bruder und Auftraggeber des Imploranten vermöge des von ihm betriebenen stehenden Gewerbes in der Lage war, in eigener Person die inkriminirten Ankäufe steuerfrei zu besorgen. Das strafgesetzwidrige Verhalten des Imploranten zieht vielmehr die Bestrafung seines Auftraggebers nach sich. Der § 23, welcher in dieser Beziehung jeden Zweifel abschneidet, nimmt nämlich seinem klaren Wortlaut nach zur Voraussetzung, daß der Beauftragte sich gegen § 18 verfehlen kann, und verfehlt hat und enthält eine selbständige Strafdrohung gegen den Geschäftsherrn, nicht aber umgekehrt, wie die NB. vermeint, indem sie irrthümlich annimmt, daß die im § 23 als vorenthalten bezeichnete Steuer von dem Auftraggeber zu entrichten war, während sie der Beauftragte nach §§ 1 und 6 zu bezahlen hatte. Die Motive der dem § 28 des Regulativs v. 28. April 1824 entsprechenden Strafbestimmung des § 23 a. a. O., welche den Auftraggeber auch dann treffen soll, wenn er erweislich nicht der Anstifter der Defraudation des Bevollmächtigten gewesen ist, bestätigen die Richtigkeit dieser Auslegung zur Evidenz. Motive zu § 20 des Entwurfs a. a. O. S. 30, Kommissionsbericht, Drucksachen Nr. 221 S. 10.

Antr. d. GStA.: gleichl. [17.—3.]

Unzucht. - Schwägerschaft. - Uneheliche Verwandtschaft.

Die Unzucht zwischen Verschwägerten in auf- und absteigender Linie ist ohne Unterschied, ob das Verhältniß auf ehelicher oder unehelicher Zeugung beruht, strafbar aus

§ 173 des StGB.'s.

Erk. (Z. II.) v. 21. Jan. 1879 c. Kronberg (134 II. Cr.).

Der Angeklagte hatte mit einem unehelichen Vorkinde seiner verstorbenen Ehefrau Unzucht getrieben, war deshalb in den Instanzen zu Strafe verurteilt und rügte in seiner NB. Gesetzesverletzung, indem der § 173 des StGB.'s auf diesen Fall nicht zutreffe event. aber der Angeklagte in dem Glauben gestanden habe, daß er das Vorkind seiner Ehefrau mit Dispens habe heirathen können.

Zurückweisung. Gründe:

Der § 173 Abs. 2 des R.-StGB.'s hat den Beischlaf zwischen Verschwägerten auf- und absteigender Linie, also namentlich auch den Beischlaf eines Mannes mit der — von einem anderen Manne gezeugten — Tochter seiner Frau, seiner Stieftochter, unter Strafe gestellt, ohne einen Unterschied zu machen, ob das Verhältniß auf einer ehelichen oder unehelichen Zeugung beruht, ob also die Stieftochter ein Kind der — noch lebenden oder verstorbenen — Ehefrau aus einer früheren Ehe, oder wie im vorliegenden Falle, ein uneheliches Vorkind derselben ist. Gegenüber dieser Vorschrift des R.-StGB.'s mit deren Unkenntniß sich Niemand gegen die Anwendung der angedrohten Strafe schützen kann, ist es von vornherein völlig unerheblich, in welchem Glauben sich die Angeklagten bezüglich der nach den civilrechtlichen Bestimmungen der Landesgesetze vermeintlich vorhandenen Möglichkeit befunden haben mögen, mit oder selbst ohne Dispens mit einander zur Ehe zu schreiten.

Antr. d. GStA.: gleichl. [8.—3.]

Beamter. – Gemeindevorsteher. – Strafvollstreckung. – Fälschung.

1. Der Ortsvorsteher ist bei mangelndem Auftrage des Amtsvorstehers, auch im Fall einer von zuständiger Behörde deshalb an ihn gerichteten Requisition, kein zur Mitwirkung bei Strafvollstreckungen zuständiger Beamter.

StGB. § 346 [n. 1].

2. Deshalb fehlt ihm auch die Befugniß, in einem solchen Fall die Strafvollstreckung urkundlich zu bescheinigen.

StGB. § 348 [n. 3].

Beschl. (Z. I.) v. 22. Jan. 1879 c. B. (24 B. I. Cr.).

Der Landwehrbezirks-Commandeur zu G. hatte den Gemeindevorsteher B. um Vollstreckung einer gegen den Wehrmann J. erkannten kurzen Militärarreststrafe und um Beurkundung dieser Vollstreckung ersucht. Die auf § 346 und 348 des StGB.'s gestützte Anklage behauptet nun, B. habe die Strafe nicht vollstreckt und gleichwohl eine Bescheinigung über deren Vollstreckung ausgestellt. Das Ob.-Tr. bestätigt die vom App.-Gericht verfügte Ablehnung der Anklage, indem es erwog:

1. daß der § 346 des StGB.'s die Begünstigung von Personen welche sich strafbarer Handlungen schuldig gemacht

haben, insofern sie durch die zur Mitwirkung bei der Strafvollstreckung im gegebenen Fall berufenen Beamten geschieht, als Verbrechen mit Zuchthaus bedroht;

daß nach § 49 der Disziplinar-Strafordnung für das D. Reichsheer v. 31. Oktbr. 1872 (Solms Strafrecht und Strafprozeß S. 409) Arreststrafen unter acht Tagen auf Requisition des Landwehr-Bezirks-Commandeurs in einem bürgerlichen Gefängniß vollstreckt werden dürfen;

daß die Frage, welche Civilbehörden und Beamten bei der Vollstreckung von Strafen also auch bei Vollstreckung derartiger Militärstrafen mitzuwirken haben, nach den Landesgesetzen zu entscheiden ist;

daß die Vorsteher von ländlichen Gemeinden nur insofern ihnen polizeiliche Befugnisse zustehen, nicht aber als Leiter der Gemeindeverwaltungsangelegenheiten zur Theilnahme an der Strafvollstreckung berechtigt beziehungsweise verpflichtet sind;

daß nach der Kreisordnung v. 13. Dezbr. 1872 §§ 50 59 die Verwaltung der Ortspolizei an Stelle der früheren Ortspolizeibehörden den Amtsvorstehern anvertraut ist, — und die Gemeindevorsteher nur als deren Organe und Gehülfen in den Fällen der §§ 29 und 30 thätig werden;

daß diese mithin, insoweit es sich um die Vollstreckung von Strafen handelt, nicht selbständig sondern kraft einer Ermächtigung des Amtsvorstehers zur Mitwirkung bei derselben zuständig sind, ohne daß es, wie das Königl. App.-Gericht irrthümlich annimmt, darauf ankommt, ob der Amtsvorsteher die betreffende Strafe selbst verhängt hat, oder auf Ersuchen anderer Civilbehörden oder Militärbehörden zur Vollstreckung bringt;

daß Mangels eines solchen Auftrags des Amtsvorstehers der Angeschuldigte zur Vollstreckung der gegen den Wehrmann J. verhängten Militärarreststrafe nicht zuständig war und weder die Requisition des Landwehrbezirks-Commandeurs zu G. als solche allein noch in Verbindung mit deren Nichtablehnung und der wissentlich falschen Beurkundung der Strafverbüßung durch den Angeschuldigten dessen nach dem Gesetze fehlende Zuständigkeit begründen konnte;

daß der Angeschuldigte demgemäß nicht als ein Beamter zu betrachten ist, welcher die Vollstreckung der in Rede stehenden Militärarreststrafe im gegebenen Fall betreiben durfte und sich deshalb durch ihre Nichtbetreibung nach § 346 des StGB.'s nicht straffällig gemacht haben kann;

daß dagegen auch nicht mit Bestand geltend zu machen ist, daß mit dem § 346 daselbst schon der Bruch der Treuepflicht des Beamten gegen den Staat und seiner Vertrauensstellung gegenüber dem Publikum hat getroffen werden sollen, diese Vorschrift mit ihrer schweren Strafe vielmehr sich ausschließlich gegen die Kategorie von Beamten richtet, auf deren Zuverlässigkeit die Integrität der Strafrechtspflege und damit die öffentliche Sicherheit beruht, und deshalb jede ausdehnende Auslegung wie sie der § 350 des StGB.'s in der Rechtsprechung gefunden hat, von vorne herein ausschließt;

2. daß mit der Zuständigkeit zur Betreibung der Strafvollstreckung auch die Zuständigkeit zur Ausstellung von Urkunden über dieselbe wegfällt, diese Zuständigkeit aber nach dem klaren Wortlaut des § 348 des StGB.'s ein wesentliches Merkmal des darin vorgesehenen Verbrechens der Urkundenfälschung bildet. [—2.]

Arrestbruch. – Rechtsnachfolger. – Gutgläubiger. – Besitzer.

Auch derjenige ist wegen Arrestbruchs strafbar, welcher die beschlagnahmten Sachen ohne Kenntniß von der Verstrickung erworben hat, wenn er vor der Beiseiteschaffung derselben diese Kenntniß erworben hatte.

StGB. § 137 [n. 37]; Ges. v. 5. Mai 1872 § 11.

Erk. (Z. I.) v. 22. Jan. 1879 c. Geisler (673 I. Cr.).

In einer Prozeßsache gegen Gn. wurde gerichtlich die Observation seines Grundstückes angeordnet und durch Beschlagnahme des gesammten Inventars einschließlich der Getreide-, Kartoffel- und Futtervorräthe sowie durch Bestellung eines Observators zur Ausführung gebracht. Gu. dem dies bekannt gemacht war, hat sodann das Grundstück an Ge. aufgelassen und übergeben. Nach der Uebergabe, also zu einer Zeit, wo Ge. Eigenthümer war, hat nun dieser Kartoffeln, Lupinen, Vieh und Geschirr von dem Gute weggeschafft und an dritte Personen veräußert. Zur Zeit der Auflassung an Ge. hatte dieser keine Kenntniß von der eingetretenen Observation und Beschlagnahme; vor der Wegschaffung der Inventarstücke aber hat er diese Kenntniß erlangt. Er ist aus § 137 des StGB.'s verurteilt; seine NB. macht geltend, daß er nach Maßgabe des Ges.'s v. 5. Mai 1872 § 11 zur Wegschaffung und Veräußerung der Inventarstücke befugt gewesen sei. Sie ist zurückgewiesen.

Der § 137 verbietet dem Eigenthümer einer unter amtlicher Autorität in Beschlag genommenen Sache mit Nichtachtung dieser Autorität sich selbst Recht zu verschaffen und die Beschlagnahme unwirksam zu machen. Die Vorschrift des § 11 des Gesetzes über den Eigenthumserwerb vom 5. Mai 1872, nach welchem

> „Beschränkungen des Eigenthumsrechts an Grundstücken gegen Dritte nur Rechtswirkung erlangen, wenn dieselben die Beschränkungen gekannt haben oder die letzteren im Grundbuch eingetragen sind",

schließt, wie der Appell.-Richter zutreffend ausgeführt hat, die Anwendung des § 137 nicht aus, wenn der Eigenthümer, welcher zur Zeit des Erwerbs seines Grundstückes von der gerichtlichen Beschlagnahme des Zubehörs keine Kenntniß hatte, nach erlangter Kenntniß dieselbe ohne Antretung des zuständigen Richters durch Fortschaffung der zum Zubehör gehörigen Gegenstände vereitelt. Für den subjektiven Thatbestand des § 137 genügt die Kenntniß von der amtlichen Beschlagnahme zur Zeit der Fortschaffung der Sachen und das Bewußtsein, daß durch die Fortschaffung die amtliche Beschlagnahme unwirksam gemacht werde, wie dies vom Kgl. Ob.-Trib. wiederholt ausgeführt worden ist. Endlich ist es nicht erforderlich, daß die Kenntniß von der Beschlagnahme auf dem von der NB. anscheinend geforderten „officiellen" Wege erlangt war. Selbst für die civilrechtliche Wirkung einer solchen Beschlagnahme gegen den Besitznachfolger ist nach § 11 des Ges.'s v. 5. Mai 1872 die private Kenntniß ausreichend. Dadurch erledigt sich, was über den Mangel einer klaren und deutlichen, die Einleitung der Observation über das in Rede stehende Grundstück betreffenden Mittheilung des Gerichts in der NB. geltend gemacht ist.

Antr. d. GStA.: gleichl. [17.—2.]

Bankerutt. - Schleswig. - Nichtkaufleute.

Die Schleswigsche Verordnung v. 16. Oktober 1863 ist bezüglich derjenigen Strafbestimmungen, welche sich auf den Bankerutt solcher Personen beziehen, die nicht Kaufleute sind, außer Geltung getreten.

Einf.-Ges. v. 31. Mai 1870 § 2 [n. 12]; Vgl. RbOTr. 11. S. 378.

Erk. (Z. l.) v. 29. Jan. 1879 c. Mörk (1312 I. Cr.).

Gegen M. war auf Grund der Strafbestimmungen der Schleswigschen Verordn. v. 16. Oktbr. 1863 Anklage wegen Verschleppung von Vermögensstücken bei ausgebrochenem Konkurs und gegen H. wegen Beihülfe zu dieser Strafthat erhoben. Sie sind freigesprochen, weil nicht erwiesen, daß M. Kaufmann sei, daher das Strafgesetzbuch keine Anwendung finde und die Schleswigsche Verordn. v. 16. Oktbr. 1863, die eine entsprechende Strafandrohung enthalte, durch die Einf.-Vdn. v. 25. Juni 1867 Art. 6 aufgehoben sei. Die NB. der StA.-schaft wurde zurückgewiesen.

Das Einf.-Ges. zum R.-StGB. hat in § 2 Abs. 3 die Strafvorschriften der Landesgesetze rücksichtlich des Konkurses, insoweit die betroffenen Handlungen in dem Strafgesetzbuche selbst einer Bestimmung nicht unterworfen sind, zwar bis zur Regelung des Gegenstandes durch die Reichs-Konkursordnung aufrecht erhalten; diese Vorschrift muß jedoch solchen landesgesetzlichen Anordnungen gegenüber hinwegfallen, welche zur Zeit der Einführung des Reichsgesetzes bereits anderweit außer Anwendung gesetzt waren. Dieses Letztere gilt von allen denjenigen Gesetzen, welche in dem Herrschaftsgebiete des Pr. StGB.'s den Konkurs der Nichtkaufleute bis dahin unter Strafe gestellt hatten. Die §§ 259 und 261 daselbst beschäftigen sich mit der Frage, unter welchen Voraussetzungen der Konkurs als strafbegründendes Moment Bedeutung erlangen solle und gelangen zu dem Ergebnisse, daß nicht nur in der Person des Kridars die besondere Eigenschaft eines Kaufmanns zu erfordern sei, sondern auch bei diesem eine strafbare Handlung nur vorliege, wenn die Thatsache der Zahlungseinstellung von besonderen Nebenumständen begleitet oder damit in Verbindung zu bringen sei, welche ihr einen nach der Seite des Unerlaubten hin qualifizirten Charakter aufprägen. Die Vorgeschichte jener Gesetzesbestimmungen läßt keinen Zweifel in der Richtung, daß gegenüber den Strafandrohungen des ALR.'s Th. II Tit. 20 §§ 1452 bis 1487 über „betrüglichen, muthwilligen, fahrlässigen und unbesonnenen Bankerutt", welche jeden Bankeruttirer, also auch den Nichtkaufmann treffen sollten, die Nothwendigkeit deren Beibehaltung gegen Letzteren erwogen worden ist, dabei jedoch für die verneinende Ansicht die Rücksicht sich als ausschlaggebend erwies, daß der kaufmännische Kredit durch das Gesetz vermöge der kaufmännischen Privilegien unter besonderen Schutz gestellt werde und deshalb ein Mißbrauch desselben das Gemeinwohl in höherem Maße gefährde insofern, als der Kredit des Handels im Allgemeinen dadurch verliere und Vermögensausfälle das Vertrauen zur Anlegung von Geldern im Handel schwächten. Vgl. Goltdammer Mat. Bd. II S. 590 folg. Hiermit steht im Einklange der Art. II des Einf.-Ges.'s zum Pr. StGB. v. 14. April 1851, welcher alle Strafbestimmungen außer Wirksamkeit setzt, die Materien betreffen, auf welche das StGB. sich bezieht und unter den auf diese Weise beseitigten Bestimmungen über neu geregelte Materien den 20. Titel des II. Theils des ALR.'s namentlich aufführt. Auf ganz derselben Grundanschauung beruhte die Einführung des Pr. StGB.'s in den im Jahre 1867 neu erworbenen Landestheilen. Die Bestimmung in Art. VI der Königl. Einf.-Vdn. v. 25. Juni 1867 lautet ganz analog derjenigen v. 14. April 1851 und wenn daselbst die in jenen Landestheilen zu Recht bestehenden Strafgesetzbücher als in ihren

Einzelvorschriften Materien betreffend, auf welche sich die neu eingeführten Strafgesetze beziehen, außer Kraft gesetzt werden, so sind damit auch die daselbst geltenden Bestimmungen des Hannoverschen Allg. StGB.'s vom 8. August 1840 § 220, des Bergischen StGB.'s v. 10. Juli 1861 § 327, des Großherzogl. Hess. StGB.'s vom 17. Septbr. 1841 § 402 und des Nass. StGB.'s v. 14. April 1849 Art. 396, welche sämmtlich den Bankerutt der Nichtkaufleute unter bestimmten Umständen für strafbar erklärten, hinfällig geworden: Es läßt sich nicht absehen, weshalb dieses für die Schleswigsche Verordn. v. 16. Oktbr. 1863 § 1 (Chron. Vdn. Samml. für Schleswig von 1863 S. 310) anders zu halten sei; namentlich vermag es keinen Unterschied zu begründen, daß hier eine vereinzelte Bestimmung vorlag, während dort die Aufhebung in Verbindung mit einer Reihe anderer, zu einem systematischen Gesetzbuche vereinigten Vorschriften erfolgte, denn in dem einen wie dem anderen Falle handelt es sich um die Materie des Bankerutts und die Voraussetzungen, unter welchen daraus der Thatbestand einer strafbaren Handlung sich entnehmen läßt.

[11.—2.]

Pfandkehr. - Drittbesitzer. - Diebstahl. - Realkonkurrenz.

1. Auch ein Dritter, welcher die gegen einen Anderen in Beschlag genommenen Sachen der Verstrickung entzieht, verwirkt die Strafe des § 137 des StGB.'s.

StGB. § 137 [n. 25].

2. Entziehung beschlagnahmter Sachen aus der Verstrickung und Diebstahl können ideel mit einander konkurriren.

StGB. § 137 [n. 38].

Erk. (Z. I.) v. 29. Jan. 1879 c. **Panzer** (1211 I. Cr.).

Ueber die Grundstücke des P. war Subhastation eingeleitet und sie wurden verkauft. Der Vater des P. wohnte in dessen Hause und schaffte kurz vor dem Versteigerungstermin einen Ofen, mehrere Thüren und andere Sachen aus dem Grundstücke weg. Deshalb ist er aus § 137 des StGB.'s bestraft. Seine NB. rügt: daß nur derjenige der Bestrafung unterliege, bei dem die Sachen mit Beschlag belegt seien; gegen andere Personen aber es sich um Diebstahl handeln würde. Sie ist zurückgewiesen.

Nach der konstanten Rechtsprechung des Kgl. Ob.-Tr. verwirkt auch der Dritte, welcher eine gegen einen Anderen in Beschlag genommene Sache mit Kenntniß von der Beschlagnahme der Verstrickung entzieht, die Strafe des § 137 a. a. O. — Geschieht dies in diebischer Absicht, so verletzt der Thäter, vorausgesetzt, daß die sonstigen Merkmale des Diebstahls vorhanden sind, zugleich den § 137 und den § 242 des StGB.'s und es kommt der § 73 das. gegen ihn zur Anwendung, keineswegs aber ist wie die NB. vermeint, in einem solchen Falle der § 137 ausgeschlossen.

Antr. d. GStA.: gleichl. [17.—2.]

Diebstahl. - Einbruch. - Gewalt.

Einbruch setzt voraus, daß die Beseitigung besonderer den Eintritt in ein Gebäude hindernder Vorrichtungen durch angewendete Gewalt geschehen ist.

StGB. § 243 pos. 2 [n. 26, 27]; Vgl. RdOTr. 9. S. 369 und 526.

Erk. (Z. l.) v. 29. Jan. 1879 c. Radtke (1253 I. Cr.).

R. und S. haben einen Diebstahl von Roggen in folgender Weise begangen: S. hat den unteren linken Thorflügel der Scheune, worin der Roggen lag und an dem eine Angel fehlte, so weit abgebogen, daß R. in die Scheune kriechen konnte. Dieser hat dann von innen das nur mit Kette und Vorlegestange verschlossene Thor geöffnet, worauf beide den Diebstahl begingen, R. in die Scheune zurückging, den Thorverschluß wider herstellte und auf dieselbe Weise wie er hineingekommen war, wieder herauskroch. Die Anklage war auf Diebstahl mittels Einbruchs gerichtet. Das App.-Gericht verneinte jedoch die gewaltsame Eröffnung des Thorflügels, weil die geringe Anstrengung. deren es bedurfte, um denselben abzubiegen, nicht geeignet sei, dem Eindringen eines Menschen den Charakter eines Einbruchs zu geben. Die NB. der StA.-schaft wurde zurückgewiesen.

Daß jeder Einbruch, wie die NB. bemerkt, die Anwendung von Gewalt seitens des Diebes erfordert, erscheint richtig. Dagegen läßt sich der weitern Ausführung nicht beistimmen, daß jede widerrechtliche Anwendung von Körperkräften behufs Ueberwindung eines entgegengestellten Widerstandes im Sinne des § 243 Nr. 2 des StGB.'s als Gewalt zu bezeichnen sei. Wäre dies richtig, so würde das Eintreten in jede unverschlossene Thür einen Einbruch enthalten, denn auch das Oeffnen der Thüre erfordert eine Kraftanstrengung, und der Dieb handelt stets rechtswidrig. Damit das Eindringen sich als Einbruch charakterisirt, ist vielmehr weiter erforderlich, daß der Bestohlene besondere den Eintritt hindernde Vorrichtungen getroffen hat, und daß deren Beseitigung durch eine vom Diebe angewendete Gewalt geschehen ist. In vorliegender Sache geht der Appell.-Richter davon aus, daß die fragliche Scheunenthür — wenn auch mangelhaft — verschlossen war, daß also eine besondere Vorrichtung zur Verhinderung des Eintritts bestand. Er stellt jedoch weiter fest, daß die geringe Anstrengung, deren es zum Abbiegen des einen Scheunenflügels bedurfte, nicht den Charakter des Einbruchs im Sinne des Gesetzes gehabt hat. Diese Entscheidung, wonach im vorliegenden Falle keine Gewalt angewendet ist, erscheint als eine thatsächliche, deren Nachprüfung in der Nichtigkeits-Instanz nicht Statt finden kann. Die gerügte Verletzung des § 243 Nr. 2 liegt sonach nicht vor.

Antr. d. GStA.: gleichl. [18.—2.]

Beamte. – Rendanten von Schulgemeinden.

Bedienstete und namentlich auch Rendanten ländlicher Schulgemeinden sind als mittelbare Staatsbeamte anzusehen.

StGB. § 359 [n. 32], § 350 [n. 1].

Erk. (S. I.) v. 29. Jan. 1879 c. Rz. (835 I. Cr.).

R. ist durch Wahrspruch der Geschworenen schuldig erkannt, als Schulkassenrendant der Schulgemeinde Chr. fremde Gelder, die er als solcher empfangen und als ihm anvertraut in Gewahrsam genommen hatte, sich rechtswidrig zugeeignet zu haben, auch in Beziehung auf diese That die zur Kontrole der Einnahmen und Ausgaben bei der Schulkasse bestimmten Rechnungen unrichtig geführt zu haben. Auf Grund dieses Wahrspruchs ist er aus §§ 246. 350, 351 des StGB.'s verurteilt. Seine RB. rügt, daß Amtsverbrechen angenommen sei, obwohl Rendanten ländlicher Schulsocietäten nicht als mittelbare Staatsbeamte zu qualificiren seien. Sie ist zurückgewiesen.

Die ländlichen Elementarschulen, bei denen sich die Bedingungen vorfinden, welche nach § 25 des ALR.'s Th. I Tit. 6 über den Begriff einer Corporation entscheiden, haben auch die Rechte der Corporationen. In diese Kategorie gehören diejenigen, welche auf Grund der in der Instruktion v. 23. Oktbr. 1817 (GS. S. 237) §§ 2 u. 18 Allerhöchst ertheilten Ermächtigung von den Königl. Regierungen eingerichtet und mit einem Vorstand versehen sind. Die Gesammtheit der zu einer solchen Schule gewiesenen Einwohner bildet nicht blos, wie die RB. vermeint, eine vom Staat zugelassene Gesellschaft, sondern ist als eine Corporation zu betrachten. §§ 25, 81 des ALR.'s I, 6; §§ 1, 12, 29 ff. des ALR.'s II, 12. Dies ist vom Kgl. Ob.-Tr. in seiner Plenar-Entscheidung v. 20. Juni 1853 nachgewiesen und seitdem in der Rechtsprechung als feststehend anerkannt. Erkenntniß vom 16. Oktober 1871, Entscheidungen Bd. 66 S. 212, Erk. v. 17. Dezbr. 1872, Entscheidungen Bd. 68 S. 318, Endurteil des Kgl. Oberverwaltungsgerichts vom 19. Septbr. 1876 Bd. 1 S. 166 und v. 28. März 1877 Bd. 2 S. 210. Damit erledigt sich, was die RB. gegen die corporative Eigenschaft der Schulgemeinde (vergleiche Marginale zu § 39 Tit. 12 Th. II des ALR.'s) ausführt. Daß dieselbe sich nicht mit der politischen Gemeinde deckt, ist unerheblich, weil die organisirte Schulgemeinde eine neben und unabhängig von der Ortsgemeinde bestehende Corporation ausmacht und die Exemplificirung auf die unter der Oberaufsicht des Staates stehenden Privatunterrichtsanstalten, cf. Circular-Rescr. des Ministers der geistlichen Angelegenheiten v. 18. März 1840 § 7 (Rönne, Unterrichtswesen Bd. I S. 293) verkennt, daß die von demselben organisirten öffentlichen Elementarschulen nicht nur seiner Aufsicht sondern auch seiner speciellen Leitung unterworfen sind. Erk. des Kgl. Ob.-Tr. v. 19. Septbr. 1866 (Oppenhoff, Bd. VII S. 486). Aus dem Zweck der Schulgemeinde als einer dauernden und gemeinnützigen Schöpfung, in welcher der Staat seine Fürsorge für die Bildung der Jugend bethätigt (§ 1 ALR. II 12, Art. 21 der Preuß. Verfassungs-Urkunde), folgt, daß die Bediensteten dieser Corporationen, zu welchen namentlich die mit der unmittelbaren Vermögensverwaltung Beauftragten, mithin die Rendanten gehören, § 141 des ALR.'s II 5, als mittelbare Staatsbeamte anzusehen sind, § 69 des ALR.'s II 10. Eine Organisation der Schulgemeinden, wie sie das Plenar-Erkenntniß des Kgl. Ober-Trib. als die Bedingung corporativer Berechtigung voraussetzt, hat durch die von der Königl. Regierung zu P. am 21. Oktbr. 1842 innerhalb ihrer verfassungsmäßigen Competenz erlassene, in dem amtlichen Schulblatt der Provinz von 1869 Nr. 19 veröffentlichte Justruktion für die Schulvorstände und Schulkommissionen des Bezirks stattgefunden. Diese beweist die Beamteneigenschaft der Schulvorsteher und Rendanten zur Evidenz. In § 1 u. 4 das. wird für jede öffentliche Schule die Bildung eines collegialisch zusammengesetzten Vorstandes angeordnet und dieser für die nächste Behörde der Schulgemeinde erklärt, welche in ihm also keineswegs, wie die NB. nach ihrer Bezugnahme auf Oppenhoffs Commentar zum StGB. § 359 Nr. 19 anscheinend geltend machen will, ein lediglich repräsentatives Organ nach Art der politischen Körperschaften besitzt. Im Einklang hiermit bezeichnet der Zusatz 2 zu § 2 den Beruf des Schulvorstehers als ein Ehrenamt und § 3 seine Obliegenheiten als Amtsobliegenheiten. Der nämliche § verlangt ferner, daß der gewählte Schulvorsteher durch die Kgl. Regierung bestätigt wird und diese Bestätigung, welche die für die Beamten-Eigenschaft erforderliche staatliche Ermächtigung enthält, vertritt bei den mittelbaren die von der NB. vermißte, bei den unmittelbaren Staatsdienern eintretende Berufung. § 3 schreibt ferner die eidesstattliche Verpflichtung der Schulvorsteher durch den Landrath und § 5 die Entfernung derselben durch die Kgl. Regierung nach der für die Vorsteher und Beamten der Corporationen geltenden Bestimmung des § 172 des ALR.'s II 6 vor. Endlich aber ist in § 14 bestimmt, daß das Vermögen der Schule, namentlich soweit es aus den baaren jährlichen Einnahmen (§ 20) sowie aus dem Kassenbestande sich zusammensetzt, von den Schulvorständen verwaltet und in § 22 vorgeschrieben, daß die Verwaltung der Schulkasse der Regel nach von einem Mitgliede des Schulvorstandes besorgt wird. Insoweit daher nicht ausnahmsweise ein besonderer Rendant von der Schulgemeinde angestellt ist, fällt die Kassenverwaltung in den Bereich der Amtsobliegenheiten des betreffenden Schulvorstehers. Der Einwand der NB., daß wenn der Rendant daneben Schulvorsteher auch dieser nicht mittelbarer Staatsbeamter sei, weil die Rendanturgeschäfte auch einem Privatengagirten übertragen werden könnten, verdient eine weitere Widerlegung nicht. Nach dem mit der Begründung des angefochtenen Erkenntnisses übereinstimmenden Vortrag der NB. ist nun der Angeklagte gemäß der Instruktion der Kgl. Regierung zu Posen vom 21. Oktbr. 1842 für die Schulgemeinde Gr.-D. als Schulvorstand und Schulkassen-Rendant gewählt und hat nach dem Spruch der Geschworenen „als Schulkassen-Rendant der Schulgemeinde Gr.-D.“ Gelder, welche er in dieser Eigenschaft empfangen und als ihm anvertraut in Gewahrsam hatte, sich rechtswidrig zugeeignet und in Bezug hierauf die zur Controle der Einnahmen und Ausgaben bei der dortigen Schulkasse bestimmten Rechnungen unrichtig geführt. Der Schw.-GH. hat deshalb rechtlich nicht geirrt, wenn er den Angeklagten als mittelbaren Staatsbeamten im Sinne des § 359 des StGB.'s betrachtet. Ob — was die NB. in Abrede stellt — der Angeklagte als Schulvorsteher und Rendant eine Bestallung erhalten hat und auf dieselbe verpflichtet, ist für die streitige Frage der Beamtenqualität gleichgültig. Die Bestallung enthält eine Beurkundung der Anstellung, ist aber keine Bedingung derselben und die formelle Verpflichtung des Beamten erfolgt nicht auf die Bestallung sondern auf die getreue Erfüllung seiner Amtsobliegenheiten, eine solche Verpflichtung wird überdies, wie aus § 359 folgt, für die Beamtenqualität nicht erfordert.

Antr. d. GStA.: gleichl. [17.—2.]

Anstiftung. - Anleitunggeben.

Vorsätzliche Bestimmung eines Andern zu einer strafbaren Handlung durch Anleitunggeben ist Anstiftung.

StGB. § 48 [n. 35].

Erk. (Z. I.) v. 29. Jan. 1879 c. Sauerwein (193 I. Cr.).

Die Geschworenen hatten die ihnen vorgelegte Frage bejaht, ob die Ehefrau S. schuldig sei, ihren Ehemann zu dem von ihm verübten schweren Diebstahl durch Anleitunggeben vorsätzlich bestimmt zu haben; worauf ihre Verurteilung wegen Anstiftung erfolgte. Ihre NB. wurde zurückgewiesen.

Die Frage enthält die wesentlichen Merkmale des der Implorantin schuld gegebenen Verbrechens. Einer Angabe der einzelnen Thatsachen, „worin die Verleitung und das Anleitunggeben bestanden haben soll", bedurfte es nach Art. 81 des Gesetzes vom 3. Mai 1852 nicht. Die Anleitung hat im gegebenen Fall, nach dem Wahrspruch das Anstiftungsmittel gebildet und ein Antrag auf Auflösung dieses Merkmals mit Bezugnahme auf Art. 82 a. a. O. ist nach dem Inhalt des Sitzungsprotokolls von der Implorantin nicht einmal gestellt.

Antr. d. GStA.: gleichl. [6.—2.]

Majestätsbeleidigung. - Dolus. - Beleidigende Absicht.

Beleidigende Absicht ist kein thatbestandliches Erforderniß der Majestätsbeleidigung.

StGB. § 95 [n. 5].

Erk. (B. I.) v. 29. Jan. 1879 c. Torl. (1275 I. Cr.).

T. ist von der auf Majestätsbeleidigung gerichteten Anklage freigesprochen, weil er nur referirt, was er gehört habe und nach den vorliegenden Umständen eine beleidigende Absicht bei ihm nicht anzunehmen sei. Auf NB. der StA.-schaft erfolgte Vernichtung.

Der Berufungsrichter, indem er sich die Ausführungen des I. Urteils aneignet, verkennt zwar anscheinend nicht, was andern Falles rechtsirrthümlich sein würde, daß auch in dem bloßen Referiren einer anderwärts gehörten Thatsache unter Umständen eine Majestätsbeleidigung gefunden werden könne, er verneint vielmehr das Vorhandensein einer solchen hauptsächlich deshalb, weil unter den vorliegenden Verhältnissen eine beleidigende Absicht bei seiner Aeußerung nicht anzunehmen sei. Eine beleidigende Absicht aber, als subjektives Merkmal für den Beleidigungsbegriff im Allgemeinen sowohl wie hinsichtlich der Majestätsbeleidigung insbesondere ist, worin Theorie und Praxis so gut wie übereinstimmen, nicht anzuerkennen. Welche Absicht oder welcher Zweck mit der Handlung erreicht werden sollte ist für die Beurteilung derselben als einer beleidigenden gleichgültig. Die Beurteilung des strafrechtlichen Willens bei deren Vornahme unterliegt vielmehr den allgemeinen in dieser Beziehung geltenden Grundsätzen und es muß hiernach genügen daß der Thäter sich bewußt war, daß seine Handlung objektiv unter den rechtlichen Gesichtspunkt einer Beleidigung zu bringen sei und nichtsdestoweniger, also im Einverständnisse mit dieser Eventualität, die Handlung vornahm.

Antr. d. OStA.: gleichl. [11.—2.]

Widerstand. – Rechtmäßige Amtsausübung. – Steuerexekutor. – Gewaltsame Oeffnung der Hausthür.

Ein Steuerexekutor ist befugt, behufs Vollstreckung eines Pfändungsbefehls die Hausthüre nöthigenfalls mit Gewalt zu eröffnen, wenn auch der Exequendus nicht Eigenthümer oder Besitzer des Hauses ist, sondern nur einzelne Räume darin be-

wohnt. Ein ihm hierbei von dem Eigenthümer des Hauses geleisteter Widerstand ist strafbar aus

§ 113 des StGB.

Erk. (Z. II.) **v. 30. Jan. 1879 c. Chur** (17 II. Cr.).

Nach der Natur der Sache schließt das Recht in dem Hause eines Anderen zu wohnen, das Recht auf ordnungsmäßige freie Benutzung der Hausthür, um zu den vom Wohnungsberechtigten benutzten Räumen zu gelangen, in sich ein. Demnach schließt aber auch die den Exekutionsbeamten durch das Gesetz ertheilte Autorisation zur Vollstreckung von Pfändungsbefehlen die Wohnung des Exequendus nöthigenfalls mit Gewalt zu eröffnen, die Autorisation zur gewaltsamen Eröffnung der Hausthür in sich, auch wenn der Exequendus nicht selbst Eigenthümer oder Besitzer des Hauses ist, und darin nur einzelne Räume bewohnt. Auch enthält weder die in der Allgemeinen Gerichtsordnung aufgestellte Exekutionsordnung noch die für die Provinz Westphalen erlassene Verordn. v. 30. Juni 1845 irgend eine Bestimmung, die dem mit einer Pfändung beauftragten Exekutor für den untergebenen Fall die Erwirkung eines besonderen Auftrages Seitens der Behörde zur Pflicht machte.

Antr. d. GStA.: gleichl. [22.—4.]

Retentionsrecht. – Bevollmächtigter. – Vollmacht, schriftliche.

Zur Ausübung des Retentionsrechts ist ein Bevollmächtigter des Vermiethers auch ohne schriftliche Vollmacht wenigstens dann befugt, wenn der Miether die Vorweisung einer solchen nicht ausdrücklich verlangt hat.

StGB. § 289 [n. 5].

Erk. (Z. I.) **v. 31. Jan. 1879 c. Berg** (1289 I. Cr.).

Auf Grund der Bd. 19 S. 284 abgedruckten Entscheidung wurde festgestellt, daß die P. in ausdrücklichem Auftrag des Hauseigenthümers L. dem B. gegenüber das Retentionsrecht an dessen eingebrachten Mobilien wegen des rückständigen Miethzinses ausgeübt und B. darauf, der mit ihr auch den Miethkontrakt abgeschlossen hatte, einen Zweifel gegen ihre Legitimation nicht erhoben, die Vorzeigung schriftlicher Vollmacht von ihr nicht verlangt und sie als Bevollmächtigte des L. nicht zurückgewiesen, sondern nur sachlich gegen die Retention selbst Einrede erhoben hat. Darauf hin erfolgte abermals Verurteilung des B. aus § 289, dessen NB. ausführt, daß die P. einer schriftlichen Vollmacht des L. bedurft habe. Sie ist zurückgewiesen.

Die thatsächliche Feststellung enthält die Erfordernisse des gegen den Angeklagten angewendeten § 289 des StGB.'s, und ihre Begründung läßt einen Rechtsirrthum des App.-Richters nicht erkennen, enthält insbesondere eine Verletzung der ihr in der NB. mit der Ausführung, daß die P. einer schriftlichen Vollmacht des L. bedurft habe, entgegengestellten §§ 8—10, 91, 142—149 des ALR.'s I, 13 nicht. Die Erklärung, daß an den in die gemiethete Wohnung eingebrachten Sachen des Angeklagten, an welchen dem Vermiether L. gesetzlich (§ 395 a. a. O. Tit. 21) die Rechte eines Pfandgläubigers zustanden, das Zurückbehaltungsrecht ausgeübt werde, bedurfte für sich der schriftlichen Form nicht. Der § 4 des ALR.'s I, 13 stellt auch für den Erwerb von Rechten durch Handlungen eines Dritten als das regelmäßige Erforderniß nur eineu ausdrücklichen Auftrag hin. Mit einem als Bevollmächtigter eines Anderen ohne schriftliche Vollmacht desselben Auftretenden ist Niemand zu unterhandeln verpflichtet. Läßt sich dagegen Jemand, ohne gemäß § 91 a. a. O. die Vorzeigung der schriftlichen Vollmacht zu fordern, in Unterhandlungen mit ihm ein, so ist, wie aus dem § 10 a. a. O. sich ergiebt, der Rechtserwerb durch den Machtgeber durch das Vorhandensein schriftlicher Vollmacht nicht bedingt. Demgemäß hat der App.-Richter ohne Rechtsirrthum angenommen, daß die durch die P. gemäß dem kundgemachten Auftrage des L. dem Angeklagten abgegebene, von diesem wegen Legitimationsmangels nicht beanstandete Erklärung über die Ausübung des Retentionsrechtes für L. und und gegen den Angeklagten von rechtlicher Wirkung ist. Mit Unrecht zieht der Angeklagte die §§ 8, 9, 142—149 des AAR.'s I, 13 und die Entscheidungen des

Kgl. Ob.-Trib. v. 4. Dezbr. 1854, 13. Oktbr. 1859 und 6. April 1865 (Strieth. Arch. Bd. 15. S. 258, Bd. 34. S. 322, Bd. 59. S. 60) für seine Ausführungen heran, weil dieselben nur die Frage nach der Verpflichtung des Machtgebers dem Dritten gegenüber beim Mangel einer schriftlichen Vollmacht zum Gegenstande haben.

Antr. d. GStA.: gleichl. [20.—2.]

---

1. Beschluß, daß Eröffnung einer Untersuchnng nicht statt finde. - Behörde. - Form.
2. Beleidigung. - Wahrheitsbeweis. - Umfang.
3. 4. Berechtigtes Interesse. - Umstände. - Herabwürdigung eines Andern.

1. Der in § 191 des StGB.'s erwähnte Beschluß braucht kein gerichtlicher zu sein und erfordert weder eine bestimmte Form, noch die ausdrückliche Erklärung, daß die Untersuchung nicht statt finde.

StGB. § 191 [n. 9].

2. Der Wahrheitsbeweis begreift bei beleidigenden Vorwürfen strafbarer Handlungen auch die innere Thatsache der für deren Strafbarkeit erforderlichen Absicht.

StGB. § 186 [n. 4].

3. Die Umstände aus denen in Fällen des § 193 des StGB.'s das Vorhandensein einer Beleidigung geschlossen wird, müssen zwar mit der Beleidigung in innerem, sie brauchen aber nicht damit in ununterbrochenem Zusammenhang zu stehen.

StGB. § 193 [n. 27].

4. Herabwürdigung eines Andern ist niemals ein berechtigtes Interesse, auch wenn sie als Mittel zur Ausführung einer an sich rechtmäßigen Anzeige gewählt ist.

StGB. § 193 [n. 11].

Erk. (Z. I.) v. 31. Jan. 1879 c. Kinski (1298 I. Cr.).

Ki. hat in einer Eingabe an die StA.-schaft dem Polizeidiener K. verschiedene Entwendungen und sonst strafbare Handlungen vorgeworfen. Deshalb wegen Beleidigung durch Behauptung nicht erweislicher Thatsachen aus § 186 des StGB.'s bestraft, rügt er, daß mit dem Verfahren nicht bis zu einem Beschluß über die Einleitung einer Untersuchung gegen K. inne gehalten und daß sein Einwand der Wahrheit der behaupteten Thatsachen und der Straflosigkeit wegen lediglicher Wahrnehmung berechtigter Interessen verworfen sei. Seine NB. ist zurückgewiesen.

[Zu 1.] Der § 191 des StGB.'s, dessen Verletzung die NB. behauptet, schreibt die Innehaltung mit dem Verfahren über die Beleidigung bis zu dem Beschlusse vor,

„daß wegen der, behufs Herbeiführung eines Strafverfahrens bei der Behörde zur Anzeige gebrachten strafbaren Handlung die Eröffnung der Untersuchung nicht statt finde".

Mit diesem Beschlusse bezielt der § 191 nur eine Entscheidung derjenigen Behörde bei welcher das Strafverfahren wegen der angezeigten Strafthat anhängig ist — § 164 a. a. O., ein gerichtlicher Beschluß welchen die NB. darunter verstanden wissen will, wird erst erforderlich, sobald das Strafgericht durch Erhebung der öffentlichen Klage mit der Verfolgung der angezeigten Strafthat befaßt ist, §§ 1, 47 der Verordn. vom 3. Januar 1849. Ebensowenig bedarf es für den in § 191 vorgeschriebenen Beschluß einer bestimmten Form oder der ausdrücklichen Erklärung daß die Untersuchung nicht statt finde. Wo es an einer solchen fehlt, ist es eine Frage der Auslegung, ob eine Verfügung der zuständigen Behörde den Beschluß mit Zuverlässigkeit erkennen läßt und diese Prüfung ist, da es sich bei § 191 um eine Bestimmung prozeßrechtlicher Natur handelt, dem Richter der Nichtigkeitsinstanz nicht entzogen. Der Angeklagte hat nun wegen der dem Polizeidiener K. nachgesagten Entwendungen, welche, weil nicht erweislich wahr, den Vorwurf der gegenwärtigen Untersuchung bilden, bei der Kgl. StA.-schaft zum Zweck der Herbeiführung eines

Strafverfahrens gegen K. Anzeige gemacht. Die Königl. StA.-schaft ist hierauf im Wege des polizeilichen Ermittelungsverfahrens gegen K. eingeschritten, hat jedoch nach Abschluß desselben und Eingang der polizeilichen Verhandlungen mittelst Verfügung v. 9. Febr. 1878 den K. zur Stellung eines Antrags auf Strafverfolgung wider den Angeklagten wegen jener Anzeige veranlaßt. In dieser Verfügung ist event. der vom § 191 verlangte Beschluß enthalten, daß das Ermittlungsverfahren eingestellt werde und eine gerichtliche Verfolgung des K. wegen der denuncirten strafbaren Handlungen nicht stattfinde. § 2 der Verordn. v. 3. Jan. 1849. Wenn es hierfür noch einer Bestätigung bedürfen sollte, so wäre dieselbe in der Erklärung der Anklageschrift zu finden, daß durch die in Verfolg der Anzeige des Angeklagten, angestellten Ermittelungen die Wahrheit der gegen K. erhobenen Beschuldigungen sich nicht ergeben habe. Bei dieser Sachlage waren die Instanzrichter durch die bei der Königl. StA.-schaft gemachte Anzeige der von K. angeblich verübten Vergehen um so weniger genöthigt, mit dem Verfahren und mit der Entscheidung wegen der nach der Anklage in der Anzeige liegenden Beleidigung inne zu halten, als der Angeklagte dies in den Instanzen niemals beantragt hat. Die gerügte Verletzung des § 191 hat also nicht stattgefunden.

[Zu 2.] Man wird der NB. zwar darin beipflichten müssen, daß zu dem, dem Angeklagten obliegenden Beweise der Wahrheit der Beweis der behaupteten Thatsachen nicht aber der ihrer rechtlichen Qualifikation gehört. Wenn aber der Angeklagte den Polizeidiener K. beschuldigt, daß er die Henne für sich behalten und die Schmiedekohlen entwendet, so begreift der von ihm zu führende Beweis der Wahrheit, nach der feststehenden Rechtsprechung des Königl. Ob.-Tr. auch die innere Thatsache, daß K. dabei in der Absicht rechtswidriger Zueignung gehandelt habe.

[Zu 3.] Aus dem Wortlaut des § 193, daß die Beleidigung aus den Umständen, unter welchen sie geschah, hervorgehe, folgt nur, daß die als beleidigend bezeichnete Aeußerung mit den Umständen, aus welchen der beleidigende Charakter entnommen wird, in einem inneren Zusammenhang stehe, keineswegs aber, daß dieser Zusammenhang auch ein zeitlich ununterbrochener sei. Der erkennende Richter ist daher rechtlich nicht behindert, aus Vorgängen welche zeitlich zurückliegen, auf die beleidigende Absicht zumal alsdann zu schließen, wenn ihre Wirkung nicht auf die Vergangenheit beschränkt war. Im gegebenen Falle durfte daher der App.-Richter bei Prüfung der Frage, ob der Angeklagte in beleidigender Absicht gehandelt habe, die Drohung, den K. vom Amte zu bringen mit in Betracht ziehen, auch wenn dieselbe nicht bei oder unmittelbar vor der Anschuldigung des K. bei der StA.-schaft vom Angeklagten ausgesprochen war. Und wenn der App.-Richter selbst unter der Voraussetzung, daß der Angeklagte bei der Anzeige sich in der Wahrnehmung berechtigter Interessen befunden habe, namentlich aus dieser Drohung die Ueberzeugung von dem Vorhandensein der Absicht zu beleidigen gewonnen hat, so ist diese Motivirung thatsächlicher Natur und deshalb dem Angriff in gegenwärtiger Instanz entzogen.

[Zu 4.] Ein vergeblicher Versuch der NB. ist es endlich, in der näheren Ausführung dieser Motivirung, daß nämlich der Angeklagte bei der Anzeige die Absicht gehabt habe, „den Polizeidiener K. in den Augen der betreffenden Behörde herabzuwürdigen und seine Stellung zu erschüttern", einen Rechtsirrthum nachzuweisen. Die Herabwürdigung eines Menschen ist niemals ein berechtigtes Interesse, auch wenn sie als Mittel zu der beabsichtigten Ausführung einer an sich rechtmäßigen Anzeige gewählt ist. Die Rechtmäßigkeit stellt sich in diesem Fall nicht mehr als das maßgebende Moment für die Handlungsweise des Denuncianten und für deren rechtliche Beurteilung dar. Motive zu § 188 des revidirten Entwurfs, Drucksachen des Reichstags von 1869/1870 S. 106.

Antr. d. OStA.'s: gleichl. [17.—2.]

Zeugen. – Eidesunfähige. – Vereidung. – Nichtigkeit.

Die Vereidung eines eidesunfähigen Zeugen begründet Nichtigkeit, ohne daß es darauf ankommt, ob dieser Mangel in der Berufungsinstanz gerügt war.

Vdn. v. 3. Jan. 1849 § 22 [n. 17], § 55 [n. 4].

Erk. (V. I.) v. 31. Jan. 1879 c. Wil. (1119 I. Cr.).

W. hatte den Auftrag erhalten den O. als Gefangnen von D. nach L. zu transportiren und an das dortige Gericht zu überliefern. Zugleich war ihm der Schlüssel zu dessen Reisekoffer übergeben. Während der Eisenbahnfahrt ersuchte ihn O. eine darin befindliche Wechseltasche bei Seite zu schaffen was W. that, nachdem sie dem geöffneten Koffer entnommen und ihm von O. übergeben war. W. ist deshalb aus § 133 und 348 bestraft. In der Voruntersuchung war O. vernommen und vereidet; in der erstinstanzlichen Audienz hat er ohne Widerspruch des W. auf den geleisteten Eid versichert. In der Berufung hat W. die Beeidung des O. nicht gerügt; die NB. aber stützt er darauf, daß O. ein nach § 356[8] der Cr.-Ordn. unfähiger Zeuge gewesen sei, der deshalb nicht eidlich habe vernommen werden dürfen.

Nach der Ueberzeugung der Instanzrichter hat der Kaufmann O. dem Angeklagten den Auftrag ertheilt, die ihm abgenommene, in dem Gewahrsam des Angeklagten befindliche Wechseltasche bei Seite zu schaffen und sie diesem zu solchem Zwecke ausgehändigt. Ebenso ist von ihnen für erwiesen erachtet, daß der Angeklagte die Wechseltasche durch Ablieferung an den Bruder des O. bei Seite geschafft hat. Die Instanzrichter haben hiernach angenommen, daß O. an dem, den Gegenstand der Anklage bildenden, Vergehen oder mindestens doch an den Vortheilen desselben Theil genommen hat. Nach § 356 Nr. 8 und § 22 der Vdn. v. 3. Jan. 1849 war O. mithin als Zeuge unfähig und durfte eidlich nicht vernommen werden. Dies ist dessenungeachtet und zwar gegen den Antrag des Staatsanwalts in der Voruntersuchung geschehen und das Zeugniß in der Hauptverhandlung I. Instanz von O. auf den geleisteten Zeugeneid und vom I. Richter bei Motivirung seiner thatsächlichen Feststellung als eidliches in Bezug genommen. Ebenso hat der Appell.-Richter die Aufrechterhaltung der erstrichterlichen Feststellung auf das Zeugniß des O. hauptsächlich gestützt und bei der Prüfung der Glaubwürdigkeit desselben die Uebereinstimmung anderweiter Beweise mit dessen beschworener Aussage angeführt. Die Vereidung eines eidesunfähigen Zeugen enthält aber die Verletzung einer wesentlichen Prozeßvorschrift, welche durch Art. 108 u. 117 des Ges.'s v. 3. Mai 1852 mit der Vernichtung des Verfahrens und des darauf gebauten Urteils bedroht ist. Dieses wird gegen die Vernichtung im gegebenen Fall auch durch den Umstand nicht geschützt, daß der Angeklagte die Vereidung des O. in der Appell.-Instanz nicht gerügt hat. Der § 356 Nr. 8 a. a. O. gehört zu den unbedingt gebietenden Prozeßvorschriften, deren Verletzung den Appell.-Richter zur Berücksichtigung von Amtswegen und zur Aufhebung des angegriffenen Urteils nöthigt. Art. 102 des cit. Gesetzes. [17.—2.]

Sachbeschädigung. – Antragsberechtigter. – Miether.

Miether einer Wohnung in einem fremden Hause können zur Stellung eines Strafantrags wegen an den Thüren derselben vorgenommener Sachbeschädigung für befugt erachtet werden.

StGB. § 305 [n. 16];

Erk. (V. I.) v. 5. Febr. 1879 c. Behme (1152 I. Cr.).

In dem Bd. 19 S. 301 abgedruckten Falle wurde festgestellt, daß die M.'schen Eheleute Miether der Wohnung gewesen seien deren Thüren B. beschädigt hatte, das Verfahren aber gleichwohl eingestellt, weil ihre Berechtigung zum Strafantrag aus dem Miethsverhältniß allein nicht herzuleiten und sonstige zu deren Begründung geeignete Umstände nicht hervorgetreten seien. Auf NB. des StA.'s wurde vernichtet.

Die Annahme des Berufungsrichters, wonach der Miether einer Sache zur Stellung des Strafantrags wegen Beschädigung derselben nicht berechtigt sei, kann als rechtlich begründet nicht anerkannt werden. Antragsberechtigt aus einer strafbaren Handlung erscheint, soweit das Gesetz nicht

Spezialbestimmungen in dieser Richtung trifft, Jeder dessen Recht in Ansehung des Objekts, welches den Gegenstand der That bildet, unmittelbar durch dieselbe verletzt wird und es kann, was die Sachbeschädigung im Besonderen anbelangt, keinen Unterschied begründen, ob dieses Recht sich unmittelbar auf die Substanz der Sache oder deren Gebrauch bezieht, sofern nur im letzteren Falle dieses Gebrauchsrecht durch die Beschädigung der Sache in quantitativer oder qualitativer Beziehung eine widerrechtliche Einbuße erlitten hat. Von diesem Gesichtspunkte aus läßt sich die Antragsberechtigung des Miethers einer Wohnung in einem fremden Hause nicht so unbedingt verneinen, wie dieses Seitens des Berufungsrichters geschehen ist. Es mußte vielmehr nach Lage der Sache der von den Eheleuten M. gestellte Strafantrag als zulässig erkannt werden.

Antr. d. GStA.: gleichl. [11.—2.]

Sonntagsfeier.

Das Verbot des Kaufens und Verkaufens in Kaufmannsläden während der Zeit des öffentlichen Gottesdienstes ist nicht dadurch bedingt, daß zur fraglichen Zeit wirklich Gottesdienst in der betreffenden Kirche gehalten ist.

StGB. § 366 pos. 1 [n. 4].

Erk. (S. I.) v. 5. Febr. 1879 c. Fick (1152 I. Cr.).

In Fl. besteht eine Verordnung wonach während der Zeit des Gottesdienstes alles Kaufen und Verkaufen in den Kaufmannsläden verboten ist. F., der einen Cigarrenladen besitzt, hat dieses Verbot übertreten, indem er während der regelmäßigen Zeit des Nachmittagsgottesdienstes verkauft hat. Er ist freigesprochen weil in der Kirche, zu der seine Wohnung gehöre am fraglichen Tage kein Nachmittagsgottesdienst gehalten sei. Auf NB. der StA.-schaft hat das Ob.-Tr. vernichtet.

Die Verordnung für die Herzogthümer Schleswig und Holstein v. 10. März 1840 betreffend die Feier der Sonn- und Festtage beruht nicht etwa auf der ausschließlichen Voraussetzung, daß dadurch ein Schutz des kirchlichen Gottesdienstes gegen Hintansetzung und Störung begründet werden soll, sondern es verfolgt dieselbe den im Eingange klar ausgesprochenen Zweck:

> „die gesammte Gottesverehrung der betreffenden Kirchengemeinschaft, sowohl die kirchliche als außerkirchliche, an Sonn- und Festtagen gegen Hemmnisse und Störungen zu sichern sowie die Würde und Ruhe aufrecht zu erhalten, welche zu ihrer Wirksamkeit erforderlich ist".

Der § 1 daselbst hat hiernach den dort näher bezeichneten höchsten Festtagen, welche während ihrer ganzen Dauer der Feier gewidmet und deshalb den aufgestellten Beschränkungen des Verkehrs 2c. unterworfen sein sollen, die übrigen Festtage und die Sonntage gegenübergestellt, an welchen die Pflicht zur Feier von vier Uhr Nachmittags ab ihr Ende erreicht. Wenn sodann hinzugefügt wird, daß an Sonn- und Festtagen insbesondere die Zeit des Gottesdienstes durch eine stille Feier geheiligt sein soll, welche für jeden Vormittagsgottesdienst auf $2\frac{1}{2}$ und für den Früh- und Nachmittagsgottesdienst auf $1\frac{1}{2}$ Stunden festgesetzt wird, so ist damit nach der Tendenz der Verordnung ausgesprochen, daß neben der kirchlichen auch eine außerkirchliche Feier der Sonn- und Festtage um die für den kirchlichen Gottesdienst bestimmte Zeit von einer bestimmten Dauer Statt findet, unmöglich aber kann die Auslegung Platz greifen, daß wenn aus besonderen Gründen der kirchliche Gottesdienst einmal oder zeitweise hinwegfällt, auch die außerkirchliche stille Feier nicht mehr geübt zu werden brauche. Diese stille Feier steht mit der öffentlichen in keiner bedingenden Wechselbeziehung, nur ihr Beginn und ihre Dauer sind in denselben Zeitpunkt verlegt, indem dabei vorausgesetzt wird, daß sowohl der abgehaltene Vormittags- als der abgehaltene Früh- und Nachmittagsgottesdienst die dafür in Aussicht genommene Zeitdauer wirklich erreiche. Muß dagegen der eine oder andere oder selbst der gesammte Gottesdienst in einem Kirchspiele zeitweise ausgesetzt bleiben, so kann sich die Frist für die stille Feier nur nach der Stunde bemessen, welche nach Herkommen oder Gesetz für den Beginn der kirchlichen Feier bestimmt ist. Zu den Bestandtheilen jener stillen Feier aber, welche in §§ 10, 11 und 12 der Vdn. v. 10. März 1840 aufgeführt werden, gehört auch die Unterlassung alles Kaufens und Verkaufens in den Läden der Kaufleute ꝛc., wie die §§ 10 und 16 daselbst, an deren Stelle der § 366 Ziff. 1 des R.=StGB.'s getreten ist, solche unter Strafandrohung vorschreiben und die Instanzgerichte verkehren hiernach in einem Rechtsirrthum, wenn sie unter der Zeit des Gottesdienstes, für welche das Verbot gelten soll, etwas Anderes als die im § 1 daselbst, worauf überdies in Parenthese hingewiesen wird, bestimmte Frist für die Dauer der kirchlichen Feier verstehen und namentlich erfordern, daß die Letztere auch wirklich Statt finde, wenn eine Pflicht zur außerkirchlichen Feier bestehen soll.

Antr. d. GStA.: gleichl. [11.—2.]

Branntweinsteuer. - Ordnungswidrigkeit. - Verantwortlichkeit.

Der Inhaber einer Branntweinbrennerei haftet für die in derselben vorgekommenen Ordnungswidrigkeiten, ohne daß es einer Nachweisung des dolus oder der culpa bedarf. Nur unabwendbarer Zufall schließt seine Strafbarkeit aus.

AKO. v. 10. Jan. 1824; AKO. v. 21. Septbr. 1860; Vgl. RdOTr. 13. S. 321; 15. S. 165 und 345; 18. S. 405.

Erk. (V. I.) v. 5. Febr. 1879 c. Konrad (871 I. Cr.).

In der Brennerei des K. wurde ein Bottich, der nach dem Betriebsplan reife Maische enthalten oder leer sein mußte, zum Theil mit Maische in abnehmender Gährung gefüllt vorgefunden. Der Urheber dieser Kontravention ist nicht ermittelt; K. aber von der auf Nr. 5 der KO. v. 10. Jan. 1824 gestützten Anklage freigesprochen, weil es, um den erforderlichen Dolus herzustellen, eines Wissens um das Geschehene und einer Möglichkeit des sofortigen Hinderns der Einmaischung bedürfe, hier aber nur eine Wirkung von Naturkräften vorliege, indem der Druck der Luftpumpe bei Entleerung eines Bottichs den Stöpsel eines anderen Bottichs herausgetrieben habe, aus dem die Maische in den hier fraglichen abgeflossen sei. Auf NB. des Prov.-Steuerdirektors erfolgte Vernichtung.

Wie das Ob.=Tr. in zahlreichen Urteilen ausgeführt hat, haftet der Brennereiinhaber für die beim Betriebe seiner Brennerei verwirkten Defraudations= und Kontraventionsstrafen zunächst principaliter, ohne daß es auf seine persönliche Betheiligung bei der That ankommt, und tritt eine blos subsidiäre Haftbarkeit nur dann ein, wenn festgestellt ist, daß die inkriminirte Handlung von seinen Gewerbsgehülfen ꝛc. verübt worden, was im vorliegenden Falle nicht geschehen ist. Sofern es sich um eine bloße Kontravention handelt, bedarf es zur Begründung einer principalen Verhaftung des Brennereiinhabers weder eines Dolus desselben noch des Nachweises einer demselben zur Last fallenden Fahrlässigkeit; die Strafbarkeit kommt vielmehr nur dann in Wegfall, wenn die Ordnungswidrigkeit durch einen von Niemandem vorherzusehenden und abzuwendenden Zufall herbeigeführt worden, was im vorliegenden Falle ebensowenig festgestellt ist. Der App.=Richter irrt daher rechtsgrundsätzlich, wenn er von einem zur Strafbarkeit des Brennereibesitzers in dem in Rede stehenden Falle erforderlichen Dolus, oder doch von dem Erfordernisse des wissentlichen Geschehenlassens oder Duldens der Einmaischung durch eine Person spricht. Seine desfallsige Bezugnahme auf eine Stelle in den Gründen des oben allegirten Erk. des Ob.=Tr.'s — Bd. 13. S. 321 —, beruht offenbar auf einem Mißverständnisse, da der dort erwähnte Fall, daß das durch einen Zufall veranlaßte Hinderniß von dem Brennereibesitzer, oder dessen in der Brennerei beschäftigten Gehülfen bemerkt werden konnte und nicht beseitigt worden ist, wie dies keiner weiteren Ausführung bedarf, von dem des wissentlichen Geschehenlassens verschieden ist.

Antr. d. GStA.: gleichl. [9.—2.]

Waldeck. – Staatsanwaltschaft.

Der einem Fürstl. Waldeck'schen Staatsanwalt vorgesetzte Beamte der Königl. Preußischen Staats=

anwaltschaft ist befugt, einzelne Geschäfte des ersteren selbst zu übernehmen.

Vdn. v. 6. Oktbr. 1868; StPO. v. 25. Juni 1867 § 34.

Erk. (Z. I.) **v. 5. Febr. 1879 c. Kleinschmidt** (917 I. Cr.).

Die NB. rügt es unter Bezugnahme auf § 135 Nr. 1 des Fürstlich Waldeck'schen Gesetzes über Einführung des öffentlichen und mündlichen Verfahrens v. 14. Juni 1850 als eine Verletzung von Vorschriften des Verfahrens, daß der Kgl. Ob.-Staatsanwalt zu Cassel bei der mündlichen Verhandlung vor dem Kreisgericht zu Arolsen die Staatsanwaltschaft vertreten hat, daß ihm hierzu die amtliche Befugniß gemangelt habe. Nach der gedachten StPO. seien die Vertreter des Staatsanwalts von diesem selbst zu erwählen und könnten nur aus der Zahl der recipirten Waldeckischen Rechtsanwälte genommen werden. — Dem ist entgegen zu setzen: § 2 der StPO. ertheilt allerdings dem für die Fürstenthümer Waldeck und Pyrmont bestellten Staatsanwalt die Befugniß, nach Bedürfniß aus der Zahl der rezipirten inländischen Anwalte sich für einzelne Fälle Gehülfen zu substituiren, und von dieser Befugniß hatte der erkrankte Staatsanwalt zu Arolsen auch im vorliegenden Falle Gebrauch gemacht. Da indessen der substituirte Rechtsanwalt gleichfalls verhindert war, bei der Hauptverhandlung die StA.-schaft zu vertreten, so hat diese Vertretung in Folge Anordnung des Herrn Justizministers der Kgl. Ober-Staatsanwalt zu Cassel wahrgenommen, und hierzu muß er nach den Bestimmungen des Vertrages zwischen Preußen und Waldeck-Pyrmont, betreffend die Uebertragung der Verwaltung der Fürstenthümer an Preußen v. 18. Juli 1867 und der Verordnung, betreffend die anderweitige Organisation der Justiz-Behörden in den Fürstenthümern Waldeck und Pyrmont vom 6. Oktbr. 1868 unbedenklich für befugt erachtet werden. Auf Grund des Art. 1 des Accessionsvertrages hat Preußen die innere Verwaltung der Fürstenthümer übernommen und nach Art. 4 ebend. übt der König von Preußen bezüglich der inneren Verwaltung der Fürstenthümer die volle Staatsgewalt, wie sie dem Fürsten verfassungsmäßig zusteht, mit Ausnahme einzelner hier nicht in Betracht kommender Angelegenheiten. Nach Art. 6 ebend. ist Preußen berechtigt die Justiz- und Verwaltungsbehörden nach eigenem Ermessen anderweitig zu organisiren, sowie die Befugnisse der Behörden höherer Instanzen Preußen zu übertragen. Von dieser Befugniß hat der König von Preußen durch die oben gedachte Verordnung Gebrauch gemacht und durch § 1 zu Gerichten höherer Instanzen für die Gerichte der Fürstenthümer das Preußische Appell.-Gericht zu Cassel, bezw. das Preußische Ober-Appell.-Gericht zu Berlin (jetzt das Ober-Tribunal) bestellt. Nach § 21 ebend. nimmt der OStA. zu Cassel in den aus den Fürstenthümern an das Appell.-Gericht daselbst gelangenden Sachen die Verrichtungen der StA.-schaft wahr und bildet die Aufsichtsinstanz für die Staatsanwalte und die Polizeianwalte in den Fürstenthümern. Durch die gedachte Verordnung sind die Justiz-Behörden der Fürstenthümer überhaupt der Preußischen Justiz-Organisation als Glied eingefügt worden und demnach unter Beachtung der Spezial-Bestimmungen derselben den ihnen vorgesetzten Preußischen Justiz-Behörden ebenso untergeordnet, wie die analogen Preußischen Justiz-Behörden. Der OStA. zu Cassel ist daher für befugt zu erachten, die Verrichtungen der StA.-schaft bei den Gerichten erster Instanz in den Fürstenthümern wahrzunehmen, wie diese Befugniß den übrigen Preußischen Ober-Staatsanwalten in Beziehung auf die Gerichte erster Instanz ihres Bezirkes zusteht. — § 10 der Vdn. v. 3. Jan. 1849, § 34 der StPO. v. 25. Juni 1867. — Es kann somit ganz davon abgesehen werden, daß im vorliegenden Falle die Vertretung in Folge einer speciellen ministeriellen Anordnung statt gefunden hat. Nach dem oben Gesagten erledigen sich auch die Ausführungen der NB., daß in den Fürstenthümern nur Waldecker als Beamte fungiren dürften, was übrigens mit Art. 7 des Accessions-Vertrages in Widerspruch steht, und daß sämmtliche Waldecksche Staatsdiener den Eid auf die Waldecksche

Verfassung zu leisten, bezw. die von Preußen für die Fürstenthümer ernannten Staatsdiener die genaue Einhaltung der Verfassung zu geloben hätten, abgesehen von der Frage, inwiefern ein Mangel dieser Art, wenn er vorläge, vom Angeklagten gerügt werden könnte, von selbst, da die bei den Preußischen den Waldeckschen Justiz-Behörden übergeordneten Gerichtsbehörden angestellten Beamten durch die den Letzteren verliehene Zuständigkeit als höhere Instanz für die Waldeckschen Justiz-Behörden nicht zu Waldeckschen Beamten geworden sind, und die von der NB. angezogenen Bestimmungen nur auf diese Anwendung finden.

Antr. d. GStA.: gleichl. [9.—2.]

Arrestbruch. - Dolus. - Glaube an Berechtigung.

Der Glaube an die Berechtigung zu der die Entziehung gepfändeter Sachen aus der Verstrickung in sich schließenden Handlung beseitigt den für die Strafbarkeit aus § 137 des StGB.'s erforderlichen Dolus.

StGB. § 137 [n. 37].

Erk. (S. I.) v. 5. Febr. 1879 c. Merk. (1332 I. Cr.).

Der Gerichtsexekutor S. belegte im Auftrag des Gerichts in einer Prozeßsache gegen M. verschiedene Sachen des Verklagten mit Superarrest, welche M. schon vorher als Vorsteher eines Hospitals wegen einer Pachtgeldforderung dieser Anstalt mit Beschlag belegt hatte. S. machte dem M. davon Mittheilung, der aber erklärte, er könne sich an den Superarrest nicht kehren und die Sachen verkaufte, sie den Käufern übergab und den Erlös in die Hospitalkasse abführte. M. ist aus § 137 bestraft und rügt in der NB. die Annahme des Dolus, da er sich zum Verkauf der Sachen für berechtigt gehalten habe. Das Ober-Tribunal hat vernichtet.

Dagegen muß die materielle Beschwerde, daß der Appell.-Richter, ohne die für den strafrechtlichen Dolus erhebliche Behauptung, Angeklagter habe sich zur Beschlagnahme und Versteigerung der M.'schen Mobilien im Wege der Administrativ-Exekution kraft seines Amtes und auf Grund des Gesetzes (cfr. XIIa. der AKO. v. 31. Dezbr. 1825) für berechtigt gehalten, einer näheren Prüfung zu unterziehen, den im § 137 des R.-StGB.'s vorausgesetzten Dolus als festgestellt angenommen habe, allerdings für begründet erachtet werden. Denn hat der Angeklagte den ihm zur Last gelegten Arrestbruch in dem irrigen Glauben verübt, daß ihm zur Vornahme derjenigen Handlungen, welche objektiv den Thatbestand eines Arrestbruchs begründen, eine gesetzliche Berechtigung zustehe, so hat ihm das strafrechtliche Bewußtsein einer Rechtsverletzung insbesondere der vorsätzlichen Zuwiderhandlung gegen den § 137 cit. gefehlt. Zur Ausschließung des behaupteten irrigen Glaubens genügt weder die Annahme des App.-Richters, daß dem Angeklagten eine gesetzliche Berechtigung zur Vornahme der administrativen Exekution nicht zugestanden habe, noch die Feststellung: „Angeklagter habe mit dem Bewußtsein gehandelt, daß die von ihm veräußerten und an Dritte übergebenen Sachen von der zuständigen Behörde in Beschlag genommen seien und daß er durch seine vorsätzliche Handlung eine amtliche Beschlagnahme unwirksam mache". Selbst die dem Angeklagten allerdings zur Last fallende Verabsäumung der zum Zweck der Erledigung eines angelegten Superarrestes im § 15 der Vdn. v. 30. Juli 1853 gegebenen Vorschriften erscheint, da nicht festgestellt ist, daß dieselbe dolose geschehen, für sich allein zur Erfüllung des im § 137 des R.-StGB.'s vorausgesetzten Dolus nicht ausreichend.

Antr. d. GStA.: gleichl. [15.—2.]

Preßvergehen. - Redakteur. - Umstände. - Nennung des Verfassers.

Unkenntniß von dem Inhalt eines eine Strafthat enthaltenden Zeitungsartikels befreit den Redakteur ebensowenig wie Nennung des Verfassers von der Bestrafung aus § 20 des Preßgesetzes.

Preß-Ges. v. 7. Mai 1874 § 20.

Erk. (Z. I.) v. 5. Febr. 1879 c. Sönksen (1331 I. Cr.).

S. ist Redakteur einer politischen Zeitung in welcher ein Artikel abgedruckt war, der eine Majestätsbeleidigung enthielt. Als dessen

Verfasser benannte er den B. dem er thatsächlich die Redaktion eines Theils der Zeitung überlasse. Auf dem betreffenden Blatt war S. allein als verantwortlicher Redakteur bezeichnet und erfolgte seine Bestrafung aus § 20 des Preßgesetzes. Seine NB. wurde zurückgewiesen.

Weder die angebliche Unkenntniß von dem Inhalte des nach der Feststellung der Instanzrichter eine Majestätsbeleidigung enthaltenden Zeitungs-Artikels, welche, wie der Berufungsrichter zutreffend ausführt, nicht als ein besonderer die Annahme der Thäterschaft ausschließender Umstand im Sinne des § 20 Abs. 2 cit. aufzufassen ist, noch der Nachweis des Artikel-Verfassers kann den Imploranten als verantwortlichen Redakteur der inkriminirten periodischen Druckschrift von seiner gesetzlichen Haftbarkeit als Thäter der durch die Druckschrift begangenen, strafbaren Handlung befreien.

Antr. d. GStA.'s: gleichl. [15.—2.]

Bedrohung. – Konkludente Handlungen.

Die Bedrohung mit einem Verbrechen kann auch durch konkludente Handlungen geschehen.

StGB. § 241 [n. 1]; Vgl. RbOTr. 13. S. 647.

Erk. (Z. l.) v. 5. Febr. 1879 c. Ziegler (1352 I. Cr.).

Z. und N. waren vor die Wohnung des B., mit dem sie Streit gehabt hatten, gekommen und hatten mehrere scharfe Schüsse durch das Fenster abgefeuert. Die Instanzgerichte stellen fest, daß sie nicht die Absicht gehabt haben, ein Mitglied der B.'schen Familie zu erschießen, aber bezweckt derselben diesen Gedanken beizubringen und sie habe auch gefürchtet, daß es ihnen an's Leben gehen solle. Bestrafung erfolgt aus § 241 des StGB.'s und die NB. ist zurückgewiesen.

Daß eine Bedrohung im Sinne des § 241 cit. nicht nur durch Worte, sondern sehr wohl auch durch konkludente Handlungen geschehen kann, hat das Kgl. Ob.-Tr. wiederholt ausgesprochen.

Antr. d. GStA.: gleichl. [11.—2.]

Grober Unfug. – Störung der öffentlichen Ordnung.

Zum Begriff des groben Unfugs ist es nicht

erforderlich, daß die öffentliche Ordnung bereits wirklich gestört worden ist. Es genügt eine Handlung, welche geeignet ist, die öffentliche Ordnung zu stören.

StGB. § 360 Nr. 11.

Erk. (Z. II.) v. 6. Febr. 1878 c. Pabel (158 II. Cr.).
Antr. d. GStA.: gleichl. [19.—4.]

Hausfriedensbruch. – Vermiether. – Pfandrecht. – Widerrechtlichkeit.

Der Vermiether, welcher die Wohnung des Miethers wider dessen Willen betreten hat, um das ihm zustehende Retentionsrecht geltend zu machen, aber auf geschehene Aufforderung des Miethers sich nicht aus der Wohnung entfernt, kann sich des Hausfriedensbruches schuldig machen, wenn er sein Recht auch ohne Betreten der Wohnung und ohne Verweilen in derselben geltend machen kann.

StGB. § 123.

Erk. (Z. I.) v. 7. Febr. 1879 c. Namm (490 I. Cr.).

Der Angeklagte hatte zur Sicherung der am 1. Januar des künftigen Jahres fälligen Miethe durch Geltendmachung des ihm zustehenden Retentionsrechtes an einem Tage des Dezember wider den ihm bekannten Willen des Miethers dessen Wohnung betreten und hatte sich an einem späteren Tage als er zu gleichem Zwecke in der Wohnung des Miethers war, auf die Aufforderung des Miethers aus der Wohnung nicht entfernt. In beiden Fällen straften die Instanzrichter wegen Hausfriedensbruchs, weil sie davon ausgingen, daß Angeklagter die Gerichte hätte anrufen und sein Recht auch ohne Betreten der Wohnung hätte geltend machen können. Das Ob.-Trib. hat die NB. zurückgewiesen, welche sich wesentlich darauf stützte, daß der Vermiether das Recht habe die Wohnung des Miethers zum Zwecke der Geltendmachung seines Retentionsrechtes zu betreten. Gründe:

Die NB. erweist sich als verfehlt. 1) Die prozessuale Rüge über unstatthafte Beschränkung der Vertheidigung ist gegenstandslos. Der Angeklagte hat darüber, daß er berechtigt gewesen sei oder sich mindestens dazu für berechtigt habe halten dürfen, den an den Kaufmann J. vermietheten

Laden zu betreten, in der App.-Instanz weder Beweis angetreten, noch die Ablehnung des in I. Instanz dafür angebotenen Beweises gerügt.

2) Ebenso unbegründet ist die materielle Beschwerde. Die getroffene thatsächliche Feststellung: daß der Angeklagte durch mehrere selbständige Handlungen 1. am 30. Dezbr. 1877 zu Posen aus den Geschäftsräumen des Kaufmanns J., in welchen er ohne Befugniß verweilte, auf die Aufforderung des Berechtigten J. sich nicht entfernte und 2. am 31. Dezember 1877 zu Posen in die Geschäftsräume des Kaufmanns J. widerrechtlich eingedrungen ist und sich aus denselben, als er ohne Befugniß in ihnen verweilte, auf die Aufforderung des Berechtigten J. nicht entfernt hat", erfüllt den Thatbestand des § 123 des StGB.'s und ihre Begründung läßt einen Rechtsirrthum nicht erkennen. Der Miether hat, wie von den Instanzrichtern in Uebereinstimmung mit der feststehenden Rechtsprechung des Kgl. Ob.-Tr. angenommen ist, auch dem Vermiether gegenüber einen Anspruch auf den Schutz des im § 123 des StGB.'s gewährleisteten Hausfriedens. Der Vermiether ist der Regel nach nicht befugt, kraft seines Eigenthumsrechts in die von ihm vermietheten Räumlichkeiten wider den ihm bekannten Willen des Miethers einzutreten oder dort zu verweilen. Eine solche Befugniß ist auch in dem durch das Gesetz dem Vermiether eingeräumten Pfandrecht an den eingebrachten Sachen des Miethers nicht mitenthalten und dessen Ausübung ohne einen Eingriff in das Hausrecht des Miethers rechtlich sehr wohl denkbar und ausführbar. Für den gegebenen Fall hat nun der App.-Richter ausdrücklich festgestellt, daß der Angeklagte in der Lage gewesen ist, auch ohne die an J. vermietheten Geschäftsräume zu betreten, die Fortschaffung der eingebrachten diesem gehörigen Waaren zu hindern, namentlich schon lange vor der That die Hülfe der Gerichte gegen die nach seiner Angabe damals bereits begonnene Gefährdung seines Pfandrechts anzurufen. Diese Motivirung ist zunächst rein thatsächlich und darum in gegenwärtiger Instanz

unangreifbar, überdies aber auch, insofern sie die Zulässigkeit einer wirksamen Antretung der Gerichte ausspricht, durch den § 395 I, 21 des ALR.'s gerechtfertigt, welchem zufolge die vom Miether eingebrachten Effekten dem Vermiether auch wegen einer noch nicht fälligen Miethsforderung pfandweise verhaftet sind. — Präjudiz Nr. 885 Bd. I S. 127. — Dadurch erledigt sich der Einwand der RB., daß der Miethzins, dessen Zahlung der Angeklagte sich durch das Betreten der J.'schen Wohnung am 30. und 31. Dezbr. 1877 sichern wollte, erst am 1. Januar 1878 fällig geworden sei. Wenn jene schließlich vermeinte, daß die Unterlassung einer Arrestklage dem Angeklagten nicht zum Nachtheil gereichen und sein den Gegenstand der Anklage bildendes Verhalten nicht strafbar machen könne, so überschätzt sie nicht nur den Umfang der in dem Pfandrecht des Vermiethers enthaltenen Befugnisse, sondern verkennt auch die Bedeutung der Vorschriften des § 77 folg. der Einleitung zum ALR., welche im Interesse der öffentlichen Ordnung die Selbsthülfe verbieten und die gerichtliche Entscheidung an ihre Stelle setzen.

Antr. d. GStA.: Zurückweisung. [17.—3.]

Hausfriedensbruch. - Eigenthümer. - Bewohner. - Hausrecht.

Dem Eigenthümer eines Hauses verbleibt für den Bereich der eigenen von dem Nutzungsrecht des Wohnungsinhabers nicht berührten Befugnisse sein Hausrecht ungeschmälert. Der nur für seine Person darin Wohnungsberechtigte kann daher dritten Personen den dauernden Aufenthalt daselbst gegen den Willen des Eigenthümers nicht gestatten.

StGB. § 123, [n. 1].

Erk. (Z. I.) **v. 12. Febr. 1879 c. Hoppe** (1344 I. Cr.).

Der Wittwe Hill. stand ein persönliches Bewohnungsrecht des von R., dem Vormund ihres Sohnes, verwalteten Hauses des letzteren zu. Sie hatte gegen den Willen des R. dem H. eine Wohnung darin eingeräumt. Auf Instanz des R. ist er gerichtlich verurteilt, diese Wohnung zu räumen und sodann exmittirt, später aber wieder hineingezogen und deshalb wegen Hausfriedensbruchs bestraft, obwohl er dazu berechtigt gewesen zu sein behauptet, da es ihm die Wittwe Hill. erlaubt habe. Seine NB. ist zurückgewiesen.

Die vom App.-Richter beibehaltene thatsächliche Feststellung, „daß der Angeklagte im Jahre 1877 und zwar nach dem 19. Oktober in das H.'sche Haus widerrechtlich eingedrungen ist", erfüllt den Thatbestand des § 123 des StGB.'s, da, wie die Urteilsgründe bestätigen, das Haus als „befriedetes Besitzthum" zu betrachten und betrachtet ist. Die weitere Motivirung läßt auch einen Rechtsirrthum nicht erkennen. Von den Instanzrichtern ist für erwiesen erachtet, daß laut der gerichtlichen Verträge vom 7. und 12. Januar 1867 die Verwaltung und Verfügung über das dem minderjährigen Sohne der Wittwe H. gehörige Haus, welcher darin lediglich ein persönliches kündbares Wohnungsrecht zustand, dem Vormund und Sequester R. übertragen, dies auch der Wittwe H. und dem Angeklagten bekannt war. Ebenso haben die Instanzrichter für dargethan angesehen, daß der Angeklagte auf die Räumungsklage des R. aus der Wohnung der Wittwe H. zufolge richterlichen Urteils vom 19. Oktbr. 1877 exmittirt worden ist, dessenungeachtet aber gegen den deutlich kundgegebenen Willen des R. das H.'sche Haus nicht blos, wie die NB. zu behaupten scheint, behufs zeitweiser Beschäftigung betreten, sondern seinen Aufenthalt dort genommen und bis zum Erk. I. Instanz nicht aufgegeben hat. Damit ist er, wie der App.-Richter zutreffend annimmt, widerrechtlich in das H.'sche Haus eingedrungen und hat sich gegen § 123 des StGB.'s verfehlt. Die behauptete Aufforderung der Wittwe H., sich bei ihr aufzuhalten, schließt den Thatbestand des § 123 nicht aus. Das Hausrecht des Wohnungsinhabers, als das Recht in seiner Wohnung nach seinem Ermessen zu schalten und zu walten, besteht nur innerhalb gewisser Schranken des öffentlichen und des Privatrechts. Hat derselbe nur für seine

Person ein Recht zur Benutzung der Wohnung — § 24 des ALR. I, 19, — so ist sein Hausrecht insoweit begrenzt, als er ohne Einwilligung des Eigenthümers Niemanden, selbst unentgeltlich in die Wohnung aufnehmen darf und dem Eigenthümer verbleibt für den Bereich der eigenen von dem Nutzungsrechts des Wohnungsinhaber nicht berührten Befugnisse sein Hausrecht ungeschmälert, dies ist auch nicht davon abhängig, ob der Eigenthümer das Haus mitbewohnt, weil § 123 seinen Schutz auch dem Eigenthümer eines nicht bewohnbaren, lediglich befriedeten Besitzthums gewähren will. Das persönliche Wohnungsrecht ermächtigte daher im gegebenen Fall die Wittwe H. nicht, gegen den Willen des R. als des gesetzlichen Vertreters des Eigenthümers und durch Uebergabe in den Besitz des Hauses gelangten Sequesters dritten Personen den dauernden Aufenthalt in ihren Wohnungsräumen zu gestatten, cfr. § 25 des ALR. I, 19. Der Angeklagte, welcher damit bekannt war, befand sich nach den Feststellungen der Instanzrichter auch nicht in dem guten Glauben, daß die Wittwe H. ihm erlauben dürfe, seinen Aufenthalt in dem H.'schen Hause zu nehmen. Es fehlt also weder am objektiven noch am subjektiven Thatbestand des § 123 des StGB.'s. Damit fällt die Beschwerde über Verletzung des § 123 des StGB.'s zusammen.

Antr. d. GStA.: gleichl. [17.—2.]

Betrug. – Täuschung des Richters. – Einspruch gegen die Exekution. – Nassau.

1. Täuschung des Richters über eine bestehende Einspruchsberechtigung gegen eine verhängte Exekution, durch welche er bewogen wird, die Maßregel aufzuheben, genügt für den Thatbestand des Betruges.

StGB. § 263 [n. 61].

2. Einstellung der Exekution in einem solchen Falle ist eine Beschädigung des Vermögens des Gläubigers.

StGB. § 263 [n. 23].

3. Jeder Rechtserwerb setzt eine Thatsache voraus, aus der er entspringt; wer sich daher auf das Recht beruft, behauptet das Bestehen einer solchen Thatsache.

StGB. § 263 [n. 40].

Erk. (3. l.) v. 12. **Febr.** 1879 c. **Kimpel** (44 I. Cr.).

In Sachen F. und K. war letzterer von einem Gerichte im vormaligen Herzogthum Nassau verurteilt, und Pfändung eines Fasses Wein bie ihm erfolgt. Nachdem Versteigerungstermin anberaumt war, erhob des Verklagten Sohn T. K. auf dessen Veranlassung Einspruch mit dem Vorgeben, Eigenthümer zu sein. Die Versteigerung wurde aufgehoben. T. K. hat dann aber den Beweis nicht führen können, daß ihm sein Vater den Wein an Zahlungsstatt übereignet habe. Inmittels geräth jedoch der letztere in Konkurs. Nach der Nassauischen Exekutionsordnung v. 16. Juli 1854 hat der Richter bei Anmeldung von Ansprüchen Dritter das Exekutionsverfahren zu sistiren. T. K. wurde wegen Betrugs und sein Vater wegen Anstiftung dazu verurteilt. Die NB. bestreitet die Täuschung des Richters durch Vorspiegelung einer falschen Thatsache und die Beschädigung des Gläubigers.

[Zu 1 und 2.] Der Gesichtspunkt wovon die NB. ausgeht führt zu der Frage, ob und inwieweit Einsprüche welche auf Grund des § 24 der Nassauischen Hülfsvollstreckungsordnung v. 16. Juli 1851 von dritten Personen gegen die Vollziehung der Auspfändung an dem Vermögen des Schuldners erhoben und auf Ansprüche derselben bezüglich der zur Pfändung bestimmten im Besitze des Schuldners befindlichen Gegenstände gegründet werden, wegen Nichtvorhandensein des Rechts, auf welches die Einsprache sich gründet geeignet sind, eine Täuschung des Richters herbeizuführen und damit die Erregung eines Irrthums als Thatbestandsmerkmal des Betruges zu begründen. Dieses Einspruchsrecht ist ungeachtet der in dieser Beziehung nicht ganz zweifellosen Wortfassung des Gesetzes, und zwar sowohl der Exekutionsordnung v. 5. Mai 1841 § 20 als des gegenwärtig in Frage stehenden § 24, stets und unbestritten dahin ausgelegt und gehandhabt worden, daß es dabei nicht auf eine unmittelbar bei dem Auspfändungsakte gegenüber dem Gerichtsvollzieher abgegebene Erklärung wesentlich ankomme, sondern auch eine erst nachher, jedoch vor der Versteigerung, bei dem Vollstreckungsrichter erfolgte Anmeldung des Anspruchs geeignet sei, die an die Einsprache geknüpften Wirkungen herbeizuführen. Dasselbe gewährt dritten Personen Gelegenheit die Nachtheile abzuwenden, welche ihnen dadurch drohen, daß Gegenstände, die sich im Besitze des Schuldners befinden und worauf ihnen Ansprüche zustehen, mittelst Pfändung und Zwangs-Versteigerung derselben für fremde Schulden in andere Hände übergehen, aus welchen solche zurückzuerlangen für den ursprünglich Berechtigten nach den §§ 69 und 70 das. Schwierigkeiten bestehen. Es soll durch diese Einsprache, welche keinerlei Formen oder Beweise für den behaupteten Rechtsanspruch bedarf, dasjenige erreicht werden, was anderwärts Gegenstand eines Interventionsprozesses sein würde, indem zunächst zur Pfändung anderer unbestrittener Vermögensstücke geschritten, wenn aber nach den vorliegenden Anmeldungen fremder Ansprüche sich ergiebt, daß das unbestrittene Vermögen des Schuldners zur Befriedigung des klagend aufgetretenen Gläubigers nicht ausreicht, wegen vorliegender Gläubigerkonkurrenz und muthmaßlicher Vermögensunzulänglichkeit nach § 27 das. vom Gerichtsvollzieher der Ueberschuldungsbericht über den Schuldner erstattet und daraufhin, nach § 52 Ziff. 4 der Nassauischen Vdn. v. 28. Septbr. 1859 der Konkursprozeß gegen denselben erkannt wird, in welchem die angemeldeten Ansprüche ihrer Rechtsbegründetheit nach zum Austrag gelangen. Kann hiernach einer Seits nicht verlangt werden, daß die Ansprüche, worauf die Einsprache sich stützt, gleichzeitig bewiesen oder nur bescheinigt werden, sondern ist der Richter verpflichtet ohne Anhörung des Gläubigers oder eines sonstigen Gegners auf die bloße Thatsache des Einspruchs hin die Aufhebung der Pfändung in Beziehung auf die davon betroffenen Gegenstände auszusprechen und die Ergreifung anderweiter unbestrittener Pfänder oder eventuell die Erstattung des Ueberschuldungsberichts anzuordnen, so wird auch anderer Seits der Einspruch erhebende Dritte nach dem Zwecke des ganzen Verfahrens, welches nur auf Wahrung seiner Rechte gerichtet ist, und nicht dem Schuldner durch Verschleppung der Hülfsvollstreckung eine wenn auch nur zeitweise und vorübergehende Vermögensbegünstigung verschaffen soll, verpflichtet nur von diesem Gesichtspunkte aus sich der Einsprache zu bedienen. Also nur objektiv vorhandene oder subjektiv vermeintliche Ansprüche und deren Sicherung im Interesse des Berechtigten können Gegenstand und Zweck derselben sein. Ist von diesem Gesichtspunkte aus der Vollstreckungsrichter unbedingt für berechtigt zu halten einen Einspruch als frivol zurückzuweisen, von welchem der Anmeldende selbst zugesteht, daß demselben weder ein eigenes Recht noch die Rücksicht auf die Wahrung eines solchen zu Grunde liege, so muß es ebenso als eine rechtswidrige Täuschung des Richters angesehen werden, welche geeignet ist denselben über die inneren Voraussetzungen des Einspruchsrechts, den Glauben an das Vorhandensein eines Anspruchs und die Absicht denselben zu wahren, in einen Irrthum zu versetzen, wenn der Einspruch Erhebende nicht blos durch Verschweigung der Thatsache, daß er nur einen fingirten Anspruch geltend mache, um die vorläufige Aufhebung der Pfändung zu Gunsten des Schuldners zu bewirken, sondern zugleich durch sein positives Verhalten indem er sich als wirklich Einspruchsberechtigter gerirt, den Anschein erweckt als ob es sich um einen seiner Ansicht nach berechtigten Einspruch handle, und mittelst dieser Vorspiegelung den Richter zu einer Maßregel veranlaßt, welche das Recht des Gläubigers auf Befriedigung aus dem Erlöse der gepfändeten Gegenstände aufhebt und schon dadurch allein, ohne Rücksicht auf die näher gerückte Gefahr für die Befriedigung des Gläubigers überhaupt, das Vermögen des Letzteren beschädigt.

[Zu 3.] Daß, wie die NB. der Angeklagten weiter bestreitet, die Behauptung von Rechtsansprüchen, insbesondere des erworbenen Eigenthums, eine Behauptung von Thatsachen enthalte, bedarf kaum einer näheren Ausführung;

denn jeder Rechtserwerb setzt eine Thatsache voraus, woraus derselbe entspringt und wer sich daher auf das Recht beruft behauptet damit gleichzeitig, daß eine Thatsache besteht, aus welcher dasselbe hervorgegangen ist.

Antr. d. GStA.: gleichl. [11.—2.]

Politische Vereine. - Vorläufig geschlossene.

Unter vorläufig geschlossenen Vereinen sind nur die von der Ortspolizeibehörde, nicht die durch gerichtliches, aber noch nicht rechtskräftiges Erkenntniß geschlossenen zu verstehen.

Vdn. v. 11. März 1850 §§ 8 und 16.

Erk. (Z. I.) v. 12. Febr. 1879 c. Stahmer (27 I. Cr.).

St. ist von der Anklage, einem geschlossenen politischeu Verein angehört zu haben freigesprochen, weil er schon 7 Tage nach dem Tage des denselben rechtskräftig schließenden Erkenntnisses 3. Instanz ausgetreten sei, und ihm für die Zwischenzeit eine strafbare Handlung nicht zur Last falle. Die instanzlichen Urteile über den Schluß des Vereins waren allerdings aus viel früherer Zeit. Darauf stützte die StA.-schaft NB., in welcher sie ausführte: daß es eines rechtskräftigen Urteils nicht bedürfe, vielmehr selbst eine vorläufige polizeiliche Schließung schon genüge. Sie wurde zurückgewiesen.

Ließe es sich vielleicht auch mit dem gemeinen Sprachgebrauche vereinigen, daß unter „vorläufig geschlossenen politischen Vereinen" im Sinne des § 16 Abs. 2 der Vdn. v. 11. März 1850 das Versammlungsrecht betreffend, auch Vereine verstanden seien, deren Schließung gerichtlich in unterer Instanz zwar ausgesprochen, jedoch wegen Einlegung eines Rechtsmittels noch nicht rechtskräftig geworden ist, so spricht sich das Gesetz, indem es bei der Strafandrohung wegen Betheiligung an auch nur vorläufig geschlossenen Vereinen zur Definirung dieses Thatbestandsmerkmals auf den § 8 der Verordn. ausdrücklich verweist, sich unzweideutig darüber aus, daß es nicht den etwaigen weiteren Wortsinn angewendet wissen wolle, sondern unter den vorläufig geschlossenen, diejenigen politischen Vereine verstehe, deren Schließung gemäß § 8 von der Ortspolizeibehörde, vorbehaltlich des gegen die Betheiligten gesetzlich einzuleitenden Strafverfahrens, bis zur ergehenden richterlichen Entscheidung verfügt worden ist. Hiermit in Uebereinstimmung steht die Vorschrift in Abs. 4 des § 16, welche nach der gleichzeitigen Hinweisung auf den § 8 ebenfalls unter den vorläufig geschlossenen Vereinen nur die polizeilich geschlossenen versteht.

Antr. d. GStA.: gleichl. [11.—2.]

Anklageschrift. - Beweis. - Zurückweisung.

Eine Anklage kann regelmäßig nicht deshalb zurückgewiesen werden, weil sie keine speciellen Beweismittel für das Vorhandensein des Dolus des Angeschuldigten enthält.

Vdn. v. 3. Jan. 1849 § 40 [n. 3].

Beschl. (V. I.) v. 12. Febr. 1879 c. O. (32B. I.Cr.).

Das Ob.-Tr. erwog:

daß der Beschluß des Tribunals zu K. v. 4. Dezbr. 1878 die Zurückweisung der auf § 131 des StGB.'s gegründeten Anklage aus dem Grunde für gerechtfertigt erklärt, „weil der zweifellos erforderliche Nachweis vermißt werde, daß die Angeschuldigten in dem Bewußtsein und mit der Absicht gehandelt haben, durch wissentliche Verbreitung der entstellten Thatsachen eine Anordnung des Bundesraths verächtlich zu machen,“ daß diese Begründung ein im Gesetze — § 39 Nr. 1 der Vdn. v. 3. Jan. 1849 — nicht aufgestelltes Erforderniß an die Anklageschrift stellt, indem sie nicht nur den Beweis für die den Angeklagten zur Last gelegten Handlungen, sondern specielle Beweismittel für das Vorhandensein des Dolus der Angeklagten erfordert;

daß aber die Prüfung des Dolus, abgesehen von einzelnen Ausnahmefällen, in der Regel erst bei der nach dem Ergebnisse der Hauptverhandlung stattfindenden Prüfung der gesammten Sachlage eintreten kann, specielle Beweismittel für das Vorhandensein desselben aber der Natur der Sache nach kaum gegeben werden können und jedenfalls die Angabe solcher Beweismittel nicht schon zur Begründung der Anklage nothwendig ist.

Antr. d. OStA.: gleichl. [12.—2.]

Beleidigung. – Subjectiver Thatbestand. – Oeffentlichkeit.

1. Der subjective Thatbestand einer Beleidigung besteht in dem Bewußtsein von dem beleidigenden Charakter der betreffenden Handlung. Unter allen Umständen von selbst beleidigende Aeußerungen giebt es nicht.

StGB. § 185 [n. 2, 27].

2. Oeffentlichkeit der Beleidigung kann darin gefunden werden, daß die Postanstalt zur Beförderung eines Briefes benutzt wird, in dessen Adresse eine Beleidigung des Adressaten enthalten ist.

StGB. § 185 [n. 25], § 200 [n. 4].

Erk. (Z. I.) v. **12. Febr. 1879** c. **Wald.** (48 I. Cr.).

W. hat der Adresse eines durch die Postanstalt versendeten Briefes eine Form gegeben, in der eine Beleidigung für den Adressaten gefunden wurde. Deshalb wegen öffentlicher Beleidigung bestraft, wendete er NB. ein, die zurückgewiesen wurde.

[Zu 1.] Für das Vorhandensein einer Beleidigung bedarf es einer auf die Beleidigung als Zweck gerichteten Absicht (animus injuriandi) überhaupt nicht, sondern nur des Bewußtseins von dem beleidigenden Charakter der betreffenden Handlung und ebensowenig giebt es Aeußerungen, aus welchen dieses Bewußtsein unter allen Umständen von selbst folgt, (sogenannte absolut beleidigende Aeußerungen), indem auch diese nach der subjektiven Seite hin stets eine Prüfung rücksichtlich des Vorhandenseins des strafrechtlichen Willens nach Maßgabe der konkreten Umstände erforderlich machen.

[Zu 2.] Für die Oeffentlichkeit der Beleidigung kann es gegenwärtig nicht mehr in Betracht kommen, ob der Brief, dessen Adresse die Beleidigung enthielt, nur bestimmten Personen zur Wahrnehmung bestimmt war, da der Berufungsrichter davon ausgeht, daß in der Aufgabe desselben zur Beförderung an die Postanstalt sich das Bewußtsein des Angeklagten ausdrückt, daß derselbe in die Hände und zur Kenntniß mehrerer ihm ihrer Individualität und Zahl nach naturgemäß unbekannter Personen gelangen werde und dieser Annahme die richtige Auffassung des Merkmals der Oeffentlichkeit zu Grunde liegt.

Antr. d. GStA.: gleichl. [11.—2.]

Strafantrag. – That. – Qualifikation.

Zur Verfolgung einer Strafthat genügt der Antrag des Verletzten, wegen der Handlung des Thäters eine Strafverfolgung eintreten zu lassen und wird diese letztere nicht auf diejenige Qualification der That beschränkt, welche ihr etwa der Antragsteller beigelegt hat.

StGB. § 61.

Erk. (Z. II.) v. 18. Febr. 1879 c. Oehlkers (202 II. Cr.).

Der Angeklagte hatte im Civilprozesse seinen Gegner dadurch von der Ableistung eines Eides abhalten wollen, daß er ihm einen drohenden Brief schrieb. Unter Ueberreichung dieses Briefes hatte der Bedrohte beantragt, die Anklage wegen Nöthigung zu erheben. Dieß geschah; der Appell.-Richter fand aber nicht den Thatbestand der Nöthigung, sondern nur den der Beleidigung vorliegend und bestrafte deshalb. Die NB. des Angeklagten rügte, daß es für die Verfolgung wegen Beleidigung an einem Strafantrage fehle.

Zurückweisung. Gründe:

Die Rüge ist unbegründet. Zwar läßt dieselbe sich nicht schon dadurch, daß in den Gründen des angefochtenen Erkenntnisses das Dasein des erforderlichen Strafantrages festgestellt ist, beseitigen, denn diese Feststellung ist nach Lage der Sache keine rein thatsächliche, die Nachprüfung ausschließende, sondern vielmehr das Resultat der Prüfung, ob die diesbezügliche durch die Akten konstatirte Handlung des Verletzten die Criterien eines Strafantrages im Sinne des § 61 des StGB.'s an sich trage. Mit Recht aber hat der Vorderrichter diese Frage bejaht. Dadurch daß der

Direktor H. in dem Eidesleistungstermine v. 14. Juni 1877 das un ihn gerichtete Schreiben des Angekl. v. 10. Juni 1877 mit dem Antrage einreichte: dasselbe der Kgl. StA.-schaft zur kriminellen Verfolgung des Briefstellers zugehen zu lassen, gab er seinen Willen kund, daß der Urheber des Schreibens wegen des Inhalts desselben verfolgt werde. Der § 61 cit. fordert zur Statthaftigkeit der Verfolgung nur den Antrag auf Verfolgung wegen der „Handlung" des Angeklagten, nicht aber auch, daß er dieselbe rechtlich qualificire. Auch läßt sich daraus, daß der Antragsteller H. bei Uebergabe des Briefes denselben als einen Drohbrief bezeichnet hat, nicht folgern, daß er seinen Antrag lediglich auf die Verfolgung wegen eines Vergehens habe einschränken wollen, zu dessen Thatbestand die Bedrohung mit einem Uebel gehöre. Demgemäß ist es auch weiterhin irrelevant, daß Seitens der StA.-schaft die Handlung des Angeklagten zunächst als Erpressungsversuch qualifizirt und als solche verfolgt worden, und erst nach erfolgter Freisprechung des Angeklagten von der Anklage des Erpressungsversuches, die Anklage wegen Beleidigung erhoben worden ist. Endlich läßt sich der in Frage stehende Antrag nicht aus dem Grunde rechtlich bemängeln, daß derselbe unmittelbar nicht an die zur Strafverfolgung berufene Behörde gestellt, sondern im Laufe eines Civilprozesses bei der mit der Abnahme eines dem Verletzten aufgegebenen Eides befaßten Gerichtsstelle angebracht worden ist. Wenn auch zur Erfüllung der gesetzlichen Voraussetzungen für die Verfolgung eines Antragsdeliktes die Anbringung des Antrags bei der zur Verfolgung berufenen Behörde oder doch ihren Organen erforderlich ist, die Anbringung bei der genannten Gerichtsstelle aber, für sich genommen, als eine gehörig angebrachte nicht zu erachten sein würde, so ist doch wie die Akten ergeben, der Antrag bereits am 19. Juni dess. Jahres an die demnächst die Verfolgung aufnehmende StA.-schaft gelangt.

Antr. d. GStA.'s: gleichl. [22.—3.]

Stempel. – Nachcassirung. – Producent. – Gericht. – Cessionsurkunde.

Das Gericht ist nicht verpflichtet zu einer innerhalb 14 Tagen nach der Ausstellung bei ihm eingereichten Cessionsurkunde den Stempel nachzucassiren, diese Pflicht verbleibt vielmehr dem Produzenten, welcher durch Unterlassung rechtzeitiger Nachcassirung die Stempelstrafe verwirkt.

Ges. v. 7. März 1822 §§ 2, 12, 21, 22; Ges. v. 10. Mai 1851 § 16; Ges. v. 9. Mai 1854 Art. 21; Instr. v. 1. Juni 1854; AKO. v. 24. Novbr. 1835; Verfügg. v. 10. März 1858 und 9. Oktbr. 1868, JMBl. S. 122 und 329.

Erk. (Z. II.) v. 18. Febr. 1879 c. Bauch (472 II. Cr.).

Der Angeklagte hatte eine stempelpflichtige Cessionsurkunde innerhalb 14 Tagen nach der Ausstellung mit der Klage dem Gerichte überreicht, wurde deshalb in den Instanzen zu Stempelstrafe verurteilt und behauptete in seiner NB. Gesetzesverletzung mit der Behauptung, daß das Gericht verpflichtet gewesen sei, den Stempel nachzukassiren und zu liquidiren. Eine solche Verpflichtung des Gerichtes hatte das Appell.-Gericht nur bei bestimmten stempelpflichtigen Urkunden z. B. Kirchenzeugnissen, Inventarien, Taxen, Vollmachten und letztwilligen Dispositionen erkannt.

Zurückweisung. Gründe:

Allerdings wird eine Stempelkontravention nicht schon durch die bloße Produktion einer stempelpflichtigen nicht bestempelten Urkunde vor Ablauf der 14tägigen Frist, sondern nur dadurch konsumirt, daß die Nachkassirung des erforderlichen Stempels binnen der gesetzlichen Frist unterbleibt, und setzt die Strafbarkeit dieser Unterlassung keinen besonderen Dolus voraus. Die Nachkassirung zu bewirken ist aber lediglich Sache des Produzenten, und hat die betreffende Gerichtsstelle dazu um so weniger eine Verpflichtung als die Nachkassirung dem Stempelgesetze zufolge bei den betreffenden Steuerbehörden erfolgen soll. Von obiger durch das Gesetz v. 7. März 1822 aufgestellten Regel ist nun zwar durch die in den Gründen des angegriffenen Erkenntnisses vollständig aufgeführten gesetzlichen Bestimmungen die Ausnahme gemacht worden, daß bei Produktion gewisser stempelpflichtiger Urkunden innerhalb der 14 Tage das vom Imploranten als Regel aufgestellte Verfahren eintreten soll. Aber die vom Imploranten produzirte Urkunde, eine an ihn geschehene Cession einer Forderung über dreihundert Mark fällt nicht in die Kategorie der in den bezogenen Ausnahmebestimmungen bezeichneten Urkunden.

Antr. des GStA.: gleichl. [—3.]

Kaufmann. – Zurückgehen des Geschäfts. – Zahlungseinstellung. – Vertrag.

Ein Gastwirth, der als Kaufmann anzusehen ist, verliert diese Eigenschaft dadurch nicht, daß das Geschäft zurückgeht, so lange es nur überhaupt noch betrieben wird und verfällt durch Abschluß besonderer Verträge zum Nachtheil einzelner Gläubiger der Strafe des

§ 308 der Konk.-Ordn.; Artt. 4, 10 des HGB.'s Artt. 271, 272 ibid.

Erk. (Z. II.) v. 18. Febr. 1879 c. Speer & Gen. (177 II. Cr.).

Der erste Richter verkennt nicht, daß der Angekl. Sp. nach den Artt. 4, 10 des HGB.'s in seiner Eigenschaft als Gastwirth und Restaurant ursprünglich zur Klasse der sog. Minderkaufleute gehört habe, auf die zwar nicht die Vorschriften über Firmen, Handelsbücher und Prokura, wohl aber andere für Kaufleute gegebene Vorschriften, so namentlich auch die §§ 308, 309 der Konk.-Ordn. Anwendung fänden und spricht den Angeklagten von der Anschuldigung eines Vergehens gegen § 308 a. a. O. nur deshalb frei, weil der Gewerbebetrieb desselben zuletzt ein so geringer gewesen sei, daß er zur Zeit der That, d. h. des Verkaufs der fraglichen Sachen, an die Ehefrau R. nicht mehr als Kaufmann habe angesehen werden können. Diese Ansicht wird vom App.-Richter mit Recht aus dem Grunde reprobirt, weil wenn Sp. als Besitzer eines Hotels überhaupt als Kaufmann anzusehen gewesen sei, er diese Eigenschaft durch bloße Verschlechterung seines Geschäftes und Herunterkommen seiner Wirthschaft nicht wieder habe verlieren können. Offenbar hat nämlich der erste Richter, indem er das Gegentheil angenommen, die Bestimmungen im Art. 271 Nr. 1 und im Art. 272 Nr. 1 des HGB.'s mit einander verwechselt. Nach der letzten wird die gewerbsmäßige Uebernahme der Bearbeitung oder Verarbeitung beweglicher Sachen für Andere als Handelsgeschäft angesehen, „wenn der Gewerbebetrieb des Unternehmers über den Umfang des Handwerkes hinausgeht", und daraus könnte allerdings gefolgert werden, daß, wenn ein solches zuerst im großen Umfange betriebenes Gewerbe hinterher soweit in Verfall geräth, daß es zum Handwerke herabsinkt, der Unternehmer seine ursprüngliche Eigenschaft als Kaufmann verloren habe. Ein solcher Fall liegt hier aber nicht vor; denn der Angeklagte Sp. war als Gastwirth und Restaurant nicht Kaufmann aus § 272 Nr. 2, sondern aus § 271 des HGB.'s und blieb daher Kaufmann, so lange er überhaupt noch Speisen und Getränke zum Weiterverkauf an seine Gäste (eventuell nach vorhergegangener Zubereitung) anschaffte, mochte dieses Geschäft zuletzt auch nur in geringerem Umfange noch betrieben worden sein.

Antr. d. GStA.: gleichl. [5.—3.]

Kuppelei. - Vorschubleisten.

Zum Begriff des Vorschubleistens genügt auch ein negatives Verhalten, sofern dasselbe ein bewußtes Darbieten der Gelegenheit zur Unzucht in sich schließt.

StGB. § 280 [n. 5].

Erk. (B. 1.) v. 19. Febr. 1879 c. Sp. (65 I. Cr.).

Die S. war von der auf § 280 des StGB.'s gestützten Anklage freigesprochen, weil sie zwar von der gewerbsmäßigen Unzucht der bei ihr zur Miethe wohnenden Prostituirten Kenntniß gehabt, aber ihre Wohnungsräume denselben nicht lediglich zum Zweck der Hurerei vermiethet oder sonst durch eignes Thun dem unzüchtigen Treiben ihrer Mietherinnen Vorschub geleistet habe. Auf NB. der StA.-schaft vernichtete das Ob.-Tr.

Dieser Entscheidung liegt augenscheinlich die rechtsirrthümliche Auffassung zum Grunde, als ob das Vergehen der Kuppelei begrifflich ein der Unzucht unmittelbar Vorschub leistendes positives Handeln voraussetze, während dazu, namentlich wo es sich um ein Gewähren von Gelegenheit handelt, schon ein negatives Verhalten genügt, sofern dasselbe nur ein bewußtes Darbieten der Gelegenheit zur Unzucht in sich schließt. Von diesem Gesichtspunkte aus ist bereits in den Erkenntnissen des Kgl. Ob.-Tr. in Oppenh. Rechtspr. Bd. 5 S. 425 und Bd. 13. S. 626 wiederholt ausgesprochen resp. ausgeführt worden, daß in der miethweisen Ueberlassung von Wohnungsräumen an liederliche Dirnen gegen unverhältnißmäßigen Miethzins mit dem Bewußtsein, daß die Mietherinnen die gemietheten Räume zum Betriebe ihres Unzuchtsgewerbes benutzen werden, ohne Rechtsirrthum der Thatbestand der Kuppelei gefunden werden könne.

Antr. d. OStA.: gleichl. [15.—2.]

Rechtmäßige Amtsausübung. – Hannover. – Beigeordneter.

In der Provinz Hannover ist der Beigeordnete zur Vertretung des Gemeindevorstehers namentlich auch bei Handhabung der Ortspolizei gesetzlich befugt.

StGB. § 113 [n. 5].

Erk. (Z. I.) v. 19. Febr. 1879 c. Brandis (28 I. Cr.).

Der Beigeordnete K. in A. (Provinz Hannover) hatte Lärm in einem Wirthshaus wahrgenommen und war eingetreten, um Ruhe zu schaffen. Dabei hatte B. ihm Widerstand geleistet und ihn beleidigt. Aus § 113 bestraft, rügte B. mit NB. daß nicht festgestellt sei, daß K. zur fraglichen Zeit den Vorsteher vertreten habe, während er doch nur in diesem Falle in rechtmäßiger Amtsausübung gewesen sein würde. Die NB. ist zurückgewiesen.

Daß rücksichtlich des Beigeordneten K., um denselben in der rechtmäßigen Ausübung seines Amtes als Polizeibeamter erscheinen zu lassen, die Feststellung nothwendig gewesen, daß er in Vertretung des Gemeindevorstehers gehandelt, läßt sich nicht anerkennen. Nach § 22 Abs. 1 des Hannoverschen Ges.'s v. 28. April 1859 die Landgemeinden betreffend, ist der Beigeordnete nicht blos Vertreter des Vorstehers, sondern auch zur Unterstützung desselben berufen, mithin zu einer gewissen Selbständigkeit seiner amtlichen Thätigkeit in den Fällen befugt, wo der Vorsteher wegen sonstiger Geschäfte, wegen Abwesenheit oder aus was immer für Gründen am persönlichen Einschreiten, namentlich wo es desselben augenblicklich bedarf, verhindert erscheint. Ein derartiges Bedürfniß zu einer wenn auch nur vorübergehenden Vertretung tritt vorzugsweise bei Handhabung der Ortspolizei hervor, welche nach § 69 den Gemeinden zusteht. In Uebereinstimmung damit bestimmt daher auch § 70 das., daß die Ortspolizei von den Gemeindebeamten mit Hülfe der dazu geeigneten Gemeindediener unter Mitwirken der vom Staate angestellten Polizeiofficianten ausgeübt werde, wobei unter den Gemeindebeamten nach der deutlichen Vorschrift in § 22 Abs. 3 das. der Beigeordnete mitverstanden ist. Diesen ausdrücklichen Gesetzesbestimmungen gegenüber könnte die Bedeutung des § 32 der Ausführungsbekanntmachung des Hannoverschen Ministeriums des Innern vom 28. April 1859 dahin gestellt bleiben. Indessen ergiebt dieselbe zur Genüge, daß wenn sie den Vorsteher als zur Handhabung der Ordnung in der Gemeinde und zur Ausübung der Ortspolizei berufen bezeichnet, damit das in erster Linie zuständige Organ in Polizeiangelegenheiten im Gegensatze zu der hier wie in anderen Verwaltungszweigen — vgl. z. B. §§ 34, 36, 37 — gebotenen oder für zulässig erklärten Mitwirkung der Gemeindeversammlung, des Ausschusses oder des Beigeordneten, hat hervorgehoben werden sollen.

Antr. d. GStA.: gleichl. [11.—2.]

Zwangsvollstreckung. - Beiseiteschaffen. - Drohende Vollstreckung.

Eine drohende Zwangsvollstreckung kann unter

besondern Umständen auch dann schon angenommen werden, wenn der Gläubiger noch keine Schritte zur gerichtlichen Geltendmachung seiner Forderung gethan hat.

StGB. § 288 [n. 4].

Erk. (Z. I.) v. 19. Febr. 1879 c. Neum. (190 I. Cr.).

N. verkaufte an die D. die Inventarstücke seines Gutes an demselben Tage, an welchem ein von ihm an B. verschuldeter Wechsel fällig geworden war. Erst 8 Tage später verklagte B. den N. auf die Wechselschuld, der dann auch verurteilt wurde. N. ist aus § 288 des StGB.'s und die D. wegen Beihülfe dazu verurteilt. Die letztere rügt mit NB. daß begriffsmäßig von einer drohenden Zwangsvollstreckung nur dann die Rede sein könne, wenn von dem betreffenden Gläubiger bereits gerichtliche Schritte zur Geltendmachung seines Anspruchs gethan seien. Die NB. ist zurückgewiesen.

Ob die Zwangsvollstreckung in so naher Aussicht stand, daß sie als drohend anzusehen war, ist eine wesentlich thatsächliche Frage, welche nach den besonderen Umständen des einzelnen Falles beantwortet werden muß. Wenn der Appell.-Richter hierzu im vorliegenden Falle mit Rücksicht auf die schleunige Natur des Wechselprozesses schon den Verfall des B.'schen Wechsels für ausreichend erachtet hat, so kann ihm eine rechtsirrthümliche Auffassung der Requisite des § 288 cit. nicht zum Vorwurfe gemacht werden, (cfr. Oppenhoff Rechtspr. Bd. 18 S. 501).

Antr. d. GStA.: gleichl. [15.—2.]

Verein. - Erörterung öffentlicher Angelegenheiten.

Für die Anwendung des § 1 und 12 der Vdn. v. 11. März 1850 ist die thatsächliche Ausführung der bezweckten Erörterung öffentlicher Angelegenheiten nicht erforderlich.

Vdn. v. 11. März 1850 §§ 1, 12.

Erk. (V. I.) v. 19. Febr. 1879 c. Demb. (153 I. Cr.).

K. hat im Auftrag des D. eine Versammlung des landwirthschaftlichen Vereins von S. nach einem Gasthause berufen, in welcher die Volksbank betreffende Angelegenheiten erörtert werden sollten.

Anzeige ist bei der Ortspolizei nicht gemacht. In der Versammlung sind aber auch keine landwirthschaftlichen Angelegenheiten besprochen; es ist darin nur eine gleichgültige Mittheilung gemacht. Deshalb ist D. von der aus § 1 und 12 der Vdn. v. 11. März 1850 gegen ihn erhobenen Anklage freigesprochen. Die NB. der StA.-schaft ist für begründet erklärt.

Die Frage, ob landwirthschaftliche Vereine als Vereine unter die Bestimmungen der Vdn. v. 11. März 1850 fallen, oder nicht, ist allerdings für die Entscheidung unerheblich, da es sich hier nicht um eine Anklage wegen verbotener Vereinsthätigkeit handelt, sondern um die unterlassene Anzeige einer Versammlung und es für die Anwendung der §§ 1, 12 a. a. O. nicht in's Gewicht fällt, ob die Einberufung der Versammlung von einem Verein ausgegangen ist, oder nicht. Gegenstand der Entscheidung bei der vorliegenden Anklage war die Frage, ob eine Versammlung stattgefunden habe, in welcher öffentliche Angelegenheiten erörtert oder berathen werden sollten. Diese Frage ist in der Entscheidung des zweiten Richters gar nicht geprüft. Derselbe äußert sich nur über die thatsächlichen Vorgänge in der Versammlung und geht augenscheinlich davon aus, daß nur diese thatsächlichen Vorgänge entscheidend seien. Dabei ist aber übersehen, daß der § 1 a. a. O. die Zweckbestimmung der Versammlung wie sie bei der Anberaumung derselben vorhanden gewesen ist, nicht die wirkliche Erreichung dieses Zweckes im Auge hat. Müßte, um beurteilen zu können, ob die Versammlung in die Kategorie der im § 1 cit. charakterisirten Versammlungen falle, erst abgewartet werden, welchen Inhalts die in der Versammlung selbst stattfindenden Erörterungen sind, so würden die in den §§ 3ff. a. a. O. der Polizeibehörde eingeräumten Befugnisse illusorisch sein. Insbesondere würde die Auflösung einer nicht vorschriftsmäßig angezeigten Versammlung regelmäßig zu spät kommen und so der Zweck jener Bestimmungen vereitelt werden.

Antr. d. GStA.: gleichl. [12.—2.]

Ausschluß der Oeffentlichkeit. – Handhabung. – Beschwerde des Angeklagten.

Ueber eine Verletzung des die Oeffentlichkeit ausschließenden Beschlusses steht dem Angeklagten eine Beschwerde nicht zu.

Ges. v. 3. Mai 1852 Art. 18 [n. 11]; Vgl. RbOTr. 7. S. 199.
Erk. (Z. II.) v. 20. Febr. 1879 c. Guhde (258 II. Cr.).

Die NB. macht zu ihrer Begründung geltend, daß, nachdem bei der Hauptverhandlung die Oeffentlichkeit ausgeschlossen, und der Zuhörerraum ausgeräumt und geschlossen worden, eine bei der Verhandlung nicht betheiligte Person, der Justizrath B. eingetreten sei und sich längere Zeit hindurch mit dem Vertheidiger unterhalten habe. In dieser Thatsache kann eine Verletzung einer wesentlichen Vorschrift des Verfahrens nicht gefunden werden. Der Beschluß des Gerichts, welcher die als eine wesentliche Form des Verfahrens grundsätzlich aufgestellte Oeffentlichkeit ausschließt, ist eine lediglich im Interesse der öffentlichen Ordnung und der guten Sitten liegende Maßregel; das Gesetz erkennt wohl im Interesse des Angeklagten daß öffentlich verfahren werde, nicht aber auch für das Umgekehrte an; er hat kein Recht die Ausschließung der Oeffentlichkeit zu beantragen. Daraus folgt aber, daß er auch über eine Verletzung des Beschlusses der Ausschließung der Oeffentlichkeit sich zu beschweren kein Recht hat.

Antr. d. GStA.: gleichl. [22.—4.]

Salzsteuer. – Gewinnung von Salz als Nebenprodukt.

Wird in einer Sodafabrik aus den Abgängen des zur Sodafabrikation steuerfrei erhaltenen denaturirten Salzes von Neuem Salz gewonnen und nochmals zur Sodafabrikation verwandt, so stellt das nicht eine Gewinnung von Salz als Nebenprodukt dar, welche der Steuerbehörde angemeldet werden müßte.

Gesetz v. 12. Oktbr. 1867 betr. die Erhebung einer Abgabe von Salz § 3 Abs. 2.

Erk. (Z. II.) v. 20. Febr. 1879 c. Honigmann (228 II. Cr.).

In Erwägung, daß in thatsächlicher Hinsicht von den Vorderrichtern festgestellt ist, daß der Beschuldigte früher wöchentlich circa 1000 Centner Salz bezogen hat, welches dadurch unter Controle der Steuerbehörde denaturirt, d. h. zum Genusse für Menschen (§ 7 des Ges.'s v. 12. Oktbr. 1867) unbrauchbar gemacht zu werden pflegte, daß man solches mit 4 Prozent Soda übergoß und welches, da es zur Sodafabrikation bestimmt war, nach § 20 l. c. von der Salzabgabe befreit war;

daß die Vorderrichter ferner für thatsächlich festgestellt erklärt haben, daß der Beschuldigte zwar ohne vorhergehende Anmeldung bei der zuständigen Steuerbehörde, aber in ganz offener Weise die Abgänge seiner Soda-Fabrik durch Röhren auf zwei Pfannen geleitet, auf diesen zur Verdampfung gebracht und so in den Monaten Juli, August und September 1877 eine weiße, salzähnliche, aber bitter schmeckende Substanz im Gesammtgewichte von etwa 960 Centnern hergestellt, dieselbe aber nicht an dritte Personen als Nahrungs- und Genußmittel abgelassen, auch nicht zu anderen als den gestatteten Zwecken verwendet, sondern wiederum lediglich zur Sodafabrikation verwerthet, indessen den chemischen Versuch demnächst als angeblich für seinen Fabrikationszweck zu wenig lohnend wieder eingestellt hat;

daß zwar nach § 3 des cit. Gesetzes die Gewinnung oder Raffinirung von Salz nur in den gegenwärtig im Betriebe befindlichen, sowie in denjenigen Salzwerken (Salinen, Salzbergwerken, Salzraffinerien) gestattet ist, deren Benutzung zu einem solchen Betriebe mindestens sechs Wochen vor Eröffnung desselben dem Haupt-Zoll- oder Haupt-Steueramte angemeldet worden, zu einer gleichen Anmeldung auch nach Abs. 2 desselben § die Besitzer von Fabriken verpflichtet sind, in welchen Salz in reinem oder unreinem Zustande als Nebenprodukt gewonnen wird;

daß es hier aber sich nicht um ein Nebenprodukt der Fabrik des Beschuldigten im Sinne des Gesetzes handelt, da die einen hohen Prozentsatz von Salz enthaltende Masse, welche aus den salzhaltigen Abgängen der früher wöchentlich circa 1000 Centner von der Steuerbehörde durch Aufgießen von Soda denaturirten Salzes verarbeitenden Fabrik hergestellt ist, nicht zu anderen als den gestatteten Zwecken (§ 13 Nr. 6 des Gesetzes) d. h. nicht zu anderen Zwecken als zu welchen das denaturirte Salz dem Beschuldigten steuerfrei gewährt worden, sondern lediglich wieder in derselben Fabrik zur Sodafabrikation verwendet worden ist;

daß vielmehr augenscheinlich nur eine möglichst vollständige Ausnutzung des Salzgehaltes des gesetzlich steuerfrei empfangenen denaturirten Salzes bei Erzeugung desselben Fabrikats vorliegt zu dessen Herstellung das denaturirte Salz dem Beschuldigten steuerfrei überlassen worden ist;

daß es auch Nichts erhebt, wenn die wieder gesammelten und in der Fabrik nochmals verwendeten Salzabgänge den Charakter denaturirten Salzes nicht mehr an sich tragen, da die Verpflichtung des Fabrikanten zur Anmeldung einer solchen, innerhalb der Sodafabrikation selbst, eintretenden Wandelung mit dem steuerfrei empfangenen Salze aus dem § 3 Abs. 2 des Gesetzes nicht herzuleiten ist.

Antr. d. GStA.: entgegen. [8.—4.]

Zwangsvollstreckung, drohende. – Stundung.

Die dem Schuldner in der Exekutionsinstanz bewilligte Zahlungsfrist bedingt nicht mit rechtlicher Nothwendigkeit die Annahme, daß die Zwangsvollstreckung bis zum Ablaufe der Frist keine drohende sei; solche wird auch dadurch nicht gerechtfertigt, daß einem zur Zeit gestellten Exekutionsantrage der Einwand der Stundung hätte entgegengesetzt werden können.

StGB. § 288.

Erk. (V. I.) **v. 21. Febr. 1879 c. Erxleben** (614 I. Cr.).

Der Angeklagte hatte während der ihm in der Exekutions-Instanz bewilligten Frist über Vermögensobjecte verfügt und war, aus § 288 des StGB.'s angeklagt, vom App.-Gericht freigesprochen worden, weil während der Frist die Zwangsvollstreckung nicht als drohend betrachtet werden könne. Auf die NB. des OStA.'s hat das Ob.-Trib. vernichtet. Gründe:

Der App.-Richter geht davon aus, daß die Zwangsvollstreckung als eine „drohende" so lange nicht angesehen werde, als eine dem Schuldner von dem Gläubiger gewährte Stundungsfrist nicht abgelaufen sei, und daß daher während dieser Frist die Anwendung des § 288 des StGB.'s selbst dann ausgeschlossen bleibe, wenn die Veräußerung oder Beiseiteschaffung von Vermögensobjecten dem Gläubiger zum Nachtheil gereicht und dieser Nachtheil selbst beabsichtigt worden sei. Hierin liegt eine rechtlich unzutreffende Auffassung des Begriffs der drohenden Zwangsvollstreckung, welcher — wie dies wiederholt in Erk. des Kgl. Ob.-Tr.'s nachgewiesen worden ist — keineswegs die sofortige Vollstreckbarkeit einer verurteilenden Entscheidung voraussetzt und durch die Thatsache der Gewährung einer Frist an sich nicht ausgeschlossen wird. Der Zweck des Gesetzes würde vereitelt werden, wenn man annehmen könnte, daß die durch Gewährung einer Frist eintretende zeitweise Unterlassung der Vollstreckung, welche regelmäßig zum Zwecke der Herbeischaffung von Befriedigungsmitteln gewährt zu werden pflegt, straflos dazu benutzt werden könnte, die vorhandenen Befriedigungsmittel bei Seite zu schaffen. Der App.-Richter hebt ferner selbst hervor, daß der Gläubiger des Angeklagten trotz des gegebenen Stundungsversprechens innerhalb der gewährten Frist, Exekutionsanträge angebracht und der Angeklagte denselben einen, aus jenem Versprechen entnommenen Einwand nicht entgegengesetzt habe. Die hiermit in Verbindung gesetzte Annahme, daß die Exekution dann nicht eine drohende sei, wenn der Schuldner gegen dieselbe einen Einwand hätte erheben können, einen solchen aber in der That nicht erhoben hat, beruht ebenfalls auf einer Verkennung des Begriffs der drohenden Vollstreckung, da dieser

Zustand durch die bloße Möglichkeit von Einwendungen keineswegs beseitigt wird.

Antr. d. OStA.: gleichl. [12.—3.]

Vollstreckungsbeamter. - Amtsdiener.

Ein Amtsdiener ist ein Vollstreckungsbeamter im Sinne des

StGB. § 113; Kreisordng. v. 13. Dezember 1872 §§ 29, 30; Gesetz v. 12. Febr. 1850 §§ 2[1], 3, 6; Verf. d. Min. d. Inn. v. 20. März 1874 VMBl. S. 199.

Erk. (V. I.) v. 21. Febr. 1879 c. Grzonkowski (1296 I. Cr.).

Das App.-Gericht hatte den Angeklagten von der aus § 113 des StGB.'s erhobenen Anklage freigesprochen, indem es ausführte, daß nach den Bestimmungen der Kreisordnung ein Amtsdiener nicht als Vollstreckungsbeamter anzusehen sei und daher Festnahmen nicht bewirken dürfe, solche vielmehr nur durch den Amtsvorsteher selbst vorgenommen werden könnten. Auf die NB. des OStA.'s hat das Ob.-Tr. vernichtet. Gründe.

Die Freisprechung des Angeklagten von der auf § 113 des StGB.'s gestützten Anklage ist in dem angefochtenen Urteil darauf gegründet, daß nach §§ 29, 30 der Kreis-Ordnung v. 13. Dezbr. 1872 nur der Gemeindevorsteher mit der Wahrnehmung der polizeilichen Maßregeln bei Verhaftung von Ruhestörern betraut sei, die Amtsdiener aber, denen im vorliegenden Falle Widerstand geleistet worden, nur als Amtsdiener vereidet worden seien, daher nicht zu denjenigen Beamten gerechnet werden könnten, welche im § 3 des Ges.'s v. 12. Febr. 1850 bezeichnet worden sind, und daher nicht ohne Befehl des vorgesetzten Gemeindevorstehers zur Haftnahme von Ruhestörern schreiten dürften. Diese Begründung beruht auf rechtsirrthümlicher Auffassung der Bestimmungen der Kreisordnung v. 13. Dezbr. 1872. Allerdings bezeichnet der § 29 a. a. O. den Gemeindevorsteher als die Obrigkeit des Gemeindebezirks und überträgt ihm auf Grund dessen das Recht und die Pflicht, da, wo die Erhaltung der öffentlichen Ruhe, Ordnung und Sicherheit ein sofortiges polizeiliches Einschreiten nothwendig macht, das dazu Erforderliche vorläufig anzuordnen und ausführen zu lassen, und § 30 Nr. 1 schreibt ihm insbesondere das Recht und die Pflicht zur vorläufigen Festnahme und Verwahrung einer Person nach den Vorschriften des § 2 Nr. 1 und des § 6 des Gesetzes zum Schutze der persönlichen Freiheit v. 12. Febr. 1850 zu. Aus diesen Bestimmungen kann aber nicht mit dem Appell.-Richter gefolgert werden, daß jene Funktionen nur dem Gemeindevorsteher zustehen können. Nach § 29 Abs. 1 cit. übt der Gemeindevorsteher seine Thätigkeiten der bezeichneten Art nur als Organ des Amtsvorstehers für die Polizeiverwaltung. Es ist aber durch keine gesetzliche Bestimmung angeordnet, daß der Gemeindevorsteher das alleinige und ausschließliche Organ für die polizeilichen Funktionen des Amtsvorstehers sei, vielmehr steht es — wie sich schon aus der thatsächlichen Unmöglichkeit einer Wahrnehmung der verschiedenen Funktionen durch einen Beamten ergiebt, auch bereits in dem Erk. des Kgl. Ob.-Tr.'s v. 12. Novbr. 1875 (Goltd. Arch. Bd. 23 S. 549) näher nachgewiesen ist — dem Kreisausschusse zu, für die Kreisverwaltung auch solche Beamte anzustellen, deren Anstellung durch die Kreisordnung nicht speziell vorgesehen ist, und diesen Beamten wohnt die Beamtenqualität nach § 359 des StGB.'s bei. In dieser allgemeinen Befugniß des Kreisausschusses ist auch die specielle Befugniß zur Anstellung von polizeilichen Exekutivbeamten begriffen (vgl. die Verf. des Min. des Innern v. 20. März 1874 BMBl. S. 199), und den Angestellten ist der Schutz des § 113 des StGB.'s nicht zu versagen, sofern sie in der rechtmäßigen Ausübung ihres Berufes handeln. Wenn nun, wie in zahlreichen Entscheidungen des Kgl. Ob.-Tr.'s (vgl. die Erk. v. 4. Jan. 1872, 4. Oktbr. 1872 und 3. Dezbr. 1872 Goltd. Arch. Bd. 20 S. 89. 517, Oppenh. Rechtspr. Bd. 13 S. 638) ausgeführt ist, auch den untergeordneten Organen der Polizeiverwaltung das Recht zusteht, bei Störungen der öffentlichen Ordnung und Ruhe einzuschreiten und Festnehmungen zu bewirken, so kann die Ausübung dieses Rechts nicht, wie der App.-Richter will, von einem Auftrage des Gemeindevorstehers abhängig gemacht werden; vielmehr wirken jene Beamten neben dem Gemeindevorsteher aus eigenem Recht. Die Freisprechung beruht daher auf einem Rechtsirrthum, welcher die Vernichtung des angefochtenen Urteils bedingt.

Antr. d. GStA.: gleichl. [12.—3.]

Milderes Gesetz. - Temporaire Einfuhrverbote.

Die Vorschrift des § 2 Abs. 2 des StGB.'s findet keine Anwendung auf nur zeitweise geltende Einfuhrverbote.

StGB. § 2 [n. 8].

Erk. (Z. I.) v. 26. Febr. 1879 c. Kotas (304 I. Cr.).

Die Regierung zu B. hat am 2. Aug. 1873 zur Verhütung des Einschleppens der Rinderpest eine Verordnung erlassen, wodurch die Einfuhr von Schaafen aus Rußland an Bedingungen geknüpft wird und bezüglich deren Uebertretung auf die Strafbestimmung des § 328 des StGB.'s verwiesen ist. K. hat Schaafe eingeführt ohne diese Bedingungen zu erfüllen und ist deshalb in zweiter Instanz am 28. Oktbr. 1878 wegen Uebertretung jener Verordnung verurteilt, obwohl sie von der Regierung durch weitere Verordnungen v. 29. Septbr. und 3. Oktbr. 1878 damals in Folge eines erneuerten Ausbruchs der Rinderpest in Rußland schon wieder aufgehoben und durch andere Bestimmungen ersetzt war. Die NB. rügt nun die Anwendung der zur Zeit des Urteils bereits wieder aufgehobenen Verordnung vom 2. August 1873. Sie ist zurückgewiesen.

Der Einwurf und die darauf gestützte Rüge der Verletzung des § 2 des StGB.'s ist verfehlt. Die Vorschrift des angeführten § 2, wonach bei Verschiedenheit der Gesetze von der Zeit der begangenen Handlung bis zu deren Aburteilung das mildeste Gesetz anzuwenden ist, bezieht sich überhaupt nicht auf die Fälle, wenn von vornherein nur temporair erlassene Anordnungen, welche unter den Schutz der Strafgesetze gestellt sind, — sei es durch den Eintritt des von Anfang an für ihre Wirksamkeit bestimmten Zeitpunktes, sei es durch die schon bei ihrem Erlasse in Aussicht gestellte Wiederaufhebung in Wegfall kommen. Demnach hat der App.-Richter mit Recht die Regierungs-Verordnung v. 2. Aug. 1873 für die strafrechtliche Beurteilung der Handlungen des Angeklagten, welche in der Zeit der Geltung derselben verübt sind, auch nach ihrer Wiederaufhebung als maßgebend erachtet und die Verordnungen v. 29. Septbr. und 3. Oktbr. 1878 außer Betracht gelassen.

Antr. d. GStA.: gleichl. [20.—2.]

Drohende Zwangsvollstreckung. – Veräußerung.

Von einer Veräußerung kann nicht mehr die Rede sein, wenn das Eigenthum an den betreffenden Sachen bereits vorher übertragen war.

StGB. § 288 [n. 7].

Erk. (V. I.) v. 26. Febr. 1879 c. Löwenthal (1311 I. Cr.).

B. schuldete an V. für ein von diesem gekauftes Mobiliar 400 Mk. L. bei dem B. in Arbeit stand, übernahm diese Schuld. Zu einiger Sicherung übertrug ihm B. durch einen Revers v. 19. Novbr. 1876 all sein Mobiliar, welches nicht von V. herrührte, ihm also schon vor dem Geschäft mit V. eigenthümlich gehört hatte. Demnächst bezahlte L. die Schuld des B. an V. und schloß nunmehr am 12. Septbr. 1877 mit B. einen notariellen Kaufvertrag über dessen sämmtliches Eigenthum an Mobilien zur Sicherung seiner dadurch an diesen entstandenen Forderung ab. B. war inzwischen von anderen Gläubigern mit Exekution bedroht und nehmen die Instanzrichter an: der Verkauf der nicht von V. erworbenen Mobilien sei in der Absicht geschehen die Befriedigung dieser Gläubiger zu vereiteln, da die übrigen zur Sicherung der Restforderung des L. genügt hätten. L. wird wegen Beihülfe zu dem Vergehen des B. aus § 288 des StGB.'s bestraft und sein Antrag auf Beweiserhebung darüber, daß ihm das Eigenthum an den fraglichen Sachen schon durch den Revers vom 19. November 1876 übertragen gewesen sei, wird als unerheblich zurückgewiesen, weil damals nur eine vorläufige Sicherung bezweckt gewesen sei bis zu der Zeit, wo durch Befriedigung des V. ein Eintritt in dessen Rechte sich ermöglichen werde. Das Ob.-Trib. vernichtete.

Der Berufungsrichter findet die strafbare Veräußerung von Vermögensobjekten seitens des früheren Mitangekl. B., zu welcher der Implorant L. demselben durch That wissentlich Hülfe geleistet haben soll, in dem notariellen Vertrage vom 12. Septbr. 1877, und zwar darin, daß B. dem L. durch diesen Vertrag außer den von B. erworbenen auch die bereits früher von ihm besessenen Mobilien übertragen habe. Den Einwand des L. daß das Eigenthum an den letztgedachten Mobilien ihm bereits durch den Revers vom 19. November 1876 übertragen worden sei, weist der Berufungsrichter mit der Erwägung zurück, daß dieser Revers dem L. offenbar nur, bis sein Eintritt in die Rechte des B. zu ermöglichen stehe, vorläufige Sicherheit habe gewähren sollen, während der notarielle Vertrag vom 12. September 1877, nachdem durch vollständige Befriedigung des B. die gedachte Möglichkeit eingetreten gewesen, auf die definitive Regelung des Verhältnisses abgezweckt habe. Hierbei nun noch auf die Eigenthumsübertragung bezüglich der nicht von B. überkommenen Sachen zurückzugreifen, habe, sofern L. nur die Sicherung seiner Forderung im Auge gehabt hätte, überall kein Grund vorgelegen. — Aus dieser Ausführung ist nicht zu ersehen, welchen der beiden Verträge der Berufungsrichter als denjenigen ansieht, durch welchen die nicht von B. überkommenen Mobilien seitens des B. an L. veräußert, d. h. das Eigenthum derselben an ihn übertragen worden sei, ob durch den Revers oder durch den notariellen Vertrag. Wäre aber das gedachte Eigenthum bereits auf Grund des Reverses auf L. übergegangen gewesen, so konnte von einer Veräußerung der fraglichen Mobilien durch den Vertrag vom 12. Septbr. 1877 nicht mehr die Rede sein und in diesem also auch ein Vergehen gegen den alleg. § 288 nicht gefunden werden. [9.—2.]

Privatkläger. - Beweis.

Auch in Privatklagesachen kann keine thatsächliche Feststellung ohne Beweisaufnahme allein auf die Angabe des Privatklägers gestützt werden.

StPO. §§ 500, 7.

Erk. (S. I.) v. 26. Febr. 1879 c. Napp (1315 I. Cr.).

H. klagte gegen N. weil er ihn einen Spitzbuben genannt habe,

Beweismittel dafür waren nicht bezeichnet und leugnete R. die Thatsache. Das Gericht zog ein Leumundszeugniß über H. ein und verurteilte, als dieses günstig ausfiel, den R. nach dem Klageantrage. Die NB. rügt, daß auf dieser Grundlage die Feststellung nicht habe getroffen werden können. Sie ist für begründet erachtet.

Es findet zwar auch bei dem Verfahren in Privatklagesachen die im § 7 der StPO. v. 25. Juni 1867 gegebene Vorschrift über die freie Beweiswürdigung Anwendung. Voraussetzung eine jeden Beweis würdigung ist jedoch, daß überhaupt einer Beweisaufnahme stattgefunden hat. Die Gerichte sind, wie § 7 cit. sagt, bei der Prüfung der vorgebrachten Beweise an positive Regeln über die Wirkungen derselben nicht gebunden. Sie haben über das Ergebniß der Beweisführung nach ihrer freien, aus dem Inbegriffe der vor ihnen stattgehabten Verhandlungen geschöpften Ueberzeugung zu entscheiden. Die hiernach für die Beweiswürdigung nothwendige Unterlage kann in der Auslassung des Anklägers niemals gefunden werden. Der Grundsatz, daß bei der öffentlichen Strafverfolgung die Anklage durch die Erklärungen des Staatsanwalts nicht bewiesen wird, beherrscht das ganze Strafverfahren in dem Maaße, daß eine ausdrückliche Sanktionirung desselben dem Gesetzgeber nicht erforderlich erschienen ist, wenngleich derselbe einer Reihe von Vorschriften zu Grunde liegt, welche die Thätigkeit des Gerichts im Gegensatz zu derjenigen des Staatsanwalts regeln und Ersterem die Beschlußfassung über die Anklagethatsachen nach erhobenem Beweise übertragen, (cf. § 1—7. 62. 239. 242 u. A. der StPO.). In dem Verfahren auf erhobene Privatklage vertritt in Betreff der Strafverfolgung der Privatkläger die Stelle des Staatsanwalts (§§ 500, 504 ibid.). Seine Erklärung ist deshalb ebensowenig wie diejenige des Staatsanwalts bei der öffentlichen Klage, geeignet, den Grund der Klage zu beweisen. Dem entspricht die Vorschrift des § 500 cit., wonach das Gericht, falls es nach verhandelter Sache noch auf eine Beweisaufnahme ankommt, bestimmen soll, in Ansehung welcher Thatsachen und Beweismittel dieselbe stattzufinden habe, und zwar auch dann, wenn der Beschuldigte ausgeblieben und der Privatkläger allein erschienen. Durch dieses Gesetz wird anerkannt, daß mit Ausnahme derjenigen Fälle, wo die Klage zugestanden und deshalb eine Beweisaufnahme unnöthig geworden ist, alle erheblichen Thatsachen durch Beweismittel, also durch außerhalb der Parteierklärungen liegende Erkenntnißquellen festgestellt werden müssen. Daß insbesondere das Zeugniß des Privatklägers vom Gesetzgeber nicht als Beweismittel angesehen wird, ergiebt die Vorschrift des § 501 ibid., daß als Zeugen nicht vereidet werden dürfen: 1. diejenigen, welche in der nämlichen Sache selbst als Privatkläger aufzutreten befugt sein würden, und 2. diejenigen, welche zu dem Privatkläger in einem Verhältnisse der im zweiten Absatz des § 155 bezeichneten Art stehen. Diesem Rechtsgrundsatz zuwider stützt der Berufungsrichter im vorliegenden Falle seine Feststellung ohne Beweisaufnahme allein auf die Angabe des Privatklägers. Er hat zwar gemäß § 347[4] der StPO. die Auskunft des Stadtgemeinde-Vorstandes zu Geisa über den Leumund des Privatklägers im Verhandlungstermine verlesen lassen. Die Ausführung in dem Berufungsurteil: diese Angaben des gut beleumundeten Anklägers sind trotz des Leugnens des Angeklagten (Beschuldigten) dem Gericht vollkommen glaubwürdig erschienen „ergiebt jedoch, daß der Berufungsrichter das Leumundsattest nicht als Beweismittel für den Klagegrund verwendet hat, sondern darin eine Stütze findet für die Glaubwürdigkeit des Privatklägers, also einer Person, deren Aussage zur Feststellung der Strafthat nach dem Gesetze nicht geeignet ist. — Die Rüge des Beschuldigten, daß die Feststellung sich nur auf ein gesetzlich unzulässiges Beweismittel stützt, erscheint deshalb nach §§ 389[2], 390[3] der StPO. zur Begründung der NB. geeignet.

Antr. d. GStA.: gleichl. [18.—2.]

Markenschutz. – Wissentlichkeit.

Die Strafbestimmung des § 14 des Markenschutzgesetzes setzt voraus, daß die Bezeichnung mit dem für einen Anderen eingetragenen Zeichen wissentlich geschehen ist. Der Betreffende muß gewußt haben, daß das Zeichen für den Anderen eingetragen war.

Reichsges. über Markenschutz v. 30. Novbr. 1874 § 14.

Erk. (V. II.) v. 27. Febr. 1879 c. **Boeker & Gen.** (122 II. Cr.).
Antr. d. GStA.: gleichl. [19.—4.]

Beleidigung. – Handelsgesellschaft als beleidigt?

Abgesehen von den im § 196 des StGB.'s erwähnten Behörden können juristische Personen, insbesondere eine offene Handelsgesellschaft, nicht beleidigt werden.

StGB. §§ 185 [n. 7] und 186; Vgl. GA. 23. S. 493.

Erk. (V. II.) v. 27. Febr. 1879 **Latscha & Dörrenberg** c. **Glaudemanns** (236 II. Cr.).

Der Butterhändler G. hatte verbreitet, daß in dem Buttergeschäft der offenen Handelsgesellschaft L. u. D. in einem Faß mit Schmalz ein todtes Kind gefunden worden sei. Auf Civilklage genannter Handelsgesellschaft hat die (Rhein.) ZPK. den G. wegen verläumderischer Beleidigung derselben durch Verbreitung einer den Credit gefährdenden Thatsache aus § 187 bestraft. Die App.-Kammer nahm an, daß G. die Thatsache nicht wider besseres Wissen verbreitet habe, und verurteilte aus § 186 wegen Verbreitung einer nicht erweislich wahren Thatsache, welche die Handelsgesellschaft verächtlich zu machen oder in der öffentlichen Meinung herabzuwürdigen geeignet sei.

Auf den Cass.-Rekurs des G. hat das Ob.-Trib. aus dem eben wiedergegebenen Grunde *cassirt* und *freigesprochen*.

Antr. d. GStA.: gleichl. [22.—4.]

Bankerutt, einfacher. – Unordentliche Buchführung. – Schuld des socius.

Wenn auch bei einer offenen Handelsgesellschaft an sich jeder socius für die ordentliche Buchführung

verantwortlich und eintretenden Falls wegen einfachen Bankerutts strafbar ist, so setzt das doch voraus, daß er sich in der Möglichkeit befand, bei Anwendung aller Sorgfalt die Mängel der Buchführung zu vermeiden. Insbesondere ist ein socius nicht strafbar, wenn die Mangelhaftigkeit der Buchführung lediglich in der Nicht-Buchung von geschäftlichen Dispositionen besteht, welche sein Compagnon hinter seinem Rücken und ohne sein Wissen zu Gunsten von Anverwandten getroffen hat, sofern seine Unbekanntschaft mit diesen Dispositionen nicht in eigener Nachlässigkeit ihren Grund hat.

StGB. § 283 Nr. 2.

Erk. (S. II.) v. 27. Febr. 1879 c. Rath (37 II. Cr.).
Antr. d. GStA.: gleichl. [22.—4.]

Vereinsgesetz. – Leichenbegängniß. – Gewöhnliches. – Unterlassene Zuziehung der Geistlichkeit.

Ein Leichenbegängniß hört nicht deshalb auf, ein „gewöhnliches" im Sinne des Vereinsgesetzes zu sein, weil dem Gebrauch zuwider die Geistlichkeit nicht zugezogen worden ist.

Vereinsgesetz v. 11. März 1850 § 10; Vgl. GA. 7. S. 91.

Erk. (S. II.) v. 27. Febr. 1879 c. Samler & Gen. (186 II. Cr.).

Zu M. wo bisher die Leichenbegängnisse der Katholiken stets unter Assistenz des Geistlichen stattgefunden hatten, wurden dieselben, nachdem dem dortigen Geistlichen gegenüber in Gemäßheit des § 6 des Gesetzes betr. die Einstellung der Leistungen ꝛc. v. 22. April 1875 die Staatsleistungen wieder aufgenommen worden waren, ohne Zuziehung eines Geistlichen abgehalten. S. u. Gen. welche an einem solchen Leichenzuge Theil genommen hatten, wurden von dem (Rhein.) PG. aus den §§ 10 u. 17 Abs. 1 des Vereinsgesetzes verurteilt, weil das Leichenbegängniß, zu welchem eine polizeiliche Genehmigung nicht eingeholt worden, Mangels Assistenz eines Geistlichen kein „gewöhnliches" im Sinne des citirten § 10 gewesen sei.

Auf den Cass.-Rekurs derselben hat das Ob.-Trib. cassirt und freigesprochen. Gründe:

In Erw., daß der Begriff eines gewöhnlichen Leichenbegängnisses verkannt ist, wenn einem Leichenbegängnisse die Eigenschaft eines gewöhnlichen lediglich deshalb abgesprochen wird, weil zu demselben die Geistlichkeit, welche sonst nach Ortsgebrauch zu den Leichenbegängnissen zugezogen zu werden pflege, nicht zugezogen sei;

daß nämlich im § 10 der Vdn. v. 11. März 1850 das Erforderniß der polizeilichen Genehmigung nicht an die Voraussetzung geknüpft ist, daß das Leichenbegängniß örtlich hergebracht sei, wie dies das Gesetz bei Hochzeitszügen erfordert, oder daß es in der hergebrachten Art stattfinde, wie eine Prozession u. s. w.

daß vielmehr die Verordn. selbst davon ausgeht, daß die Begleitung der Leiche zu den Kirchhöfen durch die Angehörigen und die sonstigen Leidtragenden eine allgemeine Sitte ist, welche die gesetzliche Ordnung an sich nicht gefährdet;

daß hiernach unter einem außergewöhnlichen Leichenbegängnisse nur ein solches verstanden werden kann, bei welchem entweder eine über den Zweck der Bestattung der Leiche hinausgehende Absicht verfolgt oder durch die besondere Weise der Ausführung die öffentliche Ordnung gefährdet wird;

daß nach dieser Richtung keine die Beschuldigten belastende Thatsache behauptet ist, die Freisprechung der Beschuldigten daher erfolgen mußte.

Antr. d. GStA.'s: gleichl. [19.—4.]

Disciplin. – Rechtsanwalt. – Benutzung der Presse.

Ein Rechtsanwalt verletzt die Pflichten seines Amtes, wenn er im vermeintlichen Interesse seines Klienten durch die Presse auf die Erfüllung der Pflichten des Richters einen Druck auszuüben sucht.

Erk. des Disc.-Sen. v. 28. Febr. 1879 in S. c. Rechtsanw. U.
(D. S. 157/78).

Das verurteilende Erkenntniß eines Schwurgerichts war auf die von dem Vertheidiger, Rechtsanwalt U., begründete NB. wegen formeller Mängel des Verfahrens vernichtet und die Sache zur nochmaligen Verhandlung an das nächste Schwurgericht desselben Bezirks zurückverwiesen. Es wurden Schwierigkeiten gegen die Verhandlung der Sache in der nächstbevorstehenden Schwurgerichtsperiode erhoben, die erst auf Beschwerde des Vertheidigers beseitigt wurden. Nachdem der Termin zur Verhandlung bereits angesetzt war, ersuchte der Vertheidiger den Redakteur eines öffentlichen Anzeigers um Aufnahme eines anonymen Artikels, in welchem, unter Benennung des zum Vorsitzenden ernannten Direktors, der auch bei der ersten Verhandlung der Sache den Vorsitz gehabt hatte, angezeigt wurde, daß es ursprünglich beabsichtigt gewesen sei, die Sache zur nächsten Schwurgerichtsperiode zu vertragen, daß aber auf eine Beschwerde des Vertheidigers, Justizrath U., durch den Präsidenten des Appellationsgerichts die Verhandlung der Sache noch in dieser Periode angeordnet sei. Der Angeklagte sei in Folge der schon in den vierten Monat dauernden Haft schwer erkrankt und werde es wohl nur mit Aufbietung seiner ganzen Willenskraft ermöglichen, die geistigen und körperlichen Anstrengungen einer ein- bis zweitägigen Verhandlung zu ertragen.

Dem Schreiben an den Redakteur um Aufnahme des Artikels waren 60 Mark zur beliebigen Verfügung beigefügt, die der Redakteur zurücksandte. Nachdem inzwischen sein Klient von den Geschworenen für nicht schuldig erklärt und demgemäß freigesprochen war, wurde gegen den Rechtsanwalt U. ein Disciplinar-Verfahren unter der Beschuldigung beantragt, daß er vor der schwurgerichtlichen Verhandlung versucht habe, die Redaktion des Anzeigers durch Anerbieten eines Geldgeschenks der Vertheidigung dienstbar zu machen, um einen Artikel aufzunehmen, welcher bestimmt gewesen, im Publikum und bei den Geschworenen eine günstige Stimmung für den Angeklagten zu erwecken.

Der Beschuldigte bestritt den vorausgesetzten Zweck jenes Artikels, gab aber zu, daß er mit demselben beabsichtigt habe, durch die Presse darauf hinzuwirken, daß die fragliche Untersuchung in der bevorstehenden Schwurgerichts-Periode zur Verhandlung gelange und nicht zur nächstfolgenden vertagt werde.

Der Ehrenrath sprach frei, indem er im Wesentlichen feststellte, daß der Rechtsanwalt U. mit dem fraglichen Artikel nur bezweckt habe, durch die Presse darauf hinzuwirken, daß die Sache in der nächsten Sitzungsperiode verhandelt und auch in dieser nicht etwa vertagt würde. Das sei ein erlaubter Zweck und zu solchem könne sich ein Vertheidiger auch der Presse bedienen; das sei nirgend verboten.

Auf die Berufung des OStA. wurde das Erkenntniß des Ehrenraths dahin abgeändert, daß der Rechtsanwalt U. wegen Verletzung seiner Amtspflichten mit einem Verweise zu bestrafen. Gründe:

Die Berufung welche die StA.-schaft gegen das Erkenntniß des Ehrenraths mit dem Antrage: ihn der Verletzung seiner Amtspflichten als Rechtsanwalt, so wie derjenigen, welche durch Ehrenhaftigkeit und Anstand bedingt sind, für schuldig zu erachten und angemessen zu bestrafen, erscheint begründet. Es läßt sich zwar nicht als festgestellt annehmen, daß der Angeschuldigte mit dem Artikel, welchen er dem Redakteur des Anzeigers mittelst Schreibens vom 9. März 1878 zur Aufnahme in dieses Blatt zusendete, den Zweck verfolgt hat, auf die Geschworenen, welche zur Entscheidung der Strafsache seines Klienten berufen werden würden, einzuwirken, oder daß er mit der erfolgten Beilage dieses Schreibens von 60 Mark beabsichtigte, den gedachten Redakteur zur Beförderung dieses Zwecks willfährig zu machen. Man ist vielmehr Mangels anderer Feststellung auf dasjenige beschränkt, was der Angeschuldigte selbst über seine Absicht angiebt, nämlich: durch diese Mittheilung in der Presse auf das Gericht, resp. den Schwurgerichtsvorsitzenden dahin einzuwirken, daß der Termin zur Verhandlung der Sache seines Klienten noch in der nächsten Schwurgerichtsperiode angesetzt und abgehalten würde. Indessen auch in diesem beschränkten Thatbestande liegt eine Verletzung der Amtspflichten des Angeschuldigten. Denn es mußte ihm bekannt sein, daß die Vorsitzenden und die Mitglieder des Gerichts ihre Anordnungen nur durch die Lage der betreffenden Untersuchung und die sonstigen besonderen Umstände, keinenfalls aber durch einen mittels der Presse auf sie auszuübenden Druck bestimmen lassen durften. Er hat daher ein völlig unzulässiges Mittel, seinem Klienten zu dienen, anzuwenden versucht, während ihm doch seine Beamtenpflicht und speciell seine Pflicht als Rechtsanwalt gebot, überall für ein gesetzliches Verhalten der Richter zu wirken. Dazu kommt aber, daß dem Angeschuldigten eben so wenig entgehen konnte, daß durch seinen Artikel im Publikum die Ansicht gefördert werden mußte, daß ein solcher Druck geeignet sei, die Anordnungen des Gerichts zu bestimmen, und daß er daher durch seine Handlungsweise den Vorsitzenden und die Mitglieder des Gerichts der Gefahr aussetze, durch das Publikum von demselben falschen Gesichtspunkt aus beurteilt zu werden, von welchem er selbst geständig ausging. Und doch lag es in seiner Stellung als Rechtsanwalt, jede unbegründete Schädigung des Ansehens des Gerichts zu verhüten. Ein solches Verhalten des Angeschuldigten läßt sich um so weniger billigen, als auf seine Beschwerde die Remedur der Anordnung, über welche er sich in dem Artikel beklagt, bei Einsendung des Artikels bereits erfolgt, ja ihm die Anberaumung des Termins in der damals bereits begonnenen Schwurgerichtsperiode bereits bekannt war, und er nicht den geringsten Grund hatte eine Nichtbefolgung der Anordnung des Chef-Präsidenten und sogar die Wiederaufhebung des Termins zu besorgen. Hiernach hat der Angeschuldigte die Pflichten, welche ihm sein Amt auflegte, verletzt. Bei der Wahl der Strafe war zu berücksichtigen, daß der Angeschuldigte, soviel erhellt, sich bisher eines Disciplinarvergehens nicht schuldig gemacht hat, und daß seine Auffassung, daß dem Interesse seines verhafteten und körperlich leidenden Klienten durch die Verschiebung der Sache auf eine spätere Schwurgerichtsperiode zu nahe getreten werde, so wie der Eifer seinem Klienten zu dienen, sein Urteil über die Zulässigkeit der zu diesen Zwecken angewendeten Mittel getrübt haben mag, und es erschien daher der seitens des General-Staatsanwalts in der mündlichen Verhandlung beantragte Verweis als eine dem Vergehen des Angeschuldigten entsprechende Strafe.

[—1.]

In Stöcken verborgene Waffen. – Verbot.

Durch § 367 Nr. 9 des StGB.'s ist die Verbotsbestimmung des § 345 Nr. 7 des Pr. StGB.'s wider das Feilhalten und Mitsichführen verborgener Waffen nicht außer Wirksamkeit getreten.

StGB. § 367 Nr. 9 [n. 54]; Einf.-Ges. § 2 [n. 22].

Erk. (V. I.) v. 28. Febr. 1879 c. Daphi (8 I. Cr.).

Die Kaufleute D., B. und Z. in O. (Provinz Hannover) hielten in Stöcken verborgene Stoßwaffen feil. Sie wurden aus § 367 Nr. 9 des StGB.'s angeklagt, aber freigesprochen weil die Bestimmung des § 345 Nr. 7 des Pr. StGB.'s durch § 2 des Einf.-Ges.'s v. 31. Mai 1870 außer Kraft gesetzt und ein anderweites gesetzliches Verbot nicht erlassen, die That also nicht mit Strafe bedroht sei. Die NB. der StA.-schaft bestritt das Letztere, indem § 367 die Materie nur insoweit ordne, als er unter Beibehaltung der vorhandenen gesetzlichen Verbote (zu denen auch das des § 345 für Preußen gehöre) für das ganze Gebiet des neuen Strafrechts eine einheitliche Strafe festsetze. Die NB. wurde für zutreffend erachtet.

Der § 367 Nr. 9 des StGB.'s ist kein in sich vollständiges Gesetz, da die Norm, welche Voraussetzung seiner Anwendung ist, einer Ergänzung aus anderen Gesetzen bedarf. Die Fassung: Mit Geldstrafe bis zu einhundertfünfzig Mark oder mit Haft wird bestraft, 9) wer einem gesetzlichen Verbot zuwider Stoß-, Hieb- oder Schußwaffen, welche in Stöcken oder Röhren oder in ähnlicher Weise verborgen sind, feilhält oder mit sich führt, erfordert ein „gesetzliches Verbot", schließt also die Anwendung des Strafgesetzes da aus, wo ein solches Verbot nicht besteht. Der weite Begriff des „gesetzlichen Verbots" umfaßt, was die Form der gesetzgeberischen Anordnung betrifft, sowohl die in Gesetzen im engeren Sinne erlassenen Verbote, als auch die nach den Landesgesetzgebungen in Polizei-Verordnungen enthaltenen Verbote, soweit solchen Polizei-Verordnungen nach dem Landesrechte die Wirkungen der Gesetze beigelegt sind. Er umfaßt, was den Zeitpunkt des Erlasses anlangt, nicht allein die künftig (nach Eintritt der Geltung des StGB.'s für das Deutsche Reich) zu erlassenden Verbote, sondern jedes zur Zeit der That in Kraft bestehende gesetzliche Verbot, möge dasselbe vor oder nach der Publikation des StGB.'s erlassen worden sein. Daß insbesondere die zur Zeit der Publikation des StGB.'s bereits bestehenden Verbote von der Bestimmung des § 367 Nr. 9 haben umfaßt werden sollen, wird bestätigt durch die Redaktionsgeschichte, wie durch den Hinblick auf den Zweck des Gesetzes. Der Entwurf des StGB.'s für das Deutsche Reich hatte statt der Worte: „einem gesetzlichen Verbot zuwider" das Wort „unbefugt" enthalten. In den Motiven war die Aufnahme dieses Wortes damit begründet, daß „in einzelnen Bundesstaaten einschlägige Verbote nicht bestehen". (Motive S. 151). Hier war also grade der Schutz der bestehenden Verbote beabsichtigt. Die im Reichstag ohne Debatte beschlossene Aenderung des Wortes: „unbefugt" in die jetzt im § 367 Nr. 9 enthaltenen Worte (Stenogr. Ber. S. 765) ist nur als eine nähere Bestimmung des Begriffes „unbefugt", also nur als eine Fassungsänderung anzusehen, mit welcher eine sachliche Abweichung nicht verbunden war. Auch nach dem Zwecke des Gesetzes ist es undenkbar, daß nur künftig zu erlassende Verbote ins Auge gefaßt sein sollten nud demnach beabsichtigt sein könnte, auch da, wo Verbote bereits bestehen, eine legislatorische Maßregel zur Erneuerung dieser Verbote zu verlangen. Unterliegt es demnach keinem Bedenken, daß der § 367 Nr. 9 des Reichs-StGB.'s sich auch auf solche Verbote bezieht, welche zur Zeit der Publikation des R.-StGB.'s bereits landesgesetzliche Geltung gehabt haben, so ist zu untersuchen, ob zu jener Zeit ein derartiges Verbot in Preußen bestanden hat, und ob dasselbe zur Zeit der That noch in Kraft war. Die erste Frage ist in dem angefochtenen Urteil bejaht, und es ist nicht bedenklich, dieser Annahme beizutreten. Das StGB. für die Preußischen Staaten, welches nach dem Texte der in Gemäßheit des Allerh. Erlasses v. 14. Juni 1859 veranstalteten dritten Ausgabe durch Art. I der Vdn. v. 25. Juni 1868 (GS. S. 921) in die neuen Landestheile, insbesondere auch in das Gebiet des vormaligen Königreichs Hannover, mit Gesetzeskraft vom 1. September 1867 eingeführt worden ist, enthält im § 345 Nr. 7 die Bestimmung:

Mit Geldbuße bis zu fünfzig Thalern oder Gefängniß bis zu sechs Wochen wird bestraft:

7. wer Stoß-, Hieb- oder Schußwaffen, welche in Stöcken oder

Röhren oder in ähnlicher Weise verborgen sind, feilhält oder mit sich führt.

Diese Bestimmung verweist nicht, wie der § 367 Nr. 9 des R.-StGB.'s auf ein anderweitig bestehendes Verbot als Voraussetzung der Strafbarkeit; sie bedroht vielmehr schlechthin das Feilhalten oder Mitsichführen verborgener Waffen mit Strafe, und enthält mithin ein Verbot dieser Handlungen. Der Umstand, daß redaktionell das Verbot von der Strafbestimmung nicht getrennt, vielmehr mit derselben in einen und denselben Satz zusammengefaßt ist, ändert an der Bedeutung und Wirkung des Verbotes als solchen nichts. Diese Redaktionsweise bildet in der modernen Gesetzgebung die Regel und hat ihren Grund in dem engen Zusammenhange der Gebots- und Verbotsgesetze mit den Strafandrohungen, sowie in der Thatsache, daß Verbote ohne Strafandrohung verhältnißmäßig selten vorkommen und daß jedes Strafgesetz seinem Wesen nach die Verschärfung eines Gebots- oder Verbotsgesetzes ist. Daß in der That mit der Bestimmung des § 345 Nr. 7 a. a. O. nicht nur eine Strafandrohung für anderweitige Verbote, sondern der selbständige Erlaß eines neuen Verbotes beabsichtigt worden ist, ergiebt sich klar aus den legislatorischen Vorgängen, welche schließlich zu der Redaktion des § 345 Nr. 7 geführt haben. Der Tit. 20 Th. II ALR.'s enthielt in den §§ 746, 747 Verbote, im § 748 die Strafandrohung. Die §§ lauten:

§ 746 Niemand soll Stilets und dreikantige oder sogenannte Schilfklingen führen.

§ 747 Gemeinen Leuten ist, in Stöcken oder auf andere Art, verborgenes Gewehr zu führen nicht erlaubt.

§ 748 Die bloße Führung solcher Waffen soll mit Konfiskation derselben und fünf bis zwanzig Thalern Geldstrafe geahndet werden.

Behufs Erlasses eines Specialgesetzes über den Gegenstand dieser §§ und der Bestimmung des Art. 314 des Code pénal fanden Berathungen des Staats-Ministeriums und des Staatsraths Statt, bei denen vorgeschlagen wurde, das

Verbot auf künstlich verborgene Waffen, welche durch ihr Aeußeres als Waffen nicht erkennbar sind, zu beschränken, dagegen Dolche und dreikantige Klingen von demselben auszunehmen. Die Verhandlung wurde demnächst zur Redaktion des StGB.'s verwiesen und hier die Ausdehnung des Verbots auf das Führen drei- und mehrkantiger Klingen für erforderlich erachtet. Bei der Berathung des Pr. StGB.'s wurde das Verbot von der Kommission der zweiten Kammer auf die verborgenen Waffen beschränkt, da bei dem Vorhandensein viel gefährlicherer Waffen, als mehrkantige Klingen sind, es unnütz und ungerechtfertigt sein würde, die Führung der letzteren überhaupt zu verbieten. Zugleich aber wurde das Verbot des Feilhaltens verborgener Waffen, welches das ALR. nicht enthält, als nothwendige Konsequenz des Verbots des Führens aufgenommen. (S. Goltdammer's Mat. zum StGB. für die Preuß. Staaten. Berlin, 1852 Th. II. S. 731. 732 und die Allegate daselbst S. 732 Anm. 1.) Aus diesem Gange der Verhandlungen ist als zweifelloses Resultat zu entnehmen, daß es bei der Abfassung des § 345 Nr. 7 des Pr. StGB.'s nicht blos darauf angekommen ist ein Strafgesetz im engeren Sinne zu redigiren, sondern auch darauf, „die Frage: in welchen Fällen das Waffentragen und das Waffenfeilhalten überhaupt verboten werden sollte, für den ganzen Umfang der Monarchie erschöpfend zu regeln. Jene Bestimmung enthält daher in Beziehung auf das Feilhalten oder Mitsichführen der darin bezeichneten Waffen ein Verbot. In dem angefochtenen Urteil ist nun aber die zweite der oben aufgestellten Fragen: ob das Verbot zur Zeit der hier in Rede stehenden That noch in Geltung gewesen sei? verneint worden, indem ausgeführt ist, daß der § 367 Nr. 9 des R.-StGB.'s dieselbe Materie betreffe, welche der § 345 Nr. 7 des Pr. StGB.'s enthalte, und daher nach § 2 des Einf.-Ges.'s v. 31. Mai 1870 die letztgedachte Bestimmung außer Kraft gesetzt sei. Diese Ausführung ist rechtsirrthümlich. Es ist allerdings richtig, daß die Materie des Feilhaltens und Mitsichführens verborgener Waffen eine Materie ist, welche Gegenstand des StGB.'s für das Deutsche Reich ist. Hieraus folgt aber nicht, daß der § 345 Nr. 7 des Pr. StGB.'s, welcher dieselbe Materie behandelt, in vollem Umfange aufgehoben ist. Der § 2 des Einf.-Ges.'s v. 31. Mai 1870 hebt nicht die Gesetze auf, in denen Materien behandelt werden, welche Gegenstand des R.-StGB.'s sind; er hebt vielmehr das Landesstrafrecht, insoweit es derartige Materien betrifft, auf. Es ist daher in jedem einzelnen Falle zu untersuchen, ob ein Gesetz, welches eine Materie der erwähnten Art betrifft, ausschließlich dem Landesstrafrecht angehört oder ob es neben der strafrechtlichen noch eine andere Bedeutung hat. Im letzteren Falle bleibt das Landesrecht in Kraft, auch wenn es in einem Gesetze enthalten ist, welches als Strafgesetz seine Geltung verliert. Da nun vorstehend nachgewiesen ist, daß der § 345 Nr. 7 des Pr. StGB.'s auch die Bestimmung eines selbständigen Verbotsgesetzes hat, so ist er in dieser seiner selbständigen Bedeutung durch § 2 des Einf.-Ges.'s v. 31. Mai 1870 nicht berührt, wenn er auch als Strafgesetz durch § 367 Nr. 9 des R.-StGB.'s ersetzt ist. Die Aufhebung der Verbotsbestimmung kann auch unmöglich beabsichtigt sein, da es nicht denkbar ist, daß der Gesetzgeber, welcher im § 367 Nr. 9 des R.-StGB.'s die bestehenden gesetzlichen Verbote durch eine Strafsanktion schützt, grade durch dieselbe Bestimmung (in Verbindung mit § 2 des Einf.-Ges.'s) ein derartiges Verbot nur darum aufgehoben haben sollte, weil es redaktionell mit einer Strafandrohung verbunden war. Die Annahme daß das im § 345 Nr. 7 des Pr. StGB.'s enthaltene Verbot aufgehoben sei, entbehrt hiernach der rechtlichen Begründung und das angefochtene Urteil mußte daher gemäß Art. 107 Nr. 1 und Art. 116 des Ges.'s v. 3. Mai 1852 vernichtet werden.

Antr. d. GStA.: gleichl. [12.—2.]

Betrug. - Beschädigung.

Es kann als Vermögensbeschädigung angesehen werden, wenn eine erkaufte Sache für den Käufer nicht den Werth hat, den sie beim Vorhandensein der vorgespiegelten und vorausgesetzten Eigenschaften für ihn gehabt haben würde.

StGB. § 263 [n. 16].

Erk. (Z. I.) v. 28. Febr. 1879 c. Hirsch (71 I. Cr.).

H. hatte dem Rittmeister B. ein Pferd verkauft und demselben, obwohl das Pferd einen ihm bekannten Augenfehler hatte, vorgespiegelt, es sei fehlerfrei und habe gesunde Augen. Seiner Verurteilung wegen Betruges stellte H. die Behauptung gegenüber, daß das Pferd immer noch den Werth des Kaufgeldes gehabt und B. daher keinen Schaden erlitten habe. Darüber war Beweis angetreten, den das App.-Gericht ablehnte, weil B. geglaubt habe, ein völlig gesundes, für seine Zwecke allein brauchbares Pferd zu erwerben, was nun nicht geschehen sei und es daher gleichgültig sei, ob Sachverständige den Werth des Pferdes auf die Höhe des Kaufgeldes schätzen würden. Die NB. des H. wurde zurückgewiesen.

Insbesondere erhellt eine rechtsirrthümliche Würdigung nicht aus der Ablehnung des darüber angebotenen Beweises, daß das vom Angeklagten an den Rittmeister B. verkaufte Pferd trotz seines Augenfehlers den dafür gezahlten Preis von 1380 Mk. oder doch nur unerheblich weniger werth gewesen sei, weil es, falls Jemand durch Täuschung zum Erwerbe einer Sache veranlaßt worden ist, ohne Rechtsirrthum als Vermögensbeschädigung angesehen werden kann, wenn die Sache für ihn nicht den Werth hatte, welche sie beim Vorhandensein der vorgespiegelten oder ausdrücklich vorausgesetzten Eigenschaften für ihn gehabt haben würde.

Antr. d. GStA.: gleichl. [15.—2.]

Betrug. - Absicht. - Beschädigung.

Sowohl die Absicht rechtswidrigen Vermögensvortheils als auch eine Beschädigung des Käufers ist in der vertragswidrigen Unterschiebung selbst fabricirten Kunstweins anstatt des vertragsmäßig zu

liefernden und als solchen bezahlten französischen Rothweins zu finden.

StGB. § 263 [n. 2. 21 a.].

Erk. (Z. I.) v. 28. **Febr.** 1879 c. **Krotoschiner** (346 I. Cr.).

Der Kaufmann K. hatte dem Restaurateur P. mit der Versicherung daß es der verlangte französische Rothwein sei, als solchen ein Getränk verkauft welches gar kein Traubenwein, sondern ein reines von ihm selbst bereitetes Kunstprodukt war. Er ist wegen Betrugs bestraft und rügt den Mangel des Dolus und eine Beschädigung. Seine NB. ist zurückgewiesen.

Insbesondere kann es für rechtsirrthümlich nicht erachtet werden, wenn die Instanzrichter in der klar zu Tage liegenden Absicht des Angeklagten durch vertragswidrige Lieferung selbst fabricirten Weines an den Bahnhofs-Restaurateur P. kaufmännischen Gewinn zu ziehen, den im § 263 cit. vorausgesetzten Dolus, d. h. die Absicht, sich einen rechtswidrigen Vortheil zu verschaffen, und in der (durch Täuschung bewirkten) vertragswidrigen Unterschiebung selbst fabricirten Kunstweins anstatt des vertragsmäßig zu liefernden und als solchen bezahlten „echten französischen Rothweins" eine Vermögensbeschädigung des P. gefunden haben.

Antr. d. GStA.: gleichl. [15.—2.]

Wechselstempel. - Kassirung. - Dolus.

1. Die vom Aussteller und Indossanten bewirkte Bestempelung eines ohne Stempel vom Acceptanten zurückgegebenen Wechsels auf den Namen des Letzteren ist wirkungslos.

2. Bei Stempelhinterziehungen kommt es auf den Nachweis des Dolus nicht an.

Ges. v. 10. Juni 1869 §§ 14. 15.

Erk. (Z. I.) v. 28. **Febr.** 1879 c. **Pollnow** (1300 I. Cr.).

P. erhielt einen von ihm ausgestellten Wechsel unbestempelt von F. D. zurück, den er weiter begab und schließlich einklagte, nachdem er zuvor eine mit dem Namenszug F. D. versehene Stempelmarke gehörigen Orts aufgeklebt hatte. Dieselbe wurde als nicht verwendet angesehen, weil D. die Bestempelung habe bewirken müssen, bevor er den acceptirten Wechsel aus der Hand gab und P. dies nachher auf seinen Namen nicht mehr habe thun können. Gegen seine Verurteilung ergreift P. NB. in der er behauptet: er habe die Bestempelung im Auftrage des D. bewirkt; das sei zulässig und er habe ohne jede Absicht einer Gesetzesübertretung gehandelt. Sie ist zurückgewiesen.

Die in der NB. angeregte Frage, ob der Acceptant sich zum Einschreiben der Anfangsbuchstaben seines Namens in die zu kassirende Stempelmarke der Hand eines Bevollmächtigten bedienen dürfe, kommt im vorliegenden Falle nicht in Betracht, da der App.-Richter aus thatsächlichen, einer Anfechtung in dieser Instanz nicht unterliegenden Gründen angenommen hat, daß der Acceptant dem Angeklagten den hier in Rede stehenden Wechsel keineswegs zu dem Zwecke übergeben hat, um in seinem — des Acceptanten — Auftrage die Stempelung zu bewirken, sondern den Wechsel im Wechselverkehr, als Acceptant, dem Angeklagten als Aussteller und demnächstigen Indossanten, ausgehändigt hat. Damit fallen die thatsächlichen Voraussetzungen, auf welche die NB. den Nachweis eines Rechtsirrthums zu gründen sucht. Die fernere Ausführung, daß der Angeklagte nicht dolose gehandelt habe, ist nicht zu berücksichtigen, da es bei Stempelhinterziehung auf den Nachweis des Dolus nicht ankommt.

Antr. d. GStA.'s: gleichl. [12.—2.]

Beleidigung einer Ehefrau. – Strafantrag des Ehemannes wider deren Willen.

Das Recht des Ehemannes, wegen Beleidigung seiner Ehefrau auf Bestrafung anzutragen, ist ein selbständiges. Er kann den Strafantrag auch wider den Willen der Frau stellen und selbst wenn diese ausdrücklich auf Bestrafung verzichtet hat.

StGB. § 195 [n. 7].

Erk. (Z. II.) v. 4. März 1879 c. Hörter & Gen. (213 II. Cr.).
Antr. d. GStA.: gleichl. [7.—4.]

Widerstand. – Rechtmäßige Amtsausübung. – Ausschreitung des Beamten.

Eine Ausschreitung die ein Beamter bei einer an sich rechtmäßigen Amtsausübung begeht, macht nur einen Widerstand gegen diese Ausschreitung, nicht aber den gegen die Amtshandlung selbst straflos.

StGB. § 113 [n. 17]; Vgl. RbOTr. 10. S. 775.

Erk. (Z. II.) v. 4. März 1879 c. Kirchner (276 II. Cr.).

Wie die Instanzrichter als erwiesen annehmen, sind die Angeklagten von dem Gensd'armen N. zur Nachtzeit bei der Entwendung von Kirschen betroffen worden; der Gensd'arm hat den Angeklagten Eduard K. festgenommen und dem herantretenden Nachtwächter übergeben; den Mitangeklagten Gotthelf K., der auf dem Kirschbaume gesessen, hat er aufgefordert herunter zu kommen. Letzterer aber hat, nachdem er beleidigende und drohende Aeußerungen gethan, die Flucht ergriffen und ist von dem Gensd'armen verfolgt worden, der ihm mit der flachen Klinge einen leichten Hieb über den Rücken gegeben hat, um ihn zum Stehen zu bringen und zu recognosciren. Demnächst haben beide Angeklagte den Gensd'armen angegriffen, zu Boden geworfen und gemißhandelt, sich auch später, nachdem ihre Festnahme mit Hülfe anderer Personen bewerkstelligt worden, dem Transporte widersetzt und den Gensd'armen fortwährend geschimpft. Auf Grund dieser Thatsachen haben die Instanzrichter als festgestellt angenommen, daß die Angeklagten den Gensd'armen beleidigt und demselben als einem Mitgliede der bewaffneten Macht in der rechtmäßigen Ausübung seines Dienstes durch Gewalt und Bedrohung mit Gewalt Widerstand geleistet und ihn thätlich angegriffen haben. Die NB. der Angeklagten rügt unrichtige Anwendung der §§ 185, 113 und 74 des StGB.'s, weil der Gensd'arm zur Anwendung seines Säbels nicht berechtigt gewesen sei. Diese Rüge ist, soweit sie von Eduard K. erhoben wird, im Hinblicke auf den erwiesenen Sachverhalt völlig unzutreffend, da sich der

Gensd'arm gegen diesen Angeklagten des Säbels überhaupt nicht bedient hat. Sie ist aber auch rücksichtlich des Gotthelf K. unbegründet. Denn der Gensd'arm war, wie der App.-Richter ohne Rechtsirrthum angenommen hat, befugt, die Angeklagten vorläufig zu ergreifen und festzunehmen, und der von ihnen geleistete Widerstand war, wie der App.-Richter die Sachlage auffaßt, gegen diese Verhaftung gerichtet. Es bedarf daher keiner Erörterung, ob der Gensd'arm Behufs Ausführung der Verhaftung des Gotthelf K. berechtigt war, seine Waffe in der vorerwähnten Weise zu gebrauchen, denn selbst eine Ausschreitung deren sich der Gensd'arm bei der Verhaftung schuldig gemacht hätte, würde nur den Widerstand gegen diese Ausschreitung, nicht aber den gegen die rechtmäßige Verhaftung selbst straflos erscheinen lassen.

Antr. d. GStA.: gleichl. [19.—4.]

---

1. Verjährung. - Unterbrechung. - Handlung eines unzuständigen Richters.

2. Antrag. - Bei einem unzuständigen Staatsanwalt.

1. Die Verjährung wird auch durch Handlungen eines örtlich oder sachlich unzuständigen Richters unterbrochen.

StGB. § 68 [n. 10]; Vgl. RdOTr. 13. S. 220 u. 376; 18. S. 347.

2. Die Antragsfrist wird auch durch Einreichung des Antrags bei einem im concreten Falle zum eigenen Einschreiten unzuständigen Staatsanwalt gewahrt.

StGB. § 61 [n. 19]; Vgl. JMBl. 73. S. 103 u. Stengl. 5. S. 261

Erk. (Z. II.) v. 4. März 1879 c. Rößner (269 II. Cr.).

Die NB. des Angeklagten ist nicht begründet. Was 1) die angebliche Verletzung des § 22 des R.-Preßgesetzes v. 7. Mai 1874 anlangt, so hat das Ob.-Trib. bereits in verschiedenen Erkenntnissen sich dahin ausgesprochen, daß nach § 68 des R.-StGB.'s auch die Handlungen eines örtlich oder sachlich unzuständigen Richters, welche wegen der in Rede stehenden That gegen den Thäter gerichtet sind, die Verjährung unterbrechen. Es ist hierbei davon ausgegangen worden, daß die richterliche Gewalt als eine einheitliche aufzufassen sei, und daher auch jede Handlung eines inländischen Strafrichters, welche den sonstigen Erfordernissen des § 68 cit. entspricht, die Unterbrechung der Verjährung zur Folge haben müsse, sollte sich auch in der Folge der Richter, von welchem sie ausging, als unzuständig erweisen und dafür erklärt werden. Für die entgegengesetzte Ansicht läßt sich auch nicht geltend machen, daß der § 68 cit. von dem Richter spricht. Es hat damit nicht auf einen einzelnen, auf den zuständigen Richter hingedeutet werden sollen; der Nachdruck liegt vielmehr auf dem Worte Richter, im Gegensatze zur StA.-schaft, deren Handlungen insbesondere nach der älteren preußischen Gesetzgebung — cf. § 48 des Pr. StGB.'s — die Verjährung ebenso unterbrochen hatten, wie die Handlungen des Richters.

[2.] Wenn der Angeklagte rügt, daß die 3monatige Antragsfrist des § 61 des StGB.'s insofern nicht gewahrt sei, als der am 29. Dezbr. 1877 von der Beleidigten bei der StA.-schaft zu H. eingereichte Antrag erst am 18. Mai 1878 an den Staatsanwalt zu N. gelangt sei, so ist auch dieser Angriff verfehlt. Denn er übersieht, daß die StA.-schaft ganz allgemein verpflichtet ist, alle die Strafverfolgung betreffenden Anzeigen und Anträge entgegen zu nehmen und, soweit sie nicht selbst zuständig sein sollte, daraufhin einzuschreiten, dieselbe an den zuständigen Staatsanwalt abzugeben, daß daher die Antragsfrist auch durch die Einreichung des Antrags bei einem im concreten Falle zum eigenen Einschreiten nicht kompetenten Staatsanwalt gewahrt wird.

Antr. d. GStA.: gleichl. [8.—4.]

Urkundenfälschung. - Viehkontrole. - Ursprungsattest.

Die Ursprungsatteste der behufs Abwehr der

Rinderpest mit Führung einer Viehkontrole betrauten Gemeindevorsteher sind öffentliche Urkundeu im Sinne des

§ 267 des StGB.'s [n. 102].

Erk. (Z. II.) v. 4. **März** 1879 c. **Swierczek** (272 II. Cr.).

Das Ob.=Tr. beruft sich für vorstehenden Satz auf § 127 Tit. 10 Th. I der Allg. Ger.=Ordn. und weist die Bezugnahme des Imploranten auf die Präjudikate GA. 3. S. 575 und 4. S. 261 mit der Erwägung zurück, daß dieselben noch unter der Herrschaft des Preuß. StGB.'s ergangen seien und dieses im § 247 den Begriff der Urkunde in einer Weise definirt habe, welche der Theorie des jetzt geltenden R.-StGB.'s fremd sei. (Vgl. Entsch. 68 S. 68*)

Antr. d. GStA.: gleichl. [5.—4.]

Gewerbeordnung. - Arzt. - Naturarzt.

In der Bezeichnung als Naturarzt kann die Annahme eines Titels gefunden werden, durch welchen der Glaube erweckt wird, daß jemand eine geprüfte Medicinalperson sei.

Gew.=Ordn. v. 21. Juni 1869 § 147 Nr. 3; Vgl. RbOTr. 16. S. 812.

Erk. (Z. I.) v. 5. **März** 1879 c. **Harmuth** (1352 I. Cr.).

Der Schlosser H. hatte in einem öffentlichen Blatt ein Inserat einrücken lassen, worin er sich als Naturarzt bezeichnet und zur Heilung geheimer Hautkrankheiten erbietet. Aus § 147 Nr. 3 der Gew.-Ordn. bestraft, rügt er mit NB., daß die Vorsetzung des Wortes „Natur" vor „Arzt" den irrigen Glauben ausschließe, daß er eine geprüfte Medicinalperson sei. Sie ist zurückgewiesen.

Die Aufzählung der verschiedenen Kategorien von Aerzten im § 29 der Gew.-Ordn. ist, wie die Hinzufügung der Worte „oder mit gleichbedeutenden Titeln" ergiebt, nicht limitativ aufzufassen, und daß die Bezeichnung als „Naturarzt" für thatsächlich geeignet erachtet werden kann, den Glauben zu erwecken, daß der den Titel Gebrauchende eine geprüfte Medicinalperson sei, ist von dem Kgl. Ob.=Trib. bereits wiederholt nachgewiesen worden. (Goltd. Archiv Bd. 23 S. 570 und Bd. 24 S. 621.)

Antr. d. GStA.: gleichl. [12.—2.]

Widerstand. – Berechtigte Amtsausübung. – Bestechung. – Dolus.

1. Ein Forstschutzbeamter befindet sich bei einer vorgenommenen Beschlagnahme in rechtmäßiger Ausübung seines Amtes, sobald er der pflichtmäßigen Ueberzeugung ist, daß dem davon Betroffenen eine Uebertretung zur Last falle.

StGB. § 117 [n. 11].

2. Zum Thatbestande der Bestechung bedarf es des Bewußtseins des Thäters daß die dem Beamten zugemuthete Handlung eine Verletzung der Amtspflicht desselben sein würde.

StGB. § 333 [n. 7 a.].

Erk. (**B.** I.) **v. 5. März 1879 c. Büdner** (1203 I. Cr.).

B. ist von dem Förster N. im Walde mit einem Schlitten voll Holz betreten, das er als Raff- und Leseholz bezeichnet, welches er auf einen seinem Vater ertheilten Freizettel in der Forst gesammelt habe. Als N. dasselbe in Beschlag nehmen wollte, widersetzte sich B.; später aber suchte er den N. durch ein Versprechen, ihm seine Stiefeln umsonst auszubessern (er ist Schuhmacher) zur Wiederherausgabe des Schlittens zu bestimmen. Aus §§ 117 und 333 angeklagt wird B. freigesprochen, weil er zur Sammlung des Raff- und Leseholzes und N. daher **nicht** zur Pfändung berechtigt gewesen sei; B. auch nicht das Bewußtsein gehabt habe, daß die dem N. zugemuthete Handlung eine Pflichtwidrigkeit enthalten werde. Auf NB. der StA.-schaft erfolgte Vernichtung bezüglich der Freisprechung aus § 117.

[Zu 1.] Der App.-Richter verneint die Rechtmäßigkeit der von dem Förster N. vorgenommenen Beschlagnahme des von dem Angeklagten bei der Wegnahme von Raff- und Leseholz gebrauchten Schlittens lediglich aus dem Grunde, weil der Angeklagte zum Holen von Leseholz berechtigt und deshalb die Beschlagnahme nicht zulässig gewesen sei. Diese Begründung ist rechtsirrthümlich. Selbst wenn das Recht des Angeklagten zum Holen von Raff- und Leseholz auf Grund eines nicht für ihn, sondern nur für seinen Vater ausgestellten Erlaubnißzettels mit dem App.-Richter als festgestellt angenommen werden könnte, würde hierdurch noch nicht die Rechtswidrigkeit der Amtshandlung ohne Weiteres als nachgewiesen zu erachten sein. Denn der Förster hatte, sobald er der pflichtmäßigen Ueberzeugung war, daß dem Angeklagten eine Uebertretung zur Last falle, nicht nur das Recht, sondern die Pflicht, die Beweise für die von ihm ermittelte Uebertretung zum Zwecke der strafrechtlichen Verfolgung zu konstatiren und zu sichern. Der Umstand, daß der von einem Beamten erhobene Verdacht sich später aus thatsächlichen oder rechtlichen Gründen als unhaltbar erweist, wirkt nicht zurück auf die Rechtmäßigkeit der Amtshandlung. Bei dieser hat der Beamte lediglich nach der zur Zeit ihrer Vornahme von ihm gewonnenen pflichtmäßigen Auffassung aus vorzugehen und die Thatsache, daß diese Auffassung bei der folgenden Entscheidung der Sache nicht getheilt wird, läßt für sich allein nicht den Schluß zu, daß der Beamte pflichtwidrig gehandelt habe. Da nun die Freisprechung des Angeklagten von der Anklage des Widerstandes gegen den Förster nur auf diesem rechtlich unbegründeten Schlusse beruht, ist die Beschwerde wegen Verletzung des § 117 des StGB.'s gerechtfertigt.

[Zu 2.] Dagegen liegt eine Verletzung des § 333 des StGB.'s nicht vor. Zwar ist die Annahme, daß der Förster N. sich durch Zurückgabe des in Beschlag genommenen Schlittens der Verletzung einer Amtspflicht nicht schuldig gemacht haben würde, nach der vorstehenden Ausführung rechtsirrthümlich. Die Freisprechung beruht aber ferner auf der selbständigen und rechtlich unbedenklichen Feststellung, daß der Angeklagte nicht das Bewußtsein gehabt habe, daß die dem Förster zugemuthete Handlung eine Verletzung der Amtspflicht enthalten würde, und durch diese Feststellung ist die Entscheidung in Betreff des zweiten Anklagepunktes ausreichend begründet.

Antr. d. GStA.'s: gleichl. [12.—2.]

Unzüchtige Handlung. – Geben eines öffentlichen Aergernisses. – Dolus.

Der Dolus bezüglich des Requisits der Oeffentlichkeit setzt nur voraus, daß der Thäter sich bewußt ist, daß die von ihm verübte unzüchtige Handlung Andern ein Aergerniß geben könne.

StGB. § 183 [n. 5]; Vgl. RdOTr. 15. S. 743; 17. S. 196.

Erk. (Z. I.) v. 5. März 1879 c. Sand (370 I. Cr.).

S. war aus § 183 des StGB.'s bestraft. Bezüglich des Dolus war nicht angenommen, daß er gewußt habe, daß die von ihm vorgenommene unzüchtige Handlung von jemand gesehen werde, aber für genügend erklärt, daß er gewußt habe, daß jemand sie möglicher Weise sehen konnte. Er findet darin keine ausreichende Feststellung des Dolus bezüglich des Requisits der Oeffentlichkeit. Seine NB. ist aber zurückgewiesen.

Das Kgl. Ob.-Tr. hat sich bei Auslegung des § 183 des StGB.'s wiederholt dahin ausgesprochen, daß der Dolus bezüglich des Requisits der Oeffentlichkeit nur voraussetze, daß der Thäter sich bewußt sei, daß die von ihm verübte Handlung Anderen — unbestimmt welchen und wie vielen Personen — ein Aergerniß geben könne. Von dieser Auffassung ist auch der App.-Richter ausgegangen. Derselbe nimmt an, daß es nur darauf ankomme, ob der Angeklagte gewußt habe, daß Jemand möglicher Weise seine unzüchtige Handlung sehen konnte, und dieses Wissen des Angeklagten wird sodann mit Rücksicht auf die Umstände des vorliegenden Falles, daß der Ort der Handlung ein öffentlicher Platz, und die Zeit derselben etwa die neunte Abendstunde an einem der längsten Tage des Jahres, überdies der Angeklagte die Anwesenheit von Zeugen in der Nähe habe annehmen müssen, festgestellt. Damit erledigt sich dann auch die Ausführung der NB., daß der Appell.-Richter auf die abstrakte, in keinem Falle ausgeschlossene Möglichkeit, daß Jemand die That sehe, Gewicht lege, und dem Angeklagten nicht sowohl das Bewußtsein, welches hier in Frage steht, als die Möglichkeit dieses Bewußtseins beimesse.

Antr. d. GStA.: gleichl. [16.—2.]

Brennholz zum Hausbedarf. – Verkauf.

Unter dem verbotenen Verkauf zum Hausbedarf erhaltenen Brennholzes ist jede Veräußerung desselben zu verstehen, welche unter Gewährung einer Gegenleistung erfolgt.

Ges. v. 6. Juni 1873 § 8.

Erk. (V. I.) v. 5. März 1879 c. Seibel (1255 I. Cr.).

S. hat auf Grund des Ges.'s v. 6. Juni 1873 Buchenscheitholz zugewiesen erhalten, solches aber an S. für von diesem eingekauftes Mehl an Zahlungsstatt überlassen. Deshalb aus § 8 l. c. angeklagt ist er freigesprochen, weil das Gesetz nur das „Verkaufen", nicht aber anderweite Veräußerung dieses Holzes mit Strafe bedrohe. Auf NB. der StA.-schaft erfolgte Vernichtung.

Nach § 2 Ziff. 1 des Kurhessischen Ges.'s v. 28. Juni 1865 die Verwerthung der Forstnutzungen aus Staatswaldungen betreffend, soll an einen jeden einen eigenen Haushalt führenden Staatsangehörigen in den Landstädten und Landgemeinden, deren Gemeindeangehörige bisher Brennholz zum Hausbedarf in Gemäßheit des § 1 des Gesetzes vom 14. März 1850 zu empfangen hatten, auch fernerhin aus Staatswaldungen Brennholz in einem bestimmten Maximalquantum gegen eine festgesetzte Taxe abgegeben werden und § 7 daselbst bestimmt, daß wer das empfangene Holz nicht ausschließlich zu seinem Bedarf verwendet, sondern veräußert, während der zwei nächstfolgenden Jahre von dem derartigen Brennholzbezuge ausgeschlossen bleibe. Das Gesetz vom 6. Juni 1873 betreffend die Verwerthung der Forstnutzungen aus den Staatswaldungen in den vormals kurhessischen Landestheilen hält die Einrichtung des § 2 Ziff. 1 im Prinzip aufrecht und trifft in den §§ 3 und 7 nur die Abänderung, daß der erforderliche Jahresbedarf im Ganzen an die betreffenden Gemeinden abgeliefert und von diesen die Vertheilung an die einzelnen berechtigten Gemeindeangehörigen bewirkt werden soll. Dabei ist an Stelle der früheren Vorschrift des zeitweisen Verlustes des Bezugsrechts, in § 8 derjenige mit einem Thaler Strafe für den Kubikmeter bedroht, welcher das ihm zugefallene Holz anderweitig verkauft. Aus diesen Bestimmungen ergiebt sich mit vollkommener Klarheit, daß die eintretenden Holzverwilligungen nur zum Hausbedarf des Einzelnen, also zur Konsumtion als Brennmaterial und nicht zum Handelsverkehr bestimmt sind und eine jede derartige Verwendung der Zweckbestimmung zuwiderlaufen würde unter welcher die Zutheilung überhaupt erfolgt. Auch läßt sich bei Zugrundelegung des Wortlautes unter dem Verkauf des Holzes unbedenklich jede Veräußerung desselben verstehen, welche unter Gewährung einer Gegenleistung, bestehe dieselbe in Geld oder in sonstigen Gegenständen oder Leistungen, erfolgt. Es erscheint dieses vereinbar mit der weiteren mehr vulgären Bedeutung, welche im Verkehre mit dem Begriffe des Verkaufens verbunden zu werden pflegt und entspricht dem aufgestellten Zweck der Verwilligung, welcher im anderen Falle ohne jede Schwierigkeit umgangen werden könnte, so daß dasjenige, was zur Befriedigung eines speciellen Bedürfnisses im häuslichen Leben und Gewerbebetriebe bestimmt ist, zum Gegenstande des Handels und der Speculation werden würde. Die Ansicht des Berufungsrichters, wonach die Hingabe an Zahlungsstatt nicht unter das vorliegende Strafverbot falle, erweist sich hiernach als rechtsirrthümlich.

Antr. d. GStA.'s: gleichl. [11.—2.]

Beerdigung. – Vor Eintragung in das Sterberegister. – Todtengräber.

1. Eine Beerdigung vor Eintragung in das Sterberegister ist nicht aus Nr. 1, sondern aus Nr. 2 des § 367 des StGB.'s strafbar.

2. Die Strafbestimmung findet auch auf den Todtengräber Anwendung, sofern diesem die Verfügung über die Begräbnißstätte zustand und er im gegebenen Falle die Beerdigung auf derselben angeordnet oder gestattet hat.

StGB. § 367 Nr. 1 u. 2; R.-Ges. über die Beurkundg. des Personenstandes v. 6. Febr. 1875 § 60; Vgl. zu 1: Stenglein 7 S. 225; zu 2 Sir. Gilb. n. 9 zu Art. 358 Code Pénal.

Erk. (B. II.) v. 6. März 1879 c. Oligschläger (205 II. Cr.).

In Erw., daß dem Beschuldigten zur Last gelegt ist, die Leiche des verunglückten Bergarbeiters B. ohne Genehmigung der Ortspolizeibehörde resp. des Standesbeamten vor der Eintragung des Sterbefalls in das Sterberegister beerdigt zu haben;

daß die Freisprechung desselben nach Ausweis des angefochtenen Urteils deshalb erfolgt ist, weil er in seiner Eigenschaft als Todtengräber sich auf das Verscharren der Leiche beschränkt und durch diese Handlung nur Beihülfe geleistet, nicht selbst beerdigt habe, die Beihülfe bei einer Uebertretung aber, als welche die Beerdigung ohne Vorwissen der Behörde anzusehen, nicht strafbar sei;

daß diese Begründung in doppelter Beziehung rechtsirrthümlich ist, einmal, weil dem Beschuldigten nicht eine nach § 367 Nr. 1 des StGB.'s strafbare Uebertretung — eine Beerdigung ohne Vorwissen der Behörde — sondern ein nach § 367 Nr. 2 zu ahndendes Entgegenhandeln gegen die polizeilichen Verordnungen über vorzeitige Beerdigungen zum Vorwurf gemacht ist, und sodann deshalb, weil eine jede Beihülfe voraussetzt, daß die strafbare Handlung durch einen Anderen begangen worden, in dieser Beziehung aber keine Feststellung getroffen ist, auch der Begriff des Verscharrens nicht schon an sich den der Beerdigung ausschließt;

daß hiernach die Vernichtung des polizeigerichtlichen Urteils geboten erscheint;

in Erw. zur Sache selbst, daß die Vorschrift des § 367 Nr. 2 des StGB.'s auch auf Beerdigungen, welche dem § 60 des Reichs-Ges.'s über die Beurkundung des Personenstandes v. 6. Febr. 1875 zuwider stattgefunden haben, anwendbar ist, da unter den polizeilichen Anordnungen, auf welche im § 367 Nr. 2 des StGB.'s Bezug genommen ist, nicht blos Polizei-Strafverordnungen, sondern alle Bestimmungen der Reichs- und Landesgesetzgebung zu verstehen sind, durch welche die unvollständige Bestimmung jenes § ergänzt wird;

daß es jedoch in jedem einzelnen Falle der Untersuchung bedarf, wer für die vorzeitige Beerdigung verantwortlich zu machen ist;

daß in dieser Beziehung allerdings nicht schon entscheidend ist, daß der Beschuldigte die zu einer Beerdigung erforderliche körperliche Thätigkeit angewendet hat;

daß es vielmehr darauf ankommt, wem die Verfügung über die Begräbnißstätte zusteht, und wer im gegebenen Falle die Beerdigung auf derselben angeordnet oder gestattet hat;

daß dabei die Ortsverfassung und die lokalen Einrichtungen in Betracht zu ziehen sind;

daß es in allen diesen Beziehungen noch thatsächlicher Erörterungen bedarf.

Antr. d. GStA.: gleichl. [19.—4.]

Einrichtung der christlichen Kirche. – Apostolisches Glaubensbekenntniß.

Das apostolische Glaubensbekenntniß ist eine Einrichtung der christlichen Kirche im Sinne des

§ 166 des StGB.'s [n. 12].

Erk. (Z. II.) v. 6. März 1879 c. **Scherl** (273 II. Cr.).

In Erw., daß der App.-Richter in der inkriminirten Druckschrift eine Parodirung des apostolischen Glaubensbekenntnisses konstatirt, welches als eine Einrichtung der christlichen Kirche, insbesondere der katholischen Kirche, angesehen werden müsse und daß er in dieser Parodirung ihrer Form nach eine Beschimpfung des fraglichen Glaubensbekenntnisses erblickt;

daß allerdings bei Berathung des § 166 im Reichstage die ursprünglich im Entwurfe neben den Einrichtungen und Gebräuchen aufgeführten Lehren einer Kirche vom Reichstage gestrichen worden sind, — Stenogr. Ber. S. 640 ff. — folgeweise die Beschimpfung einer Lehre einer Kirche die Anwendung des § 166 nur insoweit begründen kann, als darin zugleich eine Beschimpfung der betreffenden Kirche selbst zu finden ist;

daß aber, wenn auch das apostolische Glaubensbekenntniß die wesentlichsten Glaubenslehren aller christlichen Kirchen umfaßt, doch hier nach der ganzen Auffassung des Appell.-Richters nicht sowohl die Beschimpfung einer einzelnen Lehre oder aller im Glaubensbekenntnisse formulirten Lehrsätze, sondern der in dem apostolischen Glaubensbekenntniß vorliegenden, von allen christlichen Kirchen adoptirten und in einer durch das Ritual derselben näher bestimmten Weise bei der Ausübung ihres Kultus eingeschalteten Glaubensformel als solcher in Frage steht, in welcher in diesem Sinne unbedenklich ohne Rechtsirrthum eine Einrichtung „der christlichen Kirche, insbesondere der katholischen Kirche" erblickt werden konnte.

Antr. d. GStA.: gleichl. [8.—4.]

---

1. Markenschutz. - Strafantrag. - Generalvollmacht. 2. Ausland. - Gegenseitigkeit. - Kenntniß. - Rußland.

1. Eine Generalvollmacht berechtigt den Bevollmächtigten des Verletzten zur Stellung eines Strafantrages, soweit der Inhalt der Vollmacht keinen Zweifel darüber läßt, daß der Strafantrag nach dem Willen des Verletzten gestellt ist.

Ges. über den Markenschutz v. 30. Novbr. 1874 § 14; StGB. § 61.

2. Wenn im Reichsanzeiger bekannt gemacht ist, daß in einem bestimmten Auslande deutsche Waarenzeichen, Namen und Firmen einen Schutz genießen, so kann sich Niemand auf die Unkenntniß dieses Umstandes berufen.

StGB. § 59; Ges. über Markenschutz v. 30. Novbr. 1874 §§ 14. 20.

Erk. (Z. I.) v. 7. März 1879 c. Gutmann (760 I. Cr.).

Der Angeklagte war auf Antrag des Generalbevollmächtigten der Französischen Nation bestraft, weil er Cigaretten mit dem französischen und weiter, weil er russische Cigaretten mit einem russischen Waarenzeichen versehen hatte. Seine NB. rügte, daß der Antrag eines General bevollmächtigten zur Stellung des Strafantrages nicht genüge, dieser Antrag vielmehr vom Verletzten in dem speciellen Falle ausgehen müsse und daß Angeklagter nicht gewußt habe, daß in Rußland deutsche Waarenzeichen geschützt seien.

Zurückweisung. Gründe:

Den prozessualischen Angriff heben die Angeklagten nur in dem Falle substantiirt wo die Strafverfolgung eingetreten ist auf den von dem Justizrath S. auf Grund der ihm dazu generell ertheilten Vollmacht des Verletzten gestellten Antrag. Wenn mit Rücksicht hierauf die RB. geltend macht, daß es an einem gehörigen Strafantrage fehle und daß der § 61 des StGB.'s und der § 14 des Ges.'s über Markenschutz v. 30. Novbr. 1874 verletzt sei, so ist dieser Angriff nicht zutreffend. Der angeführte § 14 enthält bezüglich des Antrages auf Strafverfolgung keine von den allgemeinen Grundsätzen abweichende Vorschrift, und der § 61 des StGB.'s hat nur die Begrenzung der Frist zur Stellung des Antrages zum Gegenstande. Bei dem Inhalte der beigebrachten Vollmacht kann — worauf es allein ankommt — vorliegend kein Zweifel darüber bestehen, daß der Antrag auf Strafverfolgung nach dem Willen des Verletzten gestellt ist. Was die der Bestrafung entgegengestellte Rüge der Verletzung des angeführten § 14, sowie des § 59 des StGB.'s anlangt, so bestimmt der § 20 des Ges.'s v. 30. Novbr. 1874, soweit derselbe hier in Betracht kommt, daß auf die Namen oder Firmen ausländischer Produzenten oder Handeltreibenden die Bestimmungen dieses Gesetzes Anwendung finden, wenn in dem Staate, wo ihre Niederlassung sich befindet, nach einer im Reichs-Gesetz-Blatt enthaltenen Bekanntmachung deutsche Waarenzeichen, Namen und Firmen einen Schutz genießen. Solche durch das Reichs-Gesetz-Blatt veröffentlichte Bekanntmachungen ergänzen auch die in dem Gesetze v. 30. Novbr. 1874 enthaltenen strafrechtlichen Bestimmungen. Es kann deshalb die Nichtkenntniß dieser Bekanntmachung eben so wenig, als die Unkenntniß der Strafgesetze selbst, vorgeschützt und berücksichtigt werden. Da es sich dabei nicht um die Nicht-Kenntniß von dem Vorhandensein eines Thatbestandsmerkmals handelt, so ist der Vorwurf der Verletzung des § 59 des StGB.'s hinfällig. Die im § 20 des Ges.'s v. 30. Novbr. 1874 angegebene Voraussetzung liegt nach der im Reichs-Gesetz-Blatt (Jahrg. 1873 S. 337) enthaltenen Bekanntmachung v. 18. August 1873 in Ansehung Rußlands vor.

Antr. d. OStA.: gleichl. [20.—3.]

Diebstahl. – Sachbeschädigung. – Feldpolizeiordnung.

Die ideale Konkurrenz einer aus § 304 zu bestrafenden Beschädigung eines Baums mit der Entwendung von Theilen desselben, enthält keinen Grund, die letztere, wenn nicht gewinnsüchtige Absicht festgestellt ist, als Diebstahl, statt aus § 42 der Feldpolizeiordnung zu bestrafen.

Feld-Pol.-Ordn. v. 1. Novbr. 1847 § 42 n. 3; StGB. § 304 [n. 10] Vgl. RdOTr. 2. S. 168.

Erk. (Z. I.) v. 12. März 1879 c. Becker (4 I. Cr.).

B. hatte von einem Baum, der an einer öffentlichen Promenade stand, Zweige abgehauen, um sie für sich zu verwenden und hatte sie auch mit nach Hause genommen. Er wurde aus § 304 des StGB.'s und § 42 der Feld-Pol.-Ordn. bestraft und festgestellt, daß die Zweige die er als Brennholz habe benutzen wollen, nur einen geringen Werth gehabt hätten und deren Wegnahme nicht in gewinnsüchtiger Absicht geschehen sei. Die NB. der StA.-schaft rügt, daß nicht, da B. schon 2 mal wegen Diebstahls bestraft, Bestrafung aus § 244 des StGB.'s erfolgt sei; die in § 304 des StGB.'s aufgezählten Gegenstände seien unter besonderen Schutz gestellt und finde die Feld-Pol.-Ordn., auch abgesehen von den Voraussetzungen des § 45, auf sie keine Anwendung. Sie bezieht sich auf RdOTr. 2. S. 165; 9. S. 286; 14. S. 755. Das Ob.-Tr. hat sie zurückgewiesen.

Die in der NB. in Bezug genommenen Erkenntnisse des Königl. Ob.-Tr.'s haben allerdings den Grundsatz aufgestellt, daß die im § 304 des StGB.'s bezeichneten Gegenstände unter verschärften gesetzlichen Schutz gegen Beschädigungen gestellt seien und deshalb beim Vorhandensein der

Voraussetzungen des § 344 des StGB.'s die milderen Strafen, welche landesgesetzlich gegen Beschädigung von Bäumen, Feldfrüchten u. s. w. angedroht sind, ausgeschlossen bleiben. Hierans folgt aber nicht, daß die landesrechtlichen Feldpolizei-Gesetze auch soweit sie sich auf den Feld-Diebstahl beziehen, rücksichtlich jener Gegenstände außer Anwendung zu lassen seien. Denn in Bezug auf die Entwendung ist eine Spezialbestimmung, wie sie der § 304 a. a. O. rücksichtlich der Beschädigung enthält, nicht getroffen. Der Diebstahl an den im § 304 bezeichneten Sachen unterliegt keinen anderen Gesetzen als der Diebstahl überhaupt, er ist daher, sofern er sich als Felddiebstahl charakterisirt und nicht gewinnsüchtige Absicht festgestellt ist, gemäß Artikel 2 des Einf.-Ges.'s zum StGB. nach den Feldpolizei-Gesetzen zu strafen. Allerdings wird die Entwendung von Bäumen, die zur Verschönerung öffentlicher Anlagen dienen, regelmäßig auch als eine ideal konkurrirende Sachbeschädigung sich darstellen. Hieraus folgt aber nur, daß nicht blos die Feldpolizeistrafe, sondern auch die Strafe des § 304 des StGB.'s bei der Beurteilung in Betracht zu ziehen und die Strafe nach § 73 des StGB.'s zu bestimmen ist. Es folgt aber nicht, daß die Entwendung als solche einer härteren Ahndung unterliegt, als an und für sich geboten ist, da der § 304 des StGB.'s auf den Diebstahl und seine Bestrafung gar nicht Bezug hat.

Antr. d. GStA.: gleichl. [12.--2.]

Gewerbesteuer. – Leichenbitter. – Botendienst.

Eine fortdauernde Erwerbsthätigkeit die sich nicht auf die Vermittlung und Unterhandlung von Rechtsgeschäften bezieht, sondern den Charakter mechanischer Botendienste hat, begründet keine Gewerbesteuerpflicht.

Gew.-Steuer-Ges. v. 30. Mai 1820 § 5; AKO. v. 11. Juni 1826.

Erk. (Z. I.) v. 12. März 1879 c. Nitschmann (1205 I. Cr.).

N. war vom Magistrat, als Patron der Th.-Gemeinde, zum

Leichenbitter bestellt, als welcher er alle bei Todes- und Beerdigungsfällen in der Gemeinde vorkommenden Geschäfte, insbesondere auch die Bestellung von Leichen- und Trauerwagen gegen Entschädigung zu besorgen hatte. Darin findet die Steuerbehörde nach Gew.-Steuer-Ges. v. 30. Mai 1820 § 5 und insbesondere nach der KO. v. 11. Juni 1826 einen gewerbsmäßigen Betrieb, der die nicht erfolgte Anmeldung zur Versteuerung nothwendig gemacht hätte. N. ist aber freigesprochen und das Ob.-Tr. hat die NB. der Steuerbehörde zurückgewiesen.

Der App.-Richter hat angenommen, daß die Thätigkeit des Angeklagten nicht auf die Vermittelung und Unterhandlung von Rechtsgeschäften sich bezogen, sondern den Charakter mechanischer Botendienste gehabt habe. In der Begründung dieser Annahme ist ein Rechtsirrthum nicht zu finden. Insbesondere führt die Thatsache, daß dem Angeklagten bei der ihm aufgetragenen Bestellung von Leichenfuhren hinsichtlich der Wahl des Fuhrwerksbesitzers freier Spielraum gelassen worden ist, nicht mit rechtlicher Nothwendigkeit zu dem Schlusse, daß derselbe eine Geschäftsvermittelung übernommen habe.

Antr. d. GStA.: gleichl. [12.—2.]

Beleidigung. – Interessenwahrung.

Auch die aus § 186 des StGB.'s zu bestrafenden Beleidigungen genießen den Schutz des § 193.

StGB. § 193 [n. 1].

Erk. (Z. I.) v. 12. März 1879 c. Schmidt (185 I. Cr.).

S. hatte Thatsachen behauptet, welche geeignet waren, den G verächtlich zu machen und herabzuwürdigen; er ist aber freigesprochen weil er seine Aeußerungen zur Wahrnehmung berechtigter Interessen gethan habe, ohne daß aus der Form derselben das Vorhandensein einer Beleidigung hervorgehe. Die NB. des Privatklägers G. rügte daß dem S. der Schutz des § 193 nur dann habe zu Gute kommen können, wenn er den Beweis seiner Behauptungen zu erbringen vermocht hätte. Sie wurde zurückgewiesen.

Die NB. ist nicht begründet. Es liegt nicht, wie die NB. irrig unterstellt, im Sinne des § 193 des R.-StGB.'s daß derjenige, welcher von einem Anderen eine an sich beleidigende Thatsache behauptet, deren Beweis er demnächst nicht zu erbringen vermag, sich auf ein berechtigtes Interesse bei seiner Berechtigung rechtlich nicht berufen könne, indem, wie aus den Motiven zum Entwurf des StGB.'s S. 106 hervorgeht und in der Rechtspr. des Ob.-Tr. konstant anerkannt worden ist, die Beleidigung aus § 186 des Reichs-StGB.'s des Schutzes aus § 193 ebenfalls genießt, weil es sehr wohl vorkommen kann, daß, nicht wider besseres Wissen geltend gemachte Thatsachen, wenn auch die entscheidenden Beweise dafür nicht zur Hand sind, nichts destoweniger zur Wahrung eines Rechtes oder rechtlichen Interesses sich als geeignet erweisen. Ob diese Voraussetzung im einzelnen Falle zutrifft oder eine beleidigende Absicht vorgelegen hat, ist Gegenstand der konkreten richterlichen Erwägung.

Antr. d. GStA.'s: gleichl. [11.—2.]

Angehörige. – Zusammengebrachte Kinder.

Zusammengebrachte Kinder sind keine Angehörige. Ebensowenig begründet die Gemeinschaft des Hausstandes ein Verhältniß, welches das Erforderniß eines Strafantrags nach § 247 des StGB.'s erforderlich macht.

StGB. § 247 [n. 3], § 52 [n. 13].

Erk. (Z. I.) v. 12. März 1879 c. **Weber** (124 I. Cr.).

W. hatte gegen L. einen Diebstahl verübt und rügte Bestrafung ohne Antrag, der erforderlich gewesen, da L. der Sohn seines Stiefvaters sei und beide im Hause ihrer Eltern resp. Stiefeltern zusammen lebten; das App.-Gericht verneinte dieses Erforderniß, da beide weder den leiblichen Vater, noch die leibliche Mutter gemein hätten, also weder vollbürtige noch halbbürtige Brüder seien. Das Ob.-Tr. wies die NB. zurück.

Die Thatsache, daß der Bestohlene ein Stiefsohn des Vaters des Angeklagten ist, begründet kein Angehörigkeits-Verhältniß im Sinne des § 52 Abs. 2 des StGB.'s, da eine Verbindung die Genannten nicht zu „Geschwistern" macht, eine Verwandtschaft oder Verschwägerung überhaupt nicht herbeiführt. Ebensowenig ist die Gemeinschaftlichkeit des Hausstandes ein Grund, das behauptete Angehörigkeits-Verhältniß gesetzlich als bestehend ansehen zu können. Der § 247 des StGB.'s ist daher mit Recht außer Anwendung gelassen worden.

Antr. d. GStA.: gleichl. [12.—2.]

Arzt. - Beilegung eines ähnlichen Titels. - Dolus.

Zur Bestrafung aus § 147 Nr. 3 der Reichs-Gew.-Ordn. genügt es nicht, daß objektiv durch den Titel, den sich der Angeklagte beigelegt hat, der Glauben erweckt wird, der Inhaber desselben sei eine geprüfte Medizinalperson; der Angeklagte muß sich dessen auch bewußt gewesen sein.

R.-Gew.-Ordn. v. 21. Juni 1869 § 147 Nr. 3.

Erk. (S. II.) v. 13. März 1879 c. Sachse (253 II. Cr.).

Die Ausführung des App.-Richters, daß die Berufung des Angeklagten auf seinen guten Glauben bedeutungslos sei, weil die im § 147 Nr. 3 der Gew.-Ordn. vorgesehene Zuwiderhandlung ein formales Delikt darstelle, welches durch die dort vorgesehenen Thatsachen als vollbracht angesehen werde, ohne daß es auf Prüfung der Absicht oder die Willensrichtung des Handelnden ankomme, kann nicht für rechtlich zutreffend erachtet werden. Es handelt sich im vorliegenden Falle nicht um Steuer-Contraventionen, für welche besondere Grundsätze gelten, sondern um ein Vergehen, das allerdings in einer Zuwiderhandlung gegen eine in der Gewerbe-Ordnung enthaltene polizeiliche Vorschrift besteht, bezüglich dessen aber die allgemeinen Bestimmungen des Strafrechts Platz greifen. Nach der von dem Ober-Tribunal in konstanter Rechtsprechung gebilligten Auslegung, welche die Instanzrichter dem § 147 Nr. 3 a. a. O. geben, verwirkt nicht nur derjenige die Strafe dieses Gesetzes, welcher sich den Titel eines Arztes, Wundarztes u. s. w. oder einen diesen Titeln objektiv, schon der äußeren Erscheinung nach, ähnlichen, sondern auch derjenige, der sich einen Titel beilegt, welcher nur wegen der begleitenden

Umstände den Glauben erweckt, der Inhaber desselben sei eine geprüfte Medizinalperson. Nur das letztere hat der erste Richter bezüglich des Angeklagten festgestellt. In einem solchen Falle ist aber die Beilegung des Titels nicht schlechthin verboten, der Inhaber desselben handelt durch die Beilegung nicht ohne Weiteres gegen ein Polizeigesetz, auf dessen Unkenntniß er sich nicht berufen darf, sondern er wird erst durch die Umstände strafbar, von welchen die Beilegung des Titels begleitet war. Hiernach sind es faktische Verhältnisse, welche die Strafbarkeit bedingen. Deren Unkenntniß oder unrichtige Beurteilung bildet aber ganz allgemein nach § 59 des StGB.'s einen Strafausschließungsgrund, und dem von dem Angeklagten in dieser Richtung erhobenen Einwand durfte daher von dem App.-Richter die Prüfung bezüglich seiner faktischen Erheblichkeit nicht versagt werden.

Antr. d. GStA.: gleichl. [19.—4.]

Schankwirthschafts-Concession der Ehefrau. – Concessionswidriger Ausschank von Branntwein durch den Ehemann. – Gestattung von Glücksspielen durch den Ehemann.

1. Besitzt eine Ehefrau für ein bestimmtes Lokal eine beschränkte Concession zum Schankwirthschaftsbetrieb ohne die Berechtigung zum Ausschank von Branntwein und hat nun der Ehemann daselbst Branntwein ausgeschänkt, so kann hierin nicht eine gegen den Ehemann als Hauptthäter strafbare Abweichung von den Concessionsbedingungen, sondern nur, falls mit Wissen der Frau geschehen, eine Hülfeleistung zu der dann dieser zur Last fallenden Abweichung von den Concessionsbedingungen, und, falls ohne Wissen derselben, ein selbständiger Schankwirthschaftsbetrieb seitens des Ehemannes ohne Concession gefunden werden.

R.-Gew.-Ordn. v. 21. Juni 1869 § 147 Nr. 1.

2. Dagegen ist in einem solchen Falle der Ehe-

mann faktischer Mitinhaber des Lokals und als solcher, wenn er daselbst Glücksspiele gestattet, strafbar aus

StGB. § 285 [n. 1].

Erk. (B. II.) v. 13. März 1879 c. Ehel. Weißenborn (261 II. Cr.).

Die beiden Angeklagten sind durch die übereinstimmenden Erkenntnisse des Königl. Stadt- und Kreisgerichts und des Kgl. App.-Gerichts zu Magdeburg vom 4. Oktbr. und vom 12. Dezbr. 1878 ein jeder a. wegen Gewerbepolizeivergehens aus § 147 Nr. 1 der R.-Gew.-Ordn. v. 21. Juni 1869 zu 50 Mark Geldstrafe, eventuell 10 Tagen Haft, b. wegen Duldens von Hazardspielen aus § 285 des StGB.'s zu 100 Mark Geldstrafe eventuell 20 Tagen Gefängniß verurteilt worden. Nur der Ehemann hat gegenwärtig wider das App.-Erkenntniß rechtzeitig und in gesetzlicher Form die NB. eingelegt und darüber Beschwerde geführt, daß er mit Unrecht als Gewerbtreibender erachtet und für Handlungen seiner Ehefrau, welche die Gewerbtreibende gewesen, mit verantwortlich gemacht worden sei. Diese Beschwerde ist, soweit sie sich a. auf das dem Imploranten zur Last gelegte Gewerbepolizeivergehen bezieht, für begründet zu achten. Als erwiesen wird angenommen, daß die mitangeklagte, jetzt nicht mehr interessirende Ehefrau W. unterm 18. Septbr. 1877 vom Kgl. Polizei-Präsidium zu Magdeburg eine beschränkte Schankwirthschaftsconcession (Bierwirthschaft ohne die Berechtigung zum Verkaufe von Branntwein für das Lokal in der Hasselbachstraße Nr. 5 erhalten, daß sie gleichwohl schon vor erlangter Concession Bier und nachher Branntwein, ihr Ehemann, der jetzige Implorant, nur nachher in demselben Lokal Cognac, also ebenfalls Branntwein, ausgeschänkt hat. Die Ehefrau ist deshalb rechtskräftig in die im § 147 Nr. 1 der R.-Gew.-Ordng. angedrohte Strafe verurteilt worden. Wenn nun der Ehemann in dieselbe Strafe verurteilt ist, weil als thatsächlich festgestellt anzunehmen, daß er im Jahre 1877 zu Magdeburg bei dem selbständigen Betriebe eines stehenden Gewerbes zu dessen Beginn eine polizeiliche Genehmigung erforderlich gewesen, von den in der Genehmigung festgesetzten Bedingungen abgewichen sei, so steht diese Feststellung mit den derselben zum Grunde liegenden, oben erwähnten Thatsachen im Widerspruche. Denn es liegt zu Tage, daß der Implorant von den Bedingungen einer Genehmigung nicht abweichen konnte, die ihm gar nicht ertheilt war. Es wird dieser Widerspruch auch durch die Erwägung des App.-Richters nicht gehoben, daß der angeklagte Ehemann, da ihm in dieser Eigenschaft das Verfügungsrecht über das qu. Lokal und die darin betriebene Schankwirthschaft zugestanden, er auch an dem durch diese Schankwirthschaft erzielten Verdienste Theil genommen, deren faktischer Mitinhaber gewesen sei; es könnte dieser in thatsächlicher Hinsicht jetzt nicht anzugreifende Erwägungsgrund rechtlich vielmehr nur zur Erörterung der ferneren Frage führen, ob etwa der Implorant sich der Hülfeleistung an einem von seiner Ehefrau verübten Vergehen schuldig gemacht, in welchem Falle bei Abmessung der im § 147 Nr. 1 der R.-Gew.-Ordng. angedrohten Strafe auf die Vorschrift im § 49 des StGB.'s Rücksicht zu nehmen sein würde; (vgl. das Erkenntniß des Ob.-Tr. v. 8. Juni 1876, GA. Bd. 24. S. 538 und RdOTr. 17. S. 409) oder ob anzunehmen sei, daß er selbst (neben seiner Ehefrau) den selbständigen Betrieb eines stehenden Gewerbes zu dessen Beginn eine besondere polizeiliche Genehmigung erforderlich gewesen, ohne diese Genehmigung unternommen habe; beides Gesichtspunkte, die von den Vorderrichtern bisher nicht ins Auge gefaßt sind. Da hiernach auf den zur Zeit gegen den Imploranten festgestellten Thatbestand der § 147 Nr. 1 der R.-Gew.-Ordnung unrichtig angewendet ist, so mußte das angefochtene Erkenntniß bei diesem Punkte vernichtet und weil es, bevor eine Entscheidung in der Hauptsache ergehen kann, noch fernerer thatsächlicher Erörterungen bedarf, die Sache gemäß Art. 117 des Ges.'s v. 3. Mai 1852 zur anderweiten Verhandlung und Entscheidung in die zweite Instanz zurückgewiesen werden. Dagegen mußte b. in Betreff des Duldens von Glücksspielen die Beschwerde des Imploranten als unbegründet verworfen werden. Denn auf den gegen denselben von den Vorderrichtern festgestellten Thatbestand, daß er am 30. Septbr. und am 20. Oktbr. 1877 als Inhaber eines öffentlichen Versammlungslokals Glücksspiele daselbst gestattet und zur Verheimlichung solcher Spiele mitgewirkt habe, ist der angezogene § 285 des StGB.'s richtig angewendet und auch die erkannte Strafe innerhalb des gesetzlichen Maßes festgesetzt worden. Wenn der Implorant hier ebenfalls geltend macht, daß die Schankconcession für das bezeichnete Lokal nicht ihm, sondern seiner Ehefrau ertheilt sei, so trifft dieser Einwand bei dem vorliegenden Vergehen nicht zu, weil es bei diesem auf eine Concession überhaupt nicht, sondern lediglich auf das thatsächliche Innehaben eines öffentlichen Versammlungsortes ankommt, dieses aber gegen den Imploranten, wie oben zu a. erwähnt worden, ausdrücklich festgestellt worden ist.

Antr. des GStA.: gleichl. [5.—4.]

Appellation. - Zurücknahme. - Widerruf. - Frist.

Die Zurücknahme einer eingelegten Appellation kann nach Ablauf der Anmeldefrist nicht mehr widerrufen werden.

Vdn. v. 3. Jan. 1849 §§ 127, 159.

Erk. (Z. I.) v. 14. März 1879 c. Grimm (25 I. Cr.).

Der Angeklagte hatte die Appellation nach Ablauf der Anmeldefrist zurückgenommen, diese Zurücknahme aber vor Ablauf der ihm in Folge der Anmeldung bewilligten Rechtfertigungsfrist widerrufen. Das Appell.-Gericht hielt das Rechtsmittel für nicht devolvirt. Die deshalb eingelegte NB. ist vom Ob.-Tr. zurückgewiesen. Gründe:

Nach §§ 127 und 159 der Vdn. vom 3. Jan. 1849 hindert der Lauf der für die Anmeldung der Appellation offen stehenden Frist den Eintritt der Rechtskraft des erstrichterlichen Erkenntnisses. Ein Verzicht auf die Einwendung oder eine Zurücknahme der eingewandten Appellation während dieser Frist steht der nachträglichen Einlegung während des Restes der Frist nicht entgegen. Erfolgt aber die Zurücknahme nach Ablauf der Anmeldungsfrist, so beschreitet das angefochtene Erkenntniß sofort die Rechtskraft, diese aber schließt jede Einlegung eines ordentlichen Rechtsmittels aus. Ob zur Zeit des Widerrufes der Zurücknahme der Appellation die Rechtfertigungsfrist noch nicht abgelaufen war, ist für die Frage der Rechtskraft von keiner Bedeutung. Der legislatorische Grund, welcher dahin führte, dem Verzicht auf die Appellation während der Anmeldungsfrist die rechtliche Wirkung zu versagen, besteht darin, den Angeklagten gegen eine übereilte Anerkennung der erstrichterlichen Urteile zu schützen, und dieser Grund ist für den Zeitraum der Rechtfertigungsfrist nicht vorhanden.

Antr. d. GStA.: gleichl. [17.—3.]

Verein, geschlossener. - Fortsetzung. - Zeitschrift. - Vertrieb.

Wenn die Fortsetzung einer Vereinsthätigkeit unter Anderem auch in dem Vertriebe einer Zeitschrift gefunden worden ist, so kann in dem weiteren Vertriebe dieser Zeitschrift allein ohne Rechtsirrthum die Betheiligung an einer weiteren Fortsetzung eines geschlossenen Vereines gefunden werden.

Vdn. v. 11. März 1850 §§ 8, 16.

Erk. (Z. I.) v. 14. März 1879 c. Hiensch & Gen. (800 I. Cr.).

Gegen G. war die Betheiligung an einem geschlossenen Vereine in verschiedenen Handlungen, unter Anderem auch in dem Vertrieb einer Zeitschrift gefunden. Dem Angeklagten fiel nur die Betheiligung an dem Vertriebe dieser Zeitschrift zur Last. Die Instanzrichter erblickten auch hierin allein die Fortsetzung einer Vereinsthätigkeit, was die NB. des Angeklagten für rechtsirrthümlich erachtete.

Zurückweisung. Gründe:

In dem angefochtenen Urteile ist eine Verletzung von Gesetzen oder Rechtsgrundsätzen nicht zu finden. Insbesondere kann, wenn ein Theil der Thätigkeit eines Vereins in dem Vertrieb einer Zeitschrift bestanden hat, die Fortsetzung dieses Vertriebes ohne Rechtsirrthum als eine Fortsetzung der Vereinsthätigkeit angesehen werden, da die Annahme einer derartigen Fortsetzung nicht voraussetzt, daß der Verein seine Thätigkeit in allen Richtungen und in dem ganzen früheren Umfange fortgesetzt hat.

Antr. d. GStA.: gleichl. [12.—3.]

Appellation. - Anmeldungsschrift. - Unterschrift. - Unterkreuzung. - Unterschrift eines Rechtsanwaltes.

Eine unterkreuzte mit dem „Concepi" eines Rechtsanwaltes versehene Appellationsschrift genügt der Form nach zur Wahrung des Rechtsmittels der Appellation.

Vdn. v. 3. Jan. 1849 § 128 [n. 1].

Erk. (V. l.) v. 14. März 1879 c. Hoff (1360 I. Cr.).

Der App.-Richter hat die Appellation als nicht angebracht verworfen, weil die Anmeldungsschrift in der gesetzlichen Frist eingegangen, aber nicht unterzeichnet sei. Diese Begründung ist rechtsirrthümlich. Die Schrift ist mit 3 Kreuzen unterzeichnet, neben denen sich der Vermerk „Handzeichen des Fleischers Carl Hoff in Löbau" befindet, darunter der Vermerk: „Concepi des Rechtsanwalt Obuch". Diese Schrift ist zur Wahrung des Rechtsmittels unbedenklich für genügend zu erachten. Allerdings ist zur Wirksamkeit der Anmeldung die Unterzeichnung der Schrift erforderlich, weil ohne solche eine Willenserklärung überhaupt nicht vorliegt, insofern es an der Erkennbarkeit fehlt, von welcher Person die Erklärung ausgegangen ist und ob diese Person die zur Abgabe der Erklärung berechtigte sei. Diese Erkennbarkeit ist aber im vorliegenden Fall vorhanden, da der unter den Handzeichen befindliche Vermerk des Rechtsanwalts Obuch, wenn er auch nur in dem Worte „Concepi" besteht, nicht mit dem Appell.-Richter ausschließlich auf den Inhalt der Schrift, sondern auch auf die Thatsache, daß die unter derselben befindlichen Handzeichen von Carl Hoff herrühren, zu beziehen ist, mithin die aus den Handzeichen allein nicht zu ersehende Gewißheit über die Person des Unterzeichners herstellt. Es kommt hinzu, daß auch, wenn die Unterzeichnung durch Hoff ganz fehlte, mithin die Anmeldung von dem Rechtsanwalt Obuch allein unterzeichnet wäre, dies mit Rücksicht darauf, daß einem Rechtsanwalt die Vermuthung der Vollmacht zur Seite steht, zur Wahrung der Frist genügen würde und diese Wirksamkeit der Anmeldung auch nicht durch Hinzufügung des „Concepi“ bei dem Namen des Anwalts beeinträchtigt wird. Da der Rechtsanwalt Obuch vor der Verhandlung zweiter Instanz Vollmacht beigebracht hat, so war die Zulassung der Appellation nicht bedenklich.

Antr. d. GStA.: gleichl. [12.—3.]

Widerstand. - Vollstreckungsbeamter. - Richter.

Der Richter, welcher eine beschlossene prozessualische Maßregel zur Ausführung bringt, ist ein Vollstreckungsbeamter im Sinne des

§ 113 des StGB.'s [n. 3]; Vgl. RdOTr. 6. S. 562; 11. S. 556.

Erk. (Z. I.) v. 14. März 1879 c. Lewicka (36 I. Cr.).

Die Angeklagte hatte einem Richterkommissarius, welcher im Auftrage des Kreisgerichtes eine Grenze zu reguliren hatte, durch Herausreißen der Pfähle während des Regulirungsgeschäftes thätlich Widerstand geleistet, war deshalb aus § 113 des StGB.'s bestraft und rügte in der NB. Gesetzesverletzung, weil ein Richter nicht zu den im § 113 des StGB.'s gedachten Vollstreckungsbeamten gehöre.

Zurückweisung. Gründe:

Die Ausführung der NB. daß ein Richter nur bei Ausführung des Erkenntnisses als Vollstreckungsbeamter handeln könne, ist nicht zutreffend, vielmehr schon in früheren Entscheidungen des höchsten Gerichtshofes ausgeführt, daß auch derjenige Richter, welcher eine beschlossene prozessualische Maßregel vollführt, als ein zur Vollstreckung von Verfügungen des Gerichtes berufener Beamter den Schutz des § 113 des StGB.'s genießt.

Antr. d. GStA.: gleichl. [18.—3.]

Bankerutt. - Buchführung. - Uebersicht des Vermögens.

Handelsbücher müssen so geführt sein, daß sie einem sachverständigen Dritten selbständig eine Uebersicht des Vermögenszustandes gestatten und genügt es nicht, daß solche Uebersicht unter Zuhülfenahme anderweitiger Notizen und Beläge hergestellt werden kann.

StGB. § 283 [n. 2].

Erk. (Z. II.) v. 18. März 1879 c. Fricke (291 II. Cr.).
Antr. d. GStA.: gleichl. [22.—3.]

Kreditgeben. - Minderjährige. - Urkunde. - Vernichtung. - Vollendung. - Versuch.

Die in den §§ 301 und 302 des StGB.'s bezeichneten Vergehen sind mit der Ausstellung der Urkunde beziehungsweise dem ertheilten Zahlungsversprechen vollendet und eine darauf erfolgte Vernichtung der Urkunde oder Aufhebung des Zahlungsversprechens für die Strafbarkeit bedeutungslos.

StGB. §§ 301, 302.

Erk. (Z. II.) v. 18. März 1879 c. Martini & Gen. (192 II. Cr.)

Implorant bezeichnet es als eine Verletzung des § 301 und beziehungsweise § 302 des StGB.'s, daß der Appell.-Richter den von ihm behaupteten und unter Beweis verstellten Umstand, es sei nach Entfernung der Aussteller der Wechsel über 1350 Mark von ihm wieder zerrissen worden, nicht genügend gewürdigt habe, insbesondere insofern nicht, als derselbe zufolge dieser Thatsache nur zur Annahme eines, jedoch nach § 46 pos. 2 nicht strafbaren Versuchs habe gelangen können. Diese Auffassung ist mit dem Wortlaut der angezogenen Gesetzesstellen nicht vereinbar. Nach denselben ist der Thatbestand der daselbst vorgesehenen Vergehen erfüllt, sobald nur, unter den weiter aufgeführten Voraussetzungen die Urkunde ausgestellt beziehungsweise das Zahlungsversprechen gegeben und angenommen ist, und daß dieses geschehen, haben die Instanzgerichte thatsächlich festgestellt. War somit das Vergehen mit der Ausstellung und Annahme des Wechsels konsumirt, so vermag die nachträglich erfolgte Zerreißung des Wechsels die Thathandlung nicht zu einem Versuch, und speciell nicht zu einem nach § 46 pos. 2 straflosen Versuch, umzuwandeln.

Antr. d. GStA.: gleichl. [7.—3.]

Nöthigung. – Amtshandlung.

Amtshandlung ist jede Handlung des genöthigten Beamten, die sich als Ausfluß seiner amtlichen Befugnisse darstellt, gleichviel ob sie im einzelnen Fall materiell gerechtfertigt gewesen sein würde oder nicht.

StGB. § 114 [n. 13]; Vgl. RdOTr. 17. S. 444; 18. S. 141.

Erk. (Z. I.) v. 19. März 1879 c. Bötcher (161 I. Cr.).

B. hat es unternommen einen Exekutor durch Drohungen zur Unterlassung der ihm aufgetragenen Exekution zu nöthigen; deshalb aus § 114 des StGB.'s bestraft rügt er in seiner NB.: die Exekution sei widerrechtlich gewesen; der Exekutor habe gar keinen schriftlichen Auftrag zu derselben gehabt. Die NB. ist zurückgewiesen.

Der § 114 des StGB.'s, welcher die Auctorität der Staatsgewalt und die freie Entschließung ihrer Organe sichern will, bedroht mit Gefängniß nicht unter drei Monaten denjenigen, der es unternimmt, durch Gewalt oder Drohung eine Behörde oder einen Beamten zur Vornahme oder Unterlassung einer Amtshandlung zu nöthigen. Das Gesetz spricht ganz allgemein von „Amtshandlung", schützt also jede Handlung des Genöthigten, die sich als Ausfluß der amtlichen Befugnisse desselben darstellt. Ob aber die Amtshandlung deren Vornahme oder Unterlassung im einzelnen Falle in Frage steht, als materiell gerechtfertigt oder ungerechtfertigt anzusehen, unterscheidet das Gesetz nicht, eine solche Unterscheidung würde auch mit der Absicht desselben nicht im Einklang stehen. Hiernach erscheint die Nöthigung auch dann, wenn sie auf Vornahme einer dem Gesetze entsprechenden, oder auf Unterlassung einer unrechtmäßigen

Amtshandlung gerichtet ist, aus § 114 cit. strafbar. Im gleichen Sinne hat sich das Kgl. Ob.-Trib. bereits wiederholt ausgesprochen.

Antr. d. GStA.: gleichl. [16.—2.]

Veräußerung bei drohender Zwangsvollstreckung. Schuldner. – Befriedigung des Gläubigers.

Das Vergehen aus § 288 des StGB.'s begeht nur der Schuldner der Forderung, deren Zwangsvollstreckung droht. Seine Absicht muß darauf gerichtet sein, die Befriedigung dieses seines Gläubigers zu vereiteln.

StGB. § 288 [n. 2, 8].

Erk. (B. I.) v. 19. März 1879 c. Burchardt (116 I. Cr.).

B. und Ehefrau waren in mehreren Fällen aus § 288 des StGB.'s bestraft. In einem dieser Fälle hatte der Gläubiger R. seine Klage nur gegen die Ehefrau B., die Pächterin eines Gutes war, gerichtet und dann Sequestration desselben beantragt. Nachdem dieses auch dem Manne bekannt geworden war, hatte er Pferde und Wagen, die Bestandtheile seines Vermögens waren, verkauft und weggeschafft. Das Urteil soweit es ihn deshalb verurteilt, ist vernichtet.

Gegen den Angeklagten Ehemann B. haben die Instanzrichter thatsächlich festgestellt, daß er am 26. Juni 1877 bei einer ihm drohenden Zwangsvollstreckung in der Absicht, die Befriedigung seiner Gläubiger zu vereiteln, Bestandtheile seines Vermögens, nämlich einige Pferde und Wagen, verkauft und bei Seite geschafft hat. Dieser Feststellung legt der erste und ihm folgend der zweite Richter die Thatsachen zum Grunde, daß dem Angekl. B. die Nachricht von dem auf den 26. Juni 1877 anberaumten Termine zur Einleitung der von dem Kaufmann R. beantragten Sequestration bereits am 25. Juni 1877 persönlich behändigt war und daß er am 26. Juni 1877 Morgens vor Ankunft des Gerichts-Deputirten, und also vor der Einleitung der Sequestration durch diesen, eine Anzahl Pferde und Wagen, Bestandtheile seines Vermögens von S.

fortgeschafft und an P. verkauft hat. Die Instanzrichter haben aber nur festgestellt, daß R. eine Forderung von 900 Mark nebst Zinsen gegen die Ehefrau B. erstritten hat, — nicht aber, daß der Ehemann B. Schuldner irgend einer Forderung des R. war. Hiernach drohte von Seiten des R. nicht, wie zur Anwendung des § 288 erforderlich, ihm eine Zwangsvollstreckung und ebensowenig konnte in Rücksicht auf R. ihm die Absicht beigemessen werden, die Befriedigung des — d. h. seines Gläubigers zu vereiteln.

[20.—2.]

Idealkonkurrenz. – Strafausschließung. – Strafabmessung. – Fahrlässige Tödtung und Körperverletzung. – Gewerbepflicht.

1. Idealkonkurrenz begründet keinen Strafausschließungsgrund bezüglich des mit der geringeren Strafe zu ahndenden Delikts.

StGB. § 73 [n. 17].

2. Die Herstellung eines sicheren Gerüstes für seine Arbeiter gehört zu den Aufmerksamkeiten, zu denen ein Bauunternehmer vermöge seines Gewerbes besonders verpflichtet ist, und deren Versäumniß ihn bei entsprechendem Erfolge der fahrlässigen Tödtung oder Körperverletzung schuldig erscheinen läßt.

StGB. § 222 [n. 10]; Gew.-Ordn. v. 21. Juni 1869 § 107; Ges. v. 17. Juli 1878 § 120.

Erk. (Z. I.) v. 19. März 1879 c. Lehm. (127 I. Cr.).

L. war Unternehmer und Leiter eines Baues. Ein Theil des Gerüstes auf dem Maurer für ihn arbeiteten brach zusammen. Der Sturz tödtete zwei und verletzte einen Arbeiter durch einen Armbruch. L. ist wegen fahrlässiger Tödtung und Körperverletzung in idealer Konkurrenz bestraft. Die Ursache des Zusammensturzes war in der schadhaften Beschaffenheit des zu dem Gerüst verwendeten Holzes und die Fahrlässigkeit des L. darin gefunden, daß er eine Untersuchung des Holzes weder vorgenommen, noch angeordnet habe, obwohl er von seinen Arbeitern darauf aufmerksam gemacht sei, daß das Gerüst zu leicht war. Die NB. des L. ward vom Ob.-Trib. zurückgewiesen.

[Zu 1.] Die Unterstellung der NB., daß wenn eine Strafthat mit einer anderen in idealer Konkurrenz begangen wird, daraus für das mit der geringeren Strafe bedrohte Delikt ein Strafausschließungsgrund hervorgehe, ist unrichtig. Das Vorhandensein einer idealen Konkurrenz schließt die Strafbarkeit der fahrlässigen Handlung nicht aus, sondern bewirkt nur, daß die Strafe nach dem schwereren der durch die Handlung verübten Delikte unter Berücksichtigung des in der gleichzeitigen Verübung des geringeren liegenden Erhöhungsmoments bemessen werde.

[Zu 2.] Wenn sodann, was den materiellen Angriff betrifft, der Berufungsrichter von dem Angeklagten als Unternehmer erforderte, daß er, um sich von der Sicherheit des erbauten Gerüstes zu überzeugen, eine vorherige Untersuchung des verwendeten Materials selbst habe vornehmen oder durch einen Dritten habe veranlassen und sich von dieser Untersuchung durch Letzteren habe überzeugen müssen, so läßt sich nicht anerkennen, daß hierin eine Anmuthung zu finden, welche außerhalb des Bereichs der dem Angekl. obliegenden Gewerbspflichten läge. Schon aus den allgemeinen Grundsätzen über Verschuldung ergiebt sich, daß wer dritte Personen für seine Zwecke verwenden will, auch solche Einrichtungen treffen muß, welche Jene innerhalb des Kreises dieser Verwendung vor unbewußter und unverschuldeter Gefahr für Leben und Gesundheit sicher stellen und der § 107 der R.-Gew.-Ordn. beziehungsweise der an dessen Stelle getretene § 126 des Reichs-Ges.'s v. 17. Juli 1878 enthält keine Einschränkung sondern nur die Anwendung dieser allgemeinen Verpflichtung auf den Gewerbebetrieb. Namentlich ist es gegenüber der allgemeinen Fassung des Gesetzes nicht richtig, wie die NB. behauptet, daß dasselbe nur solche Gewerbe betreffe, welche mit besonderer Gefahr für die verwendeten Arbeiter verbunden seien und besondere Sicherungsvorkehrungen erheischen.

Antr. d. GStA.: gleichl. [11.—2.]

Privatklage. – Zuständigkeit. – Widerklage.

Der Polizeirichter ist nicht in der Lage, die Entscheidung einer Privatklage deshalb von sich abzulehnen, weil die vom Verklagten erhobene Widerklage nicht vor ihn gehöre.

StPO. §§ 507 508.

Erk. (S. I.) v. 19. März 1879 c. Flügge (130 I. Cr.).

S. klagte gegen F. wegen Beleidigung. Dieser leugnete und erhob Widerklage wegen Mißhandlung. Der Pol.-Richter erklärte sich für unzuständig und verwies die Sache vor die Strafkammer, weil die Handlungen des S. nicht als leichte Körperverletzungen anzusehen seien, zu deren Aburteilung also die Strafkammer berufen sei. Auf NB. der StA.-schaft v e r n i c h t e t e das Ob.-Tr.

Der erste Richter war nicht in der Lage, deshalb weil die Widerklage nicht vor ihn gehöre, auch die Privatklage unter Verurteilung des Privatklägers in die Kosten von sich abzulehnen. Der § 52 der StPO. trifft im gegenwärtigen Falle für die Kompetenzregulirung nicht zu, da es sich um eine Vereinigung zusammenhängender Sachen im Sinne der §§ 50 und 51 das. überhaupt nicht handelt. Die Vereinigung beider Klagen in denselben Verhandlungen ist nach § 508 daselbst jeder Zeit löslich und wenn auch durch die Trennung an der Zuständigkeit des befaßten Gerichts nichts geändert werden soll, so gilt dieses nur von der örtlichen Zuständigkeit hinsichtlich der Widerklage, nicht aber hat umgekehrt die sachliche Unzuständigkeit bezüglich der Letzteren die gleiche Wirkung für die Vorklage.

Antr. d. GStA.'s: gleichl. [11.—2.]

Geistliches Amt. – Priesterseminar. – Schließung. – Lehrer.

Die mit dem Lehramt an einem katholischen Priesterseminar verbundene Berechtigung zur Aushülfe in der Seelsorge endet nicht ohne Weiteres mit der Schließung des Seminars.

Ges. v. 21. Mai 1874 Art. 2; Ges. v. 11. Mai 1873 § 13.

Erk. (Z. I.) v. 19. März 1879 c. Pauli (141 I. Cr.).

P. ist katholischer Priester und schon vor Erlaß der Kirchengesetze als Lehrer an dem Priesterseminar in F. legal bestellt. Nach langjähriger Observanz hat den als Lehrern an dem Seminar in F. angestellten Priestern der bischöfliche Auftrag als ertheilt gegolten und ihnen die Pflicht obgelegen in der Seelsorge an der dasigen Domkirche Hülfe zu leisten; insbesondere ist auch die Leitung von Exercitien häufig von ihnen besorgt. Im Jahr 1875 ist die Schließung des Seminars auf Grund des § 13 des Ges.'s v. 11. Mai 1873 durch den Kultusminister bis zur Unterwerfung der Diözesanverwaltung und der Vorsteher unter die Vorschriften des § 9 l. c. verfügt. Nach dieser Zeit hat P. noch Exercitien der katholischen Jungfrauen veranstaltet und als Exercitienmeister geleitet. Deshalb aus Art. 2 des Ges.'s v. 21. Mai 1874 angeklagt, ist er freigesprochen. Die NB. der StA.-schaft ist zurückgewiesen.

Der Berufungsrichter nimmt an, daß mit der Bestellung eines Priesters als Lehrer an dem Priesterseminarium für die Diözese F. herkömmlich die Verpflichtung zur Aushülfe in der Seelsorge an der dasigen Domkirche verbunden gewesen, Angeklagter mithin, da er vor Einführung des Ges.'s vom 11. Mai 1873 zu einer derartigen Lehrerstelle berufen worden, dadurch zugleich die Berechtigung erlangt habe die in Frage stehenden geistlichen Amtshandlungen vorzunehmen. Wenn die NB. dagegen ausführt, daß die herkömmliche Aushülfe der Seminarlehrer sich nur auf den Gottesdienst in der Domkirche, das officium chori, bezogen habe, damit also die den Gegenstand der Anklage bildenden geistlichen Uebungen ausgeschlossen wären, so stehen beide Anschauungen auf dem an sich richtigen Standpunkte, daß die Observanz ein wohl geeignetes Mittel bildet, die sachlichen Zuständigkeiten eines geistlichen Amtes auch ohne ausdrückliche Anordnungen der Kirchengesetzgebung oder des Kirchenregiments in ihren Grenzen näher zu bestimmen und es fragt sich nur, welche der sich gegenüberstehenden Annahmen für das dem Angeklagten übertragene geistliche Amt als Ergebniß dieser Observanz die richtige sei. Diese Frage ist konkreter Natur, sie betrifft die Beurteilung der Beweisergebnisse und liegt außerhalb des Bereichs des vorliegenden

Rechtsmittels. Daß, worauf die NB. sich eventuell bezieht, das geistliche Amt des Angeklagten durch Schließung des Priesterseminars erloschen sei, wird von dem Berufungsrichter nicht anerkannt und läßt sich als rechtliche Folge jener Schließung nicht ohne Weiteres zugeben. Es hätte einer näheren Erörterung der dabei entscheidenden thatsächlichen und rechtlichen Gesichtspunkte bedurft, welche in den Vorinstanzen weder angeregt noch erfolgt ist und im Wege der NB. gegenwärtig nicht mehr nachgeholt werden kann.

Antr. d. GStA.: gleichl. [11.—2.]

Widerstand gegen Vollstreckungsbeamte. - Verhältniß des § 113 zu § 114 des StGB.'s.

Der Widerstand gegen eine bereits begonnene Amtshandlung eines Vollstreckungsbeamten ist nicht aus § 114, sondern aus § 113 des StGB.'s zu bestrafen. Die strengere Strafbestimmung des § 114 findet nur Anwendung, wenn der Vollstreckungsbeamte von einer Amtshandlung abgehalten werden soll, deren Vornahme erst in Aussicht stand.

StGB. §§ 113 und 114 [n. 13].

Erk. (B. II.) v. 20. März 1879 c. **Bülow** (223 II. Cr.).

B. hat einen Gerichtsexekutor, welcher bei ihm in Beschlag genommene Gegenstände behufs Versteigerung abholen wollte, mit einem Gewehr bedroht, als der Exekutor bereits begonnen hatte, Nachsuchung nach den Gegenständen zu halten, und hat sich auf diese Drohung der Exekutor unter Abstandnahme von ferneren Nachsuchungen entfernt. Die Instanzgerichte verurteilten aus § 114 des StGB.'s. Die NB. des Angeklagten behauptete, daß höchstens § 113 anwendbar sei.

Vernichtung. Gründe:

Es kann nicht für zutreffend erachtet werden, wenn die Instanzrichter, indem sie für erwiesen annehmen, daß der Gerichts-Exekutor während der Vornahme einer ihm aufgetragenen Amtshandlung mit einem Gewaltakte von dem Angeklagten bedroht worden ist, auf Grund dieses Hergangs eine dem Thatbestande des § 114 des StGB.'s entsprechende

Feststellung getroffen haben, ohne auch nur die Anwendbarkeit des § 113 a. a. O. in Betracht zu ziehen. Daß der Exekutor K. ein Beamter im Sinne beider Paragraphen ist, erscheint nicht zweifelhaft, ein zweites Erforderniß der Anwendbarkeit des § 113 welches nicht einmal für den § 114 in Betracht kommt, die Rechtmäßigkeit der Amtsausübung ist von dem App.-Richter als vorhanden angenommen, desgleichen die Gewalt und Bedrohung, welche dem Thatbestande beider Paragraphen gleichmäßig angehört. Es war also zu untersuchen, ob die Gewalt und Drohung sich nur als Widerstand gegen die Amtshandlung, in deren Vornahme der Exekutor schon begriffen war, darstellt — § 113 — oder als das wegen des Mangels der durch das Einschreiten des Beamten gegebenen unmittelbaren Veranlassung strafbare Unternehmen, den Exekutor von einer anderen Amtshandlung, deren Vornahme erst in Aussicht stand, abzuhalten, seinen amtlichen Willen vor der Bethätigung zu beugen — § 114. Im letzteren Falle bedurfte es der besonderen Feststellung des die That über den Begriff des § 113 hinaushebenden Momentes. Nun läßt zwar die Deduktion des Appell.-Richters auch die Auslegung zu, daß derselbe ein solches Moment darin gefunden habe, daß der Exekutor in Folge der Drohung des Angeklagten von weiteren Amtshandlungen Abstand genommen habe. Allein auch unter dieser Voraussetzung würde die Auffassung des App.-Richters eine rechtsirrthümliche sein. Denn eine Beziehung der Handlung des Angeklagten auf andere etwa erst beabsichtigte Amtshandlungen des Exekutors ist aus der Darstellung des Appell.-Richters nicht zu entnehmen, der Thatbestand des § 113 aber wird weder durch die Absicht den Beamten zur Abstandnahme von den bereits begonnenen Amtshandlungen zu veranlassen, noch dadurch ausgeschlossen, daß der geleistete Widerstand wirklich diesen Erfolg gehabt hat.

Antr. d. GStA.: entgegen. Dieselbe erachtete den § 114 auch da für anwendbar, wo der Beamte zur Unterlassung nicht des Beginns, sondern der Fortsetzung einer Amtshandlung genöthigt werden solle, es auch Mangels jeden Grundes für eine mildere Behandlung des Widerstandes gegen Vollstreckungsbeamte nicht für angängig, den § 113 als eine denselben Thatbestand umfassende Spezialbestimmung in Betreff dieser anzusehen und fand den Unterschied zwischen den beiden §§ in dem verschiedenen Dolus. Soweit der § 113 von dem Angriff gegen einen Beamten während einer Amtshandlung spreche, verlange er überhaupt keine auf Abwehr der Amtshandlung gerichtete Absicht. Und wenn nun in dem § daneben der Widerstand gegen einen Beamten aufgeführt sei, so werde hier allerdings eine solche Absicht vorausgesetzt, aber nur als im augenblicklichen Affekt gefaßt, während der § 114 an einen im Voraus gemachten Plan, an ein „Unternehmen", den Beamten zu nöthigen, denke. Der Unterschied sei also der zwischen Vorsätzlichkeit und Ueberlegung oder Vorbedacht und die Frage, ob das Eine oder Andere vorliege, als rein thatsächlich der Nachprüfung des Nichtigkeitsrichters entzogen. [19.—4.]

Schwurgericht. – Sitzungsprotokoll. – Vollziehung. – Zeitpunkt. – Beweisfähigkeit.

Die Beweisfähigkeit eines Protokolles über die Hauptverhandlung vor den Geschworenen wird dadurch nicht beeinträchtigt, daß dasselbe nicht unmittelbar nach der Verhandlung, sondern erst später von dem Vorsitzenden und dem Gerichtsschreiber vollzogen worden ist.

Ges. v. 3. Mai 1852 Art. 78.

Erk. (Z. I.) v. 21. März 1879 c. Korn (355 I. Cr.).

Die Beweisfähigkeit des Sitzungs-Protokolles ist nach Art. 78 des Ges.'s v. 3. Mai 1852 in Ermangelung einer dafür angegebenen näheren Zeitbestimmung nicht schlechthin davon abhängig, daß es in der Sitzung selbst aufgenommen und sofort vom Vorsitzenden und Gerichtsschreiber unterzeichnet wird. Wie in wiederholten Entscheidungen vom Königl. Ob.-Trib. angenommen worden, kann die spätere Abfassung und Vollziehung des Protokolls nicht als eine dessen Glaubwürdigkeit über die formellen Vorgänge der Verhandlung beeinträchtigende Verletzung eines wesentlichen Grundsatzes des Verfahrens angesehen werden. Vergeblich versucht daher die NB. mit der Behauptung, daß das in

Rede stehende Protokoll über die Sitzung v. 23. Jan. 1879 erst mehrere Tage später vom Gerichtsschreiber fertig und vom Vorsitzenden wahrscheinlich erst am 30. Jan. unterschrieben sei, die Richtigkeit und Beweiskraft desselben und die Beobachtung der vorgeschriebenen Förmlichkeiten bei dem schwurgerichtlichen Verfahren in Frage zu stellen. Auch wenn diese Behauptung richtig wäre, so steht anzunehmen, daß der Vorsitzende und der Gerichtsschreiber bei Vollziehung des Sitzungsprotokolls sich von seiner Vollständigkeit und Treue gewissenhaft überzeugt haben.

Antr. d. OStA.: gleichl. [17.—3.]

Beleidigung. - Interessen, berechtigte. - Beweisführung.

Wer an sich in Wahrnehmung berechtigter Interessen bei der zuständigen Behörde verächtlich machende Thatsachen, zwar nicht wider besseres Wissen, aber doch ohne vollen Grund und genügenden Beweis zur Anzeige bringt, genießt, so lange nicht aus Form und Umständen die Absicht der Beleidigung festgestellt ist, dessenungeachtet den Schutz des

§ 193 des StGB.

Erk. (B. I.) **v. 21. März 1879 c. Pankonin & Gen.** (353 I. Cr.).

Der Appell.-Richter geht davon aus, daß objektiv ein Fall vorliege, welcher in den Rahmen des § 193 des StGB.'s passe, indem es den Angeklagten als Bürgern und bezw. zugleich Stadtverordneten der Stadt M. nicht verschränkt werden könne, Unordnungen und Vergehen des Bürgermeisters bei dessen vorgesetzter Behörde zur Anzeige zu bringen. Er stellt auch nicht fest, daß die Angeklagten die in der inkriminirten Anzeige an den Landrath behaupteten Thatsachen wider besseres Wissen vorgebracht haben. Er versagt indessen den Angeklagten das Recht, den allegirten Paragraphen für sich anzurufen, weil von Wahrnehmung berechtigter Interessen nur dann die Rede sein könne, wenn der Anzeigende entweder den Nachweis führe, daß die Anzeige objektiv wahr gewesen sei, oder wenigstens, daß er nach den ihm gewordenen Mittheilungen und von ihm angestellten Untersuchungen vollen Grund hatte, zur Anzeige zu schreiten, und weil die Angeklagten einen Beweis weder nach der einen, noch nach der andern Richtung geliefert hätten. Diese Ausführung ist rechtsirrthümlich. Die Entscheidung der Frage, ob eine Anzeige zur Ausführung oder Vertheidigung von Rechten oder zur Wahrnehmung berechtigter Interessen gemacht worden sei, kann nicht davon abhängig gemacht werden, ob der Anzeigende vollen Grund hatte, zur Anzeige zu schreiten, d. h. was der App.-Richter nach dem Zusammenhange unter diesen Worten versteht, ob so gewichtige Beweismomente für die zur Anzeige gebrachten Thatsachen vorlagen, daß voller Grund zur Anzeige gegeben war, mag man die letztere Frage nun vom objektiven oder vom subjektiven Gesichtspunkte aus betrachten. Vom ersteren Gesichtspunkte aus wird die Annahme, daß eine Anzeige in Wahrnehmung berechtigter Interessen geschehen sei, offenbar nicht dadurch ausgeschlossen, daß der Richter der Ansicht ist, es hätte für die angezeigten Thatsachen nur wenig gewichtiges Beweismaterial vorgelegen. Dasselbe muß aber auch vom subjektiven Gesichtspunkte aus gelten, so lange nicht festgestellt ist, daß der Anzeigende die Behauptung wider besseres Wissen vorgebracht, oder daß er das Bewußtsein gehabt hat, die Anzeige geschehe nicht zur Wahrnehmung berechtigter Interessen, daß er vielmehr lediglich in der Absicht gehandelt habe, irgend einen anderen Zweck, z. B. Befriedigung seiner Rachsucht, zu erreichen. Der Appell.-Richter hat nun zwar hinzugefügt, die Menge der von den Angeklagten frivol denunzirten Fälle spreche gradezu dafür, daß dieselben nicht berechtigte Interessen hätten wahrnehmen wollen, sondern lediglich die Stellung des J. als Bürgermeister von M. hätten untergraben wollen. Allein abgesehen davon, daß hiermit eine positive Feststellung für die erstere Annahme nicht getroffen, sondern nur ein Wahrscheinlichkeitsgrund dafür angeführt ist, und daß zwischen der Absicht, berechtigte Interessen wahrzunehmen, und der Absicht die

Stellung des Denunziaten als Bürgermeister bei seiner vorgesetzten Dienstbehörde, an welche die Anzeige nach der Feststellung des App.-Richter Behufs Einleitung der Untersuchung gegen denselben gerichtet war, zu untergraben, nicht nothwendig ein Gegensatz besteht, enthält die letztgedachte Ausführung offenbar nicht den entscheidenden Grund für die Ausschließung des § 193. Dieser ist vielmehr in der vorhergehenden Ausführung enthalten, welche mit den Worten schließt, daß die Angeklagten, da sie weder den einen noch den anderen der obenerwähnten Beweise geliefert hätten, den gedachten Paragraphen zu ihren Gunsten nicht heranziehen könnten. Da der Appell.-Richter endlich auch nicht festgestellt hat, daß das Vorhandensein einer Beleidigung aus der Form der Aeußerungen der Angeklagten oder aus den Umständen, unter denen sie geschehen, hervorgehe, vielmehr in dieser Beziehung ausgeführt hat, daß es nach Lage der Sache auf die Absicht zu beleidigen, nicht ankomme, so unterliegt sein Urteil wegen Verletzung der §§ 186 u. 193 des StGB.'s der Vernichtung.

Antr. d. GStA.: gleichl. [9.—3.]

Antragsvergehen. – Idealkonkurrenz.

Die Verfolgung einer Strafthat, welche in idealer Konkurrenz ein Antragsverbrechen ist, kann ohne Antrag des Verletzten in dieser Richtung nicht stattfinden.

StGB. § 61 [n. 9]; Vgl. RbOTr. 12. S. 187; 13. S. 55.

Beschl. (I.) v. 26. März 1879 c. Kazik (88 I.Cr.).

In Erw., daß das Kreisgericht, obwohl es der Anklage gemäß für thatsächlich festgestellt erachtet, daß der Angeklagte im Winter 1875/76 mit seiner Stieftochter den Beischlaf vollzogen habe, sich zur Entscheidung über das nach dieser Feststellung vorliegende Vergehen wider den § 173 Abs. 2 des R.-StGB.'s durch rechtskräftiges Erkenntniß v. 21. September 1878 für inkompetent erklärt hat, weil es auf Grund der ferneren Feststellung: daß Angeklagter seine genannte

Stieftochter zur Duldung des mit derselben vollzogenen Beischlafs durch Gewalt genöthigt habe, in ideeller Konkurrenz den Thatbestand des durch den § 177 l. c. vorgesehenen, nach Art. XIII des Einf.-Ges.'s v. 14. April 1851 zur schwurgerichtlichen Competenz gehörigen Verbrechens der Nothzucht für erwiesen erachtet;

daß jedoch, wie in dem Beschlusse des Königl. Trib.'s zu K. v. 29. Jan. 1879 zutreffend ausgeführt worden, ein Strafverfahren wegen des ideell konkurrirenden Verbrechens, welches nach den stattgehabten Ermittelungen spätestens im Januar 1876, also zu einer Zeit begangen ist, als zu dessen Strafverfolgung gesetzlich noch ein rechtzeitig gestellter Strafantrag erforderlich war, in Ermangelung eines solchen nach Art. III des Ges.'s v. 26. Febr. 1876, betreffend die Abänderung von Bestimmungen des StGB.'s für das Deutsche Reich ꝛc., unstatthaft erscheint, während der von einem Strafantrage nicht abhängigen Verfolgung des ideell konkurrirenden Vergehens wider den § 173 Abs. 2 des R.-StGB.'s ein gesetzliches Hinderniß nicht entgegen steht, auf Grund des Art. 9 Abs. 3 des Ges.'s vom 3. Mai 1852 beschlossen: daß unter Aufhebung des Erkenntnisses des Kreisgerichts zu O. v. 21. Septbr. 1878 der Beschluß des Kgl. Trib. zu K. v. 29. Jan. 1879, welcher dahin geht: daß gegen den Wirth M. K. wegen Vergehens wider die Sittlichkeit aus § 173 Abs. 2 des R.-StGB.'s die Untersuchung zu eröffnen, zur Ausführung zu bringen und demgemäß die Sache zur Verhandlung und Entscheidung vor die Abtheilung des Kgl. Kreisgerichts zu O. für Strafsachen zu verweisen.

Antr. d. GStA.: gleichl. [—3.]

Temporäre Strafverbote. – Wirksamkeit nach Beendigung ihrer Geltung.

Von Anfang an nur als zeitweise geltend, ergangene Strafverbote bleiben für die zur Zeit ihrer

Geltung verübten Zuwiderhandlungen wirksam, auch wenn jene Geltung inzwischen ihr Ende erreicht hat.

StGB. § 2 [n. 8]; Vgl. RdOTr. 17. S. 449.

Erk. (Z. I.) v. 26. März 1879 c. Kolczinski (225 I. Cr.).

K. hat ein Pferd in's Ausland zu einer Zeit verkauft und transportiren lassen, zu welcher die Verordn. v. 7. Juli 1877, welche die Pferdeausfuhr verbietet, bestand und ist deshalb aus § 134 des Zollgesetzes vom 1. Juli 1869 bestraft, obwohl jene Verordnung damals bereits durch die Verordn. v. 22. Juli 1878 wieder aufgehoben war. Seine NB. hält dies nach § 2 des StGB.'s für unzulässig, ist aber zurückgewiesen.

Das Kgl. Ob.-Trib. hat bereits mehrfach und in eingehender Motivirung seine Auffassung des § 2 Abs. 2 des StGB.'s dahin ausgesprochen, daß die Bezeichnung desselben: „Gesetze" in Uebereinstimmung mit Art. IV des Einf.-Ges.'s zum Preuß. StGB. nur von eigentlichen Strafgesetzen zu verstehen, die bezogene Vorschrift daher überall da keine Anwendung finde, wo nicht das Strafgesetz als solches, sondern anderweite thatsächliche oder rechtliche Voraussetzungen der Strafbarkeit einer bestimmten Handlung — sei es auch im Wege der Gesetzgebung, — eine Aenderung erlitten oder in Wegfall gekommen. Im Einklange damit ist denn auch vom Kgl. Ob.-Trib. wiederholt der Grundsatz zur Geltung gebracht worden, daß Zuwiderhandlungen gegen temporäre mit Strafe bedrohte Gebote oder Verbote der hier fraglichen Art mit der Wiederaufhebung derselben nicht nach der allgemeinen Regel für Veränderung von Strafgesetzen straflos werden können. Damit erledigt sich die Ausführung der Nichtigkeitsbeschwerde.

Ant. d. GStA.: gleichl. [16.—2.]

Privatklage. – Zurücknahme derselben. – Ungehorsam des Klägers.

Die Privatklage gilt als zurückgenommen, wenn der gehörig vorgeladene Kläger entweder

überhaupt nicht, oder zu spät erscheint, oder sich vor beendeter Verhandlung wieder entfernt.

StPO. § 506.

Erk. (Z. I.) v. 26. März 1879 c. Meier (917 I. Cr.).

S. stellte Privatklage gegen M. an. Termin wurde auf den 15. Juni Morgens 10½ Uhr angesetzt; die Verhandlung der Sache begann aber erst um 11 Uhr und war Kläger zu dieser Zeit weder erschienen noch vertreten. Daraufhin ist seine Klage für zurückgenommen erachtet. Die NB. des S. rügt: er sei um 10½ Uhr anwesend gewesen; das Gericht sei aber von der Reihenfolge der Terminsrolle abgewichen. Sie ist vom Ob.-Tr. zurückgewiesen.

Nach § 506 Abs. 2 der StPO. v. 25. Juni 1867 soll die Zurücknahme als vorhanden anerkannt werden, wenn der Privatkläger einer gehörig erfolgten Vorladung zur mündlichen Verhandlung I. Instanz nicht Folge leistet. Zweck der Vorladung ist die Anwesenheit des Privatklägers bei der Hauptverhandlung mit der Befugniß die ihm nach § 504 der StPO. zustehenden Rechte auszuüben und ein Ungehorsam dagegen liegt deshalb alsdann vor, wenn Privatkläger entweder überhaupt nicht oder zu spät erscheint oder sich vor beendeter Verhandlung wiederum entfernt. Letztere beginnt nach den §§ 238 und 445 das. mit der Vernehmung des Beschuldigten über seine persönlichen Verhältnisse und dieses ist demnach der Zeitpunkt wo der Privatkläger spätestens in dem Gerichtslokale bereits in einer Weise anwesend sein muß, daß er der Aufforderung der Verhandlung beizuwohnen Folge leisten kann. Die bloße Gegenwart zu der in der Ladung bestimmten Stunde reicht für sich allein nicht aus. Diese Zeitangabe hindert zwar das Gericht vor Ablauf des Zeitpunktes mit der Verhandlung zu beginnen und wenn Privatkläger noch nicht anwesend ist das angedrohte Präjudiz gegen ihn zu verwirklichen, dagegen entbindet sie den Privatkläger nicht von der Verpflichtung des Aufrufs stets gewärtig und deshalb fortdauernd anwesend zu sein, wenn wegen irgend welchen Grundes, z. B. wegen des gleichzeitigen Anstehens anderer Sachen, dieselbe nicht sofort zur bestimmten

Stunde beginnt oder beginnen kann. Ein vorheriges Entfernen wird auch namentlich durch die spätere Nummer nicht gerechtfertigt, welche die betreffende Sache in dem an der Gerichtsstelle aushängenden Verzeichnisse der in einer Sitzung zur Verhandlung bestimmten Sachen einnimmt. Dieser Aushang hat, soweit nicht einer der Fälle vorliegt, wo das Gesetz z. B. § 395 der StPO. demselben die weitergehende Wirkung einer Bekanntmachung anstatt spezieller Vorladung beilegt, nur eine reglementäre Bedeutung. Er ist durch kein Gesetz vorgeschrieben, die Reihenfolge der darin aufgenommenen Sachen ist eine rein zufällige, von dem Richterpersonal regelmäßig völlig unbeeinflußte und wie wenig richtig es ist, daß, wie Privatkläger behauptet, der Vorsitzende daran in Beziehung auf die successive Verhandlung der einzelnen Sachen gebunden sei, ergiebt die Vorschrift in § 15 des übrigens nicht förmlich publicirten und deshalb nicht unter den Gesichtspunkt eines Gesetzes fallenden Geschäftsreglements v. 16. August 1867 für die Bureaus der Appellations- und Kreis-Gerichte in den neu erworbenen Landestheilen, wonach während der mündlichen Verhandlung der Audienz-Kalender nebst einem daraus behufs der Bestimmung der Reihenfolge des Aufrufs der einzelnen Sachen anzufertigenden Auszuge (Vokanda) dem Vorsitzenden vorliegen soll. Es steht vielmehr ausschließlich in dem Ermessen des Letzteren, in welcher Folge er die einzelnen auf der Rolle befindlichen Sachen zur Verhandlung bringen will.

Antr. d. GStA.'s gleichl. [11.—2.]

Arrestbruch. - Dolus. - Absicht.

Zum Dolus des Arrestbruchs genügt das Bewußtsein des Thäters, daß er eine amtliche Beschlagnahme unwirksam mache. Der Absicht den Exekutionssucher zu benachtheiligen bedarf es nicht.

StGB. § 137 [n. 38]; Vgl. RdOTr. 14. S. 73 u. 413.

Erk. (Z. I.) v. 26. März 1879 c. Siegmund (255 I. Cr.).

S. ist wegen Arrestbruchs verurteilt. Seine NB. rügt, daß die zum Thatbestand gehörige Absicht, seinen Gläubiger zu benachtheiligen nicht festgestellt sei. Sie ist vom Ob.-Tr. zurückgewiesen.

Insbesondere fällt dem Appell.-Richter, wenn er zum Thatbestande des Arrestbruchs die Feststellung der Absicht, Gläubiger zu benachtheiligen, nicht für erforderlich erachtet, eine rechtsirrthümliche Verkennung des gesetzlich erforderlichen Dolus nicht zur Last. Denn zum Dolus des Arrestbrechers genügt das thatsächlich festgestellte Bewußtsein, daß er eine amtliche Beschlagnahme unwirksam mache. Einer über dieses Bewußtsein hinausgehenden Absicht, insbesondere der Absicht, den Exekutionssucher zu benachtheiligen, bedarf es nicht, weil die Strafbarkeit des Arrestbruchs auf dem wissentlichen Zuwiderhandeln gegen die richterliche Anordnung beruht.

Antr. d. GStA.: gleichl. [15.—2.]

Delegation. – Misshandlung der Eltern.

Aus den Bestimmungen des Reichsstrafgesetzbuchs lässt sich nicht folgern, dass vorsätzliche Misshandlung der Eltern jetzt zu denjenigen Vergehen gehört, deren Aburteilung dem Polizeigericht übertragen werden kann.

StPO. § 448; StGB. § 223 [n. 28].

Erk. (Z. 1.) v. 26. März 1879 c. Voß (229 I. Cr.).

Auf eine gegen V. wegen körperlicher Mißhandlung seines Vaters erhobene Anklage hatte die Strafkammer auf Grund des § 448 der StPO. die Verhandlung und Entscheidung der Sache an das Polizeigericht verwiesen. Dieses hatte den V. zu 3 Monat Gefängniß verurteilt, die Strafkammer aber in der Berufungsinstanz den Auftrag für erledigt erklärt, indem das Pol.-Ger. seine Zuständigkeit überschritten habe. Die von der StA.-schaft eingewendete NB. wurde zurückgewiesen.

Der Angriff der NB. ist unbegründet. Dieselbe erkennt an, daß die Körperverletzung gegen leibliche Eltern und Großeltern aus § 191 des Pr. StGB.'s nicht zu denjenigen Körperverletzungen aus den §§ 187 und 190 daselbst gehört, deren Aburteilung nach § 448 der StPO. vom

25. Juni 1867 von der Strafkammer dem Polizeigerichte aufgetragen werden kann (und daselbst abweichend von der Terminologie des § 188 des Pr. StGB.'s, wonach nur die Delikte aus § 187 darunter fallen, als „leichte" bezeichnet werden.) Die NB. glaubt jedoch, daß das Reichs-StGB. die besondere Natur der Körperverletzung aus § 191, welche hiernach eine „schwere" sein soll, nicht beibehalten, sondern unter den Fällen der leichten vorsätzlichen Körperverletzung, welche § 223 des R.-StGB.'s zusammenfaßt, einbegriffen und nur mit einer höheren Minimalstrafe belegt habe. Diese Argumentation ist unrichtig. Für die aus § 3 des Einf.-Ges.'s zum StGB. sich ergebende Frage, ob und welche entsprechende Vorschrift des R.-StGB.'s an die Stelle des aufgehobenen § 187 des Pr. StGB.'s getreten sei und ob namentlich die Vorschrift von Abs. 2 des § 223 des R.-StGB.'s, welche die Körperverletzung gegen Verwandte in aufsteigender Linie mit Gefängniß nicht unter einem Monat bedroht, hierher gehört, ist die Bezeichnung der That als schwere oder leichte Körperverletzung an und für sich gleichgültig. Es kommt nur darauf an, ob der Thatbestand aus § 191 des Preuß. StGB.'s in einer anderen Deliktsform des R.-StBB.'s sich seinen wesentlichen Merkmalen nach wiederfindet, und dieses muß bezüglich des § 223 Abs. 2 daselbst bejaht werden, da derselbe unter den Verwandten in aufsteigender Linie die Eltern und Großeltern mit umfaßt. Auch ist es nicht richtig, daß die Strafandrohung daselbst gegenüber der Körperverletzung aus Abs. 1 nur das Minimallimitum erhöht. Auch eine Erhöhung des Maximums ist insofern eingetreten, als nach Abs. 1 nur bis zu drei Jahren Gefängniß erkannt werden kann, während Abs. 2 Gefängnißstrafe schlechthin androht, mithin nach § 16 des R.-StGB.'s eine Steigerung bis zu fünf Jahren gestattet. Wäre Letzteres selbst nach dem Wortlaute zweifelhaft, so würde dieser Zweifel durch § 228 daselbst in der Fassung der Novelle vom 26. Februar 1876 beseitigt, indem hiernach nur bei vorhandenen mildernden

Umständen nicht über drei Jahre Gefängniß hinausgegangen werden kann.

Antr. d. GStA.: gleichl. [11.—2.]

Beleidigung. — Interessenwahrung. — Bewußtsein der Unwahrheit.

Die Absicht zu beleidigen entzieht dem Thäter in den Fällen des § 186 den Rechtsschutz des § 193 auch dann, wenn die wissentliche Unwahrheit des beleidigenden Vorwurfs nicht feststeht.

StGB. § 193 [n. 21].

Erk. (Z. I.) v. 26. März 1879 c. Wieb. (235 I. Cr.).

Die L. hatte bei W. gedient und dieser in ihr Dienstzeugniß geschrieben, sie habe sich Veruntreuungen zu Schulden kommen lassen. Deshalb verklagte sie ihn wegen Beleidigung und er wurde aus § 186 verurteilt, indem angenommen wurde, daß der Vorwurf nicht erweislich wahr sei und das Vorhandensein einer Beleidigung aus den Umständen hervorgehe. Die NB. des W. wurde vom Ob.-Tr. zurückgewiesen.

Endlich verkennt auch der Berufungsrichter nicht, daß wenn Beschuldigter in dem Glauben an die Wahrheit seiner Behauptung sich befunden, ihm der § 193 des R.-StGB.'s hätte zu Statten kommen müssen. Er verneint jedoch in gegenwärtig nicht mehr anfechtbarer Weise das Vorhandensein dieses Glaubens; er nimmt an, daß höchstens eine Vermuthung, ein Argwohn, für die Richtigkeit seines Vorwurfs auf Seiten des Beschuldigten bestanden und wenn er bei Letzterem die dessen ungeachtet erfolgte positive Behauptung nach den vorliegenden Umständen aus der Absicht nicht ein rechtliches Interesse zu wahren, sondern aus der Absicht zu beleidigen hervorgegangen erachtet, so läßt diese Argumentation einen Rechtsirrthum nicht erkennen. Unrichtig und durch Nichts unterstützt ist die Ansicht der NB., daß nur eine wissentliche Unwahrheit und nicht also schon bloßer Zweifel oder Unsicherheit in Beziehung auf die Richtigkeit der als wahr bekundeten Thatsache dem Beschuldigten den Schutz des § 193 hätten entziehen können.

Antr. d. GStA.: gleichl. [11.—2.]

Schankwirthschaft. - Ausschank außerhalb des Lokals.

Ein Schankwirth, der ohne neue Concession und Steueranmeldung den bei einem Eisenbahnbau beschäftigten Arbeitern, gemäß deren Bestellung Branntwein aus dem Wirthschaftslokal auf die noch in demselben Gewerbesteuerbezirk gelegene Arbeitsstelle bringt und dort an die Arbeiter nach Bedürfniß zum sofortigen Genuß verkauft, macht sich eines Gewerbepolizei-, nicht aber eines Gewerbesteuer-Vergehens schuldig.

Reichs-Gew.-Ordn. v. 21. Juni 1869 §§ 33 und 147 Nr. 1; Preuß. Gewerbesteuergef. v. 30. Mai 1820 §§ 4, 10 und 19a.; Pr. Gesetz betr. die Besteuerung des Gewerbebetriebes ꝛc. v. 3. Juli 1876 § 17; Vgl. RbOTr. 13. S. 251; 14. S. 189 und 16. S. 163.

Erk. (**V. II.**) **v. 27. März 1879 c. Rademacher** (328 II. Cr.).

Angeklagter, welchem nach den Feststellungen der Vorderrichter die Konzession zur Schankwirthschaft und zum Kleinhandel mit Branntwein für das in seinem Wohnorte zu Lehmkuhle bei B. gelegene, zum Gewerbebetriebe bestimmte Lokal ertheilt ist, ist auf Grund der §§ 33, 147 der R.-Gew.-Ordn. und des § 17 des Ges.'s v. 3. Juli 1876 wegen Gewerbepolizeivergehens und wegen Gewerbesteuerkontravention zur Untersuchung gezogen und in I. Instanz auf Grund der thatsächlichen Feststellung daß er 1877 und 1878 den selbständigen Betrieb eines stehenden Gewerbes, der Schankwirthschaft, zu dessen Beginn eine polizeiliche Genehmigung erforderlich ist, unternommen, ohne diese Genehmigung erlangt zu haben, dabei auch eine Zuwiderhandlung gegen die Steuergesetze begangen hat, indem er den Anfang des bezeichneten steuerpflichtigen Gewerbes nicht angezeigt hat, mit einer Geldstrafe von 27 Mk. bestraft, in II. Instanz aber freigesprochen. Die von dem Kgl. OStA. zu Münster eingelegte NB. erscheint begründet, insoweit Angeklagter von der Anschuldigung des Gewerbepolizeivergehens freigesprochen ist.

[1.] Zuvörderst liegt nämlich eine Gewerbesteuerdefraudation auf Seiten des Angeklagten allerdings nicht vor. Angeklagter ist nicht beschuldigt, daß er das von ihm in seinem Wohnorte mit polizeilicher Konzession betriebene Schankgewerbe überhaupt nicht vorschriftsmäßig zur Versteuerung angemeldet habe, §§ 19a., 39 des Pr. Gewerbesteuerges.'s v. 30. Mai 1820 (GS. S. 147) —, sondern es ist ihm zum Vorwurfe gemacht, daß er die Ausübung seines Gewerbes durch Ausschank von Branntwein außerhalb des Lokales, für welches ihm die Konzession zum Gewerbebetriebe ertheilt ist, der Kommunalbehörde nicht besonders zum Zwecke der Versteuerung angezeigt habe. Die Gewerbesteuer von den durch das Gesetz v. 30. Mai 1820 der Versteuerung unterworfenen Gewerben, wird indessen — abgesehen von den in § 4 a. a. O. in Betreff des Handelsgewerbes aufgestellten abweichenden Grundsätzen, — nicht von jedem Lokale, in welchem die Ausübung des Gewerbes stattfindet, oder von jeder einzelnen Gewerbsanlage, sondern nach den im Gesetze für die einzelnen Gewerbe gegebenen Bestimmungen von dem Gewerbebetriebe im Allgemeinen innerhalb des Gewerbesteuerbezirkes des Wohnortes des Gewerbetreibenden, nach bestimmten im Voraus festgestellten Sätzen erhoben. Dies gilt insbesondere von dem Gewerbe der Schankwirthschaft, bei welchem die Strafbarkeit in steuerlicher Beziehung nicht von jeder abgesonderten nicht besondes der Kommunalbehörde angezeigten Ausübung des Gewerbes im Steuerbezirk, — sondern nach §§ 19a., 39 des Gewerbesteuergesetzes von dem Anfange eines steuerpflichtigen, nicht zur Versteuerung angemeldeten Gewerbes, überhaupt, abhängig gemacht ist. Die Ausübung des Gewerbes durch Ausschank von Branntwein außerhalb des Wohnorts des Angeklagten Seitens desselben, hatte eine Verpflichtung zu besonderer Steuerentrichtung nicht zur Folge, und kann mithin gemäß § 39 des Gewerbesteuergesetzes eine Strafe wegen Steuerdefraudation nicht nach sich ziehen. Diese Grundsätze sind auch durch das Plenarerkenntniß der vereinigten Abtheilungen des Senats für Strafsachen des Ob.-Tr.'s v. 27. Febr. 1875 (Oppenh. Rechtspr. Bd. 16. S. 164) anerkannt worden. Die Freisprechung des Angeklagten von der Anschuldigung der Steuerdefraudation ist mithin gerechtfertigt.

[2.] Anders verhält es sich mit dem Vergehen der

Gewerbepolizeikontravention, dessen der Angeklagte beschuldigt ist. Die erstrichterliche Verurteilung des Angeklagten gründet sich auf den, nach den Aussagen des Schachtmeisters M. und der Dienstmagd K. als erwiesen angenommenem Sachverhalt, daß der Angeklagte in Folge des ihm von dem M. gegebenen Auftrages: Branntwein auf die etwa 700—1000 Meter von dem Wohnorte des Angeklagten entfernten Arbeitsstellen der dem M. untergebenen Eisenbahnarbeiter zu bringen, mehrere Monate hindurch zweimal täglich Branntwein theils selbst, theils durch seine Dienstmagd K., auf die gedachten Arbeitsstellen in einem Kruge geschafft und daselbst an die Arbeiter und den Schachtmeister mittelst eines Mäßchens, aus welchem auch zuweilen getrunken sei, nach dem Bedürfniß der Arbeiter gegen baare Zahlung verkauft habe. Derselbe Sachverhalt ist, — wie die Gründe des App.-Erk. ergeben, — auch von dem App.-Richter, nachdem derselbe die wiederholte Vernehmung des Schachtmeisters M. in II. Instanz bewirkt hatte, zur Grundlage seiner Entscheidung gemacht. Danach hat sich der Angeklagte unzweifelhaft eines Gewerbepolizeivergehens im Sinne des § 147 Abs. 1 der R.-Gew.-Ordn. schuldig gemacht, möge man nun darin, daß er die Schankwirthschaft in einem anderen, als dem konzessionirten Lokale betrieben, den selbständigen Betrieb eines Gewerbes, oder eine Abweichung von den in der Genehmigung festgesetzten Bedingungen erblicken. Der Appell.-Richter hat die Freisprechung des Angeklagten auf die Erwägung gestützt, daß der Branntwein von dem Schachtmeister M. in der Wohnung des Angeklagten bestellt sei und die bestellten Quantitäten desselben in Folge dieser Bestellung auf die Arbeitsstelle gebracht seien, so daß von dem selbständigen Betriebe eines stehenden Gewerbes der Schankwirthschaft nicht die Rede sein könne. Dieser Erwägung liegt indessen eine rechtsirrthümliche Auffassung des Appell.-Richters zu Grunde. Denn der Umstand, daß der Ueberbringung des Branntweins eine Bestellung vorangegangen ist, welche bei den durch das Gesetz als Gewerbe im Umherziehen bezeichneten Betriebsformen — vgl. §55ff. der R.-Gew.-Ordn., § 1 des Ges.'s, betreffend die Besteuerung des Gewerbebetriebes im Umherziehen v. 3. Juli 1876 (GS. S. 247) — dem Thatbestand einer Gewerbepolizeikontravention auszuschließen allerdings geeignet sein würde, erscheint für den hier vorliegenden Fall, bei dem es sich um das stehende Gewerbe der Schankwirthschaft handelt, völlig einflußlos. Es kommt dabei nicht auf die Ueberbringung bestellten Branntweins an eine bestimmte Person, welche sich etwa als erlaubte Ausübung des Kleinhandels mit Branntwein darstellen könnte, sondern der Verkauf desselben Seitens des Angeklagten und des von ihm damit Beauftragten in der von dem Gesetze als Gewerbekontravention qualifizirten Weise, in Frage. Ebenso rechtsirrthümlich ist die weitere Erwägung des App.-Richters, daß Angeklagter nicht eine neue selbständige Betriebs- oder Verkaufsstätte errichtet, sondern eben nur ein Geschäft der bereits concessionirten Betriebsstätte effektuirt habe. Selbständig im Sinne des Gesetzes §§ 11, 14, 42, 46, 147 der R.-Gew.-Ordng. ist jeder Gewerbebetrieb, welcher für eigene Rechnung und auf eigene Verantwortung des Gewerbetreibenden ausgeübt wird, und es erscheint daher für den Thatbestand einer Gewerbepolizeikontravention, wie die vorliegende, gleichgültig, ob die Ausübung des Gewerbes mit der in dem concessionirten Lokale betriebenen im Zusammenhange steht und unter Benutzung des in dem letzteren vorhandenen Materials betrieben wird. Hiernach unterlag das angefochtene Erkenntniß der Vernichtung, soweit Angeklagter von der Anschuldigung der Gewerbepolizeikontravention freigesprochen ist. In der Sache mußte auf die NB. des Kgl. OStA.'s das Erk. des Kgl. Kreisgerichts zu D. vom 8. März 1878 entsprechend, wie geschehen abgeändert werden. [10.—4.]

Gebäudesteuer. - Anmeldung.

Eine Verpflichtung zur Anzeige besteht nicht für diejenigen Gebäude, welche bereits vor dem Tage

der Verpflichtungskraft des Gebäudesteuergesetzes entstanden und nutzbar geworden waren, wenn auch der Eintritt in die Steuerpflicht erst später begann.

Ges. v. 21. Mai 1861 §§ 15—17, 19; Vgl. RbOTr. 16. S. 593.

Erk. (**B. I.**) **v. 28. März 1879** c. **Buchholz** (112 I. Cr.).

B. ist seit 1858 Besitzer eines Hauses in D. hat es aber unterlassen dieses im Jahr 1864 umgebaute und bewohnbar gewordene Gebäude bis zum 1. Oktbr. 1866 dem mit der Fortführung der Gebäudesteuerrolle beauftragten Beamten behufs Veranlagung zur Gebäudesteuer anzuzeigen, was zur Folge gehabt hat, daß die für 1. Januar 1867 bis 31. Dezbr. 1875 zu entrichtende Steuer dem Staate vorenthalten worden ist. Er ist deshalb aus §§ 1, 15—17 des Ges.'s v. 21. Mai 1861 bestraft, das Urteil aber auf seine NB. vom Ob.-Tr. vernichtet und freisprechend erkannt.

Die in §§ 15 und 16 des Ges.'s v. 21. Mai 1861 vorgeschriebene Verpflichtung zur Anzeige besteht nicht für diejenigen Gebäude, welche bereits vor dem 1. Jan. 1865 als dem Tage der Verpflichtungskraft des genannten Gesetzes entstanden und nutzbar geworden waren, wenn auch der Eintritt der Steuerpflicht erst später begann. Dies ist in dem Urteil des Kgl. Ob.-Tr. v. 22. Septbr. 1875 (Oppenh. Rechtspr. Bd. 16. S. 593), auf welches hiermit Bezug genommen wird, nachgewiesen und seitdem in der Rechtsprechung festgehalten. Das Gebäude des Angeklagten, dessen Gebäudesteuer derselbe in strafbarer Weise dem Staate vorenthalten haben soll, ist aber nach den Feststellungen der Instanzrichter bereits im Jahr 1864 wieder bewohnbar geworden. Der Angeklagte war deshalb zu der durch das Gebäudesteuergesetz a. a. O. angeordneten Anzeige nicht verbunden. Diese erwuchs ihm auch daraus nicht, daß in D. die erste allgemeine Einschätzung der im dortigen Stadtbezirk belegenen Gebäude zu der neu eingeführten Gebäudesteuer schon im Jahr 1863 erfolgte, damals aber sein Gebäude durch die damit betraute Behörde in die Gebäudesteuerrolle nicht aufgenommen und zur Gebäudesteuer nicht veranlagt werden konnte. Die Möglichkeit und Zulässigkeit einer nachträglichen mit dem Bewohntwerden des Gebäudes eintretenden Official

Ermittelung, Eintragung und Veranlagung durch jene Behörde und damit die Wahrung der fiscalischen Rechte wurde dadurch nicht ausgeschlossen, vergl. Zusammenstellung der Veranlagungs-Grundsätze des Finanzministeriums v. 21. Mai 1861 § 1. Der Appell.-Richter, welcher den Angeklagten wegen Unterlassung einer Anzeige von dem in dessen Eigenthum befindlichen mit dem 1. Januar 1867 steuerpflichtig gewordenen Gebäude aus § 17 des citirten Gesetzes bestraft, hat die Bedeutung der §§ 15—17 und 19 daselbst verkannt, Sein Urteil unterliegt daher wegen unrichtiger Anwendung des Ges.'s nach Art. 107 des Ges.'s v. 3. Mai 1852 der beantragten Vernichtung. In der Sache selbst war der Angeklagte auf die von ihm eingelegte Appellation freizusprechen, da die festgestellte That durch ein Strafgesetz nicht vorgesehen ist. Art. 116 a. a. O.

Antr. d. GStA.'s: gleichl. [17.—2.]

Amtsunterschlagung. - Empfang in amtlicher Eigenschaft.

Für das Merkmal des Empfanges in amtlicher Eigenschaft genügt es, wenn ein Beamter Geld bei Gelegenheit und in Veranlassung einer Amtshandlung empfangen und wird solcher dadurch nicht ausgeschlossen, daß er durch die Annahme des Geldes seine Befugnisse überschritten hat.

StGB. § 350 [n. 8].

Erk. (Z. I.) v. 28. März 1879 c. Gurra (136 I. Cr.).

G. war Civilsupernumerar bei einer Kreisgerichts-Deputation und hat in deren Auftrag eine Observation an Ort und Stelle eingeleitet; von dem Kläger aber dafür ohne deshalbigen Auftrag einen Geldbetrag zur Abführung an die Gerichtskasse erhoben und für sich verwendet. Seiner Verurteilung aus § 350 des StGB.'s stellt er entgegen, daß er weder amtlichen Auftrag zur Erhebung des Geldes gehabt, noch überhaupt zur Erhebung des Geldes befugt gewesen sei, Amtsunterschlagung ihm daher nicht zur Last falle. Die NB. ist vom Ob.-Trib. zurückgewiesen.

Ein Rechtsirrthum kann darin nicht gefunden werden, daß der Angeklagte einen amtlichen Auftrag zur Erhebung von Kostenvorschüssen nicht gehabt und überhaupt nicht befugt gewesen sei, amtlich Gerichtskosten oder Vorschüsse in Empfang zu nehmen. Die Ausführung des App.-Richters, daß es für das Merkmal des Empfanges in amtlicher Eigenschaft genüge, daß der Angeklagte das Geld bei Gelegenheit und in Veranlassung einer Amtshandlung empfangen habe, und solcher dadurch nicht ausgeschlossen werde, daß er durch die Annahme des Geldes seine Befugnisse überschritten habe, entspricht der feststehenden Rechtsprechung des Königl. Obertribunals.

Antr. d. GStA.: gleichl. [17.—2.]

Erpressung. – Rechtswidriger Vermögensvortheil.

In der Erlangung der Befreiung von einer Geldschuld gegen Ueberlassung von Waaren an Zahlungsstatt kann ein rechtswidriger Vermögensvortheil auch dann gefunden werden, wenn der Werth der Waaren dem Betrage der Geldschuld nahe kommt.

StGB. § 253 [n. 5].

Erk. (Z. I.) v. 28. März 1879 c. Her. (358 I. Cr.).

H. war wegen versuchter Erpressung bestraft, weil er seinen Gläubiger R. durch Drohungen zu bestimmen suchte, statt der schuldigen Geldsumme Wein aus seinem Geschäft anzunehmen. Seine NB. rügt, daß er dabei nach den gestellten Preisen keinen Vermögensvortheil gesucht habe. Sie ist vom Ob.-Tr. zurückgewiesen.

Ein Rechtsirrthum ist in der Begründung nicht zu finden, insbesondere liegt ein solcher nicht in der Annahme, daß in der Erlangung der Befreiung von einer Geldschuld durch die mittelst Drohung zu bewirkende Einwilligung in die Ueberlassung von Waaren an Zahlungsstatt ein rechtswidriger Vermögensvortheil auch dann zu finden sei, wenn der Werth der Waaren dem Betrage der Geldschuld nahe kommt.

Antr. d. GStA.: gleichl. [20.—2.]

Rechtsanwalt. – Verantwortlichkeit für legalisirte Prozeßschriften im Injurienprozeß.

Der Rechtsanwalt ist in Injurienprozessen für den Inhalt einer von ihm legalisirten Prozeßschrift auch disziplinarisch ebenso verantwortlich, als wenn er die Schrift selbst abgefaßt hätte.

Vdn. v. 21. Juli 1846 § 33.

Erk. des Disc.=Sen. d. Königl. Ob.=Trib. v. 31. März 1879 c. Rechtsanw. X.

Der Rechtsanwalt A. hatte gegen N. eine Injurienklage wegen persönlich erlittener Beleidigung angestellt und die von N. unterzeichnete aber vom Rechtsanwalt X. legalisirte Klagebeantwortung verletzte durch ihre spottende und verhöhnende Form den klagenden Rechtsanwalt. Der von diesem angerufene Ehrenrath der Rechtsanwalte belegte den Rechtsanwalt X. wegen Verletzung der Standespflichten, welche durch Anstand bedingt werden, mit einem Verweise. Die von diesem eingelegte und insbesondere auch darauf gestützte Berufung, daß in Injuriensachen eine Verantwortlichkeit für legalisirte Schriftstücke nicht vorgeschrieben sei, wurde vom Ob.=Tr. verworfen.

Der Angeschuldigte ist nach § 33 der Vdn. v. 21. Juli 1846 für den Inhalt der in der Injurienprozeßsache des Rechtsanwalt A. wider N. von ihm legalisirten Klagebeantwortungsschrift ebenso verantwortlich, als ob er diese Schrift selbst abgefaßt hätte, und es macht keinen Unterschied, ob dieselbe in einem Injurienprozeß oder in einem anderen Civilprozeß eingereicht ist. Die vom ersten Richter hervorgehobenen Stellen der gedachten Schrift verschärfen nicht nur durch ihren spöttischen und höhnischen Ton die vorher dem Rechtsanwalt A. zugefügte Beleidigung, sondern enthalten für sich allein schon eine neue Beleidigung, und verletzen auch die Würde und das Ansehen der Justizpflege, welche namentlich ein Rechtsanwalt zu wahren berufen und verpflichtet ist. Daß der beleidigende Spott einem Berufsgenossen des Angeschuldigten gegolten hat, vermehrt die Bedeutung des Vergehens und fordert eine disziplinarische Ahndung, welche selbst unter Berücksichtigung der bisherigen tadellosen Dienstführung des Angeschuldigten die vom ersten Richter erkannte

Bestrafung mit einem Verweise als angemessen und nicht zu streng erscheinen läßt.

Antr. d. OStA.: gleichl. [—1.]

Urkundenfälschung. – Annahme eines falschen Namens. – Unterzeichnung mit demselben.

Die Unterzeichnung einer Urkunde mit einem falschen Namen ist eine Urkundenfälschung, auch wenn der Unterzeichner diesen falschen Namen dem Empfänger der Urkunde gegenüber schon vorher angenommen hatte.

StGB. § 267.

Beschl. (II.) **v. 1. April 1879 c. Maxilewicz** (69B. II. Cr.).

Der Angeklagte hat geständlich am 18. Juli 1878, nachdem er sich durch die falsche Vorspiegelung, er heiße S., sei bei dem Stadtgericht in B. angestellt, habe daselbst eine gute Stellung und sei der Sohn eines Direktors, in das Vertrauen des Handelsmanns H. aus H. eingeschlichen, den H. zur Hergabe eines Darlehns von fünfundvierzig Mark gegen Ausstellung eines Wechsels bewogen und demselben hierauf einen Wechsel ausgestellt, welcher folgendermaßen lautet: „Hirschberg, den 18. Juli 1879. Am 20. Juli dieses Jahres zahle ich gegen diesen Wechsel an die Ordre der Frau Beate H. hier die Summe von fünfundvierzig Mark. Valuta habe ich baar erhalten und leiste zur Verfallzeit prompte Zahlung nach Wechselrecht. G. S." Der Anklagesenat des Kgl. App.-Gerichts zu B. hat auf Grund dieses Thatbestandes den ꝛc. M. auf Grund der §§ 267, 268 Nr. 1 als hinreichend belastet: im Juli 1878 in rechtswidriger Absicht ein Schriftstück welches lautet ꝛc. — wie oben vorgetragen — eine zum Beweise von Rechten erhebliche Privaturkunde fälschlich angefertigt und von derselben zum Zwecke der Täuschung Gebrauch gemacht zu haben und zwar in der Absicht sich einen Vermögensvortheil zu verschaffen, definitiv in den Anklagestand versetzt und ist gegen diesen Beschluß von dem OStA. Beschwerde erhoben worden. Aber mit Unrecht, da der Thatbestand der angeführten

Gesetzesstellen dadurch nicht ausgeschlossen wird, daß der Angeklagte sich selbst vorher den Namen G. S. beigelegt hatte, und der Gläubiger nicht durch den ausgestellten Wechsel in den Glauben versetzt wurde, es sei ihm eine andere Person als der Angeklagte für die Wechselsumme verhaftet. Die Unterzeichnung einer Urkunde ist eine „fälschliche" im Sinne des Gesetzes und entspricht den Voraussetzungen der angeführten Strafgesetze, sobald der unterschriebene Name nicht diejenige Person bezeichnet, welche denselben selbst geschrieben hat, oder durch einen Andern hat schreiben lassen. Ob der fälschlich unterschriebene Name mit demjenigen übereinstimmt, welchen sich der Aussteller schon vorher — gleichviel zu welchem Zwecke — dem Gläubiger oder sonstigen Empfänger der Urkunde gegenüber wahrheitswidrig beigelegt hat, ist rechtlich gleichgültig, da das Gesetz in dieser Hinsicht nicht unterscheidet. Der Wechselgläubiger insbesondere soll durch den Wechsel einen wechselmäßigen Anspruch gegen die Person erlangen, welche denselben mit ihrer Namensunterschrift versehen hat. Erfolgt die Unterschrift durch den Aussteller mit einem ihm nicht zustehenden Namen, so erlangt, sofern der Name ein fingirter ist, der Gläubiger selbstverständlich kein Klagerecht gegen diejenige Person, deren Gläubiger er zu werden gedachte, aber insbesondere eine Wechselklage auch nicht gegen das Individuum, von dessen Hand die Unterschrift herrührt, weil der Wechsel dessen wirklichen Namen nicht trägt. Er erleidet also, indem er die Wechselsumme gegen Aushändigung des fälschlich angefertigten Wechsels an den Aussteller zahlt, unbedenklich eine Täuschung Seitens des Letzteren und soweit dieser dabei — was hier unangefochten angenommen ist — in der Absicht gehandelt hat, sich einen Vermögensvortheil zu verschaffen, sind alle Thatbestandsmomente der von dem Anklagesenat bezogenen Gesetzesstellen erfüllt. Die Handlung des Angeklagten stellt nicht bloß, wie die Beschwerde meint, eine schriftliche Lüge dar, welche zur Fortsetzung des von dem Angeklagten gegen H. verübten Betrugs nothwendig war, der von Ersterem verübte Betrug oder vielmehr die Täuschung, welche mit der Annahme des falschen Namens und der Vorspiegelung falscher Eigenschaften begann, gipfelte vielmehr gerade in der Anfertigung des mit dem falschen Namen versehenen Wechsels und dem oben charakterisirten Gebrauche desselben, wurde jedenfalls das Mittel, welches die Ausführung dieses Verbrechens erleichterte und vorbereitete, und charakterisirt sich eben deshalb als Fälschung im Sinne der bezogenen Strafgesetze.

Antr. d. GStA.: gleichl. [8.—4.]

Beleidigung. - Berechtigtes Interesse. - Anzeige.

Der Rechtsschutz des § 193 des StGB.'s ist bei Anzeigen von dem Verdacht strafbarer Handlungen nicht auf solche Privatpersonen beschränkt, welche durch die unterstellte strafbare Handlung unmittelbar als verletzt erscheinen würden.

StGB. § 193 [n. 14]; Vgl. RdOTr. 17. S. 166.

Erk. (V. I.) v. 2. April 1879 c. **Behnsen** (270 I. Cr.).

Die von ihrem Manne getrennt und im Ehescheidungsprozeß lebende Ehefrau B. zeigte einem Gensd'armen an, daß der bei ihrem Manne wohnende Arbeiter J. eines nicht natürlichen Todes gestorben sei und jener, der mit dessen Frau zusammenlebe, ein Interesse an dessen Tode gehabt habe. B. klagte deshalb wegen Beleidigung gegen seine Frau, welche zugestand, daß ihre damaligen Aeußerungen irrig gewesen seien aber den Rechtsschutz des § 193 des StGB.'s für sich in Anspruch nahm, da sie den Verdacht gehabt und nur die Anstellung amtlicher Ermittelungen darüber habe veranlassen wollen, wozu sie — auch unbetheiligt — ein berechtigtes Interesse, insbesondere als die Ehefrau der Verdächtigen gehabt habe. Sie wurde der Beleidigung schuldig erkannt und die Berücksichtigung des § 193 abgelehnt, weil für sie, als unbetheiligte Privatperson, überall kein rechtliches Interesse zu solcher Anzeige vorgelegen habe. Das Ob.-Tr. vernichtete auf Beschwerde der Ehefrau B.

Der Rechtsgrund, aus welchem der Berufungsrichter die Anwendbarkeit des § 193 des R.-StGB.'s auf den vorliegenden Fall verneint, erscheint in seiner Allgemeinheit rechtsirrthümlich. Der Berufungsrichter nimmt an, daß Beschuldigte als eine bei der unterstellten strafbaren Thätigkeit des Privatklägers unbetheiligte Privatperson an einer Anzeige derselben überall kein Interesse habe, unterstellt also, daß nur diejenigen Privatpersonen, welche in ihren Interessen durch eine strafbare Handlung unmittelbar verletzt worden, zur Anzeige derselben behufs gerichtlicher Verfolgung ein Recht oder rechtliches Interesse besitzen. Aber auch die Frage ganz dahingestellt gelassen, welche die NB. anregt, in wie weit Staatsangehörige, welchen an der Aufrechthaltung der öffentlichen Rechtsordnung gelegen ist, befugt erscheinen, den Organen der Justiz oder Polizei Kenntniß von strafbaren Handlungen zu geben, und darin ein berechtigtes Interesse an der staatlichen Wohlfahrt zu bethätigen, so kann es auch nicht darauf ankommen, ob das Recht oder Interesse, gegen welches eine strafbare Handlung sich richtet, gerade in der Person des Anzeigenden selbst verletzt sei, um Letzteren zur Anzeige befugt zu erklären. Es giebt vielmehr auch indirekte, selbst bloß intellektuelle oder moralische Interessen einer Person, welche häufig noch tiefer als die direkten durch eine strafbare Handlung verletzt werden können und zu einer Klarstellung oder Sühne im Wege der Strafverfolgung auffordern. Von diesem Gesichtspunkte aus läßt sich das rechtliche Interesse einer Ehefrau, welche gegen ihren Ehemann den mehr oder weniger bestimmten Verdacht einer schweren strafbaren Handlung den Umständen nach hegen zu dürfen glaubt, an der gerichtlichen Ermittelung der Schuld oder Unschuld desselben, wovon meistens das Glück und vielleicht selbst der Fortbestand ihrer Ehe abhängt, nicht von der Hand weisen. Von diesem Gesichtspunkte aus hat der Berufungsrichter die Sache nicht geprüft und unterliegt hiernach sein Erkenntniß der Vernichtung.

Antr. d. GStA.: gleichl. [11.—2.]

Hausfriedensbruch. – Gemeinschaftlichkeit.

Bewußtes Zusammenwirken Mehrer in der Nicht-

befolgung einer an sie gerichteten Aufforderung, sich zu entfernen, genügt, um den dadurch begangenen Hausfriedensbruch als einen von ihnen gemeinschaftlich begangenen darzustellen.

StGB. § 123 [n. 27]; Vgl. RdOTr. 15. S. 308 und 18. S. 39.

Erk. (Z. I.) v. 2. **April** 1879 c. **Keßler** (268 I. Cr.).

K. — Vater und Sohn — und N. betrugen sich in dem Wartesaal einer Eisenbahn ungebührlich und wurden deshalb von dem Bahnhofsinspektor aufgefordert, denselben zu verlassen, befolgten aber diese Aufforderung nicht. Deshalb aus § 123 Abs. 3 des StGB.'s bestraft, rügen sie mit NB. daß Gemeinschaftlichkeit angenommen sei, obwohl nur ein zufälliges Zusammentreffen, ohne die Absicht eine strafbare Handlung mit einander gemeinschaftlich zu begehen vorliege. Die NB. wurde zurückgewiesen.

Insbesondere konnte bei dem von den Instanzrichtern unterstellten Sachverhalte gegen die beiden Angekl. K. und den Mitangekl. N. ein bewußtes Zusammenwirken in der Nichtbefolgung der an sie gerichteten Aufforderung, sich zu entfernen, angenommen werden, und dies genügt, um den verübten Hausfriedensbruch als einen von Mehreren gemeinschaftlich begangenen zu kennzeichnen. Den gegen die Annahme der Gemeinschaftlichkeit gerichteten thatsächlichen Ausführungen der NB. kann nach der Natur des vorliegenden Rechtsmittels hier nicht nachgegangen werden.

Antr. d. GStA.: gleichl. [20.—2.]

Untreue. - Vormund. - Absicht.

Zum Thatbestande der Untreue ist erforderlich, daß der Wille des Thäters auf die Zufügung eines Nachtheils gerichtet gewesen ist, mag auch der Nachtheil nicht zunächst, sondern nur für den eventuellen Fall seines Eintretens beabsichtigt gewesen sein.

StGB. § 266 [n. 1]; Vgl. RdOTr. 16. S. 357; 17. S. 830.

Erk. (V. I.) v. 2. **April** 1879 c. **Lobert** (1370 I. Cr.).

L. war Vormund und hatte Gelder seiner Mündel in seinem Nutzen verwendet, nach längerer Zeit aber mit 10 pCt. Zinsen ersetzt. Er ist wegen Untreue bestraft. Das Urteil sagt bezüglich des bestrittenen

Dolus: L. sei sich der Gefahr für die Minorennen bewußt gewesen und habe also auch absichtlich gehandelt; weiter brauche die Absicht nicht zu gehen; namentlich sei eine auf den Nachtheil der Mündel gerichtete Absicht nicht erforderlich. Das Urteil wurde auf NB. des L. vernichtet.

Der App.-Richter erachtet für thatsächlich feststehend, daß der Angeklagte als Vormund absichtlich zum Nachtheile seiner Mündel gehandelt hat und zwar um sich einen rechtswidrigen Vermögensvortheil zu verschaffen. Diese thatsächliche Feststellung erfüllt zwar in ihrem Wortlaute die Erfordernisse des § 266 Nr. 1 und Schlußabsatz des StGB.'s, ihre Begründung ergiebt jedoch eine rechtsirrthümliche Auffassung des App.-Richters, indem derselbe erklärt, daß der Angeklagte sich des für seine Mündel entspringenden Nachtheils bei der Aneignung der diesen gehörigen Gelder bewußt gewesen sei, also absichtlich gehandelt habe, und diesem hinzufügt, daß weiter die Absicht des Thäters nicht zu gehen brauche, namentlich die Anwendung der Nr. 1 des § 266 nicht erfordere, daß die Absicht auf den Nachtheil der Mündel gerichtet gewesen sei. Die Feststellung, daß der Angeklagte als Vormund absichtlich zum Nachtheile seiner Mündel gehandelt habe, ist hiernach nicht aus einem thatsächlichen Schlusse auf die Willensrichtung des Angeklagten hervorgegangen, beruht vielmehr auf der Annahme, daß ein Handeln in dem Bewußtsein des daraus entspringenden Nachtheils dem in dem Gesetze erforderten absichtlichen Handeln zum Nachtheile gleichstehe. Dies ist jedoch als rechtlich zutreffend nicht anzuerkennen; vielmehr ist zum Thatbestande der Untreue, wie bereits in zahlreichen Entscheidungen des Kgl. Ob.-Tr. angenommen ist, erforderlich, daß der Wille des Thäters auf die Zufügung eines Nachtheils gerichtet gewesen ist, mag auch der Nachtheil nicht zunächst, sondern für den eventuellen Fall seines Eintretens beabsichtigt gewesen sein. [20.—2.]

Forstpolizei. – Eximirte Waldungen. – Aufrecht erhaltene Bestimmungen.

Das Gesetz v. 6. Juli 1875 erhält alle forstpolizeilichen Vorschriften aufrecht, welche sich auf die nach § 1 Abs. 2 eximirten Waldungen beziehen, gleichviel ob sie in den auf solche bezüglichen Einzelgesetzen oder in auf alle Waldungen des Bezirks bezüglichen gemeinschaftlichen Vorschriften enthalten sind.

Ges. v. 6. Juli 1875 § 1; Vgl. RdOTr. 18. S. 807.

Erk. (V. l.) v. 2. April 1879 c. Müller & Gen. (435 I. Cr.).

M. und Gen. haben ohne vorherige amtliche Erlaubniß den Kiefernbestand eines ihnen gehörigen in der Provinz Hannover belegenen Gemeindewaldes abholzen lassen und sind deshalb wegen Uebertretung der landesherrlichen Resolution vom 6. Septbr. 1681, welche das Fällen von Bäumen ohne Gestattung verbietet (s. RdOTr. 18. S. 807) angeklagt, in der Vor-Instanz aber freigesprochen, weil die Resolution von 1681 durch das Ges. v. 6. Juli 1875 beseitigt sei, da jene keine besonderen Vorschriften über die Benutzung der Gemeindeforsten enthalte. Auf NB. der StA.-schaft vernichtete das Ob.-Tr.

Wenn der Berufungsrichter die Resolution des Herzogs Georg Wilhelm für das Herzogthum Lüneburg v. 6. Septr. 1681 (C. C. Duc. Luneb. Cap. VIII S. 33) nicht als ein Gesetz betrachten will, welches besondere Vorschriften über die Benutzung von Gemeindeforsten enthalte, so kann ihm darin zugestimmt werden, daß sofern unter den besonderen Vorschriften im Sinne des § 1 Abs. 2 des Ges.'s v. 6. Juli 1875 betr. die Erhaltung und Begründung von Schutzwaldungen ꝛc. (GS. S. 416) nur solche zu verstehen wären, welche sich ausschließlich auf die Beaufsichtigung, Benutzung und Bewirthschaftung der Staats-, Gemeinde-, Genossenschafts- und Institutenforste beziehen und eine darüber hinausgehende allgemeine Bedeutung nicht besitzen, seiner Ansicht würde beigetreten werden müssen. Denn wie bereits in dem Erk. des Kgl. Ob.-Tr.'s v. 19. Dezbr. 1877 gegen Sch. u. Gen. (Oppenh. Rechtspr. Bd. XVIII. S. 807) näher nachgewiesen worden ist, enthält die gedachte landesherrliche Resolution ein allgemeines gegen sämmtliche Unterthanen ohne Unterscheidung, ob sie für sich selbst oder Andere, mithin auch wenn sie als Mitglieder oder Vertreter einer Gemeinde oder sonstigen juristischen Person handeln, gerichtetes Strafverbot ohne die betreffende höhere Erlaubniß in ihren eigenen oder fremden Holzungen „einige Bäume oder Gestände zu hauen oder zu fällen". Es war dieses eine Vorschrift, welche von der forst- und staatswirthschaftlichen Rücksicht ausgehend, daß der Waldverwüstung gesteuert und die Nachhaltigkeit der Waldungen gesichert werden müsse, jeden Waldbesitzer und überhaupt jeden Unterthanen treffen sollte und zumal in jener Zeit, wo eine systematische Entwickelung der Forstpolizei sich noch nicht herausgebildet hatte und der Privat-Waldeigenthümer in der Benutzung und Bewirthschaftung seiner Waldgrundstücke noch keinen oder geringeren Beschränkungen unterworfen war, Letzteren tief eingreifend in sein Eigenthumsrecht betreffen mußte. Es hat nun zwar in der Absicht des § 1 des Ges.'s v. 6. Juli 1875 gelegen, diese Beschränkungen zu beseitigen, die Waldungen hinsichtlich ihrer Bewirthschaftung und Benutzung grundsätzlich frei zu geben, soweit nicht das Gesetz selbst in seinem weiteren Verlaufe, namentlich dem § 2 das. aus Gründen des öffentlichen Wohles Ausnahmen für nothwendig erachtete. Dagegen ergiebt die Geschichte des Gesetzes ebenso unzweideutig, daß in der hinsichtlich der Beaufsichtigung und Benutzung und Bewirthschaftung der Staats-, Gemeinde-, Corporations-, Genossenschafts- und Instituten-Forsten bestehenden Gesetzgebung nichts hatte geändert werden sollen, theils weil diese Waldungen mehr oder weniger den Zwecken eigentlicher Staatswaldungen dienen und deshalb einer intensiveren Aufsichtsführung und Mitwirkung der Staatsgewalt bei ihrer Ausnutzung bedürfen, theils weil, wie dieses hinsichtlich der Korporations- und Genossenschaftswaldungen ausdrücklich hervorgehoben worden ist, durch die sich auf diese beziehenden Spezialgesetze der Zweck des neuen Gesetzes bereits in anderer Weise sicher gestellt sei. (Vgl. Motive des Gesetzentwurfs, Stenogr. Berichte des Abgeordn.-Hauses

1875, Anlagen Bd. I S. 188 Unten.) Dagegen hat es dem Gesetzgeber fern gelegen solche Gesetze, welche Privatwaldungen und eximirte Waldungen gleichmäßig einer staatlichen Beaufsichtigung unterwerfen, auch über das Gebiet der Ersteren hinaus außer Wirksamkeit zu setzen und damit einen Rechtszustand herzustellen, welcher jede staatliche Einwirkung von forstpolizeilichen Gesichtspunkten aus auch auf solche Waldgrundstücke ausschloß, deren forstmäßige Conservirung als nothwendig erkannt war. Es war vielmehr unter den aufrecht erhaltenen „besonderen Vorschriften" die Gesammtheit aller auf die eximirten Waldungen anwendbaren Vorschriften die gesammte besondere Rechtsordnung derselben zu verstehen, ohne Unterschied ob sich solche aus darauf bezüglichen Einzelgesetzen oder aus für alle Waldungen des betreffenden Bezirks gemeinschaftlichen Vorschriften zusammen setzte. Die Motive des Gesetzes geben auch in dieser Beziehung bestimmte Aufklärung. In der Einleitung werden die Grundzüge desselben dahin zusammengefaßt, daß an der Spitze als Regel das freie Bestimmungsrecht jedes Waldeigenthümers über Bewirthschaftung seiner Waldgrundstücke anerkannt und als Ausnahmen neben den Rechten Dritter und den Einschränkungen zur Abwendung oder Beseitigung erheblicher Schäden und Gefahren für andere Liegenschaften oder bestimmte Landeskulturinteressen diejenige Beschränkung des freien Bestimmungsrechts zugelassen wird, welche bei Gemeinde-, Instituten-, Corporations- und Genossenschafts-Waldungen die gegenwärtig bestehenden und aufrecht zu erhaltenden „Gesetze" enthalten. (Vgl. Motive l. c. S. 188 Oben.) Wenn gegenüber der hiernach für durchgreifend zu erachtenden RB. des Kgl. Kronoberanwalts die Angeklagten für sich geltend machen, daß ihre Waldungen oder Waldantheile zu den im Gesetze ausgenommenen nicht gehören, namentlich keine Gemeinde- sondern Privat-Waldungen seien, so lag für den Berufungsrichter früher keine Veranlassung vor, auf diese Frage näher einzugehen und die für deren Bejahung angeführten Rechtsgründe zu erörtern. [11.—2.]

Kirchengesetze. – Dolus.

Irrthum eines Geistlichen über den Umfang der ihm auf Grund seines gesetzmäßig übertragenen Amtes zustehenden Befugnisse schließt das Bewußtsein der Rechtswidrigkeit vorgenommener Amtshandlungen und also auch die Strafbarkeit ihrer Vornahme aus.

StGB. § 59 [n 11]; Ges. v. 21. Mai 1874 Art. 2; Vgl. RbOTr. 17. S. 114, 207, 320.

Erk. (Z. l.) v. 2. April 1879 c. Schwarz (362 I. Cr.).

S. war wegen Vornahme geistlicher Amtshandlungen aus Art. 2 des Ges.'s v. 21. Mai 1874 angeklagt. Er war schon vor den Kirchengesetzen zum Kaplan bestellt, hatte aber nach dem Tode des Pfarrers noch Amtshandlungen vorgenommen. Er behauptete vermöge der besonderen Beschaffenheit des ihm legal übertragenen Amtes dazu berechtigt, wenigstens in dem guten Glauben an eine solche Berechtigung gewesen zu sein. Er war freigesprochen und die von der StA.-schaft eingewendete NB. wurde zurückgewiesen.

Vom App.-Richter ist festgestellt, daß der Angeklagte, sollte er in der That nur eine unselbständige mit dem Tode des Pfarrers erledigte Kaplanstelle bekleidet haben, doch bei Vornahme der angeführten Amtshandlungen nicht das Bewußtsein der Rechtswidrigkeit, vielmehr vermöge eines Irrthums über den Umfang der Befugnisse, welche ihm auf Grund des vor Erlaß der Maigesetze gesetzmäßig erlangten Amtes zustanden, in dem guten Glauben gewesen sei, wegen dieses Amtes nach Maßgabe des Inhalts desselben der in jenen Gesetzen für die Berufung zu einem neuen Amte ertheilten Vorschriften überhoben zu sein. Diese, eine irrige Auffassung strafrechtlicher Grundsätze und Vorschriften nicht verrathende Feststellung mußte nach § 59 des StGB.'s zu der negativen Schlußfeststellung und weiter zu der erkannten Freisprechung führen.

Antr. d. GStA.'s: gleichl. [17.—2.]

Zeugen. – Uneidliche Vernehmung.

Die uneidliche Vernehmung von Zeugen kann

durch allgemeine Bezugnahme auf § 162 der StPO. nicht gerechtfertigt werden.

StPO. § 162; Vgl. RbOTr. 17. S 226; 18. S. 500.

Erk. (**B. I.**) **v.** 2. **April** 1879 **c. Walter** (269 II. Cr.).

W. hatte in der Berufungsinstanz Zeugen vorgeschlagen, die auch vernommen sind, aber dem Antrag des StA.'s gemäß war beschlossen sie auf Grund des § 162 der StPO. nicht zu vereiden. Auf NB. des W. vernichtete das Ob.-Tr.

Der § 162 cit. bestimmt, daß die Vereidung eines Zeugen, welche die wesentliche Grundlage für die Beweiskraft seiner Aussage bildet, — § 160 l. c. — nur dann unterbleiben kann, wenn sich derselbe wegen Verstandesschwäche, wegen seiner mangelnden Einsicht in das Wesen des Eides, wegen seines dringenden Interesses zur Sache oder aus anderen Gründen als besonders unzuverlässig darstellt, und der § 256 Nr. 4 l. c. schreibt vor, daß aus dem Sitzungs-Protokolle der Grund, weshalb die Vernehmung eines Zeugen uneidlich geschehen ist, ersichtlich sein muß. Die Strafkammer hat daher gegen die angeführten Gesetzesbestimmungen verstoßen, indem sie die Vereidung der genannten drei Zeugen unterlassen hat, ohne einen diese Unterlassung rechtfertigenden Grund festzustellen und im Protokolle niederzulegen. Eine allgemeine Bezugnahme auf den § 162 cit. kann in letzterer Beziehung selbstverständlich nicht ausreichen.

Antr. d. GStA.'s: gleichl. [16.—2.]

Widersetzlichkeit gegen einen Beamten. - Thätlicher Angriff. - Dolus.

Im § 113 des StGB.'s ist bei dem thätlichen Angriff nicht wie bei der Widerstandsleistung erforderlich, daß der Angriff zum Zwecke des Widerstandes gegen die Ausführung der Amtshandlung erfolgt ist. Es genügt vielmehr, daß der Angriff während der rechtmäßigen Amtsausübung stattgefunden und daß der Angreifende das Bewußtsein gehabt

hat, der Beamte befinde sich in der Ausübung seines Amtes.

StGB. § 113 [n. 44].

Erk. (Z. II.) v. 3. April 1879 c. Dankert (337 II. Cr.).

Antr. d. GStA.: gleichl. [19.—4.]

Eheschließung. – Minderjährige. – Nach Tod des Vaters. – Einwilligung der Mutter, welche Vormund. – Mangelnde Genehmigung des vormundschaftlichen Gerichts. – Strafbarkeit des Standesbeamten.

1. Die Bestimmung des Reichsgesetzes über die Beurkundung des Personenstandes und die Eheschließung, daß minderjährige Kinder nach dem Tode des Vaters zur Eheschließung außer der Einwilligung ihrer Mutter noch der ihres Vormundes bedürfen, gilt auch für den Fall, daß die Mutter Vormünderin ist. Dieselbe ertheilt ihre Einwilligung dann in doppelter Eigenschaft und muß als Vormünderin im Gebiet des Allgemeinen Landrechts dazu die Genehmigung des vormundschaftlichen Gerichts einholen.

2. Der Standesbeamte, welcher in einem solchen Falle die Eheschließung vollzieht, ohne daß die Genehmigung des vormundschaftlichen Gerichts vorliegt, macht sich aus § 69 des citirten Gesetzes strafbar.

3. Dabei kann es ihn nicht entschuldigen, daß er die Genehmigung des vormundschaftlichen Gerichts nicht für erforderlich gehalten hat.

Reichsgesetz über die Beurkundung des Personenstandes und die Eheschließung v. 6. Febr. 1875 §§ 29 und 69; ALR. Th. II Tit. 1 § 54.

Erk. (Z. II.) v. 3. April 1879 c. Krause (131 II. Cr.).

Der erste Richter hat thatsächlich festgestellt: daß der Angeklagte im Dezember 1877 als stellvertretender Standesbeamter zu S. die Eheschließung der minderjährigen, von ihrer Mutter bevormundeten unverehelichten Sophie D. mit dem Maurer B. vollzogen hat, ohne daß das vormundschaftliche Gericht die Ertheilung des Konsenses Seitens der Vormünderin genehmigt hatte. Der App.-Richter hat diese Feststellung beibehalten und unter Anwendung des § 69 des Reichs-Gesetzes über die Beurkundung des Personenstandes und die Eheschließung v. 6. Febr. 1875 den Angeklagten zu einer Geldstrafe von 3 Mk., eventuell zu einer eintägigen Haft verurteilt. Die gegen diese Entscheidung erhobene NB. erscheint unbegründet. Der § 69 a. a. O. lautet: „Ein Standesbeamter, welcher unter Außerachtlassung der in diesem Gesetze gegebenen Vorschriften eine Eheschließung vollzieht, wird mit einer Geldstrafe bis zu 600 Mk. bestraft." Es kommt sonach, da die Ehe im Geltungsgebiete des Pr. Allg. Landrechts geschlossen ist, darauf an, ob für dieses Rechtsgebiet durch das Ges. v. 6. Febr. 1875 die Vorschrift gegeben ist, daß zur Eheschließung einer durch ihre Mutter bevormundeten Minderjährigen die Einwilligung der Mutter nicht genügend, vielmehr die Genehmigung des Vormundschaftsgerichts zur Ertheilung der Einwilligung erforderlich ist, und ferner daß dem Standesbeamten die Verpflichtung obliegt, nicht vor geführtem Nachweise der erfolgten Genehmigung die Eheschließung zu vollziehen. Nach § 29 Abs. 1 a. a. O. bedürfen eheliche Kinder nach dem Tode des Vaters der Einwilligung der Mutter und wenn sie minderjährig sind, auch des Vormundes. Eine allgemeine Vorschrift über die Nothwendigkeit der Einwilligung des Vormundschaftsgerichts zur Eheschließung enthält das Gesetz nicht. Indem aber der Schlußsatz des § 29 a. a. O. verordnet: „Inwiefern die Wirksamkeit einer Vormundschaftsbehörde oder eines Familienraths stattfindet, bestimmt sich nach Landesrecht," hält er für das Geltungsgebiet des Allgem. Landrechts dessen Vorschriften mit derselben Wirkung aufrecht, als wären sie durch das Gesetz unmittelbar gegeben. Dies gilt auch für den Fall in welchem nach dem Tode des Vaters der minderjährigen Kinder deren Mutter denselben als Vormund bestellt ist. Da das Gesetz die Einwilligung der Mutter in dieser ihrer Eigenschaft nicht für ausreichend erachtet, sondern zugleich die Einwilligung des Vormundes erfordert, so umfaßt es damit auch den Fall, in welchem die Mutter kraft obervormundschaftlicher Bestallung Vormund ist. Dies folgt auch aus der Vorschrift des § 29 a. a. O. im vierten Absatze, wonach eine Einwilligung des Vormundes für diejenigen Minderjährigen nicht erforderlich ist, welche nach Landesrecht einer Vormundschaft nicht unterliegen, ein Vorbehalt, welcher gerade diejenigen Landesrechte trifft, nach welchen die überlebende Mutter nicht kraft obrigkeitlichen Auftrages, sondern aus eigenem Rechte zur Vertretung ihrer minderjährigen Kinder berufen ist. Die danach von dem Grundsatze des Erfordernisses der vormundschaftlichen Einwilligung gemachte Ausnahme greift also, — wie e contrario geschlossen werden muß, — nicht Platz, wenn der Mutter durch obrigkeitliche Bestallung, Rechte und Pflichten des Vormundes übertragen, die minderjährigen Kinder also einer Vormundschaft unterworfen sind. Die Mutter hat in solchem Falle ihre Einwilligung zur Eheschließung in doppelter Eigenschaft zu ertheilen. Aus der Vorschrift, daß die Einwilligung des Vormundes zur Eheschließung erforderlich ist, folgt nach dem Schlußsatze des § 29 a. a. O. weiterhin die Nothwendigkeit der Genehmigung der Vormundschaftsbehörde, so weit sie nach Landesrecht erfordert wird, gleichviel, ob die minorennen Kinder durch die Mutter oder durch eine andere Person bevormundet sind. Der Umstand, daß die Eigenschaft der Mutter und des Vormundes in derselben Person vereinigt sind, kann die Beschränkung nicht aufheben, welcher diese Person als Vormund unterliegt. Für eine Unterscheidung, nach welcher die Wirksamkeit der Vormundschaftsbehörde ausgeschlossen wäre, wenn die Mutter Vormund ist, während sie erforderlich sein sollte, wenn eine andere Person die Vormundschaft führt, fehlt es an jedem inneren Grunde. Ein solche Unterscheidung hätte daher der ausdrücklichen Sanktion bedurft. Nun enthalten zwar die Motive des Entwurfes des Bundesraths zu dem Gesetze über die Beurkundung des Personenstandes und die Eheschließung bei § 28, an dessen Stelle § 29 des Gesetzes getreten ist, — folgende Erläuterung. „Nach dem Tode des Vaters will der Entwurf die Mutter in ihre vollen Rechte eintreten lassen, daneben aber die Zustimmung der etwa bestehenden Vormundschaft erfordern. Besteht keine Vormundschaft neben der Mutter, weil entweder die letztere Vormünderin ist, oder weil sie, wie nach einzelnen deutschen Partikularrechten, ohne daß eine Vormundschaft eingeleitet wird, die Rechte der väterlichen (ehemännlichen) Gewalt fortsetzt, so genügt die Einwilligung der Mutter.“ Vergl. Entwurf und Motive des Ges.'s v. 6. Febr. 1875, Drucksachen des deutschen Reichstages 1874—1875 III. S. 8 des Entw., S. 26 der Motive. Es mag dahin gestellt bleiben, ob daraus mit Zuverlässigkeit auf eine Auffassung der Motive geschlossen werden darf, wonach im Falle der Bevormundung der minderjährigen Kinder durch ihre Mutter die Nothwendigkeit der Einwilligung der Vormundschaftsbehörde, soweit sie nach Landesrecht erforderlich ist, hätte ausgeschlossen werden sollen. Jedenfalls kann aus einer derartigen in den Motiven niedergelegten, sachlich nicht weiter begründeten und mit dem Wortlaute des Entwurfes und des Gesetzes nicht vereinbarlichen Auffassung ein entscheidendes Moment für die Auslegung der letzteren nicht entnommen werden. Dies gilt um so mehr, weil der Entwurf des Bundesraths bei den Berathungen des Reichstages Aenderungen erfahren hat und als insbesondere die Bestimmung des § 29 Abs. 4, nach welcher eine Einwilligung des Vormundes für diejenigen Minderjährigen nicht erforderlich ist, welche nach Landesrecht einer Vormundschaft nicht unterliegen, erst in Folge jener Berathungen Aufnahme in das Gesetz gefunden hat; ingleichen weil sowohl die Fassung des Entwurfs in den Worten des § 28, 2 „wenn eine Vormundschaft besteht“, als auch die in der zweiten Lesung zur Annahme gelangte Fassungsänderung „wenn eine Vormundschaft gesetzlich erforderlich ist“ darau hinweisen, daß es nicht in der Absicht des Entwurfs und des Reichstages gelegen hat, den Fall der Bevormundung der minderjährigen Kinder durch die Mutter von dem Erforderniß der vormundschaftlichen Einwilligung auszuschließen. Vergl. die Stenogr. Ber. des Reichstages S. 1022, 1026. Daß mit der gegenwärtigen bei der dritten Lesung zur Annahme gelangten Fassung des Gesetzes eine Aenderung des Gedankens des Entwurfs in Beziehung auf die Nothwendigkeit der Einwilligung des Vormundes nicht beabsichtigt ist, geht aus dem Antrage und der Erklärung des Abgeordneten Bähr hervor. Vgl. Stenogr. Ber. S. 1238, 1239. Es bestimmt nun das Allg. Landrecht Th. II Tit. 1, nachdem im § 49 ebenda, so wie im § 29 Abs. 1 cit. bei minderjährigen vaterlosen Waisen die Einwilligung der Mutter und des Vormundes für nothwendig erklärt ist, im § 54: „Der Vormund kann seinen Konsens ohne Genehmigung des vormundschaftlichen Gerichts nicht ertheilen". Zwar bedient sich das Gesetz hier einer Form, welche als auf eine Anweisung an den Vormund hindeutend angesehen werden kann. Aber diese Form ändert daran nichts daß die Genehmigung des Vormundschaftsgerichts als ein Erforderniß der Eheschließung aufgestellt ist, wie sie denn auch in § 48 der Vormundschafts-Ordn. v. 5. Juli 1875 als ein solches bezeichnet wird. Zu der Annahme, daß jene das Interesse des Minderjährigen sichernde Beschränkung der vormundschaftlichen Befugnisse nur für den Vormund maßgebend, aber wenn sie von diesem nicht beachtet werde, von Dritten nicht zu berücksichtigen sei, bieten weder die Worte, noch der Sinn und Zweck des Gesetzes einen Anhaltspunkt. Der Umstand, daß der Mangel der Genehmigung des Vormundschaftsgerichts nicht die Ungültigkeit der geschlossenen Ehe zur Folge hat, wie daraus zu entnehmen ist, daß der § 972 des Allgem. Landrechts Tit. II Tit. 1 nur auf § 49 nicht auf § 54 ibid. Bezug nimmt, ist nicht von entscheidender Bedeutung für die Frage, was das Gesetz zur Schließung der Ehe erfordere. Ist nun aber die Genehmigung des Vormundschaftsgerichts von dem Gesetze als Erforderniß der Eheschließung aufgestellt, so ist dadurch selbstredend dem mit der Ausführung des Gesetzes betrauten Standesbeamten die Vorschrift gegeben, die Eheschließung nicht anders zu vollziehen, als wenn ihm dieses Erforderniß als vorhanden nachgewiesen ist. Der § 45 des Ges.'s v. 6. Febr. 1875 erkennt dies auch dadurch an, daß jener Nachweis dem Standesbeamten sogar schon vor Anordnung des Aufgebots geführt werden soll. Die Nichtbeachtung dieser Vorschrift entbindet selbstverständlich den Standesbeamten nicht von der Verpflichtung, jedenfalls die Eheschließung nicht ohne diesen Nachweis zu vollziehen. Auch ist es gleichgültig, daß das Aufgebot von dem Standesbeamten selbst angeordnet, die Eheschließung aber von dem Angeklagten als dessen Stellvertreter vollzogen ist. Was schließlich die subjectiven Voraussetzungen zur Anwendung des § 69 betrifft, so knüpft derselbe die Strafbarkeit an die Außerachtlassung der in dem Gesetze gegebenen Vorschriften, er erfordert daher nicht eine vorsätzliche Zuwiderhandlung. Die Behauptung des Imploranten, daß er die obervormundschaftliche Genehmigung nicht für erforderlich gehalten habe, würde, selbst erwiesen, seine Strafbarkeit nicht aufheben, da die in dem Gesetze vom 6. Febr. 1875 aufrecht erhaltenen Vorschriften des Allg. Landrechts einen integrirenden Theil des im § 69 desselben enthaltenen Strafgesetzes bilden, mit dessen Nichtkenntniß sich Niemand entschuldigen kann. Ueberdies hat aber der App.-Richter thatsächlich festgestellt, daß Implorant sich bei Vollziehung der Eheschließung des Mangels der obervormundschaftlichen Genehmigung bewußt gewesen sei.

Antrag d. GStA.: entgegen. [10.—4.]

Beamtenbeleidigung. – Strafantrag des Vorgesetzten. – Privateisenbahn. – Bahnpolizeibeamte. – Betriebsinspektor.

Bei einer Privateisenbahn ist der Betriebsinspektor, wenn ihm auch die Bahnpolizeibeamten ebenso wie

die sonstigen Unterbeamten unterstellt sind, nicht amtlicher Vorgesetzter derselben im Sinne des
§ 196 des StGB.'s.

Erk. (Z. II.) v. 3. April 1879 c. **Küpper** (161 II. Cr.).

Das angefochtene Erkenntniß hat in dem von dem Bahn- und Betriebs-Inspektor G. an die Polizeibehörde zu D. gerichteten Schreiben einen der Bestimmung des § 196 des StGB.'s entsprechenden Antrag aus dem Grunde nicht gefunden, weil der genannte bei der Rhein. Eisenbahn also im Dienste einer Privateisenbahngesellschaft angestellte Beamte, wenn er selbst auch als Bahnpolizeibeamter vereidet worden, doch nicht der amtlich Vorgesetzte des Bahnpolizei-Beamten Schaffner E. sei, vielmehr nur ebenso wie dieser zur Ausübung der Bahnpolizei berechtigt sei, ohne eine höhere Beamtenqualität zu besitzen." Die Kgl. Ober-StA.-schaft erachtete diese Auffassung als eine rechtsirrthümliche, den § 196 des StGB.'s und den § 67 des Bahnpolizei-Reglements vom 4. Jan. 1875 verletzende. Diese Rüge kann jedoch nicht als begründet angesehen werden. Wenn auch der als verletzt bezeichnete § 67 den Eisenbahnverwaltungen die Verpflichtung auferlegt, ihren in § 66 ibid. genannten Bahnpolizeibeamten über ihre Dienstverrichtungen und ihr gegenseitiges Dienstverhältniß eine schriftliche oder gedruckte Instruktion zu ertheilen, die von der Rhein. Eisenbahn-Gesellschaft erlassene Instruktion vom 1. Juni 1861 aber den Betriebs-Inspektor als einen der „Vorgesetzten" des Schaffners hinstellt, so läßt sich doch hieraus allein nicht folgern, daß die diesen Beamten in dieser Instruktion gegebene hierarchische Stellung auch für ihre Qualität als Polizeibeamten zu gelten habe, und namentlich für die Frage: ob der Inspektor der amtlich Vorgesetzte des Schaffners im Sinne des § 196 sei, als maßgebend erachtet werden müsse. In der That leitet auch die Kgl. OStA.-schaft selbst die in Frage stehende Qualität des Betriebs-Inspektor nicht unmittelbar aus der Dienstinstruktion ab, sondern sucht vielmehr sie durch die Deduction zu begründen, daß 1. zur

Stellung des Strafantrages bezüglich der Bahnpolizeibeamten in Ausübung ihres Amtes widerfahrenen Beleidigungen principaliter die Eisenbahnverwaltung berechtigt sei, 2. daß dieselbe dieses Recht bezüglich der den Schaffnern widerfahrenen Beleidigungen durch die vorgedachte Dienstinstruktion auf den Betriebs-Inspektor übertragen habe. Keiner von beiden Sätzen kann aber als begründet anerkannt werden. — Was zunächst den letzteren betrifft, so schließt die Natur des fraglichen Antragsrechtes als einer individuellen in das Gebiet des öffentlichen Rechts einschlagenden Befugniß seine Cessibilität aus. Soll aber unter der behaupteten Uebertragung nur ein Mandat zur Ausübung des Rechts der Mandantin verstanden werden, so ist ein solches weder in der angerufenen Instruktion ausgesprochen oder auch nur angedeutet, noch auch in der dem Inspektor gegebenen Stellung virtualiter enthalten. Die Unhaltbarkeit einer solchen Supposition ergiebt sich schon aus dem Umstande, daß die Dienstinstruktion, auf Grund welcher beide Beamten angestellt worden sind, aus dem Jahre 1861 herrührt, also aus der Zeit eines Strafgesetzes, welches von einem Antragsrechte des amtlich Vorgesetzten in dem dermalen fraglichen Sinne nichts kannte. Hierzu kommt, daß der angerufene § 11 der Instruktion für den Betriebs-Inspektor demselben die Bahnpolizeibeamten in ganz gleicher Weise, in dem nämlichen Satze unterordnet, wie das zur Kategorie der Bahnpolizeibeamten nicht gehörige Personal. Es ist unmöglich, der Stellung des Inspektors in Bezug auf die Bahnpolizeibeamten eine Bedeutung beizulegen, welche hinsichtlich der übrigen Beamten durch die Natur der Sache ausgeschlossen ist. Mit der hieraus sich ergebenden Hinfälligkeit der Unterstellung eines dem Betriebs-Inspektor Seitens der Eisenbahn-Direktion ertheilten Mandates verliert die Frage, ob die Direktion selbst zur Stellung des erforderten Strafantrages berechtigt gewesen sei, von selbst ihre Erheblichkeit.

Antr. des GStA.: entgegen. [22.—4.]

Brausteuer. – Fixirter Brauer. – Bezug von Bier aus anderen Brauereien.

1. Ein fixirter Brauer darf ohne Zustimmung der Steuerbehörde kein Bier aus anderen Brauereien beziehen, selbst wenn er dasselbe nicht in seiner Brauerei, sondern in einer daneben betriebenen Schankwirthschaft verwenden will.

2. Dabei wird aber vorausgesetzt, daß nach der Art des anderweit bezogenen Biers die Verwendung desselben in der fixirten Brauerei wenigstens möglich ist.

Ges. v. 31. Mai 1872 §§ 4, 35.

Erk. (**V. II.**) **v. 3. April 1879 c. Löllmann** (154 II. Cr.).

Die Instanzrichter haben den Angeklagten freigesprochen, weil nicht festgestellt sei, daß derselbe das aus zwei anderen Brauereien entnommene Bairische Bier als Brauereibesitzer bezw. zum Zwecke der Verwendung für seine Weißbierbrauerei bezogen habe, den Angeklagten aber durch die Bestimmung im § 6 seines mit dem Hauptsteueramt abgeschlossenen Fixationsvertrages: „Ebenso ist dem Brauereibesitzer die Benutzung der Brauerei eines Anderen, sowie der Bezug von Bier aus anderen Brauereien nur unter Zustimmung des Haupt-Amtes gestattet" nicht untersagt sei, Bairisch Bier aus anderen Brauereien zum Verbrauch in seinem Schankwirthschaftsgeschäfte zu beziehen. Die von dem OStA. gegen das App.-Erk. eingelegte, auf Verletzung der §§ 4 und 35 Nr. 1 des Reichsgesetzes v. 31. Mai 1872 wegen Erhebung der Brausteuer bezw. der auf Grund des ersteren § von dem Bundesrathe durch Beschluß vom 18. Novbr. 1872 festgestellten Grundsätze für die Fixation der Brausteuer gestützte NB. mußte für begründet erachtet werden. Die in dem angegriffenen Erkenntnisse angeführte Vertragsbestimmung entspricht wörtlich der Nr. 8 der allgemeinen Vorschriften in den eben erwähnten Grundsätzen für die Fixation der

Brausteuer, und dieser Umstand, sowie die Androhung der durch § 35 Nr. 1 des Gesetzes vorgesehenen Ordnungsstrafe verleiht der Bestimmung die Natur einer der Auslegung der Kontrahenten entzogenen gesetzlichen Vorschrift. Hiernach kommt es nicht darauf an, welche Bedeutung der Angeklagte der Bestimmung beigelegt hat, sondern darauf, welche Bedeutung ihr an sich und im Zusammenhange mit den übrigen gesetzlichen Bestimmungen gebührt. In dieser Beziehung aber hat sich der App.-Richter von einer irrthümlichen Rechtsanschauung leiten lassen. Er läßt es nämlich dahin gestellt bleiben, ob der Angeklagte berechtigt sei, zum Zwecke seines Braugeschäfts anderes Bier als Weißbier von anderen Brauereien zu beziehen, nimmt also die Verwendung fremden Weißbiers für das Braugeschäft als möglich an und läßt jedenfalls auch die Möglichkeit der Verwendung Bairischen Biers zu diesem Zwecke dahin gestellt. Letztere Möglichkeit aber zugegeben, kommt es weder auf die Möglichkeit noch auf die Wirklichkeit der Verwendung des bezogenen Bairischen Biers zu einem anderen Zwecke an. Denn allerdings hat der Fixationsvertrag wie der Appell.-Richter selbst bemerkt, nur die Regelung des Brauereibetriebes des Angeklagten im Auge. Aber gerade hieraus folgt, daß die Schankwirthschaft des Angeklagten bei Auslegung der Vertragsbestimmungen ganz außer Acht bleiben und das im § 6 des Vertrages enthaltene Verbot als ein absolutes im Steuerinteresse getroffenes erachtet werden muß. Aus diesem Grunde kann es weder für erheblich erachtet werden, zu welchem Zwecke die Zuwiderhandlung gegen das Verbot des Bierbezuges erfolgt noch ob dadurch der Steuerfiskus wirklich benachtheiligt worden ist. Hiernach erscheint die Vernichtung des App.-Erkenntnisses geboten. In der Sache selbst kann jedoch noch nicht erkannt werden, weil der App.-Richter in die Erörterung, ob die Möglichkeit der Verwendung von bairischem Bier für eine Weißbierbrauerei vorhanden, nicht eingetreten, die Auffassung der Bestimmung im § 6 des Fixationsvertrages als einer den Angeklagten bindenden polizeilichen Vorschrift aber nur soweit gerechtfertigt ist als jene Möglichkeit und damit das Interesse der Steuerverwaltung reicht.

Antr. d. GStA.: zu 1 gleichl., zu 2 entgegenges. Dieselbe fand den Grund zu dem in Rede stehenden Verbot nicht in der Möglichkeit, das anderweit bezogene Bier in der fixirten Brauerei zu verwenden, da ja dieses Bier bereits in der früheren Hand versteuert sei, sondern darin, daß die Steuerbehörde das für die Prolongation des Fixationsvertrages maßgebende Quantum des in der fixirten Brauerei gebrauten Biers nach dem ganzen Geschäftsbetrieb des fixirten Brauers, insbesondere nach dem von ihm verkauften Quantum veranschlagen müsse und derselben nun diese Veranschlagung durch den anderweiten Bierbezug seitens des Fixirten erschwert werde. [19.—4.]

Kuppelei. - Verschaffung von Gelegenheit. - Vergehen vollendet.

Zur Bestrafung wegen Kuppelei genügt es, daß durch Gewährung oder Verschaffung von Gelegenheit der Unzucht Vorschub geleistet worden ist; es wird nicht erfordert, daß die gebotenen Gelegenheiten wirklich zur Vollziehung des außerehelichen Beischlafs benutzt worden sind.

StGB. § 180 [n. 1 u. 4]; Vgl. RbOTr. 10. S. 541; 11. S. 165; 13. S. 437 u. 16. S. 362.

Erk. (Z. II.) v. 3. April 1879 c. **Minder** (389 II. Cr.).
Antr. d. GStA.: gleichl. [5.—4.]

Bankerutt, betrüglicher. - Verschiedene Einzelhandlungen. - Einheitliche Strafthat. - Getrennte Fragen. - Frage nach mildernden Umständen. - Bejahung bei der einen Handlung. - Verneinung bei der anderen. - Unordentliche Buchführung neben unterlassener.

1. Die im § 281 des StGB.'s unter 1—4 aufgeführten Handlungen stellen nur verschiedene Momente des betrüglichen Bankerutts dar. Durch das Zusammentreffen mehrerer derselben wird nur eine Strafthat begründet und keine Gesammt-

sondern die **Einzelstrafe** des betrüglichen Bankerutts verwirkt.

2. Es können indeß, wie auch bei idealer Konkurrenz, getrennte Fragen über jede dieser Einzelhandlungen gestellt werden.

3. Werden dann bei der einen Frage mildernde Umstände bejaht, bei der anderen verneint, so ist die bei dem Nichtvorhandensein mildernder Umstände vorgesehene Zuchthausstrafe verwirkt und die Bejahung der mildernden Umstände bei der zweiten Frage nur als Strafabmessungsgrund zu berücksichtigen.

4. Neben **unterlassener** Buchführung kann zugleich **unordentliche** angenommen werden.

StGB. § 281; Vgl. zu 1: RdO. 15. S. 222 und 613; 16. S. 771; zu 3: RdO. 19. S. 577.

Erk. (B. II.) v. 3. April 1879 c. **Molls** (344 II. Cr.).

Gründe zu 4:

In Erw., daß die in Nr. 3 und 4 des § 281 des StGB.'s enthaltenen Thatbestandsmerkmale sich gegenseitig nicht ausschließen;

daß solches daraus erhellet, daß einmal im Art. 29 des D. HGB.'s einzelne Theile der kaufmännischen Buchführung, wie die Ziehung der Bilanz und Aufnahme des Inventars, gebieterisch vorgeschrieben sind, im Uebrigen aber nur die Frage, ob die sonstigen Bücher den Anforderungen des § 28 das. entsprechen, der Beurteilung des konkreten Falles unterliegt, und hiernach schon unterlassene Buchführung und unordentliche Buchführung selbständig neben einander bestehen können;

sodann auch daraus, daß bei dem Begriffsmerkmal in der Nr. 4 des § 281 cit. von dem Merkmale (vgl. Nr. 3 das.), daß dem Angeklagten die Führung der Bücher oder des Buches, welches er unvollständig geführt hat, **gesetzlich oblag** oder nicht, ganz abgesehen ist, hier vielmehr die unordentliche Buchführung, in Verbindung mit dem Momente daß sie mit der Absicht des Angeklagten, die Gläubiger zu benachtheiligen, konkurrirt, für den Dolus des letztern entscheidend in Betracht kommt, und es hieraus sich zugleich erklärt, weshalb hier nicht, wie es bei der Nr. 2 des den einfachen Bankerutt betreffenden § 283 des StGB.'s geschieht, unterlassene Buchführung und unordentliche Buchführung, alternativ neben einander gestellt sind.

Antr. d. GStA.: gleichl. [2.—4.]

Beamter. - Annahme von Geschenken. - Künftige Handlung. - Privatgefälligkeit.

1. Auch die Annahme von Geschenken für eine erst künftig zu leistende Amtshandlung ist strafbar aus § 331 des StGB.'s [n. 44]; Vgl. GA. 7. S. 564 und RdOTr. 17. S. 713.

2. In das Amt einschlagende Handlungen sind nur solche, die innerhalb des Kreises der dem Beamten als solchem zur Pflicht gemachten Thätigkeit liegen. Bloße Privatgefälligkeiten, welche ein Beamter wenn auch in Veranlassung seines Amtes außer oder neben demselben erweist, fallen nicht darunter.

ibid. [n. 5].

Erk. (Z. und V. II.) v. 3. April 1878 c. Schwecher & Gen. (351 II. Cr.).

Gegen die drei Angeklagten, den Wiegemeister W. und die beiden Güterexpeditionsgehülfen R. und L., welche sämmtlich bei der laut Vertrages v. 23. August 1850 unter Staatsverwaltung stehenden Bergisch-Märkischen Eisenbahn angestellt und daher als Staatsbeamte anzusehen sind, ist thatsächlich festgestellt, daß sie in den Jahren 1872 bis 1874 als Beamte für in ihr Amt einschlagende, an sich nicht pflichtwidrige Handlungen von Sch. und A. Geschenke angenommen hätten, und sind nach dieser Feststellung die §§ 331, 335 des StGB.'s auf sie angewendet worden. Wie die Vorderrichter für erwiesen annehmen, hatten die Kaufleute Sch. und A. es sich zur Gewohnheit gemacht, verschiedenen Beamten derjenigen Eisenbahnen, auf denen sie Güter zu expediren hatten, zu denen auch die Bergisch-Märkische Eisenbahn gehörte, so namentlich den Bahnhofsinspektoren und deren Assistenten, den Güterexpedienten und deren Gehülfen, den Bahnmeistern, Wiegemeistern rc. „als Belohnung für beschleunigte Gestellung von Waggons, rasches Verwiegen, Verladen und Expediren der zu versendenden Materialien" sogenannte Weihnachts- oder Neujahrsgeschenke, gewöhnlich in Couverten mit Adresse aber ohne Begleitschreiben, zu verabreichen, „weil ihnen durch beschleunigte Erledigung dieser Geschäfte erhebliche Vortheile, unter anderen auch durch Ersparung von Wagenmiethe entstanden seien." Ein solches Geschenk von je 5 Thlr. war auch zu Ende 1874 oder zu Anfang 1875 den beiden Angeklagten R. und L. durch ihren damaligen Vorgesetzten, den inzwischen durch schwurgerichtliches Erkenntniß wegen (passiver) Bestechung (aus § 332 des StGB.'s) zu Zuchthausstrafe verurteilten früheren Güterexpedienten W. zugestellt worden und es wird von den Vorderrichtern für erwiesen erachtet, daß sie es mit dem Bewußtsein angenommen hätten, es komme von Sch. und A., und werde es für die von ihnen in deren Interesse zu leistenden Dienste der oben bezeichneten Art gegeben.

[1.] Die beiden Güterexpedienten R. und L. halten den § 331 des StGB.'s auf den festgestellten Thatbestand deshalb für unanwendbar, weil dieser Thatbestand viel zu allgemein gefaßt sei und es an jeder Feststellung der konkreten Handlung fehle, zu der sie durch die gegebenen Geschenke hätten veranlaßt werden sollen, da die bloße Annahme, sie hätten für die Zukunft zu prompter Bedienung der Geschenkgeber veranlaßt werden sollen, nicht geeignet sei, den Thatbestand des auf sie angewendeten Gesetzes zu erfüllen. Diese Ausführung greift indessen schon deßhalb fehl, weil, wenn der § 331 a. a. O. von Geschenken spricht, welche „ein Beamter für eine in sein Amt einschlagende, an sich nicht pflichtwidrige Handlung . . . . annimmt rc." unter der letzteren, wie schon anderweit vom Ob.-Tr. ausgeführt worden, nicht blos eine in der Vergangenheit schon geleistete, sondern auch eine in Zukunft noch zu leistende Handlung zu verstehen ist, und es in der Natur der Sache liegt, daß wenn für das Geschenk eine Mehrheit erst in Zukunft zu leistender Amtshandlungen erwartet wird, diese nicht individuell nach Zeit, Ort, Gelegenheit ꝛc. zum Voraus präcisirt, sondern nur im Allgemeinen d. h. der Gattung nach bestimmt werden können. Dieses ist aber von den Vorderrichtern insofern geschehen, als sie rücksichtlich der hier in Rede stehenden beiden Güterexpeditionsgehülfen die prompte Erledigung der von denselben für die Handlung Sch. und A. zu expedirenden Ladungen als Zweck des Geschenks bezeichnen. Anders verhält es sich

[2.] mit der Entscheidung gegen den Mitangeklagten Wiegemeister C. W. Die Schlußfeststellung gegen denselben gründet sich auf die durch sein Geständniß für erwiesen erachtete Thatsache, daß er zu Weihnachten 1874 auf das Comtoir der Handlung Sch. und A. gegangen sei, um sich sein Weihnachtsgeschenk zu holen, daß er darauf 3 Thlr. in einem Couvert erhalten und daß er dieses Geschenk für Abholung von Frachtbriefen aus dem Comtoir der genannten Handlung beansprucht und angenommen habe. Zur Entkräftigung der vom ersten Richter auf das Gutachten des Bergassessors St. gegründeten Annahme, daß dieses Abholen der Frachtbriefe zu den amtlichen Verrichtungen des Imploranten gehört habe, hatte der letztere sich in einer App.-Rechtfertigungsschrift auf das Gutachten der betreffenden Königlichen Eisenbahndirektionen zum Beweise darüber berufen, daß dem nicht so gewesen, in dem Abholen der Frachtbriefe von seiner Seite vielmehr eine bloße Privatgefälligkeit gelegen habe. Wenn nun der Appell.-Richter diesen Beweisantrag deshalb ablehnt, weil die Besorgung der Frachtbriefe an sich zum Amte des Imploranten gehört habe, das durch ihn bewirkte Abholen derselben aus dem Comtoir der Befrachter mithin jedenfalls eine in das Amt desselben „einschlagende" Handlung gewesen sei, sollte auch eine Verpflichtung dazu für den Imploranten nicht bestanden haben, so kann dieser Ablehnungsgrund für rechtlich zutreffend nicht erachtet werden, weil begrifflich eine Amtshandlung der Gegensatz einer Privathandlung ist, von einer bloßen Privatgefälligkeit daher zwar möglicher Weise gesagt werden kann, daß sie in Veranlassung des Amtes außer oder neben demselben erwiesen sei, nicht aber auch, daß sie in das Amt „einschlage" d. h. innerhalb des Kreises der dem Beamten als solchem zur Pflicht gemachten Thätigkeit liege. Da hiernach das vom Angekl. W. wegen Verletzung des § 331 des StGB.'s angefochtene Erkenntniß so weit es ihn betrifft, auf einer rechtsirrthümlichen Auffassung dieses Paragraphen beruht, so mußte dasselbe bezüglich des ꝛc. W. vernichtet und die Sache zur anderweiten Verhandlung und Entscheidung gegen ihn in die zweite Instanz zurückgewiesen werden, wogegen die NB. der übrigen Imploranten zu verwerfen waren.

Antr. d. GStA.: gleichl. [5.—4.]

Strafantrag. - Zurücknahme. - Bedingung.

Die Zurücknahme eines Strafantrages kann nicht an Bedingungen geknüpft werden; eine derartige Zurücknahme ist wirkungslos.

StGB. § 64 [n. 17], § 61 [n. 23].

Erk. (3. I.) v. 4. April 1879 c. Bartikowski (557 I. Cr.).

Die Rüge, daß die Strafverfolgung wegen Zurücknahme des Strafantrages vor dem ersten Urteile ausgeschlossen war, kann nicht für zutreffend erachtet werden. Der Beleidigte hat den Strafantrag nur unter einer Bedingung zurückgenommen. Im Einverständnisse mit mehrfachen Entscheidungen des höchsten Gerichtshofes führt der App.-Richter aus, daß eine bedingte Zurücknahme nicht zu berücksichtigen ist, und daß der Strafrichter nicht zu erörtern hat, ob die thatsächlichen Verhältnisse, von welchen der Antragsberechtigte seine Willenserklärung abhängig macht, eingetreten sind. Mit Recht nimmt deshalb der App.-Richter an, daß die vom Gesetze erforderte Voraussetzung zur Einstellung des Strafverfahrens für den I. Richter nicht vorlag.

Antr. d. GStA.: gleichl. [18.—3.]

Kuppelei. - Unzucht. - Polizeiliche Duldung.

Polizeiliche Duldung der Unzucht nimmt der Kuppelei ihren strafbaren Charakter nicht. Sie ist nicht durch die Strafbarkeit der geförderten Unzucht bedingt.

StGB. § 180 [n. 1].

Erk. (Z. I.) v. 9. April 1879 c. Daub. (540 I. Cr.).

Die D. ist wegen Kuppelei bestraft weil sie gewohnheitsmäßig und aus Eigennutz der Unzucht polizeilich geduldeter Prostituirter durch Aufnahme in Wohnung und Kost um hohen Preis Vorschub geleistet habe. Ihre NB. berief sich auf eine polizeiliche Gestattung der Aufnahme der geduldeten Prostituirten und bemerkte: was polizeilich gestattet, könne nicht kriminell strafbar sein. Die NB. wurde zurückgewiesen.

Zunächst ist es nicht richtig, daß weil die Polizeibehörde der Angeklagten zur Aufnahme solcher Mädchen, welche der sittenpolizeilichen Controle unterliegen, in Wohnung und Kost die Genehmigung ertheilt, der objektiv strafbare Charakter dieser Aufnahme wegfalle, weil kriminell nichts strafbar sein könne, was polizeilich erlaubt sei. Die Polizeibehörden sind berufen die Gesetze zu vollziehen und deren Vollziehung zu überwachen, sie sind daher nicht zuständig von dem Gehorsam gegen ein Verbotsgesetz zu entbinden und eine Handlung durch ihre Zustimmung zu einer erlaubten zu machen, welche ohne solche verboten und strafbar sein würde. Bildet daher das Verhalten der Angeklagten an sich den Thatbestand des Vergehens der Kuppelei, so hört dieses Vergehen nach der objektiven Seite nicht dadurch auf ein solches zu sein, weil die Polizeibehörde darum gewußt und dasselbe geduldet oder ausdrücklich erlaubt hat. Für die Frage der subjektiven Verschuldung für das Vorhandensein des strafrechtswidrigen Willens könnte dieser Umstand nach der konkreten Lage des einzelnen Falles wohl von Bedeutung sein. Indessen hat der Berufungsrichter gerade in dieser Richtung das Vorliegen des Dolus auf Seiten der Angeklagten geprüft und bejaht, was einer Anfechtung mit dem Rechtsmittel der NB. nicht mehr unterworfen werden kann. Irrig ist es ferner, wenn Angeklagte glaubt, daß die Kuppelei dadurch hinwegfalle, daß die Mädchen deren unzüchtiges Treiben sie befördert, unter polizeilicher Kontrole gestanden und deshalb die Strafandrohung des § 361 Ziffer 6 auf sie keine Anwendung gefunden. Allein das Gesetz unterscheidet nicht zwischen strafbarer und nicht strafbarer Unzucht, es faßt dasselbe die Kuppelei nicht aus dem Gesichtspunkte einer Hülfeleistung bei der gewerbsmäßigen strafbaren Unzucht, sondern als selbständiges Delikt auf, bei welchem die Unzucht in jeder Form als verwerfliche zwar unterstellt, das strafbegründende Moment aber nicht in das Vorschubleisten an sich, sondern in das Motiv hierzu, den Trieb der Gewohnheit oder die Sucht nach Erwerb gelegt wird.

Antr. d. GStA.'s gleichl. [11.—2.]

Waarenzeichen. – Wesentliche Aenderung.

Auch der Zusatz der eigenen Firma oder sonstiger Worte und Zeichen zu einem fremden figürlichen Waarenzeichen kann als wesentliche Abänderung angesehen werden, welche die Strafbarkeit ausschließt.

Ges. v. 30. Novbr. 1874 § 18.

Erk. (Z. I.) v. 9. April 1879 c. Ernst (482 I. Cr.).

Der Tabaksfabrikant E. hatte Tabak in Verpackungen in Verkehr gebracht, welche das angemeldete Waarenzeichen des Fabrikanten J. in H. an sich trugen; welches nur insofern verändert war, daß der offene Schild dieses Zeichens mit dem Namen der eigenen Firma des E. ausgefüllt war. Darin wurde eine wesentliche Aenderung gefunden und E. freigesprochen. Die NB. der StA.-schaft ist zurückgewiesen.

Was die materielle Beschwerde rücksichtlich des Angeklagten E. betrifft, so kann nicht anerkannt werden, daß wenn, wie in nicht anfechtbarer Weise feststeht, die in

Nr. 164 des Central-Handelsregisters für das Deutsche Reich vom 13. Juli 1875 unter Nr. 39 und 40 publizirten Abbildungen die figürlichen Waarenzeichen der Firma Friedrich Justus bilden, ein Zusatz, mag derselbe in der eigenen Firma des Gebrauchenden oder in sonstigen Worten oder Zeichen bestehen, nicht den Charakter einer wesentlichen Abänderung an sich zu tragen vermöge. Gerade dadurch, daß § 3 des Ges.'s über den Markenschutz v. 30. Novbr. 1874 (RGBl. S. 143) auch solchen Marken Schutz gewährt, welche neben einem anderen Zeichen auch Buchstaben oder Worte enthalten, wird anerkannt, daß auch Worte, mithin auch die wörtliche Beifügung der eigenen Firma des Gebrauchenden, wenn sie mit einem rein figürlichen Waarenzeichen der Art in Verbindung gebracht werden, daß sie sich mit demselben als ein Ganzes darstellen, das geschützte Waarenzeichen in dem Maaße zu verändern geeignet sind, daß dasselbe als ein neues selbständiges sich darstellt, vorausgesetzt, daß es einer besonderen Aufmerksamkeit nicht bedarf, um die Abänderung als solche zu erkennen. Der von der Königl. Kronanwaltschaft angeführte § 10 Abs. 1 daselbst besagt, daß wenn das geschützte Waarenzeichen die Firma des Berechtigten in sich schließt, ein Anderer nicht dadurch gehindert werde, sich derselben Firma, sofern er darauf ein Recht hat, zur Bezeichnung seiner Waaren zu bedienen. Es hat derselbe also den Gebrauch der Firma selbst in dem Falle schützen wollen, wo derselbe an sich mit dem gewährten Schutze eines eingetragenen Waarenzeichens kollidirt. Um so weniger kann daher eine Verschränkung des Gebrauchs in seiner Absicht gelegen haben, wenn eine solche Kollidirung nicht besteht, weil das eingetragene Waarenzeichen eine Firmenbezeichnung nicht enthält.

Antr. d. GStA.: gleichl. [11.—2.]

Handel im Umherziehen. – Auftraggeber.

Die solidarische Haftbarkeit des Auftraggebers zum Feilhalten von Waaren im Umherziehen greift

nur dann Platz, wenn derselbe zugleich diejenige Person ist, für deren Rechnung der Beauftragte handelt.

Ges. v. 3. Juli 1876 § 23.

Erk. (Z. I.) v. 9. April 1879 c. Fratscher (259 I. Cr.).

S. ist wegen Verkaufs von Citronen im Umherziehen außer Wohnorts bestraft und gegen F. der Antrag auf Erkennung solidarischer Haftbarkeit gerichtet, weil er den S. mit dem Verkaufe beauftragt habe. Der § 23 des Ges.'s v. 3. Juli 1876 ist jedoch vom Berufungsgericht für unanwendbar erklärt, weil der Verkauf nicht für Rechnung des F., sondern eines Bruders desselben bewirkt sei. Die NB. der Finanzbehörde bemängelte die Erheblichkeit dieses Umstandes, wurde aber zurückgewiesen.

Die Ansicht des Berufungsrichters, daß die Vorschrift in § 23 d. Ges.'s betr. die Besteuerung des Gewerbebetriebes im Umherziehen vom 3. Juli 1876 über die solidarische Haftbarbeit des Auftraggebers mit dem Thäter nur Platz greife, wenn der Auftraggeber zugleich diejenige Person sei, für deren Rechnung der Beauftragte die in den §§ 18—21 das. bezeichneten strafbaren Handlung vorgenommen hat, läßt sich als rechtsirrig nicht erkennen. Wie die Anweisung des Kgl. Finanz-Ministers zur Ausführung jenes Ges.'s v. 3. Septbr. 1876 unter V ausspricht und deshalb nur den Auftraggeber für dessen Rechnung der Gewerbebetrieb im Umherziehen erfolgt, als derselben Strafe wie der Beauftragte und der solidarischen Haftbarkeit mit diesem unterliegend bezeichnet, hat der § 23 in dieser Richtung den § 28 des Regulativs v. 28. April 1824 wiederholen wollen. Der § 28 spricht jedoch nur von demjenigen für dessen Rechnung das Gewerbe betrieben wird, welcher wie der Betreibende selbst bestraft werden soll. Wenn deshalb der § 23 des neuen Gesetzes diese Androhung gegen denjenigen richtet, in dessen Auftrag der Gewerbebetrieb erfolgt, dabei aber die Feststellung verlangt, daß die in den §§ 18—21 bezeichneten strafbaren Handlungen im Auftrage und für Rechnung einer anderen Person ausgeübt seien, so kann dieses nur in dem Sinne gemeint sein, daß es sich dabei um eine Person handelt, welche diese beiden Eigenschaften in sich vereinigt. Das Gesetz ist davon ausgegangen, daß der Auftraggeber in der Regel der Anstifter zu der strafbaren Form des Gewerbebetriebs sei und hat folgeweise, ohne daß es eines weiteren Beweises über den Kausalzusammenhang zwischen Auftrag und Gewerbebetrieb bedürfen soll, den Auftraggeber für haftbar erklärt. — Vgl. Drucksachen des Hauses der Abg. 1876 Bd. I Nr. 87 S. 30. — Diese Unterstellung trifft als Regel nur zu, wenn das Gewerbe zugleich auf Rechnung des Letzteren betrieben wird, also dessen Vortheil bezweckt, erscheint jedoch weniger sicher, wenn es sich um den Vortheil eines Dritten handelt, und völlig unwahrscheinlich, wenn der Beauftragte das Gewerbe auf eigne Rechnung betreiben will, indem hier die Wahrscheinlichkeit nahe liegt, daß nicht der Auftrag, sondern das Bestreben nach eigenem Gewinn den Entschluß zur That bestimmt hat.

Antr. d. GStA.'s: gleichl. [11.—2.]

Beleidigung. - Absicht.

Aus dem an sich beleidigenden Inhalt einer Aeußerung kann kein Schluß auf die Absicht zu beleidigen gezogen werden. Diese muß der Form oder den sonstigen Umständen entnommen werden.

StGB. § 193 [n. 6].

Erk. (V. l.) v. 9. April 1879 Rücker c. Bolt (307 I. Cr.)

Der Berufungsrichter nimmt an, daß Beschuldigter, indem er gegen den Privatkläger in seiner Eigenschaft als Belastungszeuge, als welcher derselbe gegen ihn in einer gerichtlichen Untersuchung vernommen werden sollte, den Einwand erhob Privatkläger, sei meineidig und als Zeuge unfähig, weil er bereits einen falschen Eid geschworen, in Ausübung eines berechtigten Interesses gehandelt. Er findet jedoch das Vorhandensein einer Beleidigung, welche aus der Form der Aeußerung oder den sonstigen Umständen hervorgehe darin, daß der Vorwurf, es sei Jemand meineidig und deshalb als Zeuge unfähig, schon an sich eine Beleidigung enthalte. Es ist dies ein Widerspruch in sich selbst, welcher ergiebt, daß der Berufungsrichter bezüglich jenes die Strafbarkeit begründenden Moments nicht von klaren rechtsbegründeten Anschauungen ausgegangen ist. Denn § 193 will grade Aeußerungen, welche an sich beleidigend sein würden für straflos erklären, wenn sie nicht in der Absicht zu beleidigen, sondern vermöge einer Berechtigung oder eines rechtlichen Interesses gemacht worden sind. Die Absicht zu beleidigen aber soll nicht aus der Aeußerung, sondern der Form der Aeußerung oder den sonstigen Umständen entnommen werden. Aus dem an sich beleidigenden Inhalt der Aeußerung kann daher niemals für sich allein ein Schluß auf die Absicht zu beleidigen gezogen werden, weil eben diese subjektive Seite der That auf einer von der objektiven verschiedenen thatsächlichen Grundlage beruhen muß. Der Berufungsrichter durfte sich hiernach nicht damit begnügen, daß der Vorwurf ein beleidigender sei, sondern er mußte prüfen, ob dieser Vorwurf nach der Form in welcher er zum Ausdruck gelangte, oder den sonstigen Umständen erkennen lasse, daß Beschuldigter zugleich durch die Art und Weise, wie er den Vorwurf erhoben, die Absicht den Privatkläger zu beleidigen bekundet habe.

Antr. d. OStA.: gleichl. [11.—2.

Zeugen. - Vernehmung. - Verzicht.

Beide Theile haben ein Recht auf Abhören der nach §§ 221 und 222 der StPO. vorgeladenen Zeugen. Das Gericht kann nur im Falle eines Verzichts davon absehen.

StPO. §§ 221, 222, 239, 244.

Erk. (B. I.) v. 9. April 1879 c. Voigt (409 I. Cr.).

Der Angeklagte V. hatte in erster Instanz 4 Entlastungszeugen benannt, die auf Grund des § 222 der StPO. vorgeladen und im Termin anwesend waren. Gleichwohl wurden nur 2 davon abgehört die Vernehmung der andern aber durch Gerichtsbeschluß, ungeachtet des in der Audienz wiederholten Antrags des V. auf Grund des § 239 der StPO. abgelehnt, weil die Sache bereits genügend aufgeklärt sei. Die Berufungsinstanz fand das Verfahren des Gerichts gerechtfertigt; das Ob.-Tr. vernichtete aber auf NB. des V.

Der Berufungsrichter folgert aus § 239 der StPO. v. 25. Juni 1867, daß das Gericht rücksichtlich des Umfangs der Beweisaufnahme seiner freien, aus den gesammten Verhandlungen gewonnenen Ueberzeugung zu folgen und deßhalb die Befugniß zur Verwerfung von Thatsachen habe, welchen es für die Bildung seiner Ueberzeugung keine Bedeutung und Beweiskraft einräumen will. In dieser Allgemeinheit geht diese Folgerung zu weit. Der § 239 regelt nur die Stellung des Gerichts gegenüber den Beweisanträgen der StA.-schaft und des Angeklagten, indem hier das freie Ermessen in Beziehung auf die Beurteilung der Beweiserheblichkeit statuirt und in den sich daran schließenden Vorschriften der §§ 240, 241, 242, 243 und 244 nach verschiedenen Möglichkeiten seiner Anwendung näher bestimmt wird. Und auch hier handelt es sich nur um Anträge, die in der Hauptverhandlung gestellt worden, indem der ganze zweite Abschnitt des Gesetztitels XII, worin die erwähnten Bestimmungen enthalten sind, sich nur auf das Verfahren in der Hauptverhandlung bezieht. Beweisanträge, welche der Hauptverhandlung vorausgehen, unterliegen den Vorschriften des ersten Abschnitts daselbst. Auch an irgend welcher anderen Stelle des Gesetzes ist der aufgestellte Grundsatz in Beziehung auf solche Zeugen nicht ausgesprochen, deren Vernehmung in dem die Hauptverhandlung vorbereitenden Verfahren als für die Sache erheblich bereits anerkannt ist. Insbesondere bezieht § 240 sich ebenso wie der vorhergehende § 239 und der nachfolgende § 241 gleichfalls nur auf Beweisanträge in der Hauptverhandlung, welche selbst dann abgelehnt werden können, wenn das Beweismittel zur Stelle ist, weil z. B. der Angeklagte gemäß § 222 den Zeugen sistirt hat. In Beziehung auf Zeugen wird durch § 221 daselbst die StA.-schaft für verpflichtet erklärt, diejenigen zur Hauptverhandlung vorladen zu lassen, welche sie selbst bereits in der Anklage benannt hat oder deren Abhörung das Gericht oder dessen Vorsitzender für nothwendig erachtet. Die StA.-schaft ist ferner nach § 222 daselbst verpflichtet, diejenigen zu laden, welche zeitig vom Angeklagten benannt werden und deren Einfluß auf die Beurteilung nach Maßgabe der angeführten Umstände von ihr bezw. durch Beschluß des Gerichts anerkannt wird. Diese sowie die von der StA.-schaft gemäß § 223 Abs. 2 daselbst noch weiter geladenen Zeugen bilden das Ueberführungs- bezw. Entlastungsmaterial, welches vor dem erkennenden Gerichte in der Hauptverhandlung producirt werden muß und bei der Urteilsfällung in Betracht kommt. Beide Theile, StA.-schaft und Angeklagter, haben darauf ein Recht, jeder derselben kann verlangen, daß dieses Material vollständig erhoben werde und nur ein Verzicht kann das Gericht in die Lage setzen, insoweit von der Erhebung abzusehen. StA.-schaft wie Angeklagter welche die von ihnen bezeichneten und geladenen Zeugen als für den Belastungs- bezw. Vertheidigungsbeweis ausreichend erachteten und deshalb von der Beiladung anderweiter Zeugen abstanden, würden sich in dieser Voraussetzung getäuscht finden und der Gelegenheit beraubt sein, die ihnen noch zu Gebote stehenden Beweismittel beizubringen, wenn das Gericht befugt wäre, die ihm vorgeführten Beweismittel bei Seite zu schieben, mit der Erklärung, daß es die Sache bereits für hinlänglich aufgeklärt erachte und selbst ohne eine nähere Angabe, woraus hervorgeht, ob die Ergebnisse der bereits gewonnenen Ueberzeugung sich auf die Seite der Schuld oder der Nichtschuld des Angeklagten neigen. Der Verzicht auf ein Beweismittel, dessen Erhebung an sich als nothwendig erkannt ist, soll aber nach § 244 der StPO. nur von Wirkung sein, wenn demselben von keiner Seite widersprochen wird. Dieser § 244 würde völlig ohne Bedeutung sein, wenn dabei nicht ein Recht der Betheiligten unterstellt würde. Denn das anerkannte Prinzip der Gemeinschaftlichkeit der Beweismittel könnte überhaupt nicht zur Geltung gelangen wenn der § 239 das Gericht ermächtigte, Beweiserhebungen abzulehnen, auf welche nicht verzichtet worden ist. Verzichten beide Theile auf ein Beweismittel, so kann das Gericht solches dennoch erheben; dazu würde es der Vorschrift des § 244 nicht bedürfen, denn es ergäbe sich dieses schon aus §§ 239 u. 240 vermöge der unbeschränkten Befugniß des Gerichts, den Umfang der Beweisaufnahme zu bestimmen. Vermöge derselben Befugniß aber könnte das Gericht auch die Beweismittel verwerfen, mag ein beiderseitiger Verzicht oder nur ein einseitiger oder überhaupt keiner vorliegen. Ferner ließe sich ein Zweck der Vorschrift des § 222 nicht absehen, wonach das Gericht die Zahl der über einen und denselben erheblichen Umstand vorzuladenden Zeugen soll beschränken können, wenn nicht unterstellt würde, daß die wirklich vorgeladenen auch zur Vernehmung gelangen. Der in dem Antrage der Kronanwaltschaft auf Schluß der Beweisaufnahme liegende Verzicht auf die noch unerhobenen Zeugenaussagen ist zwar, soweit es sich um die aus Veranlassung der Kronanwaltschaft selbst geladenen Zeugen handelt, Seitens des Angeklagten unwidersprochen geblieben. Dagegen liegt ein Widerspruch des Letzteren vor in Betreff der von diesem benannten noch unvernommenen Entlastungszeugen, und das Berufungsgericht war deshalb nicht berechtigt, in Betreff dieser die Ablehnung des ersten Richters für gerechtfertigt anzuerkennen. [11.—2.]

Auslieferungsvertrag mit England. – Bestrafung wegen anderer Handlungen. – Nichtigkeit.

Die Bestimmung des Auslieferungsvertrages mit England, daß ein Ausgelieferter nicht wegen einer anderen Strafhandlung zur Untersuchung gezogen werden darf, als derjenigen, wegen deren er ausgeliefert ist, bildet eine wesentliche Vorschrift des Verfahrens. Ein Urteil das demungeachtet den Aus-

gelieferten wegen einer anderen Handlung bestraft hat, ist nichtig.

Auslieferungsvertrag zwischen dem Deutschen Reich und Großbritannien v. 14. Mai 1872 Art. VII.

Erk. (V. II.) v. 17. April 1879 c. Böhm (415 II. Cr.).

Theilweise begründet erscheint der Angriff wegen Verletzung des Art. VII des Auslieferungsvertrages v. 14. Mai 1872 zwischen dem Deutschen Reiche und Großbritannien — RGBl. S. 229 ff. —. Der gedachte Vertrag ist allerdings nicht dem Namen, wohl aber der Sache nach ein Gesetz, jedenfalls bildet der Art. VII desselben eine allgemeine verbindliche Rechtsnorm, welche eine wesentliche Vorschrift des Verfahrens im Sinne des Art. 107 Nr. 2 des Ges.'s v. 3. Mai 1852 enthält. Abgeschlossen im Allerh. Auftrage Sr. Majestät des Deutschen Kaisers ist er nach in der Sitzung v. 24. Mai 1872 erfolgter Zustimmung des Bundesraths — cfr. Protokolle des Bundesraths des Deutschen Reichs, Session 1872 S. 173 — dem Reichstage zur verfassungsmäßigen Genehmigung vorgelegt, von diesem genehmigt und solches dem Bundesrathe mitgetheilt, der Vertrag sodann zur Allerh. Ratification vorgelegt — cfr. l. c. S. 203 — und nachdem auch diese erfolgt und die Ratificationsurkunde am 11. Juni desselben Jahres ausgewechselt worden, die Publikation desselben durch das Reichsgesetzblatt v. 8. Juli 1872 erfolgt. Der Vertrag ist mithin unter Mitwirkung aller der Factoren abgeschlossen worden, welche nach Art. 11 Abs. 3 der Reichsverfassung die Voraussetzung der Gültigkeit eines Vertrages des vorliegenden, das Strafrecht und das gerichtliche Verfahren berührenden Inhalts bildet. Es sind damit gleichzeitig auch die Vorbedingungen erfüllt, von welchen nach Art. 5 der Reichsverfassung das Zustandekommen eines Gesetzes abhängt, und ist somit jedenfalls der Staatswille in verfassungsmäßiger Art und Weise zum Ausdruck gebracht, welches sodann durch die Verkündigung des Vertrags im Reichsgesetzblatt nach Art. 2 der Reichsverfassung auch allgemein, insbesondere für alle Organe der Staatsgewalt verbindliche Kraft erlangt hat. Der cit. Art. VII des Vertrags, welcher dem im § 3 (2) der englischen „Extradition Act. 1870“ — cfr. Anlagen zu den stenogr. Berichten III S. 453 — entspricht, bestimmt nun aber: „Die ausgelieferte Person darf in dem Staate, an welchen die Auslieferung erfolgt ist, keinenfalls wegen einer andern strafbaren Handlung oder auf Grund anderer Thatsachen, als derjenigen, wegen deren die Auslieferung erfolgt ist, in Haft gehalten oder zur Untersuchung gezogen werden. Auf strafbare Handlungen, welche nach erfolgter Auslieferung verübt sind, findet diese Bestimmung keine Anwendung“. Der Wortsinn dieses Artikels ist völlig klar; das Wort „keinenfalls“ schließt jede Ausdehnung der gegen einen Angeklagten eröffneten Untersuchung auf eine andere Thatsache als diejenige, wegen deren die Auslieferung verwirkt worden ist, unbedingt aus und der Schlußsatz des Artikels bekräftigt noch das Gebot einer stricten Auslegung indem er nur wegen strafbarer Handlungen welche nach erfolgter Auslieferung verübt sind, eine Ausnahme zuläßt. Eine solche Auslegung eines Auslieferungsvertrages, durch welchen zwei souveräne Staaten gegenseitig der Justizgewalt des Andern eine bedeutsame Wirksamkeit in ihrem eigenen Gebiete dadurch einräumen, daß sie sich unter gewissen Bedingungen zur Auslieferung einer in ihrem Gebiete befindlichen Person verpflichten, erscheint um so unerläßlicher, als sie die nothwendige Voraussetzung für die Möglichkeit der Begründung solcher internationalen Rechtsnormen bildet. Von diesem Gesichtspunkte aus muß die Verfolgung des Angeklagten wegen eines großen Theils der ihm zur Last gelegten Wechselfälschungen für mit dem Art. VII cit. unvereinbar und daher rechtlich unstatthaft erachtet werden. Es kann zwar nicht mit der NB. darauf ein entscheidendes Gewicht gelegt werden, daß inhalts des der Königlich Großbritannischen Regierung mitgetheilten gerichtlichen Verhaftsbefehls vom 19. Oktober 1877 die Verhaftung des Angeklagten „wegen wiederholter, Ende des Jahres 1876 zu G. verübter Wechselfälschungen" verordnet worden ist; ebensowenig darauf, daß in dem dem Auslieferungsantrage gleichfalls beigefügt gewesenen Bericht des Kreisgerichts, resp. des Untersuchungsrichters vom nämlichen Tage nur „von mehrfachen Wechselfälschungen" deren sich der Angeklagte „Ende des Jahres 1876" schuldig gemacht habe, die Rede ist, unter welche Bezeichnungen keine der in Rede stehenden 95 Wechselfälschungen zu bringen sein soll. Denn dem letztgedachten Berichte waren die beglaubigten Abschriften der gefälschten bisher bei dem Gericht eingegangenen Wechsel beigefügt gewesen, auf die letzteren beziehen sich auch die ebenfalls in beglaubigten Abschriften dem Auslieferungsantrage beigefügt gewesenen Aussagen einer größeren Anzahl von Zeugen. Von den hier gedachten gefälschten Wechseln — 45 an der Zahl — welche mit den in Nr. 1 bis 3 und 4 bis 46 in der Frage an die Geschworenen und im Erkenntnisse übereinstimmen, sind aber nach der durch deren Antwort erfolgten Feststellung nur 5 im Monat November 1876, alle übrigen in früheren Monaten bis zum März dess. Jahres einschließlich rückwärts ausgestellt, so daß dieselben jedenfalls nur zum geringsten Theile als Ende 1876 verübte Fälschung bezeichnet werden könnten. Sind nun aber gleichwohl diese 45 gefälschten Wechsel als corpora delicti der Königlich Großbritannischen Regierung mit dem Auslieferungsantrage vorgelegt worden, so haben sie ebenso unzweifelhaft eine den unpräcisen Ausdruck des Haftbefehls erläuternde und ergänzende Grundlage des Auslieferungsantrags, wie der Auslieferung selbst gebildet, welche letztere, wie das vorgelegte Schreiben des Reichskanzlers v. 11. Februar 1879 bestätigt, auf derselben Grundlage erfolgt ist, auf welcher sie beantragt worden war. Ueber diese 45 Wechselfälschungen hinaus hätte aber nach Art. VII des Vertrages bei der Verfolgung des Angeklagten nicht gegangen werden dürfen, die Verfolgung wegen der übrigen 50 Wechselfälschungen, deren er ebenfalls schuldig erklärt worden ist, die, in welchen aus dem Geschworenenspruche nicht erkennbaren innern Zusammenhange sie auch sämmtlich oder theilweise mit den übrigen Fälschungen stehen mögen, doch unzweifelhaft eben so viele rechtlich selbständige Strafthaten, also andere Handlungen darstellen, als wegen deren die Auslieferung erfolgt war, erscheint nach jenem Artikel unstatthaft, zumal wegen derselben in den der großbritannischen Regierung vorgelegten Belegstücken des Auslieferungsantrags nirgends ein für die letztere erkennbarer Vorbehalt gemacht war. Es muß daher insoweit das ergangene Strafurteil wegen Verletzung einer unbedenklich wesentlichen Prozeßvorschrift vernichtet und in der Sache selbst das Verfahren gegen den Angeklagten zur Zeit wenigstens für unstatthaft erklärt werden.

Antr. d. GStA.: gleichl. [8.—4.]

Bernstein. – Unbefugte Aneignung.
1. Fund am Ufer. – Strandrecht des Staats.
2. Bernsteinfischerei. – Pommern. – Regal.

1. Für das in § 80 Tit. 15 Th. II des ALR.'s begründete Strandrecht des Staats an Allem, was auf die Meeresufer von der See angespült oder ausgeworfen wird, kommt es nicht darauf an, wie weit der augenblickliche Wasserstand und die einzelne Welle, sondern wie weit die höchste Flut greift und die niedrigste Ebbe zurücktritt. Sonach kann ein Stück Bernstein sehr wohl schon an das Ufer angespült und dem Strandrecht des Staats unterworfen sein, wenn es auch noch mit der Hand aus dem Wasser geholt werden muß.

2. Die Bernsteinfischerei in den Küstengewässern der Ostsee ist auch in den nicht früher zu Westpreußen gehörigen Theilen von Pommern Regal.

Ges. v. 22. Febr. 1867 betr. die Bestrafung der unbefugten Aneignung von Bernstein; § 80 Tit. 15 Th. II des ALR.'s; Königl. Rescr. v. 9. Oktbr. 1765 an die Pommersche Regierung.

Erk. (V. II.) v. 17. April 1879 c. Post & Gen. (353 II. Cr.).

Der App.-Richter erachtete das Gesetz v. 22. Februar

1867 betr. die Bestrafung der unbefugten Aneignung von Bernstein, auf den vorliegenden Fall deshalb nicht für anwendbar, weil der Knabe P. das Stück Bernstein nicht am Strande gefunden, sondern mit der Hand aus dem Wasser der Ostsee geholt habe und die Angeklagte P., die Mutter desselben, zur Aneignung des aufgefischten Bernsteins kraft des ihr zustehenden Okkupationsrechts befugt gewesen sei. Diese Begründung kann für eine rechtlich zutreffende nicht erkannt werden. Das von dem Appell.-Richter in Bezug genommene Erkenntniß des Ober-Trib. vom 22. Oktober 1867 (Oppenhoff Rechtspr. Bd. 8 S. 629, Goltdammers Archiv Bd. 16 S. 71) betrifft einen älteren Fall und ist gegen die Annahme gerichtet, daß die damaligen Angeklagten sich eines Diebstahls oder einer Unterschlagung schuldig gemacht hätten. Zu diesem Behufe wird dort ausgeführt, daß ein noch in der See schwimmendes Stück Bernstein nicht als ein solches anzusehen sei, an welchem der Fiskus bereits Eigenthum im Sinne des § 80 Tit. 15 Th. II des ALR.'s erworben habe. Dagegen ist von der Entscheidung ausdrücklich die Frage ausgeschlossen worden, in wiefern die Besitznahme von dergleichen Bernstein einen Eingriff in das Okkupationsrecht des Staats, namentlich im Hinblick auf das Gesetz vom 22. Febr. 1867 darstelle. Um die Beantwortung dieser Frage handelt es sich aber gerade im vorliegenden Falle. Denn nach Art. III des Gesetzes finden hinfort die Bestimmungen des StGB.'s über Diebstahl und Unterschlagung nur noch auf die rechtswidrige Zueignung bereits gewonnenen, d. h. von dem Berechtigten in Besitz genommenen, Bernsteins Statt, während die unbefugte Besitznahme noch nicht gewonnenen Bernsteins in rechtswidriger Absicht nach Art. I ein selbständiges Delikt bildet, bei dessen Begriffsbestimmung das Ges. v. 26. März 1856 betreffend die unbefugte Gewinnung oder Aneignung von Mineralien zum Anhalt gedient hat. Es bedarf also der Erörterung, ob dem Staate ein ausschließliches Okkupationsrecht an den sogenannten See-Bernstein zusteht, wobei allerdings ein weiteres Eingehen darauf, ob im gegebenen Falle dieses Recht von ihm einer Gemeinde oder einem Unterthan übertragen, oder von diesem gegen ihn erworben ist, nicht erforderlich wird. Daß das Strandrecht des Staats den auf das Meeresufer bereits angespülten oder ausgeworfenen Bernstein ergreift, kann nach § 80 Tit. 15 Th. II des ALR.'s nicht zweifelhaft sein und wird auch von dem Appell.-Richter nicht in Abrede gestellt. Aber derselbe irrt einmal darin, daß er den Begriff des Ufers selbst zu enge faßt, sodann aber auch darin, daß er das Okkupationsrecht des Staats auf das Ufer beschränkt und in den Küstengewässern nicht anerkennt. In ersterer Beziehung kommt es nicht darauf an, wie weit der augenblickliche Wasserstand und die einzelne Welle, sondern wie weit die höchste Fluth reicht und die niedrigste Ebbe zurücktritt, wie weit also auch in der Ostsee der Meeresboden beständig vom Wasser bedeckt wird — l. 96 pr., l. 112 Dig. de V. S. (50. 16) —. Sonach kann selbst in der Ostsee ein Stück Bernstein sehr wohl schon an das Ufer angespült sein, wenn es auch noch mit der Hand aus dem Wasser geholt werden muß. In letzterer Beziehung ist einzuräumen, daß dem Staate ein eigentliches Eigenthum an der offenen See nicht zusteht; allein damit ist die Frage bezüglich der staatlichen Befugniß zur Okkupation der Meeresprodukte nicht entschieden. An sich reicht diese Befugniß soweit, als die staatliche Autorität, wie denn auch in § 3 des Fischereigesetzes vom 30. Mai 1874 von den der Staatshoheit unterworfenen Theilen der Nord- und Ostsee die Rede ist und diese Staatshoheit auch die Voraussetzung der völkerrechtlichen Befugnisse der an das Meer angrenzenden Staaten über die Küstengewässer und jeder staatlichen Gesetzgebung in Bezug auf dieselben bildet. Nur wird faktisch ein Okkupationsrecht Seitens des Preußischen Staats an anderen Meeresprodukten nicht geltend gemacht und der Bernstein findet sich unter den Regalien des ALR.'s nicht erwähnt; allein dieser Umstand ist gegen das Recht des

Staats auf den Bernstein nicht beweisend, weil dasselbe von jeher in den verschiedenen Provinzen des Staats in verschiedenem Umfange ausgeübt worden ist und die Ordnung der Materie deshalb füglich den Provinzialrechten vorzubehalten war. Ein solche Ordnung ist inzwischen nur für die Provinzen Preußen erfolgt. Danach ist die Freiheit der Bernsteinfischerei der Küste von Ost- und Westpreußen, sowie der früher zu Westpreußen gehörigen Pommerschen Kreise (Art. III Nr. 5 des Ges.'s v. 4. August 1865) durch die provinzialrechtlich festgestellte Regalität des Bernsteins ausgeschlossen. Aber auch bezüglich des hier in Frage stehenden Theils der Pommerschen Küste muß eine gleiche Ausschließung angenommen werden. Dies ergiebt sich nicht nur aus dem Königl. Rescr. vom 9. Oktbr. 1765 an die Pommersche Regierung (Mylius: Novum corpus Constitutionum III. S. 1063), sondern es besagen auch die Motive zu dem Gesetze v. 22. Febr. 1867, (Drucksachen des Hauses der Abgeordneten Nr. 81): „Auch außerhalb des Gebietes des Ostpreußischen Provinzialrechts, ist der Bernstein, welcher in der Ostsee gefischt oder am Strande derselben gefunden wird, kein Gegenstand freier Okkupation, vielmehr steht das Recht der Gewinnung im Gebiete des Westpreußischen Provinzialrechts und auch in Pommern, soweit es nicht für gewisse Küstenstrecken von einzelnen Gemeinden oder Gutsherrschaften erworben ist, dem Staate zu;" und der Entwurf des Gesetzes lautete: Art. 1 Wer den in der Ostsee und am Strande derselben vorkommenden Bernstein, ohne zu dessen Gewinnung befugt zu sein u. s. w.; Art. 2 Werden die im Art. 1 bezeichneten Handlungen hinsichtlich des im Binnenlande vorkommenden Bernsteins begangen, u. s. w." Beide Artikel sind aber von der Kommission des Abgeordnetenhauses unter Zustimmung der Regierung nur deshalb in den jetzt vorliegenden Text des Gesetzes zusammengefaßt worden, weil es nicht für angemessen erachtet wurde, verschiedene Strafen für diese Vergehen anzudrohen. Die Richtigkeit der Voraussetzung, daß auch der noch im Wasser befindliche Bernstein kein Gegenstand freier Okkupation sei und es ebensowenig künftighin sein solle, ist von keiner Seite in Zweifel gezogen worden. Muß hiernach das Appell.-Erkenntniß, weil es mit Unrecht eine Befugniß des Knaben P., resp. der Angekl. P. zur Okkupation des Bernsteins angenommen hat, vernichtet werde, so bedarf es doch in der Sache selbst noch der thatsächlichen Erörterung, wer von Beiden, ob der Knabe oder dessen Mutter, die Angeklagte, als diejenige Person anzusehen ist, welche den Bernstein in Besitz genommen hat, zumal davon auch die Entscheidung abhängig ist, ob gegen die Angekl. P. eventuell die Strafe des ersten oder des zweiten Satzes des Art. I des Ges.'s v. 22. Februar 1867 zu verhängen ist. Die Sache war daher zur anderweiten Verhandlung und Entscheidung in die zweite Instanz zurückzuweisen.

Antr. d. GStA.: gleichl. [19.—4.]

Fahrlässige Körperverletzung. – Gesundheitsbeschädigung. – Kunstfehler der Medicinalpersonen.

1. Die im § 223 des StGB.'s aufgestellte Definition der Körperverletzung, wonach dieselbe auch die Gesundheitsbeschädigungen umfaßt, gilt auch für den § 230.

2. Unter den § 230 fallen auch die sogenannten Kunstfehler der Medicinalpersonen.

StGB. § 230.

Erk. (Z. II.) v. 17. April 1879 c. Wehner (375 II. Cr.).

Die Angeklagte ist wegen fahrlässiger Körperverletzung aus § 230 des StGB.'s verurteilt, weil sie als Hebeamme durch Unaufmerksamkeit die Verschlimmerung einer bei einer Entbundenen entstandenen Dammrißwunde verursacht hat. Ihre NB. hat das Ob.-Trib. verworfen und dabei obige Sätze ausgesprochen.

Antr. d. GStA.: gleichl. [7.—4.]

Civileinrede. - Zurückweisung.

Der Strafrichter kann die erhobene Civileinrede zurückweisen, wenn das prätendirte Recht durch die Gesetze nicht anerkannt wird und deshalb für die strafrechtliche Entscheidung bedeutungslos ist.

Ges. v. 31. Jan. 1845 § 1; Ges. v. 14. April 1856.

Erk. (Z. l.) v. 18. April 1879 c. Hankner (1006 I. Cr.).

Der Angeklagte, welcher wegen Jagdvergehens bestraft war, hatte in der Appellationsinstanz den Einwand erhoben und mit Beweis vertreten, daß er das Jagdrecht auf dem in Rede stehenden See durch Verjährung erworben habe. Der App.-Richter wies es wegen nicht genügender Präcisirung ab, die Entscheidung dieser Frage zum Prozesse zu verweisen. Auf die auch deshalb erhobene NB. erkannte das Ob.-Tr. zwar die genügende Präcisirung an, wies aber aus einem anderen Grunde zurück.

Nach § 1 des Ges.'s v. 31. Januar 1845 darf der Strafrichter das Erkenntniß nur dann aussetzen, wenn die Einrede von der Art ist, daß sie im Falle ihrer Richtigkeit jede Strafe ausschließen würde. Diese Bestimmung des Gesetzes ergiebt, daß der Strafrichter zu prüfen hat, ob der Angeklagte durch die vorgeschützte Einrede ein Recht, welches die Anwendung des Strafgesetzes hindert, erlangen würde. Nimmt der Richter dies an, so soll durch die Entscheidung des Civil-Richters zunächst festgestellt worden, ob dem Angeklagten das behauptete Recht zusteht. Gelangt er jedoch zu der Ueberzeugung, daß die Einrede die Anwendung des Strafgesetzes nicht hindern kann, weil das von dem Angeklagten prätendirte Recht durch die Gesetze überhaupt nicht anerkannt wird, so hat er die für die strafrechtliche Entscheidung bedeutungslose Einrede zurückzuweisen. Dies muß im vorliegenden Falle geschehen. § 1 des Ges.'s v. 31. Oktbr. 1848 bestimmt: daß jedes Jagdrecht auf fremdem Grund und Boden aufgehoben wird, und § 2 läßt eine Trennung des Jagdrechts von Grund und Boden als dingliches Recht künftig nicht Statt finden. Nach diesen gesetzlichen Vorschriften giebt es in Preußen keine dingliche Jagd gerechtigkeit auf fremdem Grund und Boden. Der Angeklagte kann deshalb durch Vorschützung einer solchen seine Befugniß zur Ausübung der Jagd auf dem See der Grundherrschaft von K. nicht darthun, und es muß deshalb auch die II. Berechtigungseinrede zurückgewiesen werden.

Ant. d. GStA.: gleichl. [18.—3.]

Trichinen. – Fleischer. – Untersuchung. – Fahrlässigkeit.

Ein Fleischer, welcher trichinenhaltiges Fleisch verkauft, handelt nicht unter allen Umständen deshalb fahrlässig, weil er die mikroskopische Untersuchung des Fleisches unterlassen hat.

StGB. § 230, 367 Nr. 7; Vgl. RdOTr. 15. S. 30 ff.

Erk. (Z. I.) v. 18. April 1879 c. **Klaffke** (492 I. Cr.).

Antr. d. GStA.: gleichl. [15.—3.]

Hehlerei. – Theilnahme an den Vortheilen einer strafbaren Handlung.

Die Annahme von Sachen mit der Kenntniß, daß solche mit durch Betrug erlangtem Gelde angekauft sind, ist keine Hehlerei im Sinne des

§ 259 des StGB [n. 14].

Erk. (V. I.) v. 18. April 1879 c. **Rosenthal & Gen.** (3 I. Cr.).

Was die gemeinsame NB. der drei Imploranten Wittwe C. W. und ihrer Kinder Dorothea und Salo W. betrifft, so ist von den Instanzrichtern festgestellt: „daß dieselben im Jahre 1877 zu P., ein Jeder durch mindestens drei verschiedene selbständige Handlungen, ihres Vortheils wegen, baare Gelder und andere bewegliche Sachen, von denen sie wußten, daß sie mittels strafbarer Handlungen erlangt waren, an sich gebracht haben". Der dieser Feststellung gemachte Vorwurf der Verletzung des § 259 des StGB.'s erscheint insofern verfehlt, als er sich darauf stützt, daß nicht festgestellt worden, daß das an die Imploranten von dem rechtskräftig verurteilten Mitangekl. R. gegebene Geld mit dem von ihm durch die Strafthat erlangten identisch sei; denn es besagen die Urteilsgründe, daß R. von den Geldern, welche er fortgesetzt durch den Betrug gegen die Sprit-Aktiengesellschaft erlangt, einen Theil baar an die Imploranten „gegeben“ und „verabfolgt“ hat. Die Instanzrichter haben jedoch über jeden der drei Imploranten W. das Schuldig wegen Hehlerei in drei Fällen ausgesprochen. Aber weder der Wortlaut der Schlußfeststellung, noch die Motivirung läßt mit hinreichender Klarheit erkennen, daß sich in jedem Einzelfalle unter den von jedem Imploranten an sich gebrachten Sachen baares Geld, welches R. durch Betrug erlangt, befunden hat. Die Sachdarstellung in Betreff des Salo W. ergiebt sogar, daß dieser an baarem Gelde nur 36 M. zu einer Uhr und 40 Mk. auf Kleidungsstücke erhalten, hiernach also höchstens durch zwei selbständige Handlungen Geld von R. an sich gebracht hat. Es kommt deshalb darauf an, ob die von R. gekauften, den Imploranten W. geschenkten Kleidungsstücke, Schmucksachen rc. als durch eine strafbare Handlung erlangt zu betrachten sind. Die NB. findet in dieser Annahme der Instanzrichter eine Verletzung des § 259 a. a. O., und darin ist derselben beizupflichten. Wenn § 259 bestimmt: „Wer seines Vortheils wegen Sachen, von denen er weiß oder den Umständen nach annehmen muß, daß sie mittels einer strafbaren Handlung erlangt sind, verheimlicht, ankauft, zum Pfande nimmt oder sonst an sich bringt, wird als Hehler mit Gefängniß bestraft;“ so läßt schon der Wortlaut des Gesetzes darüber keinen Zweifel, daß Sachen, welche unmittelbar durch eine strafbare Handlung erlangt sind, erfordert werden, daß es also auf einen der Art der Erlangung der Sachen — weil die Erlangung nämlich durch eine strafbare Handlung geschehen — anhaftenden Mangel ankommt. Dieser Fall trifft nicht zu bezüglich solcher Sachen, welche durch ein an sich erlaubtes Rechtsgeschäft erworben, aber mit, durch eine strafbare Handlung erlangtem Gelde bezahlt sind. Indem nun der App.-Richter die thatsächliche Feststellung des ersten

Richters auch insoweit, als sie die von den drei Imploranten W. geschehene Annahme von Sachen, welche von R. mit dem von ihm betrügerischer Weise erlangten Gelde gekauft waren, betrifft, beibehalten und daraufhin gegen jeden derselben drei Fälle der Hehlerei angenommen hat, hat er den § 259 des StGB.'s durch unrichtige Anwendung verletzt.

Antr. d. GStA.: gleichl. [17.—3.]

Betrug. – Vermögensbeschädigung. – Feststellung. – Betrag.

Es ist zur Anwendung der Betrugsstrafe nicht erforderlich den Betrag des erstrebten Vermögensvortheiles quantitativ festzustellen und zu fixiren.

StGB. § 263.

Erk. (Z. II.) v. 22. April 1879 c. Block (385 II. Cr.).

Der Angeklagte hatte den Werth einer versicherten und wegen Krankheit geschlachteten Ziege nur als Hundefutter zu 1,50 Mk. angegeben, während das Fleisch demnächst als Speisefleisch vom Versicherer gegessen werden konnte und gegessen worden ist. Die Instanzrichter fanden hierin eine Vermögensbeschädigung, weil das Fleisch als Speisefleisch jedenfalls einen höheren Werth gehabt habe, dann als Hundefutter, wenn schon dieser Mehrwerth sich quantitativ nicht genau fixiren lasse. Die NB. des Angeklagten erblickte hierin Gesetzesverletzung, weil es der Feststellung des in quanto bestimmten Vermögensvortheiles, welcher erstrebt worden ist, bedürfe.

Zurückweisung. Gründe:

Der Entscheidungsgrund, welcher den quantitativen Betrag des Mehrwerthes dahin gestellt läßt, verletzt nicht die Strafbestimmung des § 263 des StGB.'s. Auf die Strafbemessung, in welcher Richtung indeß die Beschwerde nicht geltend gemacht ist und auch in dieser Instanz nicht geltend gemacht werden konnte, kann möglicherweise die Eruirung des Betrags von Einfluß sein; dagegen ist die Annahme des Requisites der Vermögensbeschädigung keineswegs dadurch bedingt, daß die als vorhanden festgestellte Vermögensbeschädigung zugleich auch ihrem Betrage nach fixirt werde.

Antr. d. GStA.: gleichl. [7.—3.]

Körperverletzung. – Waffe. – Gefährliches Werkzeug.

Unter Waffen und Werkzeugen im Sinne des § 223a. des StGB.'s sind alle Gegenstände zu verstehen, mittelst deren durch mechanische Einwirkung auf den Körper eines Anderen eine Verletzung herbeigeführt werden kann.

StGB. § 223a. [n. 3].

Erk. (Z. II.) **v.** 22. **April** 1879 **c. Fuhrmeister** (406 II. Cr.).

Die Begriffe von „Waffe und Werkzeug" im § 223a. cit. sind, wie die legislatorischen Verhandlungen ausweisen, nicht lediglich in ihrer technischen Bedeutung zu nehmen, vielmehr sind darunter alle Gegenstände zu verstehen, mittelst deren durch mechanische Einwirkung auf den Körper eines Andern eine Verletzung herbeigeführt werden kann. Von dieser Auffassung ausgehend konnten die Instanzrichter in thatsächlicher Beziehung vorliegenden Falls erwägend, daß Schläge auf den Kopf mit einem solchen Knüppel ohne Weiteres den Tod des davon Getroffenen zur Folge haben konnten," den hier gebrauchten Stock für ein gefährliches Werkzeug erklären ohne sich dadurch einer Verkennung des Begriffs von Waffe und bezw. Werkzeug im Sinne des § 223a. cit. schuldig zu machen.

Antr. d. GStA.: gleichl. [7.—3.]

---

1. Postbeamte. – Reichsbeamte. – Anstellungsbehörde. 2. Vereidigung.

1. Die von den Kaiserlichen Ober-Postdirektionen in Preußen angestellten Unterbeamten sind Beamte, wenn auch nach Art. 50 der Verfassung des Deutschen Reiches dem einzelnen Bundesstaate die Anstellung solcher Beamten überlassen ist.

2. Die Beamtenqualität eines Reichsbeamten ist nicht von dessen Vereidigung abhängig.

StGB. §§ 359. 331; Verfass. des Deutschen Reiches Art. 50; Reichs-Vdn. v. 30. Juni 1873 und v. 22. Dezbr. 1875; Präs.-Erlaß vom

18. Dezbr. 1867; Ges. v. 31. März 1873 § 3; Preuß. Pensionsgesetz v. 27. März 1872 § 13; Pensions-Reglement v. 30. April 1825; Kab.-Ordre v. 11. August 1832.

Erk. (Z. II.) v. 22. April 1879 c. Schade (400 II. Cr.).

Ein wegen Amtsunterschlagung bestrafter Landbriefträger rügte in seiner NB. daß er zu Unrecht für einen Beamten angesehen worden sei, weil ihn die Kaiserliche Ober-Post-Direktion und nicht die nach Art. 50 der Verfassung des Deutschen Reiches allein kompetente Landes-Regierung angestellt habe, er auch nicht vorschriftsmäßig vereidet sei. Das Ob.-Tr. hat die NB. zurückgewiesen. Gründe:

Nach dem Ausspruche der Geschworenen hat der Angeklagte im Jahre 1878 im Inlande als von der Kaiserlich Deutschen Ober-Postdirektion St. im Dienste des Reichs angestellte Landbriefträger des Postamts G. verschiedene fremde Gelder, welche er in amtlicher Eigenschaft empfangen hatte, sich rechtswidrig zugeeignet. Die NB. des Angeklagten behauptet: daß derselbe, weil er von einer nach Art. 50 der Verfassung des Deutschen Reichs dazu nicht kompetenten Behörde angestellt worden, nicht als eine im Dienste des Reichs angestellte Person zu erachten sei. Diese Behauptung erscheint jedoch unbegründet. Allerdings werden nach dem erwähnten Artikel die für den lokalen und technischen Betrieb bestimmten, mithin bei den eigentlichen Betriebsstellen fungirenden Beamten, zu denen auch die Landbriefträger gehören, von den betreffenden Landesregierungen angestellt, und es ist richtig, daß den Preußischen Ober-Post-Direktionen, welche nach der Postdienstinstruktion über die Annahme, Beschäftigung und Anstellung der Unterbeamten selbständig zu verfügen hatten, diese Befugniß verblieben ist, auch nachdem sie durch Allerh. Präs.-Erlaß v. 18. Dezbr. 1867 (BGBl. S. 328) die Eigenschaft als Bundesbehörden und in Folge der Erweiterung des Norddeutschen Bundes zum Deutschen Reiche die Eigenschaft als Reichsbehörden — vgl. Vdn. v. 30. Juni 1873 (RGBl. S. 169) und v. 22. Dezbr. 1875 (RGBl. S. 379) — erlangt haben. Allein, wenn die Preußische Regierung, wie dies auch von anderen Landesregierungen geschieht, die Ausübung des ihr nach Art. 50

Abs. 5 zustehenden Anstellungsrechts dem Reiche überlassen hat, so ist nicht abzusehen, in wiefern dies gegen die Reichsverfassung verstoßen und die rechtliche Unwirksamkeit der von der Ober-Postdirektion bewirkten Anstellung zur Folge haben soll. Denn die angeführte Bestimmung des Art. 50 enthält nur die Einräumung eines Rechts an die Landesregierungen; soweit aber von demselben nicht Gebrauch gemacht wird, tritt das aus der Kaiserlichen Prärogative der oberen Leitung der Post- und Telegraphenverwaltung — Abs. 1 a. a. O. — abgeleitete Recht und die Pflicht der Kaiserlichen Behörden ein, für ordnungsmäßige Verwaltung und Betrieb auch durch Besetzung der Unterbeamtenstellen zu sorgen. Die fernere Beschwerde des Angeklagten ist darauf gestützt: daß er als Reichsbeamter nicht vorschriftsmäßig vereidet worden sei. Auch diese Beschwerde ist nicht gerechtfertigt. Zwar muß es dahin gestellt bleiben, ob und in welcher Eigenschaft der Angeklagte früher im Preußischen Staatsdienst gestanden hat und wann er in den Reichsdienst übergetreten ist, zumal in dieser Beziehung eine thatsächliche Feststellung nicht vorliegt. Für die Beurteilung der NB. ist im Gegentheil, da der Schw.-GH. die Thatsache der Beeidigung für unerheblich erklärt hat, davon auszugehen, daß eine Vereidigung nicht statt gefunden habe. Indessen ist nach der positiven Vorschrift des § 359 des StGB.'s allein entscheidend, daß der Angeklagte im Dienste des Reichs angestellt war, und macht es keinen Unterschied, ob er einen Diensteid geleistet hat oder nicht. Diese Vorschrift ist auch nicht, wie der Angeklagte behauptet, durch § 3 des Ges.'s v. 31. März 1873, betreffend die Rechtsverhältnisse der Reichsbeamten (RGBl. S. 61), wonach jeder Reichsbeamte vor dem Dienstantritt eidlich zu verpflichten ist, modificirt worden. Die Verabsäumung dieser Verpflichtung würde möglicher Weise von Einfluß auf die Rechtsverhältnisse des Angeklagten, die Berechnung seiner Dienstzeit u. s. w., nicht aber auf die Pflichten von Einfluß gewesen sein, die er durch die Uebernahme des Amts dem Reiche und Dritten gegenüber, mit denen er in amtlichen Verkehr getreten ist, überkommen hat. Das Reichsgesetz hat in dieser Beziehung keine von den für Preußen geltenden abweichende Bestimmungen getroffen. Die Ableistung des Diensteides war auch in Preußen von jeher vorgeschrieben, und der § 45 des Reichsgesetzes stimmt wörtlich überein mit dem § 13 des Preuß. Pensionsges.'s v. 27. März 1872 (GS. S. 268), welches sich wiederum an den § 9 des Pensionsreglements vom 30. April 1825 (v. Kamptz Ann. Bd. 16 S. 843) anlehnte, das in seinem ersten Satze lautete: „Die Dienstzeit, welche der Berechnung über die Dienstdauer zum Grunde zu legen ist, fängt mit dem Datum der ersten eidlichen Verpflichtung zum Staatsdienste an. Gleichwohl ist in Preußen bereits durch die Kab.-Ordre v. 11. August 1832 (GS. S. 204) für das Wesentliche der Beamtenqualität die provisorische oder definitive Anvertrauung der Amtsgeschäfte durch die berechtigte Behörde und die Uebernahme derselben Seitens des dazu Verstatteten, ganz abgesehen von der Vereidigung desselben, erklärt worden, und ebenso hat der § 331 des Pr. StGB.'s die Vorschriften über Verbrechen und Vergehen im Amte auf alle öffentlichen Beamten für anwendbar erklärt, gleichviel ob sie einen Diensteid geleistet haben oder nicht. Die gleiche Bestimmung ist unverändert in das StGB. für das Deutsche Reich aufgenommen worden, und es kann keinem Bedenken unterliegen, daß auch hier ihre Tragweite dieselbe ist.

Antr. d. GStA.'s: gleichl. [19.—3.]

Betrug. – Kundschaft. – Vermögensbeschädigung.

Die Entziehung einer Kundschaft durch Täuschung ist nur bei Voraussetzung einer **bestehenden** auf einen ausdrücklichen oder stillschweigenden Vertrag zurückzuführenden Geschäftsverbindung als eine Vermögensbeschädigung anzusehen.

StGB. § 263.

Beschl. (I.) v. 23. April 1879 c. Hopp. (97 B. I. Cr.).

Die Instanzrichter hatten die Eröffnung der Untersuchung wegen Betruges, welcher darin gefunden wurde, daß Angeklagter um sich Absatz für seine Waare zu schaffen, fälschlich Personen erzählt hatte, daß das Geschäft, von welchem sie früher solche Waaren bezogen hatten, nicht mehr existire, abgelehnt und hat das Ob.-Tr. die hiergegen erhobene Beschwerde des OStA. zurückgewiesen. Gründe:

In Erw., daß zum Thatbestande des Betruges, § 263 des StGB.'s, die Beeinträchtigung eines vorhandenen Vermögens, oder die Entziehung eines Gewinns gehört, auf welchen der Betreffende einen rechtlich begründeten Anspruch hatte;

In fernerer Erw., daß die Erklärung, bei einem bestimmten Kaufmann eine Bestellung zu machen, so lange sie nicht diesem oder seinem Stellvertreter gegenüber abgegeben wird, also die rechtliche Natur eines Auftrags oder Anerbietens annimmt, weder eine Verpflichtung für den Erklärenden zur Uebertragung, noch einen Anspruch des Kaufmanns auf Ausführung dieser Bestellung begründet;

daß daher die Beschwerde fehl geht, wenn sie die einem Kaufmann blos zugedachte Bestellung als einen Bestandtheil seines Vermögens betrachtet und aus deren Entziehung eine Vermögensbeschädigung folgert;

In Erw., daß insbesondere die Entziehung einer Kundschaft nur bei Voraussetzung einer bestehenden, auf einen ausdrücklichen oder stillschweigenden Vertrag zurückzuführenden Geschäftsverbindung unter der Vermögensbeschädigung des § 263 als mitbegriffen angesehen werden darf, im gegebenen Fall aber von einer solchen Kundschaft des Schuhmachers R. und daß derselbe insbesondere zu dem von der Beschwerdeschrift erwähnten Kreis von Kunden gehört hat, nach welchen die Firma S. ihre gewerblichen Anlagen und Aufwendungen bemessen hat, weder in der Anklageschrift, noch in den Unterstellungen der Instanzrichter die Rede ist;

In endlicher Erw., daß das in der Beschwerde angerufene Erk. des Königl. Ob.-Trib.'s vom 29. Mai 1874 (Oppenh. Rechtspr. Bd. 15. S. 340) derselben nicht zur

Seite steht, wohl aber mit der gegenwärtigen Entscheidung sich in sofern im Einklang befindet, als dasselbe ebenfalls einen Eingriff in bereits erworbene Rechte zum Thatbestand des Betruges erfordert;

dem angefochtenen Beschluß mithin eine Verletzung des § 263 a. a. O. nicht zur Last fällt.

Antr. d. GStA.: gleichl. [17.—3.]

Gemeindeexekutoren. - Mittelbare Staatsbeamte. - Rechtmäßige Amtsausübung.

Von der Gemeinde angestellte Exekutoren sind mittelbare Staatsbeamte, deren rechtmäßige Amtsausübung nicht von der Beeidung, von dem Beisichführen des Exekutionsbefehls oder vorausgegangenem Mahnverfahren abhängig ist.

StGB. § 113 [n. 6, 15], § 359 [n. 12, 32].

Erk. (V. I.) v. 23. April 1879 c. Jäcka (152 I. Cr.).

J. hatte die Ausbesserung einer von der Gemeinde angeordneten Wegbesserung unterlassen, weshalb der Gemeindevorstand sie für seine Rechnung bessern und ihn durch den Gemeindeexekutor auf den Kostenbetrag pfänden ließ. Von der Anklage eines hierbei geleisteten Widerstandes ist er freigesprochen, weil die rechtmäßige Amtsausübung des Exekutors verneint werden müsse, da er den Exekutionsbefehl nicht bei sich gehabt, auch nicht eidlich, sondern nur durch Handschlag verpflichtet gewesen sei. Auf NB. der StA.-schaft vernichtete das Ob.-Tr.

[1.] Der vom App.-Richter beibehaltenen Negativfeststellung liegt zunächst die rechtsirrthümliche Annahme zu Grunde, daß der Exekutor S. für einen Beamten im Sinne des § 359 des StGB.'s nicht zu erachten sei. Die Einziehung der Gemeindeabgaben und der an die Stelle der persönlichen Leistungen tretenden Geldbeträge (Verordnung vom 30. Juli 1853 § 1 Nr. 6, 14) bildet einen Theil der Verwaltung des Gemeindehaushalts; der von der Gemeinde angestellte Exekutor gehört daher nach § 69 des ALR.'s II. 10 und § 68 des ALR.'s II. 7 zu den mittelbaren Staatsbeamten, cfr. § 2 der Vdn. v. 30. Juli 1853, Oppenhoff

Bd. 16 S. 87. Der Richter erster Instanz hat auch für thatsächlich festgestellt erachtet, daß der Gemeindeexekutor S. ein zur Vollstreckung der Befehle der Verwaltungsbehörden berufener Beamter sei, und der App.-Richter diese Eigenschaft nur um deshalb in Abrede genommen, weil S. nicht in Gemäßheit des § 4 der Vdn. v. 30. Juli 1853 eidlich verpflichtet sei. Allein der § 4 hat nicht, wie der Appell.-Richter annimmt, die rechtliche Natur einer, aus der Eigenart der durch die Vdn. v. 30. Juli 1853 geregelten Materie geschöpften, für die Beamteneigenschaft eine von den allgemeinen staatsrechtlichen Grundsätzen abweichende weitere Bedingung aufstellenden Specialvorschrift, sondern ist eine Wiederholung der durch § 3 des ALR.'s Th. II Tit. 10 und die Kab.-Ordre vom 5. Novbr. 1833 (GS. S. 291) nebst dem ergänzenden Staats-Minist.-Beschl. v. 12. Febr. 1850 (JMBl. S. 42) für alle öffentlichen Beamten angeordneten Ableistung des Diensteides, welcher lediglich ein Bestärkungsmittel der durch die bereits erfolgte Anstellung übernommenen amtlichen Verpflichtungen bildet. Die Bestimmung des § 359 a. a. O., daß unter den Beamten im Sinne des R.-StGB.'s also auch des § 113 daselbst, die im mittelbaren Dienste eines Bundesstaats angestellten Personen ohne Unterschied, ob sie einen Diensteid geleistet haben oder nicht, mit zu verstehen sind, bleibt daher für die Beurteilung der in Frage gestellten Beamtenqualität des Gemeindeexekutors S. maßgebend. Der App.-Richter, welcher diese verneint, hat die landesgesetzlichen Vorschriften über die Begründung des Beamtenverhältnisses und insonderheit den § 359 a. a. O. durch Nichtanwendung verletzt.

[2.] Derselbe rechtfertigt die Negativfeststellung ferner damit, daß S. sich jedenfalls nicht in der rechtmäßigen Ausübung seines Amtes befunden habe. Auch dies ist ein Irrthum. Nach § 4 der Vdn. v. 30. Juli 1853 soll der Exekutor freilich den schriftlichen Pfändungsbefehl, welcher ihm die Befugniß zur Vornahme der Exekution ertheilt, § 11 daselbst, stets bei sich führen. Daraus folgt jedoch nicht, wie der App.-Richter annimmt, daß die Beisichführung des Pfändungsbefehls ein nothwendiges Erforderniß jeder Exekutionsvollstreckung im Verwaltungswege sei, bei dessen Mangel sich der Exekutor nicht mehr in der rechtmäßigen Ausübung seines Amtes befindet. Nicht jede Verletzung einer gesetzlichen Vorschrift nimmt der Amtshandlung, bei welcher dieselbe vorgekommen ist, den Charakter der Rechtmäßigkeit; es kommt vielmehr darauf an, ob dieselbe für eine wesentliche zu erachten. Daß zu diesen die Mitsichführung des Pfändungsbefehls nicht gehört, geht aber schlagend daraus hervor, daß nach dem § 4 der Exekutor denselben nur auf Verlangen des Schuldners vorzuzeigen hat. Die Beibehaltung der Negativfeststellung enthält mithin auch eine Verletzung der §§ 4 und 14 der Vdn. v. 30. Juli 1853 durch unrichtige Anwendung.

[3.] Diese Negativfeststellung wird endlich dadurch nicht getragen, daß der Exekutor S. den Vorschriften der §§ 8 und 9 daselbst zuwider einen Mahnzettel von dem Gemeindevorsteher nicht empfangen und dem Angeklagten Käthner J. nicht ausgehändigt, sondern ihn nur mündlich gemahnt hat. Ordnungswidrigkeiten bei Vollziehung der Mahnung lassen indeß den Vollstreckungsbeamten nicht in unberechtigter Ausübung des Amtes begriffen erscheinen, wie dies vom Kgl. Ob.-Tr. mehrfach und in neuester Zeit noch im Erkenntniß v. 6. Febr. 1878 ausgeführt ist, auf welches hier verwiesen werden mag — Oppenh. Rechtspr. Bd. 19 S. 59 —. Aus diesen Gründen unterliegt das Erkenntniß des App.-Richters wegen Gesetzesverletzung nach Art. 107 und 115 des Ges.'s v. 3. Mai 1852 der vom OStA. beantragten Vernichtung. Für die Frage der Anwendung des § 113 a. a. O. kommt es noch auf die bisher unterbliebene Ermittelung an, ob wie der Staatsanwalt behauptet, der Exekutor S. von dem Gemeindevorsteher einen schriftlichen Pfändungsbefehl erhalten hat.

Antr. d. OStA.: gleichl. [17.—2.]

Diebstahl. - Einsteigen. - Bestimmung der Oeffnung.

Zum Begriff des Einsteigens wird erfordert, daß die benutzte Oeffnung nicht nach der baulichen Einrichtung des betretenen Raumes in bleibender Weise zum Eingang für Menschen bestimmt ist.

StGB. § 243 [n. 35]; Vgl. RbOTr. 15. S. 475.

Erk. (Z. 1.) v. 23. April 1879 c. Kaczmarek (338 I. Cr.).

K. hatte Tauben von einem fremden Boden entwendet und den Eingang in diesen durch eine im Hausgiebel befindliche Luke genommen, zu der man nur mittels einer Leiter oder eines derartigen Werkzeugs gelangen konnte. Er ist deshalb aus § 243 bestraft und seine NB. zurückgewiesen.

Aber auch der fernere vom App.-Richter hinzugefügte Ablehnungsgrund, daß überdies zum Wesen des Einsteigens nur erfordert werde, daß die benutzte Oeffnung nach den baulichen Einrichtungen des betretenen Raumes nicht in bleibender Weise zum Eingange für Menschen bestimmt sei, ist in Uebereinstimmung mit dem von ihm allegirten Erk. des Ob.-Tr., Oppenhoff Rechtspr. des Ob.-Tr. 15. S. 475, für rechtlich zutreffend zu erachten.

Antr. d. OStA.: gleichl. [9.—2.]

Widerstand. - Amtsausübung. - Rechtmäßigkeit? - Eindringen in eine Wohnung zur Nachtzeit.

Wenn der § 10 des Ges.'s zum Schutze der persönlichen Freiheit das Eindringen in eine Wohnung zur Nachtzeit zum Zweck der vorläufigen Ergreifung einer Person, welche bei Ausführung einer strafbaren Handlung oder gleich nach derselben verfolgt worden, gestattet, so ist dabei lediglich an den Fall gedacht, daß die strafbare Handlung außer dem Hause begangen ist, der Thäter sich dann in das Haus geflüchtet und bis dort verfolgt wird. Die Bestimmung gilt nicht auch für ein sofortiges amtliches Einschreiten wegen einer strafbaren Handlung,

die zur Nachtzeit im Inneren eines Hauses begangen wird.

StGB. § 113; Ges. z. Schutz der persönl. Freiheit § 10.

Erk. (B. I.) v. 25. April 1879 c. Polkowski (394 I. Cr.).

Der Polizeidiener D. hatte sich Nachts 11 Uhr, als der Angeklagte durch Lärm im Innern seiner Wohnung die öffentliche Ruhe störte, in die Wohnung begeben, um ihn zur Ruhe zu bringen resp. zu arretiren und der Angeklagte sich dabei widersetzt. Aus § 113 verfolgt, wurde der Angeklagte von dem Instanzrichter freigesprochen, weil keiner der Fälle vorliege, in welchen die §§ 9 und 10 des Ges.'s zum Schutze der persönlichen Freiheit das Eindringen in eine Wohnung zur Nachtzeit gestatteten. Insbesondere sei Angeklagter weder bei Ausführung einer strafbaren That verfolgt worden, noch habe ein dringender Grund dafür gesprochen, daß er sich einer etwa wegen der Uebertretung gegen § 360 Nr. 11 des StGB.'s für erforderlich erachteten Festnahme bei längerer Verzögerung ganz entziehen werde.

Der StA. ergriff NB. mit der Behauptung, daß unter Verfolgung einer Person bei Ausführung einer strafbaren Handlung nicht blos das Nachfolgen hinter der Person eines nach der That in das Haus geflüchteten Thäters, sondern jedes sofortige amtliche Einschreiten wegen einer strafbaren Handlung, jedes Verfolgen der That, zu verstehen sei.

Das Ob.-Tr. wies diese Auffassung des StA.'s als irrig zurück, vernichtete aber dann, weil nicht festgestellt sei, ob nicht ein Ansuchen aus dem Inneren der Wohnung im Sinne des § 9 des cit. Gesetzes vorgelegen habe.

Antr. d. OStA.: gleichl. [12.—4.]

Urkundenfälschung. – Rechtswidrige Absicht.

Rechtswidrige Absicht kann darin gefunden werden, daß jemand das Mittel der Urkundenfälschung anwendet, um mit Umgehung des Rechtswegs eine ihm wirklich zustehende Forderung zu realisiren.

StGB. § 267 [n. 3].

Erk. (Z. I.) v. 30. April 1879 c. Böhm (234 I. Cr.).

B. hatte eine begründete Forderung an F., die er nicht erlangen konnte. Um zu seinem Gelde zu kommen, schrieb er einen Kontrakt nieder, in dem ein fingirter Gutsbesitzer B. ihm die Einrichtung einer Brennerei auf seinem Gut überträgt, unterzeichnete denselben mit seinem Namen und ließ die Unterschrift des B. durch einen Verwandten darunter setzen. Diesen Vertrag zeigte er dem F. und versprach ihm die Arbeiten für die Brennerei zuzuwenden, wenn er ihm seine Forderung sofort bezahle, was dieser that, indem er dem Vorgeben Glauben schenkte. Auf Urkundenfälschung angeklagt, ist B. in erster Instanz freigesprochen, in zweiter aber verurteilt und seine NB. zurückgewiesen.

Insbesondere kann die Ausführung der NB., daß der Feststellung der rechtswidrigen Absicht des Angeklagten eine rechstirrthümliche Ansicht des Appell.-Richters von diesem Thatbestandsmoment zu Grunde liege, für zutreffend nicht angesehen werden. Der letztere findet diese rechtswidrige Absicht nicht darin, daß der Angeklagte die ihm gegen F. und J. zustehende Forderung ohne Intervention des Richters, und indem er zur Einwirkung auf den Willen der Schuldner ein thatsächlich unbegründetes Motiv benutzte, beizutreiben versuchte, sondern darin, daß der Angeklagte die Schuldner durch Vorlegung des zu diesem Zwecke fälschlich angefertigten Vertrags in den irrigen Glauben versetzte, als könne und wolle er ihnen anderweite Lieferungen für Brennerei-Einrichtungen verschaffen, und sie hierdurch bewog, von ihren Einwendungen gegen die Höhe seiner Forderung und ihrem Vorhaben sie herabzumindern Abstand zu nehmen und sie ihm vollaus zu bezahlen. Wenn der Appell.-Richter unter diesen Umständen in der Anwendung des Mittels der Urkundenfälschung, um wider die bestehende staatliche Rechtsordnung mit Umgehung der Gerichte sich selbst Recht zu verschaffen und in den Besitz des ihm verweigerten Geldes zu gelangen, eine auf Alterirung des bestehenden Rechtszustandes und Verletzung der Rechte seiner Schuldner gerichtete, also rechtswidrige Absicht erblickt hat, so kann dies für rechtsirrthümlich nicht erachtet werden.

Antr. d. GStA.: gleichl. [9.—2.]

Aerztlicher Titel. – Anmaßung. – Widerrechtlichkeit.

Das Bewußtsein von der Widerrechtlichkeit eines beigelegten arztähnlicheu Titels kann durch Ermäch-

tigung der Behörde denselben zu führen für ausgeschlossen erachtet werden.

Gew.-Ordn. v. 21. Juni 1869 § 147.

Erk. (Z. 1.) v. 30. April 1879 c. Großmacht (411 I. Cr.).

G. ist Barbier, aber vom Magistrat in A. mit Wahrnehmung der polizeiwundärztlichen Geschäfte in einem Theil der Stadt beauftragt und hat sowohl auf Attesten, als auf einem Hausschild seinem Namen die Worte hinzugefügt „beauftragt mit Wahrnehmung der polizeiwnndärztlichen Geschäfte". Von der Anklage sich einen Titel angemaßt zu haben, der die Täuschung zu erregen geeignet sei, ihn als eine geprüfte Medizinalperson erscheinen zu lassen, ist er freigesprochen, weil er sich einen solchen nicht widerrechtlich angemaßt habe; den fraglichen Auftrag ergebe seine schriftliche Bestallung und die gewählte Bezeichnung sei ihm von dem Polizeichef selbst angerathen. Die RB. der StA.-schaft wurde zurückgewiesen.

Der Berufungsrichter spricht aus, daß unter Beilegung eines der Bezeichnung als Wundarzt rc. ähnlichen Titels jede Bezeichnung zu verstehen, welche den Glauben zu erwecken geeignet ist, der Inhaber sei eine geprüfte Medizinalperson; daß ferner die vom Angeklagten gewählte Bezeichnung für die ihm von dem Magistrate zu A. übertragene Funktion eine Täuschung der gedachten Art hervorrufen könne, daß aber der Angeklagte von der ihm vorgesetzten Behörde ausdrücklich zum Gebrauche jener Bezeichnung ermächtigt worden sei, es somit an der widerrechtlichen Anmaßung derselben fehle. Unter Anmaßung eines Titels aber läßt sich nur die Beilegung eines solchen mit dem Bewußtsein, daß derselbe unberechtigt sei, verstehen. Der Berufungsrichter geht hiernach von der an sich richtigen Ansicht aus, daß § 147 Ziff. 3 der R.-Gew.-Ordn. zwischen der rechtmäßigen und unrechtmäßigen Führung eines Titels nicht unterscheide, sondern schlechthin dessen Gebrauch verbiete, wenn dadurch dem wirklichen Sachverhalt entgegen objektiv der Glaube erweckt werde, dieser Titel beruhe auf der vorausgegangenen Prüfung des Betreffenden in demjenigen Zweige der medizinischen Wissenschaft, worauf sich derselbe bezieht, daß also auch an sich wahrheitsgemäße und berechtigte Bezeichnungen, welche der Vorschrift zuwiderlaufen, indem sie jenen Irrthum hervorrufen, vermieden oder durch einen Zusatz ergänzt werden müssen, welcher dazu angethan ist, ein Mißverständniß auszuschließen. Der Berufungsrichter verneint vielmehr nur das Vorhandensein des erforderlichen strafrechtlichen Willens, das Bewußtsein des Angeklagten von der Widerrechtlichkeit des beigelegten Titels unter dem Gesichtspunkte des § 147 indem er dieses Bewußtsein für den gegenwärtigen Fall durch die Ermächtigung Seitens der Behörde ausgeschlossen erachtet. Dieser Grund ist thatsächlicher Natur und mit dem gegenwärtigen Rechtsmittel nicht zu erörtern.

Antr. d. GStA.: gleichl. [11.—2.]

Drohende Zwangsvollstreckung. - Rechtsbehelfe dagegen.

Der Begriff einer drohenden Zwangsvollstreckung wird durch Rechtsbehelfe die dem Schuldner dagegen zustehen nicht ausgeschlossen, so lange er von seinen Vertheidigungsrechten nicht mit Erfolg Gebrauch gemacht hat.

StGB. § 288 [n. 4].

Erk. (Z. I.) v. 30. April 1879 c. Heil (432 I. Cr.).

H. aus § 288 des StGB.'s bestraft, bestritt, daß ihm Zwangsvollstreckung drohe, weil die gegen ihn erhobene Forderung auf einem Scheinvertrag beruhe, also ernstlich nicht bestehe und deshalb auch niemals vollstreckbar werden könne. Seine NB. wurde zurückgewiesen.

Die NB. läßt sich als begründet nicht anerkennen. Die Ausführungen derselben beruhen auf der unberechtigten Annahme, daß die in der Absicht bei einer drohenden Zwangsvollstreckung die Befriedigung des Gläubigers zu vereiteln von dem Schuldner vorgenommene Veräußerung von Vermögensbestandtheilen den Charakter der Widerrechtlichkeit verliere, wenn der Anspruch bezüglich dessen die Zwangsvollstreckung droht ein im Rechte nicht begründeter und nicht geeignet sei bei dem Thäter das Bewußtsein einer Rechtswidrigkeit seiner Handlung zu erwecken. Soweit es

sich um den objektiven Thatbestand des Delikts aus § 288 des R.-StGB.'s handelt, so erfordert das Gesetz nur den äußeren Zustand, daß dem Veräußernden eine Zwangsvollstreckung droht und unterscheidet nicht, ob dieselbe eine materiell berechtigte durch Ableugnungen, Einwendungen und Einsprachen nicht zu beseitigende sei oder nicht. Setzt, wie die Rechtspr. des Kgl. Ob.-Tr.'s dieses konstant anerkannt hat, das Drohen einer Zwangsvollstreckung nicht bereits die Erlassung eines Urteils voraus, welches die Vollziehung zur Folge hat oder haben kann, sondern genügt bereits die Erhebung einer Klage um den Beklagten in die Nothwendigkeit zu versetzen die Möglichkeit künftiger Vollstreckung in das Auge zu fassen und Handlungen zu vermeiden, welche dieselbe zu vereiteln geeignet sind, so vermag der Umstand, daß Beklagter prozessualisch in der Lage ist diesen drohenden Zustand durch den Gebrauch seiner Rechtsbehelfe zu vermeiden dessen Beseitigung so lange nicht herbeizuführen, als er von seinen Vertheidigungsrechten nicht mit Erfolg Gebrauch gemacht hat. Erst von diesem Zeitpunkte an hört die Drohung einer Zwangsvollstreckung auf, bis dahin aber muß er darauf gefaßt sein, daß, sei es weil er sich seiner Vertheidigungsrechte nicht bedient, sei es, weil solche von der darüber befindenden Behörde keine Anerkennung gefunden, die Drohung zur Verwirklichung gelangt. Wesentlich verschieden hiervon ist die weitere Frage, ob der unter solchen Verhältnissen veräußernde Beklagte sich nicht in dem Glauben an seine Berechtigung hierzu befunden haben könne und im Bejahungsfalle hierdurch der Thatbestand des Delikts aus § 288 nach der subjektiven Seite hin ausgeschlossen werde.
Antr. d. GStA.'s: gleichl. [11.—2.]

Preßgesetz. – Redakteur. – Verantwortlichkeit.

Die strafrechtliche Verantwortlichkeit des Redakteurs einer periodischen Druckschrift wird durch dessen Abwesenheit vom Druckort zur Zeit des Erscheinens

des strafbaren Artikels nicht nothwendig ausgeschlossen.

Preß-Ges. v. 7. Mai 1874 § 20.

Erk. (Z. I.) v. 30. April 1879 c. Rex (380 I. Cr.).

In einer von R. zu W. redigirten Zeitung war ein Artikel erschienen, welcher Beleidigungen gegen K. enthielt, die aus § 186 des StGB.'s strafbar waren. R. nach § 20 des Preßgesetzes bestraft, rügte mit NB. daß er zur Zeit der Aufnahme des Artikels im Bade N. abwesend gewesen sei und von der beleidigenden Eigenschaft des Artikels keine Kenntniß gehabt habe. Sie wurde zurückgewiesen.

Die Angriffe der NB. sind verfehlt. Daß die Abwesenheit des Redakteurs von dem Druckorte einer periodischen Druckschrift dessen Verantwortlichkeit aus § 20 des R.-Preßges.'s v. 7. Mai 1874 an und für sich aufhebe so lange nicht dargethan sei, daß und in welcher Weise er bei dem Erscheinen des strafbaren Artikels positiv thätig gewesen, läßt sich nicht anerkennen. Die Abwesenheit kann allerdings der Art beschaffen sein, daß sie das Verschulden des Redakteurs an dem strafbaren Inhalt der Zeitschrift ausschließt und damit sich als ein besonderer Umstand im Sinne jenes Gesetzes darstellt, welcher seine präsumtive Haftbarkeit als Thäter beseitigt. Aber ihre Erheblichkeit in dieser Richtung wird sich stets nach den konkreten Umständen bemessen und wenn vorliegend der Berufungsrichter in einer mit dem gegenwärtigen Rechtsmittel unanfechtbaren Weise die Möglichkeit annimmt, daß Beschuldigter trotzdem, sei es vor oder nach seiner Abreise, den Artikel gelesen und zum Abdruck befördert habe, so läßt es sich als rechtsirrthümlich nicht bezeichnen, wenn er das Vorhandensein eines darin begründeten die Haftbarkeit ausschließenden Umstandes verneint hat. Auch was das Vorbringen betrifft, der Artikel sei während der Abwesenheit des Angeklagten bei der Redaktion angelangt, so liegt eine zweifellose Klarheit in der Richtung, daß damit die Person, welche den Beschuldigten in der Redaktion zu vertreten bestimmt bezeichnet sei, nicht vor; nur unter dieser Voraussetzung aber würde von einer Enthörung des Beschuldigten und einem Verstoß gegen wesentliche prozessualische Grundsätze die Rede sein können. Die Aufklärung unbestimmter Behauptungen in der Hauptverhandlung ist nicht Sache des Gerichts, sondern des Vorsitzenden, welchem die Leitung zusteht. Dessen Auffassung über den Sinn der fraglichen Behauptung ist nicht ersichtlich und jeden Falles weder für die endliche Beurteilung des Gerichtshofes präjudizirlich noch mit der NB. anfechtbar. Wenn endlich der Berufungsrichter nach den näher angegebenen Umständen die Beziehung des Artikels auf die Privatkläger aus dessen Inhalt erkennbar erachtet und daraufhin auch für den Beschuldigten vermöge dessen präsumtiver Thätigkeit in Beziehung auf Druck und Verbreitung das Bewußtsein desselben von der Strafbarkeit des Artikels bejaht, so bewegt er sich ebenfalls innerhalb der durch § 20 des R.-Preßges.'s für die Haftbarkeit des Redakteurs nach der objektiven wie der subjektiven Seite erweiterten Grenze. So richtig es auch ist, daß eine unverschuldete Unkenntniß des Redakteurs über die strafbaren Beziehungen des Inhalts der Druckschrift, sich unter die besonderen Umstände bringen läßt, welche die Haftbarkeit ausschließen, so hat doch der Berufungsrichter eine solche Unkenntniß nicht als erwiesen angenommen und die Richtigkeit dieser seiner thatsächlichen Auffassung unterliegt keiner Nachprüfung mit dem gegenwärtigen Rechtsmittel.

Antr. d. GStA.: gleichl. [11.—2.]

Schwurgericht. - Schuldbekenntniß.

Nur bei vollständigem und ganz unbedenklichem Zugeständniß aller den Thatbestand der Strafthat bildenden Thatsachen kann der Schwurgerichtshof das Urteil ohne Zuziehung der Geschworenen fällen.

Ges. v. 3. Mai 1852 Art. 75 [n. 25].

Erk. (B. I.) v. 30. April 1879 c. Pachl. (578 I. Cr.).

Die P. war der Ermordung ihres Kindes beschuldigt. Der Gerichtshof nahm genügendes Schuldbekenntniß an und beschloß ohne

Zuziehung der Geschworenen zu verhandeln, vernahm aber nachher noch Sachverständige und erklärte dann für erwiesen daß die P. ihren Sohn vorsätzlich und mit Ueberlegung getödtet habe. Auf ihre NB. wurde das Urteil vom Ob.-Tr. vernichtet.

Der Schw.-GH. hat, nachdem die des Mordes beschuldigte Angeklagte in der Schlußverhandlung ein Schuldbekenntniß abgelegt hatte und dasselbe sowohl von dem StA. als auch von dem Vertheidiger für ausreichend erachtet worden war, beschlossen: die Schuldfrage durch das erschöpfende Geständniß der Angeklagten für erledigt zu erachten und ohne Zuziehung der Geschworenen zu verhandeln. Nachdem dieser Beschluß verkündet worden war, sind zwei Sachverständige eidlich darüber vernommen worden, ob der Tod des unehelichen Kindes der Angeklagten auf die von derselben angegebene Weise erfolgt sein könne. Hierauf wurde der StA., die Angeklagte und der Vertheidiger gehört. Der Letztere stellte den Antrag, die Angeklagte nur des Todtschlags schuldig zu erkennen und demgemäß zu bestrafen, da sie die That ohne Ueberlegung verübt habe. Der Gerichtshof verurteilte jedoch die Angeklagte wegen Mordes. In der NB. ist ausgeführt, daß der Gerichtshof das Geständniß nicht fur ausreichend erachtet haben könne, da er eine Beweisaufnahme für erforderlich erachtet habe, daß ferner nach erfolgter Beweisaufnahme jedenfalls die StA.-schaft und der Vertheidiger nochmals darüber hätten gehört werden müssen, ob auch nach dem Ergebniß der Beweisaufnahme die Thatfrage als durch das Geständniß der Angeklagten festgestellt und die Verhandlung ohne Zuziehung der Geschworenen fortzusetzen sei; daß endlich die Behauptung des Vertheidigers: es liege nur ein Todtschlag vor, nicht berücksichtigt sei. Dieser Angriff ist begründet. Das Verfahren des Gerichtshofs ergiebt für unbedenklich, daß derselbe die Anforderungen des Art. 75 des Ges.'s v. 3. Mai 1852 verkannt hat. Nach Art. 75 Abs. 1 soll die StA.-schaft wie der Vertheidiger darüber gehört werden, ob die Thatfrage durch das Bekenntniß des Angeklagten festgestellt zu erachten sei; nach Abs. 3 hat der Gerichtshof, wenn er gegen die Richtigkeit des Bekenntnisses kein Bedenken hegt, nach Anhörung der Staatsanwaltschaft und des Vertheidigers über die Anwendung des Gesetzes ohne Zuziehung von Geschwornen, das Urteil zu fällen. Sind die Voraussetzungen des Art. 75 nicht vorhanden, so beginnt nach Art. 76 die Verhandlung der Sache vor den Geschworenen. Die Bestimmung des Art. 75 Abs. 3 für sich allein und im Zusammenhange mit den übrigen Sätzen des Art. 75 sowie mit der Bestimmung des Art. 76 ergiebt klar, daß für eine Beweisaufnahme im Falle eines unbedenklichen Schuldbekenntnisses (Art. 75) kein Raum bleibt und zwar ohne Unterschied, ob die Beweisaufnahme auf objektive oder subjektive Thatbestandsmomente gerichtet werden soll. Hat der Gerichtshof nach Ablegung des Schuldbekenntnisses und Anhörung der Parteien gegen die Richtigkeit des Bekenntnisses, d. i. gegen die Annahme, daß die Thatfrage als durch dasselbe festgestellt zu erachten sei (Abs. 1 des Art. 75), kein Bedenken, so ist nach Art. 75 Abs. 3 nur noch die Anwendung des Gesetzes zu erörtern und demnächst ohne Weiteres das Urteil zu fällen. Man könnte einwenden, daß, nachdem der Gerichtshof das Bekenntniß für unbedenklich erklärt hat, die Prozedur einer zwischen diese Erklärung und die Erörterung über die Gesetzesanwendung eingeschobenen Beweisaufnahme zwar überflüssig, aber unschädlich sei. Da man indessen nicht von der Annahme ausgehen kann, daß der Gerichtshof eine Prozedur, die er selbst als überflüssig erkannt, vorgenommen habe, so ist zu prüfen, was mit der Beweisaufnahme bezweckt worden sei und hierbei ergiebt sich, daß — ungeachtet des vorausgegangenen Beschlusses, daß durch das Bekenntniß die Thatfrage für erledigt zu erachten sei — die Beweiserhebung keinen anderen Grund und Zweck gehabt hat, als die Prüfung, ob die Tödtung auf die von der Angeklagten angegebene Art erfolgt sein könne, d. i. die Prüfung eines Bedenkens in Bezug auf den Thatbestand. Hiemit aber hat sich der Gerichtshof auf einen Standpunkt gestellt, welcher den Grundsätzen von der Feststellung der Thatfrage im schwurgerichtlichen Verfahren widerspricht und den Art. 75 a. a. O. verletzt. Im schwurgerichtlichen Prozesse ist der Gerichtshof — abgesehen von dem Falle des Art. 98 des Ges.'s v. 3. Mai 1852 — niemals berufen, über die Feststellung der Thatfrage irgend eine Entscheidung zu treffen. Diese erfolgt entweder durch ein erschöpfendes Schuldbekenntniß oder durch den Spruch der Geschworenen. Ein dritter Modus der Entscheidung ist nicht zugelassen. Der Gerichtshof ist daher nicht berechtigt, wenn eine Trennung des objektiven vom subjektiven Thatbestande überhaupt ausführbar ist, den subjektiven Theil des Thatbestandes durch das Bekenntniß für festgestellt zu erachten und den objectiven durch die Geschworenen feststellen zu lassen oder sogar selbst festzustellen. Er ist darum auch nicht berechtigt, seine etwaigen Bedenken gegen den objektiven Thatbestand durch eine Beweisaufnahme zu beseitigen und dieselben demnächst fallen zu lassen. Geschieht dies dennoch, so ergiebt sich hieraus, daß nicht das Bekenntniß selbst für unbedenklich erachtet worden ist, sondern daß in Bezug auf das an sich nicht unbedenkliche Bekenntniß die Bedenken des Gerichtshofs nach der Beweisaufnahme geschwunden sind. Die Prüfung des Bekenntnisses, welche der Art. 75 a. a. O. dem Gerichtshof zur Pflicht macht, darf aber nach jeder Richtung nur das Bekenntniß selbst zum Gegenstande haben. Ergeben sich bei irgend einem Punkte, welcher die wesentlichen Merkmale der zur Anklage gestellten Strafthat betrifft, Bedenken, so kann das Bekenntniß nicht für unbedenklich erklärt und demnächst mit Prüfung der Bedenken durch den Gerichtshof vorgegangen, es muß vielmehr alsdann in die Verhandlung vor den Geschworenen eingetreten werden. Aber auch in einer anderen, von der NB. nicht speciell hervorgehobenen, aber ebenfalls unter den Angriff fallenden Richtung ist der Art. 75 a. a. O. verletzt. Das Schuldbekenntniß der Angeklagten wie es in dem Protokoll v. 4. Febr. 1879 niedergelegt ist, entspricht nämlich nicht den Voraussetzungen des Art. 75 a. a. O., da es keineswegs alle Thatsachen umfaßt, welche die wesentlichen Merkmale der der Angeklagten zur Last gelegten strafbaren Handlung — des Mordes — bilden. Das Bekenntniß der Angeklagten lautete dahin: „Ich bekenne mich schuldig. Ich räume ein, meinem am 29. September 1878 zu K. außerehelich geborenen Sohne, um mich desselben zu entledigen, zunächst am vierten, fünften und sechsten Tage nach der Geburt desselben Natron, welches ich irrthümlich für Gift hielt, in einem Leinwandläppchen zum Saugen gegeben zu haben. Als dies Mittel meinem Sohne nichts schadete, legte ich ihn am Morgen des 8. Oktober 1878 — ich schlief mit ihm in demselben Bett — an meine linke Brust und legte mich dann, während das Kind sog, halb auf dasselbe hinauf, so daß es keine Luft bekam und verharrte in dieser Stellung so lange, bis ich die Ueberzeugung erlangt hatte, daß das Kind erstickt und völlig todt war. Ich wollte mich des Kindes deshalb entledigen, weil ich keinen Dienst hatte und nicht wußte, wo ich mit dem Kinde bleiben sollte". Bei nochmaligem Befragen erklärte die Angeklagte: das Natron habe ich nicht für Gift gehalten und es meinem Kinde im Lutschpungel nur gegeben, um es zu beruhigen. Im Uebrigen blieb sie bei ihrem Geständnisse. In den Gründen des angefochtenen Urteils ist „auf Grund des allseitig für ausreichend erachteten Schuldbekenntnisses der Angeklagten" für thatsächlich festgestellt erachtet: daß die Angeklagte am 8. Oktbr. 1878 zu K. ihren am 29. Septbr. 1878 geborenen unehelichen Sohn vorsätzlich getödtet hat und zwar mit Ueberlegung. Die wesentlichen Merkmale des Verbrechens des Mordes, welche diese Feststellung wiedergiebt, sind aber in dem Schuldbekenntnisse nicht zu finden. Die Vorsätzlichkeit der Handlung der Angeklagten ist zwar indirekt, aber nicht ausdrücklich eingeräumt. Der Vorsatz, zu tödten, ist in dem Bekenntnisse ebenfalls nicht eingeräumt, sondern die mit einem Vorsatze keineswegs unter allen Umständen gleichbedeutende Absicht, sich des Kindes zu entledigen. Endlich ist von der Angeklagten nirgends zugestanden, daß sie die Tödtung mit Ueberlegung ausgeführt habe. Hierauf hatte schon der Vertheidiger aufmerksam gemacht, so daß die Annahme des Urteils: „das Schuldbekenntniß sei allseitig für ausreichend erachtet worden" unrichtig ist, wenn man nicht nur den ersten Theil der Verhandlung, sondern die ganze Verhandlung in das Auge faßt. Die wesentlichen Merkmale der der Angeklagten zur Last gelegten Strafthat sind sonach nicht aus dem Schuldbekenntnisse der Angeklagten selbst ersichtlich, sondern auf Grund einer Interpretation dieses Bekenntnisses durch den Gerichtshof festgestellt worden. Wenn es aber nicht zweifelhaft ist, daß zur Verurteilung auf Grund eines Schuldbekenntnisses nothwendig erfordert wird, daß das Bekenntniß Alles umfassen muß, was im Falle der Verhandlung vor den Geschworenen durch den Ausspruch der Geschworenen festzustellen ist, so leuchtet ein, daß das von der Angeklagten abgelegte Schuldbekenntniß dieser durch Art. 75 a. a. O. aufgestellten Anforderung nicht entspricht.

Antr. d. GStA.'s: gleichl. [12.—2.]

Jagdfrevel. - Civileinrede. - Putativ-Vergehen.

1. Beruft sich ein wegen unberechtigter Jagdausübung Angeklagter nicht auf ein ihm zustehendes Recht, sondern auf eine ihm von dem angeblich Berechtigten vergünstigungsweise ertheilte Erlaubniß, so fällt sein Einwand nicht unter das

Ges. über das Verfahren bei Civil-Einreden v. 31. Jan. 1845 und Art. II des Ges.'s v. 14. April 1856; Vgl. Oppenh. n. 23 zu Art. XIII des Einf.-Ges.'s z. Pr. StGB.

2. Zur Bestrafung wegen unbefugter Jagdausübung genügt nicht, daß der die Jagd Ausübende sich nicht für berechtigt gehalten hat; es muß auch festgestellt werden, daß er wirklich nicht berechtigt war.

StGB. § 292.

Erk. (B. II.) v. 1. Mai 1879 c. Pantke (442 II. Cr.).

Der Angeklagte ist durch die übereinstimmenden Erkenntnisse des Polizeirichters beim Kgl. Kreisgericht zu O. und des Kgl. App.-Gerichts zu R. vom 8. Oktbr. und vom 12. Dezember 1878 auf Grund der §§ 292, 74, 78 des StGB.'s zu 30 Mk. Geldstrafe, event. 5 Tagen Haft verurteilt worden, weil thatsächlich feststehe, daß er im Dezember 1877 und im Januar 1878 auf der T.'er Rusticalfeldmark, wo er zu jagen nicht berechtigt gewesen, je einmal die Jagd ausgeübt habe. Die auf Verletzung von wesentlichen Prozeßvorschriften und Rechtsgrundsätzen gerichtete NB. des Angeklagten war der Hauptsache nach für begründet zu erachten. Denn wenngleich dem Appell.-Richter darin beizustimmen ist, daß der Antrag des Imploranten, ihm vorerst in Gemäßheit des Ges.'s v. 31. Jan. 1845 und Art. II des Ges.'s v. 14. April 1856 zur Ausführung seines behaupteten Jagdrechts vor dem Civilrichter eine Frist zu bewilligen, unstatthaft sei, weil der Implorant selbst nicht behauptet, die oben erwähnten Handlungen der Jagdausübung vermöge eines ihm zustehenden Rechtes, sondern nur auf Grund einer ihm von dem angeblich Berechtigten, dem Jagdpächter S., ertheilten Erlaubniß (Vergünstigung) vorgenommen zu haben und auf diesen Fall die erwähnten Gesetze keine Anwendung finden, so beruht doch im Uebrigen die Entscheidung des Appell.-Richters auf einer Verkennung der obersten Grundsätze über die Feststellung des Thatbestandes strafbarer Handlungen. — Der Gemeindeschreiber S., von welchem der Implorant, wie erwähnt, seine Befugniß zur Ausübung der Jagd auf der T.'er Feldmark hergeleitet, hatte nämlich in Gemeinschaft mit einem gewissen Franz W. mittelst Vertrages v. 24. Oktbr. 1875 das Jagdrecht auf der gedachten Feldmark von dem Gemeindevorstande zu T. gepachtet. Diesem Vertrage stand entgegen, daß der Gemeindevorstand zu T. schon früher, nämlich durch Vertrag v. 10. Septbr. 1872 das Jagdrecht auf der dortigen Feldmark an den Bauunternehmer R. zu O. verpachtet gehabt und diesen Vertrag unterm 15. Mai 1873 auf 12 Jahre verlängert hatte. Der erste Richter hatte deshalb ohne Weiteres angenommen, daß der später mit S. und W. geschlossene Vertrag ungültig und damit auch die dem Angeklagten von S. ertheilte Erlaubniß unwirksam gewesen sei. Zur Widerlegung dieser Annahme hatte jedoch der Implorant in seiner Appell.-Rechtfertigungsschrift und in der Audienz zweiter Instanz behauptet und unter Beweis gestellt, daß jedenfalls bei Abschluß des Verlängerungsvertrages mit R. die Gemeinde nicht ordnungsmäßig vertreten, dieser Vertrag mithin ungültig und die Gemeinde demnach zum Abschlusse des anderweiten Vertrages mit S. und W. wohl befugt gewesen sei. Diesen Einwand und den darüber angetretenen Beweis erachtet der App.-Richter für unerheblich, weil der Angeklagte sich bewußt gewesen sei, daß er zur Ausübung der Jagd auf der fraglichen Feldmark nicht berechtigt sei. Dieses Bewußtsein folgert der zweite Richter aus dem Umstande, daß erweislich dem Angeklagten (am 23. September 1877) bei Gelegenheit seiner verantwortlichen Vernehmung durch den Amtsvorsteher seines Wohnortes von diesem in „authentischer“ Weise mitgetheilt worden sei, daß nicht S., sondern R. der berechtigte Jagdpächter sei. Wenn deshalb aber der Appell.-Richter meint, daß es dahin gestellt bleiben könne, ob und wie weit der von der Dorfschaft T. mit S. und W. geschlossene Jagdpachtvertrag gegenüber dem früher mit R. geschlossenen als gültig zu betrachten sei, so liegt die Rechtsirrthümlichkeit dieser Ansicht klar zu Tage. Denn nach allgemeinen strafrechtlichen Grundsätzen gehört zur Anwendung des Strafgesetzes vor allen Dingen der Nachweis, daß objektiv eine mit Strafe bedrohte Handlung begangen sei. Zur Führung dieses Nachweises war im vorliegenden Falle die Feststellung nicht genügend, daß der Angeklagte an den bezeichneten beiden Tagen auf der T.'er Feldflur die Jagd ausgeübt habe, da diese Thatsache für sich allein noch nicht den Thatbestand des im § 292 vorgesehenen Vergehens bildete es war dazu vielmehr noch der Nachweis einer mangelnden Berechtigung erforderlich. Dieser Nachweis konnte im vorliegenden Falle nur durch Feststellung der Thatsache geführt werden, daß S. nicht der berechtigte Jagdpächter, d. h. daß der von diesem mit der Dorfschaft T. geschlossene Jagdpachtvertrag ungültig sei, weshalb der App.-Richter sich der Beurteilung dieser Frage nicht entziehen durfte, dieselbe vielmehr vorweg, nöthigenfalls nach Erhebung des vom Imploranten erbotenen Beweises, entscheiden mußte. Dieser Verpflichtung konnte er auch dadurch nicht enthoben werden, daß der Amtsvorsteher Sch. dem Angeklagten eröffnet hatte, daß nicht S., sondern R. der berechtigte Jagdpächter sei; denn der Amtsvorsteher hatte diese Streitfrage nicht zu entscheiden, am wenigsten konnte er dem Angeklagten, wie der App.-Richter sich ausdrückt, darüber eine „authentische" Kenntniß geben. Ja es könnte sogar, wenn der Angeklagte selbst dieser Mittheilung Glauben geschenkt und bei Ausübung der Jagd der Meinung gewesen sein sollte, daß er sich einer strafbaren Handlung schuldig mache, dieser Umstand den Mangel eines objektiven Nachweises ihrer Strafbarkeit nicht ersetzen, weil das Gesetz nicht die rechtswidrige Gesinnung, in der eine That begangen ist, sondern nur die rechtswidrige That bestraft, insofern dieselbe aus einer solchen Gesinnung hervorgegangen ist, wie solches nicht nur in der Strafrechtstheorie allgemein anerkannt, sondern auch im § 2 des StGB.'s unverkennbar ausgedrückt ist. Da hiernach die oben mitgetheilte thatsächliche Schlußfeststellung des App.-Richters, wenngleich sie dem Wortlaute des angeführten Strafgesetzes entspricht, aus einem Rechtsirrthume hervorgegangen ist, so mußte das angefochtene Erkenntniß vernichtet und die Sache zur anderweiten Verhandlung und Entscheidung in die zweite Instanz zurückgewiesen werden.

Antr. d. GStA.'s: gleichl. [5.—4.]

Observation. - Beschlagnahme.

Die zur Sicherung der Subhastation verfügte Observation eines Grundstückes kann als Beschlagnahme angesehen werden im Sinne des

§ 137 des StGB.'s.

Erk. (Z. I.) v. 2. Mai 1879 c. **Filikowski & Gen.** (266 I. Cr.)
Antr. d. GStA.: gleichl. [17.—3.]

---

1. Anklage. - Ueberschreitung. - Unstatthaftigkeit der Strafverfolgung.

2. Gewerbebetrieb. - Einzelhandlung. - Verjährung.

1. Wenn der erste Richter über Strafthaten erkannt hat, welche außerhalb der Anklagegrenze lagen, so darf der App.-Richter die Strafverfolgung nicht überhaupt, sondern nur in dem vorliegenden Verfahren für unstatthaft erklären.

Ges. v. 3. Mai 1852 Art. 30.

2. Bei der Strafverfolgung wegen unbefugten Gewerbebetriebes ist nicht die Einzelhandlung diejenige That, welche zur Entscheidung steht, sondern die Gewerbsmäßigkeit des Betriebes solcher Handlungen, die Einzelhandlungen unterliegen daher nicht einer selbständigen Verjährung.

StGB. § 67 [n. 6].

Erk. (B. I.) v. 2. Mai 1879 c. **Gommert** (214 I. Cr.).

Durch Erk. der Kgl. Kreisger.-Deputation zu S. ist die Angeklagte von der Anklage der Gewerbe-Kontravention freigesprochen und dieses Urteil auf die Appellation der StA.-schaft dahin abgändert worden, daß die Strafverfolgung für unstatthaft zu erklären. In der am 16. Mai 1878 erhobenen Anklage war die Angeklagte beschuldigt: seit Dezember 1877 in F. den selbständigen Betrieb des Hebammengewerbes ohne die vorschriftsmäßige Genehmigung unternommen zu haben. Zur Begründung der Anklage war angeführt, daß die Angeklagte nach den beigelegten Skrutinialverhandlungen aus dem Jahre 1874 seit langer Zeit das Hebammen-Gewerbe betreibe und unter Anderen am 27. Dezember 1877 die Arbeiterfrau Z. und am 28. Jan. 1878 die Eigenthümersfrau P. gegen Entgelt entbunden habe. Der erste Richter hielt die Gewerbemäßigkeit nicht für festgestellt und sprach aus diesem Grunde frei. In der App.-Schrift der StA.-schaft wurden noch 5 Fälle unter Beweis gestellt, in denen die Angeklagte am 17. Dezember und 20. Dezember 1877, sowie am 22. Januar, 24. Februar und 5. Mai 1878 Entbindungen gegen Entgelt vorgenommen habe. Der App.-Richter hat diese neuen Beweise nicht in Betracht gezogen, weil gegenüber der vorliegenden Anklage der Angeklagten der Strafausschließungsgrund der Verjährung zur Seite stehe. Er führt in dieser Beziehung aus: Die Anklage präzisire als Strafthaten, in welchen sich der Gewerbebetrieb der Angeklagten gezeigt haben solle, die aus den Verhandlungen von 1874 sich ergebenden Fälle und zwei Entbindungen, welche die Angeklagte am 27. Dezbr. 1877 und am 28. Jan. 1878 vorgenommen habe. Alle diese Handlungen seien aber am 28. April 1878, an welchem Tage in der vorliegenden Sache die erste richterliche Handlung vorgenommen worden sei, bereits verjährt gewesen. Als selbstständige Strafthaten hätten daher jene Fälle nicht aufgestellt werden können. Ein anderweitiges konkretes Handeln gegen § 30 der Gew.-Ordn. sei aber der Angeklagten nicht zur Last gelegt, da es an jeder thatsächlichen Präzisirung nach Zeit und Ort fehle und dadurch jede Vertheidigung unmöglich gemacht sei. Die in der Appellationsschrift aufgestellten anderweitigen Fälle, von denen übrigens die drei ersten als Strafthaten ebenfalls verjährt sein würden, enthielten einen ganz neuen Thatbestand und seien nicht als nähere Umstände anzusehen, von denen die in der Anlage präzisirten Strafthaten begleitet worden wären. In dem Art. 30 des Ges.'s v. 3. Mai 1852 könne eine Veranlassung zu ihrer Berücksichtigung nicht gefunden und es könne daher aus ihnen, da sie nicht unter Anklage gestellt seien, nichts zum Nachtheil der Angeklagten in vorliegender Sache entnommen werden. Die hiergegen erhobene NB. des Ober-Staats-Anwalts ist begründet. Der Appell.-Richter nimmt in Bezug auf die in der Appellationsschrift erwähnten Fälle, oder doch in Betreff der beiden jüngsten dieser Fälle die Unzulässigkeit der Strafverfolgung aus dem Grunde an, weil sie nicht Gegenstand der Anklage seien. Aus diesem Grunde aber durfte nicht die Unstatthaftigkeit der Strafverfolgung überhaupt, sondern nur die Unstatthaftigkeit der Verfolgung im gegenwärtigen Verfahren erklärt werden. Abgesehen hiervon aber beruht die Entscheidung auch auf einer Verkennung der rechtlichen Natur der erhobenen Anklage. Der App.-Richter behandelt die einzelnen, der Anklage zum Grunde gelegten und in der Appellationsschrift unter Beweis gestellten selbständigen Strafthaten und prüft von diesem Gesichtspunkte aus sowohl die Verjährungsfrage, als auch die prozessualische Zulässigkeit der Strafverfolgung gegenüber dem Inhalte der Anklageschrift in Bezug auf jeden einzelnen namhaft gemachten Fall. Dieser Gesichtspunkt entspricht aber nicht dem Wesen des Deliktes, welches den Gegenstand der Beurteilung bildet und nicht der erhobenen Anklage. Bei der Strafverfolgung wegen unbefugten Gewerbebetriebs ist nicht die Einzelhandlung diejenige Strafthat, welche zur Entscheidung steht, sondern die Gewerbemäßigkeit des Betriebes solcher Handlungen. Die einzelne Handlung hat nur die Bedeutung einer Beweisthatsache; sie bildet eine Unterlage für die Beweisprüfung, ob Gewerbemäßigkeit des Handelns vorliege. Bei dieser Prüfung ist, wie das Kgl. Ob.-Tr. in wiederholten Entscheidungen nachgewiesen hat, die Berücksichtigung solcher Fälle, welche als Einzelfälle verjährt sein würden, keineswegs ausgeschlossen; und es ist andererseits die Prüfung keineswegs auf die in der Anklageschrift angeführten Fälle beschränkt, vielmehr die Berücksichtigung auch anderer Fälle, insbesondere der in zweiter Instanz neu angeführten, zu lässig bezw. durch Art. 101 des Ges. v. 3. Mai 1852 geboten. Die Betrachtung des App.=Richters, daß hierdurch der Angeklagten die Vertheidigung unmöglich gemacht werde, ist ganz unzutreffend. Die Angeklagte ist gegenüber derartigen Anführungen in derselben Lage, wie gegenüber jeder neuen Anführung in zweiter Instanz. Aber auch die Bedeutung der Anklage hat der App.-Richter verkannt und in Folge dessen die Anklage zum Theil unerledigt gelassen. Wäre die Anklage dahin gerichtet gewesen, daß die Angeklagte das Hebeammengewerbe vom Dezember 1877 bis zum 28. Januar 1878 betrieben habe, so würde die auf die Verjährung bezügliche Ausführung des App.=Richters allerdings die ganze Anklage treffen. Da aber der Sinn der Anklage unzweifelhaft der ist, daß die Angeklagte das im Dezember 1877 unternommene Gewerbe noch weiter betreibe, so ist die Anklage nur theilweise erledigt. Gemäß Art. 107 Nr. 1, 2, Art. 116, 117 des Ges.'s v. 3. Mai 1852 muß daher die Vernichtung erfolgen.

Antr. d. GStA.: gleichl. [12.—3.]

Befriedetes Besitzthum. – Miethsrecht. – Beschränkung. – Hausfriedensbruch.

Das durch Miethsverträge eingeschränkte Verfügungsrecht des Eigenthümers eines im Uebrigen befriedeten Raumes behält über die Grenzen jener Einschränkung hinaus seine volle Geltung.

StGB. § 123.

Erk. (Z. II.) v. 6. Mai 1879 c. Erhardt (450 II. Cr.).

Die Angeklagte, welche sich aus einem befriedeten Hofraum auf Erfordern des Eigenthümers nicht entfernt hatte und deshalb wegen Hausfriedensbruches bestraft war, rügte es als eine Gesetzesverletzung, daß der Hofraum als ein befriedetes Besitzthum erachtet sei, obwohl der Eigenthümer an andere Personen zum Gewerbebetriebe Räumlichkeiten vermiethet habe, die für das Publikum den Zugang über den Hof nöthig machten.

Zurückweisung. Gründe:

Die Beschwerde die in der vermeintlichen Verkennung des Begriffs des „befriedeten Besitzthums" eine Verletzung des § 123 des StGB.'s findet, sucht darzulegen: daß die Ehefrau B. nicht befugt gewesen sei, der Angeklagten den Aufenthalt in dem in Frage stehenden Vorderhofe zu verbieten, da über diesen Vorderhof der Weg zu den Geschäftsräumen des Südfruchthändlers S., eines Miethers des B.'schen Nebenhauses, geführt habe. Wenn nun auch anzuerkennen ist, daß die Verfügungsgewalt des Eigenthümers über sein Besitzthum im Umfange des konstituirten Miethsverhältnisses vor dem Rechte des Miethers zurückweicht, nicht weniger auch, daß diese Verfügungsgewalt selbst Dritten gegenüber insoweit sich nicht zu äußern vermag, als der Geschäftsbetrieb des Miethers ein Betreten oder Verweilen in dem Besitzthume Seitens Dritter bedingt, so ist andererseits rechtlich doch auch nicht zu bezweifeln, daß über die hier gezogenen Grenzen hinaus das Verfügungsrecht des Eigenthümers über sein befriedetes Besitzthum wiederum zu voller Geltung gelangt. Von dieser letzteren Voraussetzung ist das App.-Gericht in thatsächlicher Beziehung ausgegangen. Es stellt dasselbe fest: daß die Angeklagte zu dem von ihr angegebenen Zwecke, die Drehrolle des S. zu gebrauchen, nicht nöthig gehabt habe, längere Zeit in dem Vorderhofe zu verweilen, — und es charakterisirt dies Verweilen um so mehr als ein unbefugtes: als Angeklagte ihren dortigen Aufenthalt nur dazu benutzt habe, um in einen, sie gar nicht berührenden, Streit der Ehefrau B. mit einem abziehenden Miether provozirend einzugreifen.

Antr. d. GStA.: gleichl. [7.—3.]

Gewerbebetrieb, unerlaubter. - Anmeldung. - Entscheidung der Behörde. - Dolus.

Der Betrieb eines Gewerbes, zu welchem eine Concession erforderlich ist, hört auf ein unerlaubter Betrieb zu sein, wenn der Gewerbetreibende bei der kompetenten Behörde die Concession nachgesucht hat,

aber von dieser Behörde, wenn auch rechtsirrthümlich belehrt worden ist, daß es einer Concession nicht bedürfe.

R.-Gew.-Ordn. v. 21. Juni 1869 §§ 33, 147.

Erk. (B. II.) v. 6. Mai 1879 c. Michels (240 II. Cr.).

Die Angeklagten, welche nach der thatsächlichen Feststellung der Instanzrichter, den Kleinhandel mit Branntwein durch Verkauf desselben in versiegelten Flaschen ohne polizeiliche Concession betrieben haben, stellen gegenwärtig selbst nicht mehr in Abrede, daß der flaschenweise Verkauf von Branntwein einen Detailverkauf, der gewerbsmäßige Betrieb dieses Geschäfts also einen Kleinhandel mit Branntwein im Sinne des § 33 der Gew.-Ordn. v. 21. Juni 1869 darstelle. Sie machen jedoch geltend: daß die Behörden in dortiger Gegend jahrelang den Verkauf in versiegelten Flaschen nicht für Kleinhandel gehalten und daß sie selbst durch den ihnen von dem zuständigen Beamten, dem Amtmann N., bei der Anmeldung des Gewerbes ertheilten Bescheid, sie bedürften keiner Concession, vollständig exculpirt seien. Die letzteren Thatsachen, die Anmeldung und den dabei ertheilten Bescheid, nimmt der App.-Richter mit dem ersten Richter für erwiesen an, aber er versagt ihnen die Berücksichtigung, weil es auf den Dolus der Angeklagten nicht ankomme, und dieselben trotz des rechtsirrthümlichen Bescheides des Beamten unter allen Umständen sich des Betriebes des Kleinhandels hätten enthalten müssen, bis sie sich die gesetzliche Concession erwirkt hatten. Diese Gründe können nicht für zutreffend erachtet werden. Wenngleich das Gesetz nicht erfordert, daß die Kontravenienten sich der Rechtswidrigkeit ihres Verhaltens bewußt seien, so muß ihnen doch objektiv eine Handlung oder Unterlassung zur Last fallen, welche gegen das Gesetz verstößt und für welche sie verantwortlich gemacht werden können. Hieran aber gebricht es im vorliegenden Falle. Die Angeklagten, bezw. ihr Geschäftsführer, haben alles gethan, was ihnen zu thun oblag, und was von ihnen billiger Weise verlangt werden konnte. Sie haben den beabsichtigten Gewerbebetrieb angemeldet und die Erlaubniß zu demselben nachgesucht. Wenn ihnen hierauf die kompetente Behörde den Bescheid ertheilt hat, daß diesem Gewerbebetriebe Nichts entgegenstehe, so ist demselben hierdurch jedenfalls der Charakter des unerlaubten Betriebes genommen, und es lag sowenig in der Verpflichtung wie in dem Interesse der Angeklagten über die rechtliche Auffassung, von welcher die Behörde bei dem Bescheide ausgegangen und die Motivirung desselben Beschwerde zu führen.

Antr. d. GStA.: gleichl. [19.—3.]

Contrebande. – Mitthäterschaft oder Theilnahme?

Wer Gegenstände, deren Einfuhr verboten ist, im Auslande bestellt und von dem ausländischen Verkäufer sich über die Grenze zubringen läßt, ist nicht als Mitthäter, sondern als Theilnehmer an einer Kontrebande strafbar.

Vereins-Zollges. v. 1. Juli 1869 §§ 134, 136 Nr. 6 u. 139;
StGB. § 328.

Erk. (V. II.) **v. 8. Mai 1879 c. Glücksmann & Gen.** (217 II. Cr.).

Der erste Richter hatte als erwiesen angenommen und festgestellt: daß die Angeklagten 1876 und 1877 wiederholt gemeinschaftlich Rindvieh, dessen Einfuhr aus Rußland nach Preußen verboten ist, bei polnischen Händlern bestellt und dasselbe, nachdem es von letzteren aus Rußland in die Gehöfte der Mitangeklagten T. und O. gebracht worden war, daselbst in Empfang genommen, geschlachtet und unter einander vertheilt haben. Derselbe ist hiernach zu der weiteren Feststellung gelangt, daß die Angeklagten a) es wiederholt unternommen Rindvieh aus Rußland dem ergangenen Verbote zuwider einzuführen, b) wiederholt die Einfuhrverbote, welche von der Kgl. Regierung zu O., der zuständigen Behörde zur Verhütung des Einführens oder Verbreitens von Viehseuchen angeordnet worden sind, wissentlich verletzt haben, wobei mit Rücksicht auf §§ 136

Nr. 6, 139 des Vereinszollges.'s v. 1. Juli 1869 davon ausgegangen ist, daß aus dem, wie oben gedacht festgestellten Sachverhalte der Thatbestand des in § 134 a. a. O. vorgesehenen Vergehens der Kontrebande und damit auch des in § 328 des StGB.'s mit Strafe bedrohten gemeingefährlichen Vergehens sich ergebe. § 134 a. a. O. stellt das Unternehmen, Gegenstände, deren Einfuhr verboten ist, diesem Verbote zuwider einzuführen, als Kontrebande unter Strafe und trifft also die Handlungsweise desjenigen Thäters, welcher die Absicht, Gegenstände dem ergangenen Verbote zuwider einzuführen, durch bestimmte eigene Handlungen äußerlich an den Tag legt. Aus den von dem ersten Richter in Betreff der Handlungsweise der Angeklagten festgestellten Thatsachen, daß nämlich dieselben Rindvieh bei polnischen Händlern bestellt und dasselbe demnächst im Inlande in Empfang genommen, konnte mithin die Thäterschaft der Angeklagten nicht, sondern etwa nur eine Theilnahme derselben an dem in Rede stehenden Vergehen hergeleitet werden. Die von den Instanzrichtern als solche bezeichnete schließliche Feststellung des ersten Richters stellt sich sonach eben nur als eine auf rechtsirrthümlicher Auffassung beruhende Folgerung aus den von den letzteren festgestellten Thatsachen dar.

Antr. d. GStA.'s: Vernichtung. Derselbe fand in der Handlung der Angeklagten eine Mitthäterschaft an einer Contrebande („Wer es unternimmt, einzuführen") dagegen nur eine Theilnahme an dem Vergehen des § 328 des StGB.'s („Wer die Einfuhrverbote wissentlich verletzt"). [10.—4.]

Gewerbesteuer. – Nichtanmeldung. – Fortsetzung des Betriebs. – Verjährung. – Strafe. – Steuersatz des letzten Jahres.

1. Wegen Nicht-Anmeldung eines Gewerbes ist nicht nur derjenige strafbar, der den fraglichen Gewerbebetrieb zuerst angefangen, sondern auch derjenige, der an dessen Stelle tretend den Gewerbebetrieb fortgesetzt hat.

2. War das nicht angemeldete Gewerbe ursprünglich steuerfrei und sonach damals in der Nicht-Anmeldung nur eine aus § 39 a. des Gewerbesteuergesetzes v. 30. Mai 1820 resp. § 148 Nr. 1 der Gew.-Ordn. strafbare Uebertretung zu finden, wird aber demnächst steuerpflichtig, so stellt die noch ferner unterlassene Anmeldung nunmehr ein aus § 39 b. Gewerbesteuergesetz resp. § 17 des Ges.'s v. 3. Juli 1876 zu bestrafendes Vergehen dar.

3. Die Verjährung der Strafverfolgung beginnt erst mit Aufgabe des Geschäftsbetriebs.

4. Ist der Steuersatz während des Jahre lang fortgesetzten Betriebs gestiegen, so ist die Strafe nach dem höheren Satz des letzten Jahres zu bemessen.

Gewerbesteuerges. v. 30. Mai 1820 § 39 b.; Ges. betr. die Besteuerg des Gewerbebetriebs im Umherziehen und einige Abänderungen des Gewerbesteuerges.'s v. 3. Juli 1876 § 17.

Erk. (Z. II.) v. 8. Mai 1879 c. Grüneberg & Gen. (439 II. Cr.)

[1.] In Erw. zum ersten Kassationsmittel: daß zwar nach der vom 1. Richter getroffenen und auch vom 2. Richter zum Grunde gelegten Feststellung die beiden Beschuldigten J. und F. W. V. erst seit dem 1. Jan. 1877, nämlich nach dem Tode ihres Vaters J. V. sen., Theilhaber des fraglichen Geschäfts geworden sind, nach den vom Appell.-Richter getroffenen Feststellungen dagegen seit dem Beginn des Jahres 1866 von den Inhabern der Firma V. u. G neben dem in Rede stehenden Verkaufslokale in C. auch eine Verkaufsstelle in K. errichtet, mithin derjenige Zustand der Dinge geschaffen worden ist, welcher nach der rechtlichen Ausführung des App.-Richters eine Anzeige des zu C. belegenen Comptoirs zum Zwecke der Versteuerung nach § 19 des Ges.'s v. 30. Mai 1820 (GS. S. 147) geboten erscheinen ließ;

daß die genannten Beschuldigten gleichwohl mit Unrecht gestützt auf diese Feststellung, die gegen sie erhobene Beschuldigung aus dem Grunde ablehnen zu können glauben weil der § 17 des Ges.'s v. 3. Juli 1876 nur denjenigen mit Strafe bedrohe, welcher den Anfang eines steuerpflichtigen Gewerbes nicht anzeige, während sie erst nachträglich und nachdem der fragliche Gewerbebetrieb in der festgestellten Weise bereits seit dem bezeichneten Zeitpunkte stattfand, in die bestehende Handelsgesellschaft eingetreten seien;

daß in dem die Verpflichtung zur Anmeldung enthaltenden § 19 des Ges.'s v. 30. Mai 1820 zur Anmeldung des Gewerbes, es möge steuerfrei oder pflichtig sein, verpflichtet erklärt wird: „wer ein Gewerbe betreiben will", und daher auch der die Strafbestimmung enthaltende, an die Stelle des § 39b. jenes Gesetzes getretene § 17 des Ges.'s vom 3. Juli 1876, welcher denjenigen, der den gesetzlichen Vorschriften wegen Entrichtung der Gewerbesteuer — also dem § 19 cit. — entgegen den Anfang eines steuerpflichtigen stehenden Gewerbes nicht anzeigt, mit einer dem doppelten Betrage der einfachen Steuer gleichkommenden Geldstrafe belegt wissen will, gleich dem § 39b. cit. nur so ausgelegt werden kann, daß er sich auf Jeden beziehe, der seinerseits ein Gewerbe anfangen will, mag nun mit dem fraglichen Gewerbebetriebe überhaupt erst von ihm der Anfang gemacht werden, oder er an die Stelle eines andern, bisher das Gewerbe Betreibenden treten;

daß diese Auslegung des Gesetzes, welche den allgemeinen Rechtsgrundsätzen insofern entspricht, als sie demjenigen, welcher in den bisherigen Gewerbebetrieb eines Andern eintritt, also dasselbe Gewerbe, welches dieser betrieben hatte, für seine eigene Rechnung beginnt, von da an auch die Verantwortlichkeit für die Gesetzmäßigkeit seines Gewerbebetriebes auferlegt wissen will, allein dem Interesse einer ordnungsmäßigen Steuerverwaltung und Erhebung Genüge leistet, welches es als Zweck der Bestimmungen der cit. §§ 19, 39 u. 17 erscheinen läßt, daß die Steuerbehörde stets unterrichtet sei, daß, von wem und in welcher Weise ein Gewerbe betrieben wird;

daß die in mehrfachen Rescripten der obersten Verwaltungsbehörden ausgesprochene Ansicht, wonach die cit. §§ nicht nur beim Anfange eines ganz neuen Gewerbebetriebs, sondern auch beim Wiederanfange eines abgemeldeten, sowie bei jeder Veränderung in der Person des Gewerbetreibenden und sogar dann, wo es sich nur um einen Personenwechsel in einem schon besteuerten, nicht abgemeldeten Gewerbe handelt, Platz greifen, auch bereits die Billigung des obersten Gerichtshofs in mehrfachen Entscheidungen desselben, — cfr. Rechtspr. Bd. 9 S. 619, Bd. 13 S. 645, — gefunden hat;

In Erw. zum II. Kassationsmittel, daß wenn auch unter den nach den Feststellungen des Appell.-Richters bis zum Jahre 1866 bestandenen Verhältnissen die Verkaufsstelle in C. bis dahin steuerfrei war, in der seit ihrer Begründung unterbliebenen Anmeldung derselben mithin nur eine Uebertretung des § 39a. des Ges.'s v. 30. Mai 1820 hätte gefunden werden können, doch mit dem Jahre 1866 in Folge der damals eingetretenen Coexistenz einer zweiten Verkaufsstelle in K. der fernere Gewerbebetrieb von der Verkaufsstelle zu C. aus in Folge der unterbliebenen Anmeldung der eingetretenen Veränderung einen andern, strafrechtlich neuen Charakter annahm;

daß nämlich, da der § 19 des Ges.'s v. 30. Mai 1820 zur Anmeldung eines jeden Gewerbetriebes, er mag steuerfrei oder steuerpflichtig sein, verpflichtet und der § 39b. desselben resp. § 17 des Ges.'s v. 3. Juli 1876 die Strafe gegen denjenigen androht, welcher den gesetzlichen Vorschriften entgegen den Anfang eines steuerpflichtigen Gewerbes nicht anzeigt, es sich von selbst versteht, daß derjenige, welcher bisher ein steuerfreies Gewerbe betrieben hat, bei jeder Veränderung oder Ausdehnung des bisherigen Gewerbebetriebs, durch welchen derselbe ein steuerpflichtiger werden würde, zu einer anderweitigen Anmeldung des fernerhin beabsichtigten Gewerbebetriebes, gleichviel ob er das frühere steuerfreie Gewerbe angemeldet hatte oder nicht, verpflichtet ist;

daß deshalb auch in Folge der festgestelltermaßen mit dem Beginne des Jahres 1866 eingetretenen Veränderungen steuerpflichtig gewordenen Gewerbebetriebs in der Verkaufsstelle zu C. ein neues selbständiges Vergehen verübt worden ist;

daß auch die Verjährung des Art. V des Ges.'s vom 22. Mai 1852 den Beschuldigten G. nicht zu schützen vermag, da, wie das Kgl. Ob.-Tr. vielfach erkannt hat, der Betrieb eines steuerpflichtigen Gewerbes ohne Anmeldung eine fortgesetzte Zuwiderhandlung gegen die Bestimmungen des Gewerbesteuergesetzes v. 30. Mai 1820 darstellt, indem zwar mit dem Beginn des Gewerbebetriebs ohne vorherige Anmeldung das Vergehen konsumirt, dasselbe aber durch jeden ferneren Akt der Ausübung von Neuem begangen wird, so daß die strafrechtliche Verfolgung wegen Zuwiderhandlung gegen die betreffenden Vorschriften des Gewerbesteuergesetzes nur dann für ausgeschlossen erachtet werden könnte, wenn die gesetzliche Verjährungszeit seit der Aufgabe des Geschäftsbetriebs verflossen wäre;

In Erw. zum III. Kassationsmittel: daß die Richter beider Instanzen bei der Strafzumessung von der in dem Schreiben der Kgl. Regierg. v. 12. März 1878 ohne ausdrückliche Angabe des dabei zum Grunde gelegten Jahrgangs, aber wie sich aus den gleichzeitig vorgelegten, dieses Schreiben erläuternden Verhandlungen ergiebt, für den Jahrgang 1877 auf 288 Mk. festgesetzten Betrage der Jahressteuer ausgegangen sind;

daß hiernach der dem App.-Richter gemachte Vorwurf durch Zugrundelegung des Steuersatzes eines nicht in Betracht kommenden Jahrgangs den § 17 des Ges.'s v. 3. Juli 1876 verletzt zu haben für unbegründet zu erachten ist, da es sich, wie bereits oben bemerkt ist, um ein durch jeden ferneren Akt der Ausübung des zur Besteuerung nicht angemeldeten Gewerbebetriebs von Neuem, und in dieser Weise nach der Feststellung des App.-Richters auch im Jahre 1877 von sämmtlichen Beschuldigten verübtes Vergehen handelt.

Antr. d. GStA.: gleichl. [8.—4.]

Unterschlagung. - Amtliche Eigenschaft. - Geschwornenspruch. - Stimmenverhältniß.

Bei einer auf Unterschlagung lautenden Frage an die Geschworenen bildet die Beamtenqualität des Angeklagten und der in amtlicher Eigenschaft erfolgte Empfang der zugeeigneten fremden Sache einen der besonderen Abstimmung bedürfenden erschwerenden Umstand im Sinne des

Art. 91 Abs. 2 des Ges.'s v. 3. Mai 1852; StGB. § 350 [n. 18];
Vgl. RdOTr. 6. S. 291; 7. S. 86; 11. S. 531.

Erk. (B. I.) v. 9. Mai 1879 c. Kri. (659 I. Cr.).

Eine dem Wortlaute des § 350 des StGB.'s entsprechende Frage war von den Geschworenen einfach bezw. mit 7 gegen 5 Stimmen bejaht und vom Gerichtshofe bejahend ergänzt. Der aus § 350 des StGB.'s bestrafte Angeklagte rügte in seiner NB. Verletzung des Art. 91 des Ges.'s v. 3. Mai 1852, weil die Geschworenen über den besonderen erschwerenden Umstand der Beamtenqualität und des Empfanges in dieser amtlichen Eigenschaft nicht besonders abgestimmt und ihren Spruch abgegeben hätten. Der GStA. hielt die Beschwerde für unbegründet, weil diese thatbestandlichen Momente der im § 350 des StGB.'s bezeichneten besonderen Strafthat keine begleitenden erschwerenden Umstände einer einfachen Unterschlagung seien. Das Ob.-Tr. hat auf Vernichtung erkannt. Gründe:

Begründet erscheint die Rüge, daß aus den Aussprüchen der Geschworenen auf die Fragen 2—9 und 10—21 nicht hervorgeht, daß über die darin enthaltenen erschwerenden Umstände der Eigenschaft als Beamter und des Empfanges in amtlicher Eigenschaft besonders abgestimmt worden und daß das angegebene Stimmenverhältniß sich auch auf diese Umstände bezieht. Da dieselben die strafbare That in ihrer einfachen Gestalt als Unterschlagung — Vergehen gegen § 246 des StGB.'s — schwerer qualifiziren, so sind sie in Wirklichkeit, wie in Uebereinstimmung mit der bisherigen Judikatur des höchsten Gerichtshofes behauptet werden muß, begleitende Umstände im Sinne des Art. 91 Abs. 4 des Ges.'s v. 3. Mai 1852 und der darin angegebenen Vorschrift unterworfen. Es lagen deshalb auch bei den mi

7 gegen 5 Stimmen abgegebenen Aussprüchen der Geschworenen auf die Fragen 9 und 10 die Voraussetzungen nicht vor unter denen der Schw.-GH. zur Abgabe eines ergänzenden Ausspruchs berufen ist.

Antrag d. GStA.: entgegen. [—3.]

Vereinsgesetz. - Anzeige. - Verjährung.

Eine unter Strafe gestellte Unterlassung wird fortbegangen bis die Vornahme erfolgt oder die Verpflichtung erloschen ist. Erst dann beginnt daher der Lauf der Verjährung.

StGB. § 67 [n. 8]; Vdn. v. 11. März 1850 §§ 2 und 13.

Erk. (V. I.) v. 14. Mai 1879 c. Bahn (498 I. Cr.).

D. war Vorsteher eines Vereins, der Einwirkung auf öffentliche Angelegenheiten bezweckte, hatte aber die in § 2 der Vdn. v. 11. März 1850 vorgeschriebene Anzeige versäumt und war deshalb aus § 13 angeklagt. Erst später hatte er auf Erfordern der Polizei-Direktion das Verzeichniß der Mitglieder eingereicht. Er war freigesprochen, weil das Delikt schon am dritten Tage nach der Stiftung des Vereins vollendet und daher Verjährung eingetreten sei, indem die erste richterliche Handlung erst nach Ablauf von 3 Monaten nach dieser Zeit vorgenommen war. Auf NB. der StA.-schaft vernichtete das Ob.-Tr.

Wie in dem Erkenntnisse gegen R. vom 16. Januar 1878 (Oppenh. Rechtspr. XIX. S. 25) und in früheren Entscheidungen von dem Kgl. Ob.-Tr. wiederholt ausgeführt, wird eine unter Strafe gestellte Unterlassung nicht nur an dem Tage begangen, wo die Verpflichtung zur Vornahme begonnen, sondern sie wird fort und fort begangen bis entweder die Vornahme wirklich erfolgt oder die Verpflichtung zur Vornahme erloschen ist. Es läßt sich nun nicht anerkennen, daß die Verpflichtung der Vorsteher von Vereinen, welche eine Einwirkung auf öffentliche Angelegenheiten bezwecken, gemäß § 2 der Vdn. vom 11. März 1850 (GS. S. 277) der Polizeibehörde binnen drei Tagen nach der Stiftung das Verzeichniß der Mitglieder zur Kenntnißnahme einzureichen, in anderer Weise als durch die Einreichung selbst erlösche, insbesondere nach dem Zwecke der Strafvorschrift das Interesse der Polizeibehörde an der Erfüllung dadurch wegfalle, daß nach Ablauf jener drei Tage an dessen Stelle die mögliche Bestrafung tritt, welcher sich der betreffende Vereinsvorsteher durch seine Unterlassung aussetzt. Die Vorschrift des § 2 soll die Polizeibehörde in die Lage setzen von der Existenz der Organisation, und den Mitgliedern eines neu gegründeten Vereins durch eigenes Geständniß des Vorstehers sich Kenntniß zu verschaffen, um hiernach die vom polizeilichen Standpunkte etwa gebotene Ueberwachung der Vereinsthätigkeit eintreten zu lassen. Dieses Interesse erlischt nicht mit Ablauf der drei Tage, welche vielmehr nur den Zeitpunkt bezeichnen, wo dasselbe gegenüber dem Anzeigepflichtigen beginnen darf, sich strafrechtlich wirksam zu erweisen; es dauert unverändert fort, bis die Polizeibehörde auf dem gesetzlich vorgeschriebenen Wege jene Kenntniß erlangt hat. Wenn der Berufungsrichter sich für seine Ansicht weiter einerseits auf den Wortlaut des § 13 daselbst, andererseits darauf beruht, daß der Polizeibehörde durch die §§ 2 und 13 die durch eine Strafandrohung geschützte Befugniß verliehen sei, von dem Vorsteher Auskunft über die Namen der Mitglieder zu erlangen, so spricht § 13 überhaupt nicht von der Erlöschung der Strafverfolgbarkeit, sondern von deren Beginn und ebensowenig läßt derselbe etwas in seinen Worten erkennen, was zu dem Schlusse berechtigte, daß die Unterlassung, welche nach dem Prinzip des § 67 Abs. 4 des R.-StGB.'s als die Handlung sich darstellt, an welche der Anfang der Verjährung sich anschließt, früher aufhöre eine Unterlassung zu sein, als nicht die Befolgung an deren Stelle getreten ist. Was den § 2 der Verordn. betrifft, so übersieht der Berufungsrichter, daß wenn die Polizeibehörde von dem Vorsteher Auskunft über die Person der Mitglieder verlangen soll, sie vorher Kenntniß von der Existenz des Vereins und, je nach der Art der gewünschten Auskunft, von den Namen der Mitglieder haben muß, die Einreichung der Statuten und Mitgliederverzeichnisse daher eine vielfach nothwendige und im Gefolge we nigstens als nothwendig unterstellte Voraussetzung für die wirksame Ausübung ihres Rechtes auf Auskunft bildet.

Antr. d. GStA.: gleichl. [11.—2.]

Strafantrag. – Polizeidirektion.

Der Bestrafungsantrag kann wirksam bei einer Polizeidirektion gestellt werden.

StGB. § 61 [n. 19].

Erk. (Z. l.) v. 14. Mai 1879 c. Grün (584 I. Cr.).

Der Strafantrag ist vom Verletzten bei der Königl. Polizei-Direktion zu W. gestellt worden. Nach §§ 59 und 61 der StPO. v. 25. Juni 1867 sind nun die Polizeibehörden Organe der Strafverfolgung und namentlich verpflichtet, Anzeigen über begangene strafbare Handlungen von Privatpersonen entgegen zu nehmen, diesen nachzuforschen und sodann die Anzeigen mit ihren Verhandlungen ohne Verzug an die zuständige StA.-schaft einzusenden. Daß hiernach bei den genannten Behörden auch die Stellung von Strafanträgen — § 61 des StGB.'s — erfolgen kann, erscheint unbedenklich und die Annahme der Implorantin, die eine solche nur bei der StA.-schaft und dem competenten Gerichte zulassen will, entbehrt jeder Begründung.

Antr. d. GStA.: gleichl. [16.—2.]

Appellationsrichter. – Berufung des Staatsanwalts. – Selbständige Handlungen.

Die Befassung des Appellationsrichters beschränkt sich, wenn verschiedene selbständige Strafthaten unterstellt sind, auf die von dem appellirenden Staatsanwalte als Gegenstand seines Angriffs bezeichneten.

Ges. v. 3. Mai 1852 Abschn. 4 [n. 3], § 129 [n. 1].

Erk. (V. l.) v. 14. Mai 1879 c. Tietz (399 I. Cr.)

Der Kaplan T. war der unbefugten Vornahme geistlicher Amtshandlungen in einer Mehrzahl von Fällen beschuldigt. In erster Instanz war er wegen mehrmaliger Celebrirung des Hochamts bestraft, bezüglich der Vornahme einer großen Anzahl sonstiger geistlicher Amtshandlungen aber freigesprochen. Das Urteil hatte die einzelnen Fälle als real konkurrirende Strafthaten aufgefaßt. Die Appellation der StA.-schaft rügte, daß nicht auch bezüglich der Fälle außer der Feier des Hochamtes Bestrafung erfolgt sei. Das App.-Ger. verwarf dieselbe, erstreckte aber die Freisprechung auch auf die Fälle der Celebrirung des Hochamts, obgleich von T. kein Strafmittel eingewendet war. Die NB. der StA.-schaft rügte dies und wurde für begründet erachtet.

Der App.-Richter geht von dem richtigen Satze aus, daß er durch die Appellation der StA.-schaft mit der ganzen Sache, auch insoweit dieselbe zu Ungunsten des Angeklagten entschieden sei, befaßt werde. Allein er irrt, wenn er im gegebenen Falle die Appellation auch auf die durch Celebrirung des Hochamts verübten Vergehen gegen § 23 des Ges.'s v. 11. Mai 1873 bezieht, wegen deren eine verurteilende, in keiner Richtung von der StA.-schaft angefochtene Entscheidung in I. Instanz erfolgt ist. Dieser Irrthum kann nur auf der Auffassung beruhen, daß der Angeklagte wegen einer einheitlichen, aus mehreren geistlichen Amtshandlungen zusammengesetzten Strafthat, nämlich wegen Ausübung einer unerlaubten Stellvertretung des Pfarrers angeklagt gewesen ist. Solche Auffassung steht aber mit der Begründung der Anklage in der mündlichen Verhandlung und dem Urteil erster Instanz im Widerspruch, welches eine Reihe selbständiger, in sich abgeschlossener und darum ausscheidbarer, vom Angeklagten ohne Recht vorgenommener geistlicher Amtshandlungen zum Gegenstande hat und für jede eine besondere Strafe festsetzt §§ 74 u. 78 des StGB.'s.

Antr. d. GStA.'s: gleichl. [17.—2.]

---

1. Verjährung der Strafverfolgung. – Antragsvergehn. – Richterliche Handlung vor Stellung des Strafantrags. – Unterbrechung?

2. Redakteur. – Abdruck aus anderer Zeitung. – Selbständiges Vergehen?

3. Unbrauchbarmachung. – Selbständige Maßnahme. – Strafverfolgung verjährt.

1. Richterliche Verfügungen, welche bei einem

Antragsvergehen vor Stellung des Strafantrags erlassen sind, unterbrechen nicht die Verjährung.

StGB. § 68 [n. 11]; Vgl. RbOTr. 16. S. 693.

2. Ein Redakteur, welcher aus einer anderen Zeitung einen Artikel strafbaren Inhalts aus freien Stücken abdruckt, nimmt nicht an dem Vergehn des anderen Redakteurs resp. des Verfassers Theil, sondern begeht ein selbständiges Vergehen, zu dessen Verfolgung es betreffenden Falls eines besonderen Strafantrags bedarf.

StGB. § 49; R.-Preßges. v. 7. Mai 1874 § 20.

3. Ist bei einer Schrift strafbaren Inhalts die Strafverfolgung verjährt, so kann doch die Unbrauchbarmachung der Exemplare und Platten ausgesprochen werden.

StGB. §§ 41 und 42 [n. 6]; Vgl. Entsch. 29 S. 266.

Erk. (V. II.) v. 15. Mai 1879 c. Reichartz (465 II. Cr.).

Wegen eines in dem Volksblatt für Recklinghausen enthaltenen Spottgedichts: „die Kultur in Marpingen" stellte die Bezirksregierung zu T. unter dem 11. Febr. 1878 Strafantrag gegen Redakteur und Verfasser pto. Beleidigung der genannten Regierung wie mehrerer Lokalbeamten und ist in Folge dieses Antrags denn auch der Redakteur des Volksblatts bestraft worden.

Am 20. Februar druckte R. das Gedicht aus dem Volksblatt für Recklinghausen in der von ihm redigirten zu Dorsten erscheinenden Concordia ab und erhob nun der StA. auf Grund des vorerwähnten Strafantrags auch gegen diesen Anklage. Das Kreisgericht zu D. eröffnete denn auch die Untersuchung, stellte solche aber demnächst durch Beschluß wegen fehlenden Strafantrags ein. Der Staatsanwalt extrahirte darauf unter dem 22. August von der mehrgenannten Regierung einen weiteren ausdrücklich gegen R. gerichteten Strafantrag. Inzwischen war aber die 6monatliche Verjährung des § 22 des Reichs-Preßgesetzes abgelaufen. Demungeachtet verurteilte das KG., indem es den Abdruck des Gedichts in der Concordia als eine Betheiligung an der Strafhandlung des Redakteurs des Recklinghauser Volksblatts, demgemäß den gegen Letzteren gerichteten Strafantrag als auch zur Verfolgung des Angeklagten ausreichend und die auf Grund dieses früheren Antrags ergangenen richterlichen Verfügungen als die Verjährung unterbrechend ansah. Die Berufung des Angeklagten wurde von dem App.-Gericht verworfen. Dasselbe sieht von der Veröffentlichung im Recklinghauser Volksblatt ganz ab und hält die Verfolgung des Angeklagten für erst durch den späteren Antrag gerechtfertigt, nimmt aber an, daß auch die vor dem Strafantrag ergehenden richterlichen Verfügungen die Verjährung unterbrächen.

Auf die NB. des Angeklagten hat das Ob.-Tr. vernichtet und die Verfolgung wegen eingetretener Verjährung für unstatthaft erklärt, dabei jedoch die verordnete Unbrauchbarmachung der Exemplare und Platten aufrechtgehalten. Gründe:

Die Ausführung des App.-Richters kann nicht für zutreffend erachtet werden. Aus der Fassung des § 68 des StGB.'s ergiebt sich, daß nicht jede Handlung eines Richters, sondern nur die Handlung des Richters d. h. desjenigen Richters, der zur Aburteilung der begangenen That oder doch zu Handlungen im Ermittelungs- und Untersuchungsverfahren berufen oder wenigstens befugt ist, die Verjährung unterbricht. Bei den sogenannten Antragsvergehen findet nun aber vor der Stellung des Antrags Seitens des Berechtigten und ohne diesen Antrag nach § 61 des StGB.'s eine strafrechtliche Verfolgung überhaupt nicht Statt. Es können daher auch die richterlichen Verfügungen, welche in der vorliegenden Sache vor dem Strafantrage v. 22. August 1878 erlassen worden sind, nicht als solche angesehen werden, welche in der Zuständigkeit des Richters begründet und somit geeignet waren die Verjährung zu unterbrechen, vorausgesetzt allerdings, daß nicht etwa, wie der erste Richter angenommen hat, bereits der von der Kgl. Regier. am 11. Febr. 1878 gegen den Redakteur des Volksblatts zu R. gestellte Strafantrag auch zur Verfolgung des Angeklagten für ausreichend zu erachten ist. Letzteres ist jedoch keineswegs der Fall. Der erste Richter führt zur Begründung seiner Ansicht aus, daß der Redakteur des R.'er Wochenblatts, indem derselbe die Absicht des Verfassers des Gedichts die Behörden zu beleidigen in die That umgesetzt habe, als Thäter zu betrachten sei und daher die Handlungsweise desjenigen, welcher durch die Weiterverbreitung des Gedichts die intendirte Beleidigung fortsetze, sich als Theilnahme, als Mitthäterschaft charakterisire. Wäre diese Begründung richtig, so würden alle Redakteure, welche denselben Artikel reproduciren, es würden aber auch alle Personen, die eine und dieselbe Beleidigung mündlich aussprechen, unter einander in ein Verhältniß als Theilnehmer treten, und es müßte die Möglichkeit zugegeben werden, daß an einem vollendeten und sogar schon bestraften Vergehen eine immer neue Theilnahme Statt finden könne. Der Deduktion des ersten Richters steht aber nicht nur der Geist und die Tendenz des Preßgesetzes, welches jeden Redakteur für alle Handlungen, deren Strafbarkeit durch den Inhalt seiner periodischen Druckschrift begründet werden, aber auch nur für diese verantwortlich erklärt, sondern es steht ihr auch der Wortlaut des § 22 des Preßgesetzes entgegen, welcher die Preßvergehen als solche bezeichnet, die dnrch Verbreitung von Druckschriften strafbaren Inhalts begangen werden. Der Angeklagte, der nur sein eigenes Wochenblatt, nicht aber das Volksblatt für R. verbreitet, auch weder zu dieser Verbreitung noch zu der Herstellung des strafbaren Inhalts desselben mitgewirkt hat, kann sich also an einem Preßvergehen, welches der Redakteur des letzteren begangen, nicht betheiligt haben. Nicht wesentlich anders würde sich die Beurteilung gestalten, wenn man der Deduktion des Staatsanwalts in seiner Gegenerklärung folgend den Verfasser des Gedichts als Thäter, die Redakteure als Theilnehmer in Betracht ziehen wollte. Denn obschon Verfasser und Redakteur als Mitthäter belangt werden können, so ist doch im vorliegenden Falle der Angeklagte allein als Thäter verfolgt worden, ohne daß auch nur Ermittelungen bezüglich des Verfassers Statt gefunden haben. Es konstirt nicht, ob der unbekannte Verfasser bei der Veröffentlichung des Gedichts im R.'er Volksblatt betheiligt gewesen; daß er es bei der Veröffentlichung im D.'er Wochenblatt gewesen sei, ist nicht einmal behauptet, und jedenfalls hat sich der am 11. Febr. v. J. gestellte Strafantrag der Kgl. Regierung nicht auf die letztere, erst am 20. Febr. v. J. erfolgte Veröffentlichung bezogen. Dieselbe bildet aber nach Lage der Sache eine selbständige Strafthat, sowohl wenn der Verfasser sich bei dieser Veröffentlichung betheiligt als wenn der Angeklagte ohne diese Betheiligung das im R.'er Volksblatte abgedruckte Gedicht reproducirt hat. Der wegen der Veröffentlichung in dem gedachten Volksblatt gestellte Strafantrag kann daher nicht gegen die allein bei der Veröffentlichung in dem D.'er Wochenblatt Betheiligten verwerthet werden. Hiernach fehlte es bis zu dem Ablaufe der durch § 22 des Preßgesetzes festgesetzten sechsmonatlichen Verjährungsfrist an einem dem § 61 des StGB.'s entsprechenden Strafantrage. Es können daher die Beleidigungen, wegen deren der Angeklagte in den Instanzen unter Nichtberücksichtigung dieses Mangels verurteilt worden, überhaupt nicht mehr zum Gegenstande der Verfolgung gemacht werden, und es mußte deshalb unter Vernichtung des Appellationserkenntnisses, wie geschehen, erkannt werden. Die in dem ersten Erkenntnisse angeordnete Unbrauchbarmachung aller Exemplare der das Spottgedicht enthaltenden Nr. 7 der Concordia von 1878 und der zur Herstellung derselben gebrauchten Platten und Formen war dabei aufrecht zu erhalten, weil der Inhalt des Gedichts nach der Feststellung der Instanzrichter ein strafbarer und die erwähnte Maßnahme als eine im Interesse der öffentlichen Ordnung gebotene auch dann statthaft ist, wenn eine Verfolgung des verantwortlichen Thäters aus thatsächlichen oder rechtlichen Gründen nicht ausführbar oder ausgeschlossen ist — § 41, 42 des StGB.'s.

Antr. d. GStA.: gleichl. [19.—4.]

Sachbeschädigung. – Jagdberechtigter. – Umherlaufende Hunde. – Recht zur Tödtung. – Grafschaft Mark und Stadt Dortmund.

Nach §§ 64 u. 65 des ALR.'s Th. II Tit. 16 steht dem Jagdberechtigten die Befugniß, fremde in

seinem Revier umherlaufende Hunde zu tödten, auch rücksichtlich der Jagdhunde zu, sofern nicht einer der Ausnahmefälle der §§ 66 und 67 vorliegt.

In der Grafschaft Mark, wie in Stadt und Grafschaft Dortmund bestehen keine hiervon abweichenden provinzialrechtlichen Bestimmungen.

StGB. § 303 [v. 4]; ALR. Th. II Tit. 16 §§ 64—68; Cleve-Märkische Jagd- und Wald-Ordnung vom 13. Juli 1765 Tit. XVII; Edikt v. 17. März 1725 (v. Rabe I S. 725).

Erk. (B. II.) **v. 15. Mai 1879 c. Voigt** (419 II. Cr.).

Die Rüge der Gesetzesverletzung erscheint begründet. Der App.-Richter folgert sowohl aus den Vorschriften des ALR.'s als aus denen des Provinzialrechts der Grafschaft Mark, daß dem Jagdberechtigten die Tödtung eines fremden, auf seinem Reviere umherlaufenden Jagdhundes nicht gestattet sei. Seinen Ausführungen kann jedoch nicht beigetreten werden. Was zuächst die Cleve-Märkische Jagd- und Wald-Ordnung v. 13. Juli 1765 anlangt, so würden allerdings die in derselben enthaltenen, auf diese Materie bezüglichen Strafvorschriften in demjenigen Gebiete, für welches dieses Gesetz erlassen worden, noch gegenwärtig in Kraft stehen. — § 68 Tit. 16 Th. II des ALR.'s und § 50 des revidirten Entwurfs des Provinzialrechts der Grafschaft Mark, der Stadt und Grafschaft Dortmund und der Städte Soest und Lippstadt. — Allein die Stadt und Grafschaft Dortmund ist erst im Jahre 1815 an Preußen gelangt, und für dieses Territorium gilt weder das Provinzialrecht der Grafschaft Mark, noch bestehen für dasselbe überhaupt provinzialrechtliche Bestimmungen bezüglich der Forst- und Jagdkontraventionen. (Die Allegirung des § 50 im § 53 des vorerwähnten revidirten Entwurfs beruht auf einem Redaktionsversehen — vgl. S. 54 daselbst.) Es wäre daher zuvörderst festzustellen gewesen, ob der Ort der That in der ehemaligen Grafschaft Dortmund oder in der Grafschaft Mark belegen ist. Indessen kann hiervon abgesehen werden, da die Cleve-Märkische Jagd- und Wald-Ordnung bezüglich der auf Jagdrevieren herumlaufenden Hunde ihr eigenthümliche Vorschriften nicht enthält, sondern im Allgemeinen auf das Edikt v. 17. März 1725 verweist. Das Letztere aber, welches nach Eingang und Schluß als ein allgemeines für den damaligen Umfang der Monarchie erlassenes Gesetz aufgefaßt werden muß, ist durch die Bestimmungen des ALR.'s §§ 64 bis 67 Tit. 16 Th. II ersetzt worden, welche demnach in dem vorliegenden Falle allein in Betracht kommen. Nach diesen Bestimmungen wird nun zwar zwischen gemeinen Hunden und Jagdhunden unterschieden; die Tödtung gemeiner Hunde, die auf Jagdrevieren ungeknüppelt umherlaufen, wird dem Jagdberechtigten unbedingt gestattet, während in den beiden in den §§ 66 u. 67 hervorgehobenen Fällen Jagdhunde nicht getödtet werden sollen. Allein die Fassung dieser Paragraphen und ihr Zusammenhang mit den vorhergehenden ergiebt, daß durch dieselben nur Ausnahmevorschriften für diejenigen Fälle haben gegeben werden sollen, in welchen den Besitzern der Jagdhunde ein Verschulden billigerweise nicht zur Last gelegt werden kann, und daß abgesehen von diesen Fällen dem Jagdberechtigten auch bezüglich der Jagdhunde das Recht der Selbsthülfe in demselben Umfange zusteht, wie bezüglich der gemeinen Hunde. Von dieser Auffassung ist auch das Ob.-Trib. in den Erk. Bd. 45 S. 357, Bd. 82 S. 156 der Entscheid., Bd. 45 S. 352 in Strieth. Archiv ausgegangen, auf welche Bezug genommen wird. Da nun nach der Feststellung der Instanzrichter keiner der Ausnahmefälle der §§ 66 und 67 vorliegt und der getödtete Hund auf dem Freiherrlich R.'schen Jagdgebiete jagend und ohne Aufsicht sich umhertreibend betroffen worden war, als er von dem angeklagten Freiherrlich R.'schen Förster erschossen wurde, so ermangelt die Handlung des Letzteren der Rechtswidrigkeit im Sinne des § 303 des StGB.'s, und dieses Strafgesetz kann daher keine Anwendung finden.

Antr. d. OStA.: gleichl. [19.—4.

Grundsteuer. – Anzeigepflicht. – Eigenthümer.

Die nach dem 1. Oktober 1872 eingetretenen Verpflichtungen des Eigenthümers zur Anmeldung steuerpflichtiger Grundstücke lasten nur auf dem im Grundbuche eingetragenen Eigenthümer.

Ges. v. 8. Febr. 1867 § 34; Ges. v. 5. Mai 1872 §§ 1, 72.

Erk. (Z. I.) v. 16. Mai 1879 c. Ehrenberg (203 I. Cr.).

Durch die Erkenntnisse des Kgl. Kreisgerichts und des Appell.-Gerichts ist der Angeklagte von der Anklage einer Zuwiderhandlung gegen § 34 des Ges.'s v. 8. Febr. 1867 freigesprochen worden. In der NB. des Kgl. OStA.'s ist Gesetzesverletzung behauptet. Die Entscheidung des ersten Richters nimmt für erwiesen an, daß der Angeklagte am 1. Juli 1876 einen Theil der alten Straße von L. nach T. erworben, zu Acker gemacht, aber erst am 16. Dezbr. 1876 auf dem Katasteramt zur Versteuerung angemeldet habe; ferner, daß der Angeklagte in der Mutterrolle als Eigenthümer der Parzelle auf Grund der Verhandlungen des Kreisausschusses — welcher die Parzelle verkauft hat —, nicht in Folge einer Benachrichtigung des Grundbuchamts eingetragen, in dem Grundbuche vielmehr der Angeklagte als Eigenthümer noch nicht vermerkt sei, da die Auflassung noch nicht stattgefunden habe. Bei dieser Sachlage nehmen die Instanzrichter an, daß der Angeklagte nicht Eigenthümer im gesetzlichen Sinne sei, für ihn daher eine Pflicht zur Anmeldung nicht bestanden habe. Dagegen ist in der NB. ausgeführt, daß die zur Zeit des Erlasses des Ges.'s vom 8. Febr. 1867 bestandenen Unterscheidung zwischen Bucheigenthümer und Naturaleigenthümer durch die Grundeigenthumgesetzgebung vom 5. Mai 1872 ihre Bedeutung nicht ganz verloren habe, und daß jedenfalls der in dem Gesetze von 1867 vorausgesetzte Begriff des Eigenthümers nicht aus späteren Gesetzen interpretirt werden dürfe. Die NB. konnte indessen nicht für begründet erachtet werden. Wenn das Gesetz über den Eigenthumserwerb u. s. w. v. 5. Mai

1872 im § 1 bestimmt, daß im Falle einer freiwilligen Veräußerung das Eigenthum an einem Grundstück nur durch die auf Grund einer Auflassung erfolgte Eintragung des Eigenthumsüberganges im Grundbuche erworben werde, so ist damit allerdings die bis dahin bestandene Duplizität des Begriffs des Eigenthums an Grundstücken v. 1. Oktober 1872 ab — § 72 a. a. O. — beseitigt und es ist, wie in den Motiven des Entwurfs dargelegt ist, hinfort die Eintragung die ausschließliche Erkenntnißquelle für die rechtlichen Beziehungen des Grundeigenthums. Die nach dem 1. Oktbr. 1872 eingetretenen Verpflichtungen des Grundeigenthümers als solchen, mögen sie publizistische oder private sein, können daher nicht mehr nach den früher bestandenen Grundsätzen über den Eigenthumserwerb bemessen werden, und es kann hierbei keinen Unterschied begründen, ob die Verpflichtungen aus älteren Gesetzen oder aus der nach dem 1. Oktober 1872 in Geltung getretenen Gesetzgebung herzuleiten sind. Es bedarf daher nicht noch eines Hinweises auf die enge Verbindung des Grundbuches mit dem Grundsteuerkataster, wie sie in und nach den Gesetzen v. 5. Mai 1872 — z. B. in dem Gesetze v. 26. Juni 1875 (GS. S. 325) — festgesetzt worden ist, um darzuthun, daß der Begriff des Grundeigenthums und des Grundeigenthümers in den §§ 32, 33, 34 des Ges.'s v. 8. Febr. 1867 gegenwärtig nur nach § 1 des Gesetzes über den Eigenthumserwerb v. 5. Mai 1872 bestimmt werden kann, daß daher dieser Begriff von dem App.-Richter keineswegs verkannt ist. Eine anderweitige Anmeldungspflicht des Angeklagten (§§ 33, 45 des Ges.'s v. 8. Febr. 1867) ist aber nicht in Frage gekommen.

Antr. des GStA.: entgegen. [12.—3.]

Steuervergehen. - Verjährung. - Frist.

Vergehen und Uebertretungen, welche durch Zuwiderhandlungen gegen die Vorschriften über die

Entrichtung der Steuern begangen werden, verjähren in 5 Jahren.

StPO. §§ 353, 390 Nr. 3; StGB. §§ 1, 67, 66; Einf.-Gesetz vom 31. Mai 1870 § 2; Vdn. v. 25. Juni 1867 Art. XI; Ges. v. 3. Juli 1876 § 32 Ges. v. 18. Juni 1840 § 10.

Erk. (V. I.) v. 16. Mai 1879 c. Fendloh (227 I. Cr.).

Den wegen unbefugten Hausirgewerbebetriebes verurteilten Angeklagten hatte die Berufungskammer freigesprochen, weil sie davon ausging, daß beim Mangel besonderer Bestimmungen eine dreimonatliche Verjährungsfrist Platz griffe.

Vernichtung. Gründe:

Nach § 2 des Einf.-Ges.'s v. 31. Mai 1870 sind die besonderen Vorschriften des Landesstrafrechts über strafbare Verletzungen der Steuergesetze in Kraft geblieben, und diese Aufrechthaltung der Landesgesetzgebung bezieht sich unbedenklich auch auf die besonderen Vorschriften des Landesrechts über die Verjährung der Strafverfolgung bei Steuervergehen. Damit ist auch der Art. XI der Verordn. vom 25. Juni 1867 in Kraft erhalten, nach welchem Vergehen und Uebertretungen, welche durch Zuwiderhandlung gegen die Vorschriften über die Entrichtung der Steuern begangen werden, in fünf Jahren verjähren. Die von dem Berufungsrichter vermißte besondere Bestimmung besteht daher.

Antr. d. GStA.: gleichl. [12.—3.]

Bankerutt. - Verjährung. - Beginn.

Die Vollendung des einfachen Bankeruttes tritt mit der Zahlungseinstellung ein und erst mit diesem Zeitpunkte beginnt der Lauf der Verjährung.

StGB. § 281 [n. 38], § 67 Abs. 4; Vgl. RbOTr. 5. S. 42; 11. S. 598; 17. S. 623; 18. S. 96.

Erk. (Z. II.) v. 20. Mai 1879 c. Sabatzky (512/79 II. Cr.).

Die NB. erachtet den § 67 Abs. 4 des StGB.'s, insoweit auch die inkriminirte unordentliche Führung der Handlungsbücher aus der ersten Hälfte des Jahres 1873 der Verurteilung zu Grunde gelegt ist, dadurch für verletzt, daß das App.-Gericht den Lauf der Verjährungsfrist von dem Eintritt der Zahlungseinstellung datirt, während nach Ansicht des Imploranten die Verjährung in dem Zeitpunkte begonnen hat, wo die inkriminirte Handlung, hier die unordentliche Buchführung, Statt fand. Dieser Ansicht des Imploranten kann nicht beigepflichtet werden. Die unterlassene ordnungsmäßige Buchführung eines Kaufmanns bildet für sich allein noch keine strafbare Handlung; sie wird vielmehr erst zum Vergehen, wenn die Zahlungseinstellung hinzutritt. Letztere ist ein wesentliches Requisit des Vergehens, durch deren Hinzutritt der einfache Bankerutt erst vollendet wird. Im Hinblick hierauf und in Anwendung des allgemeinen Grundsatzes, daß strafbare Handlungen, deren Thatbestand mehrere Thätigkeiten umfaßt, erst von dem Zeitpunkte ab verjähren, wo die letzte dieser Thätigkeiten Statt gefunden hat, da von einer Vollendung der strafbaren Handlung nur von diesem Zeitpunkte an die Rede sein kann, hat das Kgl. Ob.-Tr. in wiederholten Entscheidungen ausgesprochen, daß die Verjährung des einfachen Bankerutts erst mit der Zahlungseinstellung beginnt, und diese Rechtsansicht ist nach wie vor als die richtige anzuerkennen.

Antr. d. GStA.: gleichl. [7.—3.

Widerstand. - Beamte. - Feldschützen.

Gemeindefeldschützen, welche zur Mitausübung des Jagdschutzes amtlich berufen sind, sind auch in so weit sie den letzteren wahrnehmen, Beamte im Sinne des § 113 des StGB.'s.

StGB. § 113 [n. 6].

Erk. (Z. I.) v. 21. **Mai 1879** c. **Becker** (622 I. Cr.).

B und G. wurden von dem Feldschützen K. beim Jagdfrevel betreten und widersetzten sich dem Letzteren, weshalb sie aus § 113 des StGB.'s bestraft sind. Ihre NB. bestreitet dem K. die Beamtenqualität. Er ist auf den Feldschutz eidlich verpflichtet und vermöge seiner Instruktion auch zur Aufmerksamkeit auf die in seinem Reviere vorkommenden Jagdvergehen berufen. Die NB. wurde zurückgewiesen.

Daß, wie die NB. behauptet, der Feldschütze K. kein Beamter und jeden Falles nicht in der vorschriftsmäßigen Ausübung seines Amtes begriffen gewesen, ist mit Rechtsgründen darzulegen nicht versucht worden. Der angestellte und als solcher beeidete Feldschütze ist nach § 55 des Nassauischen Gemeindeges.'s v. 26. Juni 1854 Gemeindebediensteter und als solcher mittelbarer Staatsbeamter. Daß derselbe zur Mitausübung des Jagdschutzes amtlich berufen ist, bestimmt § 38 des Nassauischen Ges.'s v. 6. Jan. 1860.

Antr. d. GStA.: gleichl. [11.—2.]

Unterschlagung. – Zur Ablieferung empfangenes Geld.

Zur Ablieferung an einen Dritten empfangenes Geld geht in den Gewahrsam, aber nicht in das Eigenthum des Empfängers über, bleibt für ihn also eine fremde Sache, an der er Unterschlagung verüben kann.

StGB. § 246 [n. 7].

Erk. (S. I.) v. 21. Mai 1879 c. Borowski (504 I. Cr.).

Die Gö. hatte von dem Agenten Ga. eine Empfehlungskarte zu einem Dienst erhalten, für welche dieser sich 9 Mk. ausbedungen hatte. Sie benutzte sie nicht und ließ sie bei der Agentenfrau B. zurück. Mit ihrer Zustimmung ließ sich die T. die Karte von der B. zur eigenen Benutzung übergeben, welche sich dafür unter dem unwahren Vorgeben, daß sie das Geld an Ga. abliefern müsse, 3 Mk. geben und weitere 6 Mk. versprechen ließ. Die B. lieferte aber die 3 Mk. nicht an Ga. ab und wurde deshalb wegen Unterschlagung angeklagt, jedoch freigesprochen, weil es ihr nicht zum Bewußtsein gekommen, daß sie zur Ablieferung des Geldes an Ga. verpflichtet gewesen sei. Die NB. der StA.-schaft erachtete das Ob.-Tr. für begründet.

Von den Instanzrichtern ist für erwiesen erachtet, daß die Kellnerin R. der Angeklagten drei Mark zur Ablieferung an den Agenten Ga. anvertraut und daß die Angeklagte das Geld nur als die vorgeblich Bevollmächtigte des Ga. erlangt hat. Die drei Mark gingen daher nach den Grundsätzen des Civilrechts wohl in den Gewahrsam, nicht aber in das Eigenthum der Angeklagten über. Darin macht es keinen Unterschied, daß die Angeklagte die drei Mark für sich einforderte und zu behalten beabsichtigte. Gleichwenig erheblich ist es, wenn Ga. für seine Person einen Anspruch auf Ablieferung des Geldes nicht hatte. Die Angeklagte war zu dieser Ablieferung aus dem zwischen ihr und der R. abgeschlossenen Vertrage der letzteren gegenüber verpflichtet; die drei Mark blieben daher für die Angeklagte eine fremde Sache, deren rechtswidrige Aneignung den objektiven Thatbestand des § 246 des StGB.'s erfüllt. Der App.-Richter stellt zum Schluß noch allerdings fest: daß es jedenfalls der Angeklagten nicht zum Bewußtsein gekommen, daß sie zur Ablieferung des von der R. erhaltenen Geldes an Ga. verpflichtet gewesen sei. Allein diese Annahme ist, wie die NB. richtig bemerkt, mit jener Feststellung, daß das Geld ihr zur Ablieferung an Ga. anvertraut und nur so von ihr erlangt war, nicht vereinbar und deshalb die getroffene Negativfeststellung rechtlich zu tragen nicht geeignet.

Antr. d. GStA.: gleichl. [17.—2.]

Beleidigung. - Wahrnehmung berechtigter Interessen.

Der Rechtsschutz des § 193 des StGB.'s ist nicht dadurch bedingt, daß die beleidigende Aeußerung zur Wahrnehmung berechtigter Interessen dienlich oder nothwendig war und daß die Anführung der betreffenden Thatsachen ohne das objektiv beleidigende Urteil dazu hinlänglich gewesen sein würde.

StGB. § 193 [n. 20].

Erk. (V. I.) v. 21. Mai 1879 c. Machol (590 I. Cr.).

M. und Gen. waren aus § 186 bestraft, weil sie in einer Beschwerde bei der Regierung gegen den Bürgermeister Z. Beleidigungen vorgebracht hatten und wurde festgestellt, daß das Vorhandensein einer Beleidigung aus der Form der Aeußerungen hervorgehe. Auf NB der Verurteilten vernichtete das Ob.-Tr.

Der Appell.-Richter erachtet den von den Angeklagten angerufenen Schutz des § 193 cit. für ausgeschlossen, weil das Vorhandensein einer Beleidigung aus der Form der inkriminirten Aeußerung hervorgehe. Er führt in dieser Beziehung aus:

> „Zur Wahrnehmung berechtigter Interessen, zu welchen die Angeklagten als Mitglieder der für das Rechnungsjahr 1877/78 zu M. gebildeten Einkommen- und Classensteuer-Einschätzungs-Kommission berechtigt gewesen seien, würde es genügt haben, wenn die Angeklagten in ihrer Beschwerdeschrift vom 27. Dezember 1876 die einzelnen, den Bürgermeister Z. angeblich belastenden, Thatsachen angeführt hätten. Sie hätten aber, — wozu sie niemals für berechtigt erachtet werden könnten, — in dem inkriminirten Passus der Beschwerdeschrift über Z. ein Urteil gefällt, welches unter allen Umständen der Form nach sich als eine Beleidigung kennzeichne.

Diese Ausführung kann selbst in Verbindung mit der darauf gestützten Schlußfeststellung:

> daß die Angeklagten am 27. Dezember 1876 in Beziehung auf den Bügermeister Z. Thatsachen behauptet haben, welche denselben in der öffentlichen Meinung herabzuwürdigen geeignet sind,

die Bestrafung der Angeklagten aus § 186 des R.-StGB.'s nicht rechtfertigen. Denn der Ausführung des App.-Richters liegt augenscheinlich die rechtsirrthümliche Auffassung zum Grunde, als ob die Anwendbarkeit des § 193 cit. dadurch bedingt sei, daß die betreffende Aeußerung zur Wahrnehmung berechtigter Interessen dienlich oder nothwendig gewesen sei, und als ob die Angeklagten da zur Wahrnehmung ihrer Interessen die einfache Anführung der den Bürgermeister Z. angeblich belastenden Thatsachen genügt haben würde, über letzteren ein objektiv beleidigendes Urteil zu fällen unter keinen Umständen berechtigt gewesen seien. Wenn nun auch die weitere Feststellung, daß dieses Urteil seiner Form nach eine Beleidigung des Bürgermeisters Z. in sich schließe, an und für sich den Erfordernissen der Schlußbestimmung des § 193 cit., welche auch zur Wahrnehmung berechtigter Interessen gemachte Aeußerungen insofern für strafbar erklärt, als das Vorhandensein einer Beleidigung aus der Form der Aeußerung hervorgeht, genügen würde, so bleibt es doch zweifelhaft, ob der Appell.-Richter nicht unter dem Einflusse seiner rechtsirrthümlichen Auffassungen schon ein der Form nach objektiv beleidigendes Urteil im Falle des § 186 cit. für strafbar erachtet, zumal, da er sich über die in dem „Vorhandensein einer Beleidigung" stillschweigend vorausgesetzte „Absicht, zu beleidigen", obwohl dieselbe von den Angeklagten ausdrücklich bestritten worden ist, weder direkt, noch indirekt ausgesprochen hat. [15.—2.]

Widerstand. - Rechtmäßige Amtsausübung.

Ein Beamter, welcher eine in Civilsachen angeordnete Exekutionsmaßregel an einem Sonntage zur Ausführung bringt, befindet sich nicht in rechtmäßiger Ausübung seines Amtes.

StGB. § 113 [n. 13].

Erk. (B. I.) v. 21. Mai 1879 c. Quast (277 I. Cr.).

Gegen G. war in einer Civilsache auf Ableistung des Manifestationseides erkannt und als er in dem Termin zu dessen Ableistung nicht erschien, vom Kreisgericht das betreffende Dorfgericht requirirt, ihn, im Fall er die Befriedigung des Gläubigers nicht nachweise, sofort zu verhaften und in das Schuldgefängniß abzuliefern, auch die Exekutionskosten einzuziehen. Von dem Schulzen erhielt nun der Gerichtsmann P. und Exekutor S. die Anweisung diese Exekution vorzunehmen. Beide erschienen noch an dem nämlichen Tage, einem Sonntag, bei G. um ihn zum Personalarrest abzuführen und die Kosten einzuziehen. G. leistete ihnen Widerstand und wurde deshalb aus § 113 bestraft. Seine NB. wurde vom Ob.-Tr. für begründet erachtet.

Nach der Feststellung der Instanzrichter ist der dem Angeklagten zur Last gelegte Widerstand gegen die Staatsgewalt (§ 113 des StGB.'s) gegen eine Exekutionsmaßregel gerichtet gewesen, welche in einer Civilprozeßsache angeordnet war und an einem Sonntage zur Vollstreckung gebracht worden ist. Die Annahme der Rechtmäßigkeit der Vollstreckungshandlung ist von dem Appell.-Richter darauf gegründet, daß das zuständige Gericht die sofortige Vor-

nahme derselben angeordnet hatte und die Vollstreckungs-
beamten verpflichtet gewesen seien, dieser Anordnung nach-
zukommen, ohne ihrerseits zu prüfen, ob diese Anweisung
im vorliegenden Falle und an dem in Rede stehenden Tage
gerechtfertigt sei. Diese Begründung ist rechtsirrthümlich.
Es kann dahin gestellt bleiben, ob die Interpretation, welche
der App.-Richter der ertheilten Anweisung an die Exekutiv-
beamten gegeben hat, eine in dieser Instanz unangefochtene
Beweisprüfung enthält, oder ob der Appell.-Richter die
Anordnung einer sofortigen Vollstreckung nur im gesetz-
lichen Sinne verstehen und demnach die Vollstreckung an
einem Sonntage für ausgeschlossen erachten mußte. Selbst
wenn man das Erstere annimmt, also davon ausgeht, daß
in der Anweisung des Gerichts die Vollstreckung mit der
Maßgabe angeordnet gewesen sei, daß sie selbst an einem
Sonntage zur Ausführung gebracht werden sollte, ist die
Annahme, daß die Exekutivbeamten dieser Anweisung Folge
zu leisten verpflichtet gewesen wären, rechtlich unhaltbar.
Denn es handelt sich hier nicht um eine Anordnung, deren
Prüfung in Hinsicht auf die Rechtmäßigkeit ausschließlich
der die Anordnung erlassenden Behörde zusteht. Das im
§ 4 der Vdn. über die Exekution in Civilsachen v. 4. März
1834 enthaltene Verbot, an Sonntagen Exekutionen zu
vollstrecken, ist vielmehr ein unbedingtes, auch von den aus-
führenden Beamten zu beachtendes, — (vgl. § 41 der Dienst-
instruktion v. 2. August 1850 (JMBl. S. 267) und § 91
der revidirten Instruktion für die Dorfgerichte im Bezirke
der App.-Gerichte zu Naumburg und Halberstadt und des
Kammergerichts v. 11. Mai 1854 (JMBl. S. 214), —
und die auftraggebende Behörde ist nicht berechtigt die voll-
streckenden Beamten von der Beobachtung jener gesetzlichen
Vorschrift zu entbinden.

Antr. d. GStA.'s: gleichl. [12.—2.]

Diebstahl. - Feldfrüchte. - Saatkartoffeln.

Unter den Feldfrüchten des § 42 der FPOrdn.

Nr. 2 sind zur Saat verwendete Früchte nicht zu verstehen.

FPOrdn. v. 1. Nov. 1874 § 42 Nr. 2; StGB. § 242 [n. 57].

Erk. (B. I.) v. 21. Mai 1879 c. **Winter** (523 I. Cr.).

W. ist wegen Entwendung von Saatkartoffeln aus § 242 des StGB.'s angeklagt aber in zweiter Instanz unter Feststellung geringer Menge und unbedeutenden Werthes nur aus § 42 Nr. 2 der FPOrdn. bestraft. Die auf Nichtanwendung des Strafgesetzes gegen den Diebstahl von der StA.-schaft gestützte NB. wurde für begründet erachtet.

Die Instanzrichter nehmen an, daß die Angeklagten Kartoffeln, welche am Tage vor der Entwendung zur Saat ausgelegt waren, von dem Felde des Kammerherrn v. B. in der Absicht rechtswidriger Zueignung weggenommen haben, daß die Quantität eine geringe und der Werth unbedeutend gewesen sei. Der App.-Richter hält hierauf den § 42 Nr. 2 der FPO. (Fassung vom 13. April 1856) für anwendbar, nach welchem mit Geldbuße bestraft wird: wer unbefugterweise von Aeckern Feldfrüchte oder andere Bodenerzeugnisse von unbedeutendem Werth oder in geringer Quantität entwendet. Er geht davon aus, daß die Entwendung auf einem Felde stattgefunden habe, daß Kartoffeln Feldfrüchte seien und daß der § 42 Nr. 2 der FPOrdn. eine Ausnahme in Betreff der zur Saat verwendeten Feldfrüchte nicht mache. Mit dieser sich rein äußerlich an den Wortlaut des Gesetzes anschließenden Subsumtion der Thatsachen ist aber die Bedeutung des Gesetzes verkannt; es ist insbesondere der Begriff der „Feldfrüchte" im § 42 Nr. 2 a. a. O. unrichtig aufgefaßt. Die Feld-Polizei-Ordn. hat in ihrem Eingange den Zweck dem „Landbau einen wirksameren Schutz zu gewähren" ausdrücklich ausgesprochen. Alle ihre Bestimmungen sind darauf gerichtet, den Betrieb der Landwirthschaft und die Erzeugnisse desselben zu schützen. Auch bei der Bestimmung des § 42 Nr. 2 sind unbedenklich die Produkte des Feldbaues ausschließlich in das Auge gefaßt. Indem der App.-Richter die Saatfrucht den Feldfrüchten und Bodenerzeugnissen im Sinne der allegirten Bestimmung unbedingt gleichstellt, verwechselt er das Mittel zur Produktion mit dem Produkt. Allerdings sind auch die Mittel zum Betriebe des Feldbaues und der Schutz derselben in der Feldpolizei-Ordnung nicht unberücksichtigt geblieben; die Hindernisse, welche dem Ackerbau bereitet werden können, sind im § 41 a. a. O. vorgesehen und dabei z. B. unter Nr. 6 das Aufsammeln des Düngers von Aeckern mit Strafe bedroht, ein Fall der mit dem vorliegenden für analog erachtet werden könnte. Der § 42 der Feldpolizei-Ordnung aber hat es nicht mit Hindernissen des Betriebs, sondern mit der unmittelbaren Beschädigung oder Entwendung der Erzeugnisse zu thun, und aus der Bestimmung des § 41 Nr. 6 ist daher ein Anhalt für die Interpretation des § 42 nicht zu gewinnen; sie begründet nicht die Annahme, daß unter den Boden-Erzeugnissen des § 42 Nr. 2 auch die Aussaat begriffen sei. Jedenfalls aber ist die Anschauung, daß Saatkartoffeln schon deshalb, weil sie auf irgend einem Felde gewonnen sind, Feldfrüchte oder Bodenerzeugnisse im Sinne des § 42 Nr. 2 der Feldpolizei-Ordnung seien, rechtlich unhaltbar und hiernach die Vernichtung des angefochtenen Urteils geboten. [12.—2.]

Hausfriedensbruch. - Diensträume. - Treppe.

Eine zu den gemietheten Diensträumen eines Beamten führende Treppe ist ein Zubehör der ersteren und der Beamte zur Wegweisung eines Unberechtigten von derselben befugt.

StGB. § 123 [n. 4].

Erk. (Z. I.) v. 21. Mai 1879 c. **Zucker** (549 I. Cr.).

Z. wurde wegen ungebührlichen Betragens aus einem Polizeilokal, von dem daselbst anwesenden Polizeilieutenant, der in demselben Hause zugleich seine Miethwohnung hatte, weggewiesen, ging auch bis zur Treppe, weigerte sich aber hier weiter zu gehen und wurde deshalb wegen Hausfriedensbruchs bestraft. Seine NB. wurde zurückgewiesen.

Endlich erscheint auch die materielle Rüge ungerechtfertigt. Die thatsächliche Feststellung der Instanzrichter entspricht den Voraussetzungen des § 123 des StGB.'s und läßt die Motivirung derselben einen Rechtsirrthum nirgends erkennen. Wenn namentlich von den Vorinstanzen angenommen worden ist, daß die fragliche Treppe insoweit dieselbe zu den Diensträumen des Polizei-Lieutenants R. führt, als ein Theil, d. h. als ein Zubehör der letzteren anzusehen und der genannte Miether berechtigt gewesen sei, in Ausübung seines Hausrechts zu fordern, daß der Angeklagte, der seines ungebührlichen Benehmens wegen aus jenen Räumen weggewiesen war, auch von der Treppe sich entferne, so ist damit gegen die bezogene Gesetzesvorschrift nicht verstoßen.

Antr. d. GStA.: gleichl. [16.—2.]

Pfand und Leihreglement. – Betrug. – Vorspiegelung falscher Thatsachen.

1. Das Pfand und Leihreglement v. 13. März 1787 besteht noch in Kraft.

Einf.-Ges. v. 31. Mai 1870 § 2.

2. In der Forderung einer Zinssumme für ein Darlehn liegt nicht ohne Weiteres die Behauptung, daß die bestehende Gesetzgebung den geforderten Zinssatz rechtfertige und darum, wenn dies nicht der Fall ist, auch nicht die Vorspiegelung einer unwahren oder die Unterdrückung einer wahren Thatsache.

StGB. § 263 [n. 41].

Erk. (B. I.) v. 23. Mai 1879 c. Grünthal (514 I. Cr.).

G. ist Pfandverleiher und hat von der P. Kleider gegen ein Darlehn ins Pfand genommen, bei deren Auslösung durch die H. aber einen Zinsbetrag dafür berechnet und erhalten, welcher das in § 94 des Leih- und Kommerzregulativs von 1787 den Pfandverleihern gestattete Zinsenmaaß überstieg. Darin ist Betrug gefunden, das Urteil aber vom Ob.-Tr. vernichtet.

[Zu 1.] Die NB. ist insofern verfehlt, als sie die Aufhebung des Pfand- und Leih-Reglements v. 13. März 1787 durch die vom Königl. Ober-Präsidenten für die Provinz

Preußen verkündete Polizei-Vdn. v. 7. März 1878 behauptet. Dasselbe ist als Landesgesetz für die sämmtlichen preußischen Staaten am 19. März 1787 von Sr. Majestät dem Könige unter Mitunterschrift des Staatsministeriums erlassen, — Rabe, Samml. preuß. Gesetze Bd. 1 Abth. 7 S. 560 —, und in seinen Zinsbeschränkungen, §§ 90—96 durch die spätere Gesetzgebung nicht aufgehoben. Das Reichsgesetz v. 14. Novbr. 1867, welches die Höhe der Zinsen der freien Vereinbarung überließ, erklärt im § 4 ausdrücklich, daß die Vorschriften für die gewerblichen Leihanstalten durch dasselbe nicht geändert werden sollen, und die Reichsgewerbeordnung v. 21. Juni 1869 enthält keine hiervon abweichende Bestimmung, §§ 35, 148 Nr. 4 daselbst. Die angerufene vom Kgl. Oberpräsidenten auf Grund der §§ 6, 12 und 15 des Gesetzes, betreffend die Polizeiverwaltung v. 11. März 1850 und §§ 76 und 78 des Ges.'s v. 29. Mai 1845 erlassene Polizeiverordnung über den Geschäftsbetrieb der Pfandleiher, war aber schon ihrer rechtlichen Natur nach die dem Gebiet des Privatrechts angehörenden Vorschriften des Pfand- und Leihreglements über die Zinsbeschränkung zu beseitigen nicht geeignet. Der App.-Richter hat daher in der Feststellung rechtlich nicht geirrt, daß der Angeklagte durch Forderung und Annahme eines die ihm reglementsmäßig gebührenden Zinsen übersteigenden Zinsenbetrages sich einen rechtswidrigen Vermögensvortheil verschafft.

[Zu 2.] Dagegen ist mit der NB. in dem angefochtenen Erkenntnisse ein Rechtsirrthum insofern zu finden, als dasselbe gegen den Angeklagten die Vorspiegelung einer falschen Thatsache festgestellt hat. In der Forderung einer Zinssumme für ein Darlehn liegt nicht ohne Weiteres die Behauptung, daß die bestehende Gesetzgebung den Zinssatz rechtfertige und darum auch nicht die Vorspiegelung einer unwahren oder die Unterdrückung einer wahren Thatsache, wie sie der Thatbestand des Betruges bedingt. Das geht schon aus dem Pfand- und Leih-Reglement vom 13. März 1787 — indem es die Forderung und Annahme eines die gestatteten Zinsen übersteigenden Zinsbetrages, im § 95 mit der Strafe des Wuchers bedroht, schlagend hervor. Fiele diese Handlung unter den Begriff der Vorspiegelung einer unwahren oder Unterdrückung einer wahren Thatsachen, so hätte es vor dem Gesetze v. 14. Novbr. 1867 zur Zeit der allgemein bestehenden Zinsbeschränkungen eines Strafgesetzes über den Wucher nicht bedurft. Die Auffassung des App.-Richters entspricht aber auch nicht der Anschauung des R.-StGB.'s. Der § 352 daselbst schließt selbst bei Beamten und Anwalten die bewußte Ueberhebung, also die Forderung und Annahme einer, ihnen dem Betrage nach nicht zustehenden Vergütung für amtliche Verrichtungen zu eigenem Vortheil vom Thatbestand des Betrugs aus und stellt dieselbe unter eine ungleich mildere Vergehensstrafe. Damit im Einklange macht die Reichsgewerbeordnung vom 21. Juni 1869 die Ueberschreitung obrigkeitlicher Taxen (§ 72) in deren Kategorie auch die gesetzlichen Zinstaxen gehören in ihrem § 148 als eine Uebertretung zum Gegenstande einer besonderen Strafbestimmung. Mit der von ihm beibehaltenen Feststellung des ersten Richters hat hiernach der Appell.-Richter die Bedeutung des § 263 des StGB.'s verkannt.

Antr. d. GStA.: gleichl. [17.—2.

Widerstand. – Ungerechtfertigte Exekution. – Guter Glaube des Exekutors.

Bei einer materiell ungerechtfertigten Verwaltungsexekution ist der damit beauftragte Exekutor nur dann in rechtmäßiger Ausübung seines Amtes, wenn er sich in gutem Glauben befand.

StGB. § 113 [n. 13].

Erk. (V. I.) v. 23. Mai 1879 c. Knätsch (601 I. Cr.).

Der Amtsvorsteher hatte eine Wegebesserung durch die Interessenten angeordnet. Als K. die deshalbige Anordnung nicht befolgte, ließ der Amtsvorsteher den Weg bessern und beauftragte den Gemeindevorsteher die aufgewendete Summe von demjenigen exekutivisch einzuziehen welcher den Weg zu bessern gehabt habe. Der Gemeindevorsteher beauftragte den Gemeindediener J. durch schriftliches Mandat die Summe von K. exekutivisch einzuziehen. Als J. diesen Auftrag erledigen wollte, leistete die Ehefrau K. ihm Widerstand. Sie ist deshalb aus § 113 des StGB.'s bestraft, das Urteil aber vom Ob.-Tr. vernichtet.

Der App.-Richter geht bei Beurteilung der gegen die Rechtmäßigkeit der Amtsausübung des Gemeindedieners J. erhobenen Einwendungen davon aus, daß der Amtsvorsteher, auch wenn der Besitzer K. seine Verpflichtung zur Ausbesserung des Weges bestritt, zur Anordnung der Exekution gegen denselben wegen der durch die anderweit bewirkte Ausführung erwachsenen Kosten berechtigt war. Dies ist jedoch irrig. Nach § 61 der Kreis-Ordng. v. 13. Dezbr. 1872 hat der Amtsvorsteher, wenn die Verpflichtung zu einer Handlung oder Leistung in Beziehung auf den Wegebau, welche im Interesse des öffentlichen Verkehrs nothwendig ist, von dem dazu Aufgeforderten bestritten wird und nach seinem pflichtmäßigen Ermessen die Arbeit bis zur Feststellung der Verpflichtung nicht aufgeschoben werden kann, wegen Ausführung des Nothwendigen zwar Anordnung zu treffen, zugleich aber eine Instruktion der streitigen Verhältnisse mit Zuziehung der Betheiligten vorzunehmen, und demnächst die geschlossenen Verhandlungen, wenn eine gütliche Regelung nicht gelingt, mit gutachtlichem Berichte dem Kreisausschnsse vorzulegen, welcher die im § 135 unter Nr. II. 1, daselbst vorgesehene resolutorische Entscheidung trifft. Diese Entscheidung des Kreisausschusses hat sich nach dem § 135 Nr. II. 1, insbesondere darauf zu erstrecken, von wem und auf wessen Kosten das Erforderliche geschehen muß, und in Verbindung hiermit, ob und in welcher Höhe Entschädigung zu leisten ist. Sie gilt als Interimistikum, welches im Wege der administrativen Exekution vollstreckbar ist. Nach diesen Bestimmungen, welche durch § 175 des Gesetzes betr. die Zuständigkeit der Verwaltungsbehörden ꝛc., vom 26. Juli 1876 aufrecht erhalten sind, war der Amtsvorsteher bei einem Bestreiten der Verpflichtung Seitens des Besitzers K. nicht berechtigt, gegen diesen die Exekution wegen der erwachsenen Wegebesserungskosten anzuordnen. Ebenso war der Gemeindevorsteher B. weder aus eigener Amtsbefugniß noch in Folge der — wie der App.-Richter selbst annimmt, überdies nur allgemein auf Einziehung der Kosten von dem Verpflichteten gerichteten mündlichen Anweisung des Amtsvorstehers berechtigt, die Exekution gegen den Besitzer K. anzuordnen. War aber das Exekutionsverfahren in dem vorausgesetzten Falle des Bestreitens der Verpflichtung von einer dazu nicht berechtigten Stelle aus eingeleitet und betrieben, so fehlte auch dem von dem Gemeindevorsteher dem Gemeindediener J. ertheilten schriftlichen Pfändungsbefehle die gesetzliche Grundlage. Der App.-Richter, welcher die Rechtmäßigkeit der Amtsausübung des Gemeindedieners J. allein darauf stützt, daß derselbe den ihm gegebenen „an sich nicht ungesetzlichen" Befehl befolgte, und bei diesem Standpunkte die gegen den guten Glauben des J. gerichteten Einwendungen der Angeklagten einer näheren Prüfung nicht unterzogen hat, verletzt hiernach die angegebenen Vorschriften der Kreisordnung und ist bei Anwendung des § 113 des StGB.'s von einer rechtsirrthümlichen Auffassung ausgegangen. [20.—2.]

Rechtsmittel. Schrift. – Unterzeichnung.

Die Schrift, wodurch eine Berufung angemeldet wird, bedarf nicht unbedingt der eigenhändigen Unterzeichnung des Appellanten

Ges. v. 3. Mai 1852 Abschn. 4 [n. 15].

Erk. (B. I.) **v. 23. Mai 1879 c. Pott** (599 I. Cr.).

Die des Schreibens unkundige Ehefrau P. hatte die Berufung durch eine nicht von ihr selbst unterzeichnete, sondern von einer dritten Person mit der Unterschrift ihres Namens versehene Schrift angemeldet Die spätere Rechtfertigungsschrift rührte von einem bevollmächtigten Rechtsanwalt her. Das App.-Gericht wies das Rechtsmittel zurück weil die Anmeldung nicht ergebe, von welcher Person sie ausgegangen sei. Auf die NB. der P. vernichtete das Ob.-Tr.

Die NB. der Angeklagten muß für begründet erachtet werden. Der App.-Richter rechtfertigt die Zurückweisung der Appellation als nicht angebracht aus zwei Gründen. Er führt zunächst aus, daß die schriftliche Form der Anmeldung nur dann gewahrt sei, wenn die Angeklagte die betreffende Eingabe eigenhändig unterschrieben oder unterkreuzt habe, und daß ferner die durch einen Dritten bewirkte Unterschrift der Angeklagten nicht genüge, weil es an der Erkennbarkeit fehle, von welcher Person die Anmeldung ausgegangen, und ob diese zu der Anmeldung berechtigt gewesen sei. Mit Recht macht die NB. geltend, daß diese Entscheidung eine Verletzung von Prozeßgrundsätzen, insbesondere des § 128 der Vdn. vom 3. Jan. 1849 enthält. Dies Gesetz bestimmt in Betreff der Form der Appellationsanmeldung, daß sie mündlich zum Protokoll oder schriftlich geschehen soll. Für den Civilprozeß schreibt § 16 der Vdn. v. 21. Juli 1846 fast wörtlich gleichlautend vor, daß die Appellation mündlich zu Protokoll, oder schriftlich ohne Zuziehung eines Justiz-Kommissars angemeldet werden könne. Die Bestimmung dieses letzteren Gesetzes hat in konstanter Praxis der höchste Gerichtshof dahin verstanden, daß die Anmeldung eines Rechtsmittels nicht von der Partei selbst, oder von einem bei den Akten legitimirten Bevollmächtigten zu geschehen braucht, sondern daß sie auch von einem Andern für die Partei und in deren Namen ge- und unterschrieben sein kann. Präjudiz 2165 Entsch. des Ob.-Tr.'s XVIII. 530; XIX. 435. Daß der Gesetzgeber, obgleich er in den angeführten Gesetzen dieselben Worte gebrauchte, dennoch die Anmeldung der Appellation im Strafverfahren von anderen Bedingungen, als im Civilverfahren abhängig machen wollte, läßt sich nicht annehmen. Im Gegentheil ergeben die Verhandlungen in den legislativen Körperschaften über Genehmigung und Ergänzung der Vdn. v. 3. Jan. 1849, daß man von einer ausdrücklichen Vorschrift, nach welcher die Anmeldung auch durch Stellvertreter geschehen könne, Abstand genommen hat, weil darauf hingewiesen war, daß

daß bereits die Praxis sich dahin festgestellt habe, daß auch durch einen Stellvertreter die Appellations-Anmeldung geschehen könne, und diese das Rechtsmittel selbst dann, wenn jener auch nicht einmal die Vermuthung einer Vollmacht für sich habe, wahre, sobald nur nachträglich, wenn auch erst nach Ablauf der Frist, ausdrückliche oder stillschweigende Genehmigung erfolge, cfr. Materialien zu der Verordn. v. 3. Jan. 1849 S. 149. Gegen die in diesem Sinne aufzufassende Vorschrift des § 128 cit. verstößt die Entscheidung des Appell.-Richters in mehrfacher Beziehung. Er verneint zunächst mit Unrecht, daß dem Erforderniß der schriftlichen Form genügt sei. Die Willenserklärung der Angeklagten, gegen das erste Urteil zu appelliren, wird dem Gericht durch die Eingabe vom 18. Septbr. 1878 in Schriftform übermittelt. Das vom Appell.-Richter verlangte Requisit der eigenhändigen Unterschrift ist vom Gesetze als Formvorschrift nicht aufgestellt. Eine Eingabe, welche der Absender nicht unterschreibt, kann zwar aus dem Grunde unberücksichtigt bleiben, weil ohne die Unterschrift nicht erhellt, ob der Wille definitiv zum Abschluß gekommen sei. Hier liegt jedoch eine mit der Unterschrift der Angeklagten versehene Eingabe vor. Inwiefern der Umstand, daß die Angeklagte ihren Namen nicht selbst geschrieben hat, der schriftlichen Form ihrer Willenserklärung entgegenstehen soll, ist nicht erfindlich. Auch der zweite Entscheidungsgrund des App.-Richters kann nicht für zutreffend erachtet werden. Er führt zwar richtig aus, daß die Anmeldung nur dann Wirkung hatte, wenn sie von der Angeklagten ausgegangen war. Die Echtheit der Anmeldung ist, wie bei jeder Urkunde, Bedingung ihrer Beweiskraft. Ohne oder gegen den Willen der Angeklagten kann Niemand für sie appelliren. Der App.-Richter durfte jedoch die Prüfung, ob die Anmeldung dem Willen der Angeklagten entsprach, nicht allein aus dem Grunde ablehnen, weil eine von einem Dritten vollzogene Anmeldung nicht erkennen lasse, ob sie von einer berechtigten Person erfolgt sei. Der Grundsatz, daß die Anmeldung auch durch einen Bevollmächtigten geschehen kann, verpflichtete ihn vielmehr zu prüfen, ob der Dritte durch Auftrag oder nachträgliche Genehmigung der Angeklagten zu der Anmeldung befugt war. Letzteres — die Genehmigung — hat in vorliegender Sache jedenfalls stattgefunden, da die Appellation (wenn auch verspätet) durch einen formgemäß Bevollmächtigten gerechtfertigt, und da vom Vertreter der Angeklagten im Audienztermine zweiter Instanz um Zulassung der Appellation gebeten ist. Das Rechtsmittel mußte deshalb zugelassen werden. An dieser Entscheidung ändert auch der Umstand nichts, daß die Angeklagte zu den Analphabeten gehört. Das Königl. Ob.-Trib. hat bereits mehrfach ausgesprochen, daß die Formvorschriften, welche für Verträge der Analphabeten gegeben sind, auf die Anmeldung von Rechtsmitteln keine Anwendung finden. Rechtspr. des Ob.-Trib. VI. 363. 440. Läßt man die Anmeldung durch Bevollmächtigte, sowie die nachträgliche Genehmigung der Anmeldung zu, so ist nicht abzusehen, weshalb eine im Auftrage eines Analphabeten verfaßte, oder, was hier jedenfalls zutrifft, von ihm genehmigte Anmeldung keine Berücksichtigung finden soll.

Antr. d. GStA.: gleichl. [18.—2.]

Arrestbruch. - Beiseiteschaffen.

Die Zerkleinerung beschlagnahmten Holzes enthält eine Beiseiteschaffung desselben, wenn es dem die Beschlagnahme vollziehenden Beamten dadurch unmöglich wird, das Holz wieder zu erkennen und an die Behörde abzuliefern.

StGB. § 137 [n. 30].

Erk. (Z. I.) v. 28. Mai 1879 c. Müller (634 I. Cr.).

Ein Gensd'arm hatte bei M. Holz, welches anscheinend entwendet war, mit Beschlag belegt. M. ließ es gleichwohl zerkleinern und wurde deshalb aus § 137 bestraft. Seine NB. wurde zurückgewiesen.

Der Angeklagte behauptet, daß die Vorschrift des § 137 des R.-StGB.'s dadurch verletzt sei, daß die Instanzrichter eine Beiseiteschaffung des in Beschlag genommenen Holzes, also ein Entziehen desselben aus der Verstrickung darin gefunden haben, daß der Angeklagte dasselbe mit anderem Holze hat zerkleinern lassen. Die Beschwerde ist unbegründet, denn da die Instanzrichter thatsächlich feststellen, daß durch die Zerkleinerung des in Rede stehenden Holzes es dem Beamten, welcher die Beschlagnahme vorgenommen hat, unmöglich geworden ist, es demnächst wieder zu erkennen und der Behörde abzuliefern, so konnten sie ohne Rechtsirrthum darin ein Beiseiteschaffen im Sinne des § 137 des R.-StGB.'s finden.

Antr. d. GStA.: gleichl. [6.—2.]

Hausfriedensbruch. - Verpächter. - Ablauf der Pacht. - Streit.

Nach Allgem. Landrecht darf der Verpächter auch nach abgelaufener Pachtzeit nicht in die verpachteten Räumlichkeiten eindringen, so lange der Ablauf der Pachtzeit von dem Pächter bestritten und im Prozeßwege noch nicht festgestellt ist.

StGB. § 123 [n. 8]; ALR. I. 7 §§ 172 und 178; Vgl. RdOTr. 16. S. 18.

Erk. (V. II.) v. 28. **Mai** 1879 c. **Schaube & Gen.** (580 II. Cr.).

Die Angeklagten hatten am 19. Dezember 1877 in der Subhastation ein Haus erstanden, welches von dem Subhastaten für die Zeit vom 1. Juli 1877 bis zum 30. Juni 1882 an L. verpachtet war, und auf Grund der §§ 350 und 351 Tit. 21 Th. I des ALR.'s dem L. sofort gekündigt, so daß der Pachtvertrag gemäß Entscheid. 31 S. 420 am 30. Juni 1878 als dem Ende des kontraktmäßigen Wirthschaftsjahrs ablief. Da L. an diesem Tage nicht freiwillig abzog, klagten die Angeklagten auf Räumung, wurden indeß in 1. Instanz abgewiesen, indem das Gericht durch ein Versehen annahm, der Pachtvertrag habe bis zum 30. Juli 1882 gelaufen und sei sonach der 30. Juli das Ende des Wirthschaftsjahrs gewesen. Die Angeklagten appellirten, drangen aber inzwischen und noch im Laufe des Juli wider den Willen des L. in das Haus ein.

Die Instanzrichter verurteilten wegen Hausfriedensbruchs und das Ob.-Tr. hat die NB. der Angeklagten zurückgewiesen. Gründe:

Die §§ 172 und 178 Tit. 7 Th. I des ALR.'s, wonach der unvollständige Besitzer, dessen Recht mit dem seines Auktors erloschen ist, dem Eigenthümer und der unredliche Besitzer dem redlichen weichen muß, gewähren dem Eigenthümer die Befugniß in den von dem Inhaber der Wohnung vertheidigten Besitzstand und dessen darauf beruhendes Hausrecht aus eigener Macht einzugreifen nur dann, wenn die Voraussetzung dieser gesetzlichen Vorschriften, das stärkere Recht, in dem geordneten Verfahren endgültig festgestellt ist oder doch sonst klar vorliegt. Dies ist aber hier keinesweges der Fall; im Gegentheile ist durch das in dem Exmissionsprozesse ergangene, den Angekl. J. Sch. abweisende Erkenntniß der Mangel dieser Voraussetzung dargethan.

Antr. d. OStA.: gleichl. [19.—4.]

Diebstahl. – Getränke. – Flaschen.

Die Entwendung von Getränken in Gefäßen bedingt nicht mit rechtlicher Nothwendigkeit, daß die Absicht rechtswidriger Zueignung auch auf die Gefäße gerichtet gewesen ist.

StGB. § 242.

Erk. (Z. I.) **v. 6. Juni 1879 c. Kwialkowski & Gen.** (305 I. Cr.).

Die Angeklagten hatten aus einer von ihnen aufgebrochenen Kiste 6 Flaschen Bier gestohlen, dasselbe ausgetrunken und die Flaschen in's Wasser geworfen. Die Instanzrichter nehmen die Entwendung von Genußmitteln zum alsbaldigen Verbrauch an und sprachen wegen der inzwischen eingetretenen Verjährung frei. Die NB. der OStA.'s führte hiergegen aus, daß die Entwendung des Bieres ohne gleichzeitige Zueignung der Flaschen unmöglich gewesen sei und deshalb die negative Feststellung auf Rechtsirrthum beruhe.

Zurückweisung. Gründe:

Daß die Zueignung des Bieres ohne Mitnahme der Flaschen nicht möglich war, kann zugegeben werden, ohne daß in der Beurteilung der Absicht der Thäter ein Rechtsirrthum angenommen werden müßte. Erfolgt die Wegnahme von Getränken zum sofortigen Genusse derselben, so folgt nicht mit rechtlicher Nothwendigkeit, daß die Absicht des Thäters auch auf die rechtswidrige Zueignung des Gefäßes in welchem sich das Getränk befunden hat, gerichtet gewesen sein müsse. Insbesondere kann in dem Falle der Zurücklassung des Gefäßes an dem Orte der Entwendung und des Genusses jene Absicht sehr wohl für ausgeschlossen erklärt werden, und auch in anderen Fällen ist es Sache der Prüfung der konkreten Sachlage, ob bei der Wegnahme des gefüllten Gefäßes die Absicht auf Zueignung des Gefäßes oder nur auf den Genuß seines Inhalts gerichtet gewesen sei. Das Letztere ist im vorliegenden Falle aus Gründen angenommen, welche lediglich der thatsächlichen Beweisprüfung angehören und daher in dieser Instanz nicht anfechtbar sind.

Antr. d. GStA.'s gleichl. [12.—3.]

Unterschlagung. – Fremde Sache. – Civilrecht.

Der civilrechtliche Eigenthumsbegriff ist für die Frage, ob eine Sache im Sinne des § 246 des StGB.'s eine fremde sei, nicht entscheidend.

StGB. § 246; Vgl. Goltd. Arch. 25. S. 339.

Erk. (Z. I.) v. 6. Juni 1879 c. Thun (308 I. Cr.).

Es kann unerörtert bleiben, ob nach civilrechtlichen Grundsätzen die aus Irrthum über die Höhe des Schuldbetrags über diesen Betrag hinaus geleistete Mehrzahlung die Wirkung hat, daß die mehrgezahlte Summe, ungeachtet jenes Irrthums des Zahlenden, in das Eigenthum des Empfängers dergestalt übergeht, daß es nur mittels der Kondiktion zurückverlangt werden kann, und ob der App.-Richter bei Beurtheilung dieses civilrechtlichen Verhältnisses geirrt habe. Selbst wenn man dies annimmt, ist eine Verletzung des § 246 des StGB.'s in dem angefochtenen Urteil nicht zu finden, da der Begriff einer „fremden Sache" im Sinne des § 246 des StGB.'s auf den es hier allein ankommt, nicht verkannt ist. Für diesen Begriff ist, wie in wiederholten Entscheidungen des Kgl. Ob.-Tr.'s ausgeführt worden, der formale Eigenthumsbegriff nicht entscheidend, vielmehr die Rücksicht auf den legislatorischen Grund der Strafbarkeit der Unterschlagung, die Aufrechthaltung von Treue und Glauben im Geschäftsverkehr, maßgebend, so daß die Absicht des Zahlenden und das Rechtsverhältniß aus welchem der Empfänger seinen Anspruch herleitet, in Betracht gezogen werden kann, um zu beurteilen, ob dem Empfänger nach dem bestandenen Rechtsverhältnisse in der That die freie Verfügung über die empfangene Summe, wie sie einem rechtmäßigen Eigenthümer zukommt, zugestanden habe. Wenn von solchem Gesichtspunkte ausgehend der Appell.-Richter die an den Angeklagten zu viel gezahlte Summe als eine für den Angeklagten fremde Sache angesehen hat, so ist dies nicht rechtsirrthümlich.

Antr. d. GStA.: gleichl. [12.—3.]

Zeuge. - Vereidung. - Weigerung. - Gerichtsbeschluß.

Ein vor dem Schwurgerichte vernommener Zeuge, welcher die Eidesleistung verweigert, kann selbst unter Zustimmung des Staatsanwaltes und Angeklagten nicht unvereidet bleiben, so lange nicht durch Beschluß des Gerichtes die Aussetzung der Vereidigung aus gesetzlich statthaften Gründen angeordnet ist.

Crim.-Ordn. § 332; Vdn. v. 3. Jan. 1849 § 22.

Erk. (V. II.) v. 10. Juni 1879 c. **Knoblauch** (441 II. Cr.).

Die NB. wird auf Verletzung des § 332 der Crim.-Ordnung und des § 22 der Vdn. v. 3. Jan. 1849 sowie auf Verletzung wesentlicher Prozeßvorschriften nach Art. 108 in fine des Ges.'s v. 3. Mai 1852 gestützt. Diese Rüge muß als begründet erachtet werden. Wie die Akten und das Sitzungsprotokoll ergeben, hat die in der Anklageschrift als Beweiszeugin denominirte und als solche bei der mündlichen Verhandlung vernommene unverehelichte Anna R. ihre Aussage eidlich nicht bestärkt, sie hat die Eidesleistung verweigert. Der Staatsanwalt hat in Folge dessen „wider sie eine Geldstrafe von 100 Mark oder Festsetzung einer Haft bis zur Eidesleistung beantragt, dann aber, da die Zeugin bei ihrer Weigerung verblieb, erklärt, daß er gegen die Fortsetzung der Verhandlung ohne deren eidliches Zeugniß nichts einzuwenden habe, ebensowenig hatte der Vertheidiger dagegen etwas zu erinnern". Die Verhandlungen sind darauf fortgesetzt worden, ohne daß der Gerichtshof über den Zwischenfall und die darauf bezüglichen Anträge der StA.-schaft durch einen Beschluß sich ausgesprochen hat. Dieses Verfahren wird den gesetzlichen Bestimmungen nicht gerecht. Ein gesetzlicher Grund, von der Vereidung der Zeugin Umgang zu nehmen, lag nicht vor; namentlich schloß der Umstand, daß die Zeugin sich in Untersuchung wegen falschen Zeugnisses befand, desselben in der Voruntersuchung geständig und bereits vor das Schwurgericht verwiesen war, ihre Eidesfähigkeit in der vorliegenden Sache nach § 356 der Crim.-Ordn. nicht aus, und noch weniger konnte die Weigerung der Zeugin einen Grund zur Nichtvereidung abgeben. An sich war mithin nach § 332 der Crim.-Ordn. in Verbindung mit den §§ 22 und 55 der Vdn. v. 3. Jan. 1849 die Vereidung unerläßlich. Wenn nun auch bei der gegebenen Lage der Sache, welche die Anwendung des Zwanges durch Geldstrafe oder Verhaftung gegen die vermögenslose und bereits in Haft sich befindende Zeugin als eine ganz zwecklose Maßregel erscheinen lassen mußte, so durfte doch nicht ohne Weiteres und stillschweigend weiter gegangen werden, es bedurfte dazu eines den Zwischenfall prüfenden und das demselben Sachgemäße anordnenden formellen Beschlusses des Gerichtshofes, und dies um so mehr, als dazu durch den darauf bezüglichen Antrag des StA.'s auch noch eine besondere formelle Veranlassung gegeben war. An der Nothwendigkeit eines solchen das Verfahren formell regularisirenden Beschlusses kann auch durch die Erklärungen der StA.-schaft und des Vertheidigers, daß sie gegen die Fortsetzung der Verhandlung ohne das eidliche Zeugniß der ꝛc. R. nichts einzuwenden hätten, nichts geändert erscheinen. Es kann unerörtert gelassen werden, ob — wie die Entgegnungsschrift der StA.-schaft behauptet, — diese Erklärungen in der That einen Verzicht beider Theile auf die bereits erfolgte Aussage der Zeugin als Beweismittel involviren. Selbst ein in einer durchaus unzweideutigen Weise abgegebener Verzicht auf das Beweismittel einer erhobenen Zeugenaussage muß in schwurgerichtlichen Sachen als bedeutungslos erachtet werden, da durch denselben das Beweismittel selbst nicht aus der Welt geschafft wird, hinsichtlich seiner Beweiskraft aber sich nicht ermessen läßt, welchen Einfluß die selbst unbekräftigt gelassene Deposition eines Zeugen auf die Ueberzeugung der Geschworenen geübt hat. Bedurfte es dem Vorstehenden zufolge eines die Abweichung von der Vorschrift des § 332 cit. rechtfertigenden Beschlusses, so ist durch Unterlassung einer solchen Beschlußfassung eine als wesentlich zu erachtende Vorschrift des Verfahrens verletzt werden.

Antr. d. GStA.: gleichl. [21.—3.]

Gesammtstrafe. - Nachtragsverfahren.

Die Verhängung einer Gesammtstrafe für getrennt verfolgte Strafhandlungen kann, wo das Gesetz v. 3. Mai 1852 gilt, in dem Nachtragsverfahren der Artt. 131 und 133 dieses Gesetzes geschehen.

StGB. § 79 [n. 23]; Ges. v. 3. Mai 1852 Artt. 131 u. 133.

Beschl. (II.) v. 10. Juni 1879 c. Kuhl (103 B. II. Cr.).

In Erw., daß nach § 74 des StGB.'s gegen denjenigen, welcher durch mehrere selbständige Handlungen mehrere Vergehen begangen und dadurch mehrere zeitige Freiheitsstrafen verwirkt hat, auf eine Gesammtstrafe zu erkennen ist, welche in einer Erhöhung der verwirkten schwersten Strafe besteht;

daß nach § 79 des StGB.'s diese Vorschrift auch dann Anwendung findet, wenn die Verfolgung der verschiedenen

Vergehen in getrennten Verfahren Statt gefunden hat, vorausgesetzt, daß die spätere strafbare Handlung begangen ist, bevor die frühere Verurteilung rechtskräftig geworden und daß die früher erkannte Strafe zur Zeit der späteren Verurteilung noch nicht verbüßt, verjährt oder erlassen war;

daß diese Voraussetzungen vorliegen, es auch den Gerichten welche gegen den Angeklagten zuletzt erkannt haben, wie sich aus den Erkenntnissen des Kgl. App.-Gerichts zu H. v. 14. August v. J. und des Kgl. Kreisger. zu D. vom 11. Septbr. v. J. ergiebt — wohl bekannt war, daß Verurtheilungen, welche die Anwendung der §§ 74, 79 des StGB.'s nothwendig machen konnten, bereits ergangen waren, die Berücksichtigung dieser früheren Urtheile aber deshalb unterblieben ist, weil dieselben noch nicht die Rechtskraft beschritten hatten;

daß die gedachten Gerichte nach Ausweis der Entscheidungsgründe dabei die eventuelle Reduktion der von ihnen erkannten Strafen einem Nachtragsverfahren, wie solches durch die Artt. 131. 133 des Ges.'s v. 3. Mai 1852 vorgesehen worden, unter Bezugnahme auf das Erkenntniß des Ob.-Tr.'s v. 21. Septbr. 1876 — Oppenh. Rechtspr. 17. S. 581 — vorbehalten haben;

daß dieser zu Gunsten des Angeklagten gemachte Vorbehalt erledigt werden mußte, es aber auch keinem Bedenken unterliegt, daß diese Erledigung nur in der, im vorliegenden Falle beobachteten, durch Art. 131 a. a. O. vorgeschriebenen Form Statt finden konnte;

daß nämlich dieser Artikel die Zurückführung der durch verschiedene Strafurtheile erkannten Strafen auf dasjenige Maß vorschreibt, welches bei gleichzeitiger Verurtheilung hätte eingehalten werden müssen, also seinem unverkennbaren Sinne nach auch diejenigen Fälle trifft, in denen auf verschiedene Strafen selbständig erkannt ist, während gemäß des vorangeführten § 74 des gegenwärtig in Kraft stehenden StGB.'s für das Deutsche Reich bei gleichzeitiger Aburteilung auf eine Gesammtstrafe zu erkennen gewesen wäre, welche unter dem Betrage der verwirkten Einzelstrafen zurückbleiben mußte;

daß gegen die Anwendung dieses Artikels ein Argument aus dem Umstande nicht herzuleiten ist, daß in dem Artikel nur auf § 57 des damaligen Pr. StGB.'s Bezug genommen ist, in welchem die Maximaldauer der Freiheitsstrafen, auf welche vereinigt erkannt werden durfte, bestimmt war, da der § 57 den einzigen Fall enthielt, in welchem das im Art. 131 aufgestellte Prinzip zur Zeit Anwendung finden konnte, weil eine Absorption der Strafen, wie sie im § 74 des StGB.'s für das Deutsche Reich Anerkennung gefunden hat, nach § 56 des Pr. StGB.'s nicht Statt fand;

daß auch der zweite Absatz dieses letzteren § aus welchem die Beschwerde des OStA.'s deducirt, dieser Deduktion keinen Halt giebt, weil derselbe erst durch das Gesetz vom 9. März 1853 zugefügt worden ist, mithin selbstverständlich in dem Ges. v. 3. Mai 1852 keine Berücksichtigung finden konnte;

daß nach § 3 des Einf.-Ges.'s v. 31. Mai 1870, wenn in Landesgesetzen auf strafrechtliche Vorschriften, welche durch das StGB. für das Deutsche Reich außer Kraft gesetzt sind, verwiesen wird, die entsprechenden Vorschriften des letzteren an die Stelle treten, unter den entsprechenden Vorschriften aber nicht bloß diejenigen zu verstehen sind, welche den gleichen oder einen ähnlichen Inhalt haben, wie das aufgehobene Gesetz, sondern auch alle Erweiterungen, welche in Folge der geänderten Gesetzgebung die bisherige landesgesetzliche Vorschrift erfahren hat;

daß hiernach der angefochtene Beschluß des Appell.-Gerichts gerechtfertigt und die dagegen erhobene Beschwerde unbegründet erscheint.

Antr. d. GStA.: gleichl. [19.—4.]

Ehemann. – Rechtsmittel. – Widerspruch.

Der Ehemann ist nicht berechtigt gegen den aus-

drücklich erklärten Willen seiner Ehefrau für dieselbe Rechtsmittel einzulegen.

Ges. v. 3. Mai 1852 Art. 20 [n. 25].

Beschl. (I.) v. 14. Juni 1879 c. Giesel (127 B. I. Cr.).
Antr. d. GStA.'s: gleichl. [12.—3.]

Gewerbeordnung. - Branntwein. - Liqueur.

Kognak und Liqueur fallen unter den Begriff des Branntweins im Sinne der Gewerbeordnung.

Gew.-Ordn. v. 21. Juni 1869 §§ 33. 147.

Erk. (V. I.) v. 14. Juni 1879 c. Lücke (647 I. Cr.).

L. war zum Betriebe der Schankwirthschaft nur mit Ausschluß von Branntwein konzessionirt. Er schänkte Kognak und Liqueur aus, wurde aber von der auf §§ 33. 147 der Gew.-Ordn. gestützten Anklage freigesprochen, weil dies nicht unter den Begriff von Branntwein falle. Auf NB. der StA.-schaft wurde vernichtet.

Wie von dem Kgl. Ob.-Trib. bereits in wiederholten Entscheidungen anerkannt worden ist, vgl. Oppenhoff Rechtsprechung Bd. XVII S. 778, XVIII S. 254, 266, fallen die alkoholhaltigen Flüssigkeiten welche als Kognak und Liqueur bezeichnet zu werden pflegen, als eine Mischung von Spiritus und Wasser unter den Begriff des Branntweins im Sinne der §§ 33 und 147 der R.-Gew.-Ordn. vom 21. Juni 1869 bzw. Art. 2 des R.-Ges.'s v. 17. Juli 1878. Denn es erscheint für die Definition jenes Begriffs gleichgültig, ob der Spiritus als der entscheidende Grundstoff im Wege der Destillation aus Kartoffeln oder Getreide oder aus einem sonstigen dazu geeignten Material, das höchstens für die speziellere Bezeichnung der einzelnen Branntweinssorten von Bedeutung sein könnte, zubereitet, sowie ob neben dem Wasser noch Zucker, Gewürze oder ein anderer Stoff beigemischt wird, welcher nur den Zweck und den Erfolg hat den Geschmack der Mischung zu verbessern, nicht aber die physiologischen, insbesondere die berauschenden Wirkungen des Alkohols auf den menschlichen Organismus, welche hauptsächlich für Aufstellung der Konzessionspflicht entschei dend gewesen sind, zu beseitigen. Von dieser Rechtsansicht abzugehen bieten die Ausführungen des Berufungsurtheils keinen genügenden Anlaß.

Antr. d. GStA.: gleichl. [11.—2.]

Unterschlagung. - Fremde Sache.

Für den Begriff einer fremden Sache ist die Natur des zwischen dem Urheber der Unterschlagung und dem Beschädigten bestehenden Rechtsverhältnisses maßgebend.

StGB. § 246 [n. 10].

Erk. (V. I.) **v. 14. Juni 1879 c. Robins.** (646 I. Cr.).

R. hat im Auftrage des M. ein diesem gehöriges Pferd für 450 Mk. verkauft, von dem empfangenen Kaufgeld aber nur 200 Mk. an M. abgeliefert und den empfangenen Rest zu eignen Ausgaben verbraucht. Von der auf Unterschlagung gerichteten Anklage ist er freigesprochen, weil nicht erwiesen sei, daß das Pferd auf den Namen des M. verkauft und der Kaufpreis für diesen entrichtet sei; M. auch dem R. den Verkauf auf seinen Namen nicht ausdrücklich zur Pflicht gemacht habe, R. also Eigenthümer des Kaufgeldes geworden sei. Auf NB. der StA.-schaft vernichtete das Ob.-Tr.

Die aus dem Civilrecht gewonnene Rechtsanschauung läßt sich für die Auslegung des § 246 des StGB.'s nicht verwerthen. Wie die NB. mit Recht bemerkt, ist für die Frage, ob das Kaufgeld für den Angeklagten eine fremde Sache sei, lediglich die Natur des zwischen ihm und dem Zeugen M. bestehenden Rechtsverhältnisses maßgebend und bedurfte es deshalb auch einer ausdrücklichen Verpflichtung des Angeklagten auf den Namen seines Vollmachtgebers zu verkaufen nicht. Dies entspricht der feststehenden Rechtsprechung des Kgl. Ob.-Tr.'s und bedarf daher hier keiner Begründung. Indem die Berufungskammer bei ihrer Negativfeststellung die Bedeutung des § 246 des StGB.'s verkennt, hat sie das Gesetz durch Nichtanwendung verletzt.

Antr. d. GStA.: gleichl. [17.—2.]

Betrug. – Vermögensvortheil. – Erlangung einer Frist.

Die Erlangung einer längeren Frist für die Befriedigung eines Gläubigers bildet für den Schuldner einen Vermögensvortheil.

StGB. § 263 [n. 2. 23].

Erk. (Z. l.) v. 14. Juni 1879 c. Schmidt (674 I. Cr.).

S. cedirte seinem Gläubiger T. ein Schuldbokument des P. um sich daraus zu befriedigen, es ergab sich aber daß die Forderung des S. an P. worüber es lautete, gar nicht mehr bestand und gab es T. deshalb zurück. Dieser hatte jedoch die Realisirung seiner Forderung an S. aufgeschoben weil er glaubte, durch die Cession einen anderen und besseren Schuldner erlangt zu haben. S. ist wegen Betrugs bestraft und seine NB. vom Ob.-Tr. zurückgewiesen.

Wenn die Instanzrichter annahmen, daß es in der Absicht des Gastwirths T. gelegen, durch den Vertrag mit dem Angeklagten eine giltige Forderung des Letzteren gegen P. überwiesen zu erhalten, um daraus seine Befriedigung zu erlangen, oder wenigstens zu versuchen, das Recht auf Befriedigung aus einer wirklich existenten Forderung also in sein Vermögen übergegangen war, so erscheint er in seinen Vermögensrechten beeinträchtigt, wenn die überwiesene Forderung als solche nicht oder nicht mehr bestand. Ebensowenig läßt sich bezweifeln daß eine exigibele Schuld gegenüber einer nicht exigibelen das Vermögen mehr belastet, die Erlangung einer längeren Frist für die Geltendmachung Seitens des Gläubigers daher für den Schuldner einen Vermögensvortheil bildet.

Antr. d. GStA.'s: gleichl. [11.—2]

Arrestbruch. – Beiseiteschaffung.

Eine Veränderung des Aufbewahrungsortes beschlagnahmter Sachen enthält keine Beiseiteschaffung, wenn jene dessenungeachtet der Disposition der zuständigen Behörden und Beamten vorbehalten bleiben.

StGB. § 137 [n. 38].

Erk. (B. I.) v. 14. Juni 1879 c. Voß (663 I. Cr.).

Der Gerichtsvoigt M. hat dem Restaurateur V. in gerichtlichem Auftrag eine Reihe von Gegenständen gepfändet, sie aber in seiner Gewahrsam mit der Weisung belassen, für ihre unversehrte Aufbewahrung zu sorgen. V. hat nun einen Theil der Sachen in andre Lokalitäten schaffen lassen, angeblich um sie vor dem Verderben zu sichern und nachdem ein Rechtsanwalt ihm gesagt habe, er könne es thun, wenn er den M. davon in Kenntniß setze. Letzteres hat er gethan. Er ist aus § 137 des StGB.'s verurteilt; das Ob.-Trib. hat aber das Urteil vernichtet.

Angeklagter hat sich in I. Instanz darauf berufen, daß er die gepfändeten Sachen aus dem Pfändungslokal, seiner früheren Wohnung, theilweise habe fortschaffen lassen um dieselben vor dem ihnen durch die daselbst herrschende Feuchtigkeit drohenden Verderben zu schützen und weil er das Lokal habe räumen müssen. Der I. Richter lehnte dieses Vorbringen als „leere Ausrede" ab, ohne in hinlänglich bestimmter Weise ersichtlich zu machen, ob die Unerheblichkeit in der Unglaubwürdigkeit und Beweislosigkeit der behaupteten Thatsachen, oder in deren rechtlicher Bedeutungslosigkeit gefunden werde, welches Letztere in dieser Allgemeinheit insofern rechtsirrthümlich sein würde, als durch ein derartiges im Interesse der Erhaltung der Sachen oder wegen Erlöschen des Rechtes des dieselben aufbewahrenden Schuldners in Beziehung auf den Aufbewahrungsort der Begriff des Beiseitschaffens alsdann aufgehoben erscheint, wenn nach Lage der Umstände, dadurch die Gegenstände der Verstrickung nicht entzogen, sondern nach wie vor der Disposition der zuständigen Behörden und Beamten vorbehalten bleiben. Angeklagter hat in dieser letzteren Beziehung nach Inhalt des Protokolls sich ausdrücklich darauf berufen, daß er vor dem Wegtransport sowohl den Gerichtsvoigt als den Vertreter des Klägers, und zwar Letzteren mit der Bitte um Erlaubniß, von seiner Absicht benachrichtigt habe. Der zweite Theil dieses Vertheidigungsbehelfs aber ist überhaupt nicht und der I. Theil, der Hinweisung auf den Zeitpunkt zufolge, in welchem die Anzeige an den Gerichtsvoigt geschehen, anscheinend von der unrichtigen Unterstellung aus geprüft worden, daß es sich um eine erst nach dem Wegbringen erfolgte Benachrichtigung handele. Endlich hat Angeklagter sowohl durch obige Erklärungen als die in dem ersten Erkenntnisse konstatirte Behauptung, daß er vorher bezüglich seines Verhaltens den Rath eines Rechtsanwalts eingeholt, das Vorhandensein einer sträflichen Absicht bei seinem Vorgehen ausdrücklich in Abrede gestellt, ohne daß die Entscheidungsgründe erkennen lassen, daß bezüglich der festgestellten Vorsätzlichkeit der erste Richter von der richtigen Rechtsansicht ausgegangen und derselbe namentlich sich dabei bewußt gewesen ist, daß wenn Angeklagter durch die vorgebrachten Umstände wirklich in den Glauben versetzt war, daß die mit den beschlagnahmten Gegenständen vorgenommene Ortsveränderung ein Beiseiteschaffen derselben nicht enthalte, indem solche trotzdem in der Verstrickung verblieben, von einem strafbaren Vorsatze nicht die Rede sein könne. Diese Rechtsirrthümer hat der Berufungsrichter sich angeeignet und muß deshalb sein Erkenntniß der Vernichtung verfallen.

Antr. d. GStA.: gleichl. [11.—2.]

Unterschlagung. - Dolus. - Zueignung.

Das Bewußtsein von der Rechtswidrigkeit der Zueignung muß zu der Zeit vorhanden sein, wo sie geschieht. Tritt es erst später hinzu, so fehlt es an einem Thatbestandsmerkmal der Unterschlagung.

StGB. § 246 [n. 45].

Erk. (B. I.) v. 14. Juni 1879 c. Wohlbrück (649 II. Cr.).

W. war Massenverwalter in einem Konkurse und behielt bei Ablieferung der Masse eine Summe hinter sich, die er als Honorarforderung liquidirte. Er lieferte sie auch dann nicht ab, als ihm vom Konkursrichter bedeutet war, daß die Abrechnung von der Masse unzulässig sei. Er ist wegen Unterschlagung bestraft und bemerkt das App.-Gericht bezüglich des Dolus: wenn sich W. auch vorher in gutem Glauben befunden haben sollte, so sei doch dies nachher nicht mehr möglich gewesen. Das Ob.-Tr. vernichtete.

Die von dem II. Richter gebilligte Begründung des ersten Urteils ergiebt, daß der Angeklagte auch nach seiner Entlassung aus seiner Funktion als Konkursverwalter die zur Masse vereinnahmten Gelder nicht nur nicht abgeliefert hat, sondern dieselben für sich verbraucht und sich zur Zeit, als die Ablieferung erfolgen mußte, überhaupt im Besitze eines Baarbestandes nicht befunden habe. Hierin konnte ohne Rechtsirrthum die Zueignung der Gelder gefunden werden und die in der NB. abgegebene Versicherung, daß das Geld zur Deckung bereit liege, kann keine Berücksichtigung finden. Der App.-Richter geht jedoch in Bezug auf die Feststellung der Rechtswidrigkeit der Zueignung von einer rechtsirrthümlichen Auffassung des § 246 des StGB.'s aus, indem er bei Prüfung des Bewußtseins der Rechtswidrigkeit den Zeitpunkt des Eintritts dieses Bewußtseins nicht berücksichtigt hat. Er läßt dahingestellt, ob der Angeklagte sich „Anfangs" und zur Zeit seiner Beschwerde über den Konkurs-Kommissar in Betreff seiner Berechtigung zu dem Verbrauche der in seiner Verwahrung befindlichen, zur Masse gehörigen Gelder in gutem Glauben befunden habe und nimmt nur an, daß dies in den späteren Stadien namentlich nach dem Erlasse des Bescheides auf seine Beschwerde unmöglich der Fall gewesen sein könne. Hiernach war zur Anwendung des § 246 des StGB.'s erforderlich, daß der Akt der Zueignung der Gelder nach dem Empfange des Bescheides stattgefunden habe, da, wenn in dem Zeitpunkte der Zueignung das Bewußtsein von der Rechtswidrigkeit derselben nicht vorhanden war, die erst später erlangte Ueberzeugung des Angeklagten von dieser Rechtswidrigkeit nicht auf die Beurteilung des zur Zeit der Zueignung vorausgesetzten Dolus zurückwirken kann. Der App.-Richter stellt aber nur fest, daß der Angeklagte nach jenem Zeitpunkte das Geld nicht sofort eingezahlt habe. Diese Unterlassung kann, wenn der Akt der Zueignung schon vorher vollendet war, nicht in Betracht kommen.

Antr. d. GStA.'s: gleichl. [12.—2.]

Vereinszollgesetz. – Passagiergepäck. – Zum Handel bestimmte Waaren.

1. Die Bestimmung des Vereinszollgesetzes, daß Reisende die zollpflichtigen Waaren, welche sie als Passagiergepäck mit sich führen, nicht zu deklariren, sondern sich nur der Revision zu unterwerfen brauchen, gilt nicht für zum Handel bestimmte Waaren. Solche müssen auch als Passagiergepäck eines Eisenbahn-Reisenden speziell deklarirt werden.

2. Die durch Unterlassung der speziellen Deklaration begangene Zolldefraudation ist vollendet, sobald das Gepäck ohne Deklaration und Verzollung aus dem Gewahrsam der Zollbehörde entfernt worden ist.

Vereinszollges. v. 1. Juli 1869 §§ 22 ff., 27, 39, 66, 68, 92 u. 136 1 c.

Erk. (Z. II.) v. 19. Juni 1879 c. Ehefr. Digneffe (438 II. Cr.). Antr. d. GStA.: gleichl. [19.—4.]

Wechselstempel. – Offene Handelsgesellschaft. – Auf den Wechsel geleistete Zahlung.

1. Hat ein Theilhaber einer offenen Handelsgesellschaft eine Quittung oder ein Indossament der Firma auf einen Wechsel gesetzt, ohne denselben durch Verwendung der erforderlichen Stempelmarke zu versteuern, so ist zunächst nur der betreffende Theilhaber und nicht auch dessen Associé strafbar.

2. Im § 11 des Wechselstempelgesetzes ist unter einer auf den Wechsel geleisteten Zahlung nur eine Zahlung auf die Wechselschuld und nicht auch eine behufs Erwerbs des Wechsels gemachte Zahlung zu verstehen.

Wechselstempelges. v. 10. Juni 1869 §§ 4. 5. 11 u. 15; Anweis. des Fin.-Min. v. 19. Dezbr. 1869 Nr. 8 (JMBl. 69 S. 283); Vgl. zu 2 RdOTr. 19 S. 304.

Erk. (V. II.) v. 19. Juni 1879 c. Jakobsohn & Gen. (542 II. Cr.).

In Erw., daß die Verpflichtung des inländischen Inhabers eines Wechsels denselben zu versteuern, bevor er eine Quittung darauf setzt, nach § 11 des Gesetzes, betr. die Stempelsteuer, v. 10. Juni 1869 keinem Zweifel unterliegt, auch von dem Beschuldigten selbst in zweiter Instanz nicht mehr in Abrede gestellt worden ist;

daß jedoch der Appell.-Richter beide Beschuldigte für gleichmäßig strafrechtlich verantwortlich erachtet, ohne daß es des Nachweises bedürfe, welcher von ihnen die Quittungen auf die in Rede stehenden Wechsel gesetzt habe, weil jeder von beiden die Gesellschaft zu vertreten berechtigt sei, diesem Rechte aber eine Verpflichtung entspreche;

daß diese Ausführung für zutreffend nicht erachtet werden kann, weil die Vorschriften der Artt. 102, 114 des HGB.'s sich nur auf Rechtsgeschäfte beziehen, die Verantlichkeit für Delikte aber rechtsgrundsätzlich nicht eine Gesellschaft oder Personenmehrheit als solche, sondern nur diejenige physische Person trifft, der eine mit Strafe bedrohte Handlung oder Unterlassung zur Last fällt;

daß hiernach zu untersuchen war, ob, wenn der eine der beiden Gesellschafter den Wechsel mit der Quittung der Firma versah, ohne der ihm nach § 11 des Gesetzes obliegenden Pflicht zu genügen, diese Unterlassung sich auch auf Seiten des anderen Gesellschafters als die Unterlassung einer ihm obliegenden Verpflichtung darstellt;

daß dies nicht ohne Weiteres angenommen werden kann, weil die Pflicht zur Versteuerung des Wechsels erst mit dem Zeitpunkte der Quittungsleistung eintrat, das Delikt erst mit der Ausstellung der Quittung vollendet war, der letztere Akt aber wenigstens der Regel nach, von der selbständigen Entschließung des Quittungsleisters abhängig ist, dessen Gesellschafter daher auch nicht für die Vernachlässigung einer gesetzlichen Pflicht aufzukommen hat, deren Eintritt nicht durch ihn herbeigeführt worden ist;

daß es hiernach allerdings auf die von dem Appell.-Richter ausgesetzte Ermittelung ankommt, von welchem der beiden Beschuldigten die Quittungen herrühren;

daß dasselbe bezüglich derjenigen Wechsel gilt, welche mit dem Indossamente der Firma H. J. versehen sind;

daß aber auch der weitere Angriff der Kassationskläger begründet erscheint, welcher sich gegen die Feststellnng des App.-Richters wendet, daß bezüglich einer anderen Gruppe von Wechseln die Stempelstrafen deshalb verwirkt seien, weil die Beschuldigten wirkliche Zahlungen geleistet hätten;

daß nämlich der App.-Richter nach Ausweis des von ihm in Bezug genommenen Urteils v. 5. Jan. 1878 davon ausgeht, daß jede auf einen unversteuerten Wechsel aus irgend einem Grunde geleistete oder empfangene Zahlung, gleichviel, von wem dieselbe erfolge, straffällig mache;

daß diese Ausführung den in dem Erkenntnisse des Ob.-Tr.'s v. 13. Juni 1878 näher dargelegten Unterschied verkennt zwischen der Verhaftung des Erwerbers eines Wechsels für den Betrag des Stempels — §§ 4 und 5 des Wechselstempelgesetzes — und der Verwirkung der Stempelstrafe in Folge einer der im § 11 des Gesetzes erwähnten, mit dem Wechsel vorgenommenen Handlungen, sowie zwischen den Zahlungen auf die Wechselschuld und denjenigen, welche behufs Erwerbs des Wechsels geschehen;

daß es daher auch noch auf die Feststellung der Natur der von den Beschuldigten geleisteten Zahlungen ankommt.

Antr. d. GStA.: gleichl. [19.—4.]

Gemeindesteuer. – Armenabgabe auf öffentliche Lustbarkeiten.

Die Rheinischen Stadtgemeinden können mit Genehmigung der Regierung zu Gunsten der Armenkasse eine Abgabe auf öffentliche Lustbarkeiten, insbesondere Theatervorstellungen, legen und kann dann durch Polizei-Verordnung den Theaterunternehmern ungeachtet ihrer Concession die Abhaltung von Vorstellungen vor Entrichtung der Abgabe bei Strafe verboten werden.

Ges. v. 8. März 1871 betr. die Ausführung des Bundesgesetzes über den Unterstützungswohnsitz § 74; Rhein. Städte-Ordnung v. 15. Mai

1856 § 49; R.-Gew.-Ordng. v. 21. Juni 1869 § 5; Polizeigesetz v. 11. März 1850 § 15; Regulativ für die Oberbürgermeisterei Barmen v. 17. Septbr. 1878.

Erk. (Z. II.) v. 19. Juni 1879 c. Krevels (568 II. Cr.).

In Erw., daß der letzte Absatz des § 74 des Ges.'s v. 8. März 1871, betr. die Ausführung des Bundesges.'s über den Unterstützungswohnsitz, zwar alle gesetzlichen Bestimmungen aufgehoben hat, welche die Erhebung einer öffentlichen Abgabe zu Armenzwecken vorschreiben;

daß nach der weiteren Bestimmung dieses § aber die Befugniß der Gemeinde-Behörden die Einführung oder Forterhebung solcher Abgaben nach Maßgabe der Gemeindeverfassungsgesetze zu beschließen, durch jene Bestimmung nicht berührt werden sollte;

daß nach § 49 der Städteordnung für die Rheinprovinz v. 15. Mai 1856, soweit die Einnahmen aus dem städtischen Vermögen nicht hinreichen, um die durch das Bedürfniß oder die Verpflichtungen der Gemeinden erforderlichen Geldmittel zu beschaffen, die Stadtverordneten die Aufbringung von Gemeindesteuern beschließen und diese unter Anderem bestehen können: „II. in besonderen direkten oder indirekten Gemeinde-Steuern, welche der Genehmigung der Regierung bedürfen, wenn sie neu eingeführt, erhöht oder in ihren Grundsätzen verändert werden sollen";

daß hiernach, da nach der Feststellung des App.-Richters die im § 49 cit. gedachte Voraussetzung bezüglich des Vermögens der Gemeinde B. unbestritten vorliegt, die Befugniß der dortigen Gemeindebehörde zur theilweisen Deckung der in Folge des Ges. v. 8. März 1871 von der Gemeinde aufzubringenden Kosten der Armenpflege eine indirekte Gemeindesteuer mit Genehmigung der Regierung einzuführen, welche in der im Regulativ v. 17. Septbr. 1878 näher bestimmten Weise zu Gunsten der Armenkasse auf öffentliche Lustbarkeiten gelegt ist, rechtlich nicht bezweifelt werden kann;

daß insbesondere aus dem § 74 cit. nicht herzuleiten ist, daß die Erhebung solcher, auf öffentliche Lustbarkeiten zu Armenzwecken gelegten Abgaben nur insofern zulässig erscheine, als dieselben in den Gemeindeverfassungsbestimmungen speziell zugelassen sei;

daß der § 74 eine derartige Beschränkung nirgends enthält, es vielmehr nach Inhalt desselben für ausreichend erachtet werden muß, wenn der betreffende Beschluß der Gemeindebehörde, durch welchen eine solche d. h. eine zu Armenzwecken von öffentlichen Lustbarkeiten zu erhebende Abgabe neu eingeführt oder deren Forterhebung angeordnet werden soll, „nach Maßgabe der Gemeindeverfassungsgesetze", also nach Maßgabe der in diesem Gesetze rücksichtlich der Ausübung des Besteuerungsrechts überhaupt gegebenen allgemeinen Vorschriften gefaßt sei; — ein Erforderniß, welches im vorliegenden Falle nach den thatsächlichen Grundlagen des angegriffenen Urteils unzweifelhaft zutrifft;

In Erw., daß zufolge der Bestimmung des § 5 der R.-Gew.-Ordn. v. 21. Juni 1869 durch dieses Gesetz, in den Beschränkungen des Betriebes einzelner Gewerbe, welche auf den Zoll-, Steuer- und Postgesetzen beruhen, nichts geändert wird;

daß die in dem § 49 der cit. Städte-Ordn. enthaltenen Normen, nsch welchen von den Gemeinden das Besteuerungs-Recht ausgeübt wird, soweit sie insbesondere die indirekte Besteuerung einzelner Gewerbe gestatten, als Steuer-Gesetze im Sinne des § 5 der R.-Gew.-Ordng. betrachtet werden müssen;

daß daher auch die dem nach § 32 dieser Gew.-Ordn. als Theater-Unternehmer konzessionirten Beschuldigten durch das auf Grund des § 49 cit. erlassene Regul. v. 17. Septbr. 1878 auferlegte Beschränkung, vor Entrichtung der Armenabgabe Vorstellungen nicht geben zu dürfen und dieselben ganz unterlassen zu müssen, wenn er die zu deren Zahlung erforderlichen Mittel nicht besitzt, nicht als eine mit den Bestimmungen der R.-Gew.-Ordn. im Widerspruche stehende Beschränkung angesehen werden kann, somit auch die gegen Uebertretungen des von der Königl. Regierung genehmigten

Regul. am 28. Oktbr. 1878 auf Grund des § 49 in fine der Rhein. Städte-Ordn. erlassene Polizei-Verordn. keineswegs gegen den § 15 des Gesetzes über die Polizei-Verwaltung v. 11. März 1850 verstoßen hat.

Antr. d. GStA.: gleichl. [8.—4.]

Glücksspiele. - Geschlossene Gesellschaft.

1. Das Lokal einer geschlossenen Gesellschaft, an deren Versammlungen Nichtmitglieder ohne jede Beschränkung Theil nehmen, ist ein öffentlicher Versammlungsort im Sinne des die Gestattung von Glücksspielen unter Strafe stellenden

§ 285 des StGB.'s [n. 2]

2. Der Oekonom einer geschlossenen Gesellschaft ist nur dann als Inhaber des Gesellschaftslokals im Sinne des cit. § anzusehn, wenn ihm ein Aufsichts- und Verfügungsrecht über das Lokal speziell auch nach der Richtung zusteht, daß er die Benutzung desselben zu Glücksspielen den Mitgliedern untersagen darf.

ibid.

Erk. (B. II.) v. 19. Juni 1879 c. Trettin (621 II. Cr.).

Antr. d. GStA.: gleichl. [2.—4.]

Falsche Beurkundung. - Notar.

Die Beurkundung einer von einer Partei abgegebenen Erklärung in einem Notarialakt wird nicht dadurch zu einer falschen im Sinne des § 348 des StGB.'s, daß das, was die Partei erklärt hat, falsch und als falsch dem Notar bekannt war, auch sogar der Notar die Partei zu der falschen Erklärung bestimmt hat.

StGB. § 348.

Erk. (Z. II.) v. 19. Juni 1879 c. W. (400 II. Cr.).

Der Notar W. hat bei einer Versteigerung, bei welcher kein für die Versteigerer annehmbares Gebot gemacht wurde, seinen Schreiber A.

veranlaßt ein Gebot zu thun und dann die falsche Erklärung abzugeben, daß er von einem Verwandten der Versteigerer, Notar B., mündlich bevollmächtigt sei und das Gebot für diesen gethan habe. Diese Erklärung hat W. denn auch in dem über die Versteigerung aufgenommenen Akt als von A. abgegeben beurkundet.

Wegen falscher Beurkundung aus § 348 des StGB.'s verfolgt, wurde W. von den (Rhein.) Instanzgerichten freigesprochen und der von dem Ob.-Pr. ergriffene Cass.-Rekurs von dem Ob.-Tr. verworfen. Gründe:

In Erw., daß der von dem Beschuldigten aufgenommene Akt eine öffentliche Urkunde im Sinne des § 348 des StGB.'s, d. h. authentisches Beweismittel für Rechte und Rechtsverhältnisse, lediglich für die den Gegenstand des Aktes bildende vor dem Beamten vorgehende Rechtshandlung, also für die von dem &c. A. abgegebene Erklärung: daß er als mündlich Bevollmächtigter des Notars B. angesteigert habe, sein konnte und sollte und in der That auch lediglich diese Erklärung des A. beurkundet, amtlich bezeugt hat, wogegen die Thatsache der Bevollmächtigung des A. seitens des Notars B. als eine von dem Gegenstande der Verhandlung ganz verschiedene Rechtshandlung in dem Akte vom 6. August weder beurkundet werden konnte oder sollte, noch beurkundet worden ist;

daß nach der thatsächlichen Feststellung des Appell.-Richters der A. die im Akte von ihm bezeugte Erklärung wirklich abgegeben und durch Unterzeichnung des diese Erklärung enthaltenden, von ihm selbst geschriebenen Protokolls bekräftigt hat;

daß mithin die Verität der Beurkundung in dieser Hinsicht feststeht, die Unwahrheit der lediglich von dem Deklaranten vorgegebenen Bevollmächtigung aber die Verität des Aktes als einer Urkunde im Sinne des § 348 nicht berührt und für den Thatbestand der Beschuldigung ein ebenso indifferentes Moment bildet wie der Umstand, daß A. zur Abgabe seiner Commands-Erklärung nicht aus eigenem Antriebe, sondern durch den Beschuldigten bewogen worden ist.

Antr. d. GStA.: gleichl. [22.—4.

Versuch. – Anfang der Ausführung. – Freiwilliger Rücktritt.

1. Das Eingreifen in die Taschen Anderer, um das darin vermuthete Geld zu entwenden, ist Anfang der Ausführung des Diebstahls.

StGB. § 43 [n. 6].

2. Es ist kein freiwilliger Rücktritt, wenn das in der Tasche vermuthete Geld sich nicht darin findet, oder wenn die augenscheinliche Gefahr sofortiger Ergreifung das Abstandnehmen veranlaßt.

StGB. § 46 [n. 5. 9].

Erk. (Z. I.) v. 20. Juni 1879 c. Blanowski (897 I. Cr.).

B. hat auf einem Markt mehreren Frauen in die Taschen gegriffen um das darin vermuthete Geld zu entwenden; es ist aber nicht erwiesen, daß er etwas daraus entwendet habe. Er ist deshalb wegen Versuchs bestraft und seine NB. zurückgewiesen.

Beide Instanzrichter gehen von der Annahme aus, daß der Angeklagte in der Absicht, sich fremde bewegliche Sachen, und zwar vorzugsweise fremdes baares Geld rechtswidrig zuzueignen, in die Kleidertaschen von mindestens zehn verschiedenen Frauen hineingegriffen hat. Ohne Rechtsirrthum konnte in dieser Manipulation, selbst wenn die untersuchten Kleidertaschen kein baares Geld enthalten haben mochten, der Anfang der Ausführung beabsichtigter Taschendiebstähle gefunden werden (Oppenhoff Rechtspr. XII, 584). Der Appell.-Richter stellt aber auch noch ausdrücklich fest, daß wenigstens einige der Frauen wirklich Geld in ihren Taschen bei sich geführt haben. Als den die Vollendung der beabsichtigten Diebstähle verhindernden Umstand supponirt der erste Richter das Nichtauffinden von Geld. Der App.-Richter dagegen nimmt an, daß die augenscheinliche Gefahr sofortiger Ergreifung den Angeklagten gegen seinen Willen zur Abstandnahme von der weiteren Verfolgung seiner diebischen Absichten genöthigt habe. In dem einen, wie in dem anderen Falle kann die Nichtanwendung des § 46 Nr. 1 des R.-StGB.'s für rechtsirrthümlich nicht erachtet werden, denn beide Instanzrichter verneinen die wesentlichste Voraussetzung dieses §, nämlich den freiwilligen Rücktritt des Angeklagten von der Vollendung der bereits begonnenen Ausführung der gewollten That.

Antr. d. GStA.: gleichl. [15.—2.]

---

1. Kontrebande. - Ausland.
2. Relative Rechtskraft. - Konfiskation. - Geldsumme.

1. Das Unternehmen einer Kontrebande kann ohne Rechtsirrthum angenommen werden, wenn auch die verbotwidrig einzuführenden Gegenstände die Grenze noch nicht überschritten haben.

Es verletzt nicht die relative Rechtskraft der Entscheidung, wenn der App.-Richter auf die Appellation des Angeklagten an Stelle der in erster Instanz erkannten Konfiskation auf Zahlung einer bestimmten Geldsumme erkennt.

V.-Zollges. v. 1. Juli 1869 §§ 134. 155.

Erk. (Z. II.) **v. 24. Juni 1879 c. Benke & Gen.** (646 II. Cr.).

Durch Erkenntniß der Kgl. Kreisger.-Dep. zu T. ist B. auf Grund des § 134 des V.-Zollges.'s v. 1. Juli 1869 (BGBl. S. 355) wegen Kontrebande zu 1200 Mk. Geldstrafe, nebst Einziehung der kontrebandirten 100 Schafe (deren Werth auf 2 Thlr. — 6 Mk. — pro Stück anzunehmen) eventuell deren Auktionserlös verurteilt worden, weil thatsächlich feststehe, daß er in der Nacht v. 25. zum 26. Juli 1877 an der Russisch-Polnischen Grenze im Kreise Tarnowitz es unternommen habe, Schafe, deren Einfuhr verboten gewesen, von Rußland nach Preußen einzuführen. Auf die von ihm allein eingelegte Appellation ist dieses Erkenntniß vom App.-Gerichte zu R. unter Beibehaltung der obigen Feststellung im Hinblick auf § 155 des V.-Zollgesetzes mit der Maßgabe bestätigt worden, daß der Angeklagte, im Falle die Konfiskation der Schafe selbst nicht vollzogen werden könne, verbunden sei an Stelle des Werthes der Schafe eine Geldsumme von 600 Mk. zu zahlen. In seiner NB. behauptet der Angekl. B. I. unrichtige Anwendung des § 134 des V.-Zollges.'s, weil die von ihm jenseits der Landesgrenze in Russisch-Polen vorgenommenen Handlungen gemäß § 4 des R.-StGB.'s der Bestrafung vor den diesseitigen Gerichten nicht unterlägen, endlich II. unzulässige Abänderung des ersten Erkenntnisses zum Nachtheile des Appellanten, weil der vom ersten Richter erkannten, nicht exekutirbaren Konfiskation eine Geldstrafe substituirt sei.

Zu 1 entspricht die mitgetheilte Schlußfeststellung dem Thatbestande des in dem angezogenen § 134 des V.-Zollgesetzes vorgesehenen Vergehens und daß dieselbe aus einem Rechtsirrthume, insbesondere einer rechtsirrthümlichen Ansicht über die territorialen Grenzen der preußischen Gerichtsbarkeit entsprungen sei, kann mit Grunde nicht behauptet werden. Der obigen Schlußfeststellung liegt die von den Vorderrichtern übereinstimmend für erwiesen erachtete Thatsache zum Grunde, daß der Angeklagte am 24. Juli 1877 auf dem Viehmarkte zu Sch. in Russisch-Polen 100 Stück Schafe (Hammel) gekauft, dieselben in der Absicht, sie dem zur Abhaltung von Viehseuchen ergangenen Verbote der Kgl. Regierung zu O. zuwider in Preußen einzuführen am Abende des 25. Juli 1877 durch einen polnischen Treiber bis an die Grenze schaffen und dort so lange habe unterbringen lassen, bis sich eine günstige Gelegenheit zu ihrer Hinüberführung darbieten würde, daß er selbst sich zur Empfangnahme der Hammel nach dem auf Preußischer Seite belegenen Walde bei B. begeben, seinen Zweck aber wegen des Widerstandes der Grenzbeamten nicht erreichen und deshalb die Hammel auf Russischer Seite habe zurücklassen müssen. Daß hiernach ein Hinüberführen der Hammel in das Preußische Gebiet in der That noch nicht Statt gefunden hat, steht für sich allein der Anwendung des § 134 a. a. O. nicht entgegen, weil hierzu schon genügt, daß der Angeklagte solches „unternommen" hat, ein solches Unternehmen aber schon dann vorliegt, wenn die Kontrebande beabsichtigt und diese Absicht durch Handlungen äußerlich an den Tag gelegt ist, wie solches auch in den vom App.-Richter in Bezug genommenen Erkenntnissen des Ob.-Tr.'s v. 6. Jan. 1865 und v. 14. Dezbr. 1871 (Oppenh. Rechtsprechung Bd. I S. 402 u. Bd. XII S. 650, auch Goltd. Archiv Bd. XIII S. 218) bereits umständlicher ausgeführt worden ist. Allerdings handelt es sich in jenen beiden Fällen um unternommene Zuwiderhandlungen gegen Ausfuhrverbote, zu denen die vorbereitenden Maßregeln, wie solches in der Regel wird geschehen müssen, im Inlande getroffen waren, während eben diese Maßregeln bei der hier beabsichtigten Zuwiderhandlung gegen ein Einfuhrverbot wenigstens zum großen Theile im Auslande vorgenommen werden mußten. Allein wenn auch auf diese für sich allein nach dem im § 4 Nr. 3 des StGB.'s ausgesprochenen Grundsatze die deutschen Gesetze so lange keine Anwendung hätten finden können, als nicht der Nachweis geführt worden wäre, daß sie auch in Rußland mit Strafe bedroht seien, so hat doch der Appell.-Richter das Unternehmen des Angeklagten nicht blos in den vom Imploranten auf russischer Seite, sondern auch in den von ihm in Preußen verübten Handlungen, die mit jenen ein Ganzes ausmachten, insbesondere darin gefunden, daß sich der Implorant aus Preußen nach Rußland begeben, um die einzuschwärzenden Schafe anzukaufen und an die Grenze treiben zu lassen, daß er sich dann nach Preußen zurückbegeben und hier am Abende des zur Einschwärzung bestimmten Tages am Grenzflusse den Transport über diesen erwartet hat, in der Absicht die herüberzubringenden Schafe alsdann weiter nach ihrem Bestimmungsorte zu geleiten. Der App.-Richter hat hiernach den im § 4 Nr. 3 des StGB.'s ausgesprochenen Grundsatz über die territorialen Grenzen der preußischen Gerichtsbarkeit nicht verkannt, den § 134 des V.-Zollgesetzes vielmehr deshalb angewendet, weil das demselben unterliegende Unternehmen in wesentlichen Theilen auf preußischem Gebiete verübt sei. Die hierauf bezüglichen Ausführungen aber sind thatsächlicher Natur und deshalb nach dem schon angeführten Art. 107 mit der NB. nicht anzugreifen.

Zu 2 hat der App.-Richter das erste Erkenntniß, welches die Konfiskation der Schafe, eventuell ihres Auktionserlöses ausgesprochen hatte, nicht verschärft, sondern nur ergänzt, wenn er, nachdem sich herausgestellt, daß weder die Schafe noch ein Erlös aus deren Verkauf vorhanden war, in Gemäßheit des § 155 des V.-Zollgesetzes sogleich auf Zahlung einer dem vom ersten Richter festgestellten Werthe entsprechenden Geldsumme erkannt hat, weil hierauf, wenn es zur Exekution des Urteils gekommen wäre und die Konfiskation der Schafe oder ihres Auktionserlöses sich als unausführbar dargestellt hätte, jedenfalls nachträglich hätte erkannt werden müssen. Es konnte hier ebenso verfahren werden, wie in dem Falle, daß der erste Richter es versäumt hat, einer erkannten Geldstrafe eventuell eine Freiheitsstrafe zu substituiren. — Art. 132 des Ges.'s v. 3. Mai 1852. — So wie dann der App.-Richter das Versäumte nachholen kann, ohne gegen die Grundsätze von der relativen Rechtskraft der Erkenntnisse zu verstoßen — vgl. das Erkenntniß des Ob.-Tr.'s v. 18. Juni 1874 (Goltd. Archiv Bd. XXII S. 506) — so hat dieses auch in dem vorliegenden, ganz analogen Falle geschehen können.

Antr. d. GStA.: gleichl. [5.—3.]

Widerstand. - Gewalt gegen die Person.

Der Widerstand im Sinne des § 113 des StGB.'s setzt nicht voraus, daß die Gewalt unmittelbar gegen die Person des Beamten geleistet sei, sondern nur daß letzterer durch die angewendete Gewalt genöthigt ist, durch erhöhte Anstrengung den Widerstand zu überwinden oder von der Amtshandlung abzustehen.

StGB. § 113 [n. 29]; Vgl. RbOTr. 17. S. 51.

Erk. (S. I.) v. 24. Juni 1879 c. Brand (777 I. Cr.).

B. sollte von Gensd'armen in berechtigter Dienstausübung in das Gefängniß abgeführt werden, hinderte aber den Transport dadurch, daß er sich auf einer Brücke zu Boden warf und dergestalt mit aller Gewalt hinter das Geländer klemmte, daß die Gensd'armen ihn nur mit weiterer Hülfe losreißen konnten. Aus § 113 des StGB.'s angeklagt ist er freigesprochen; das Erkenntniß aber auf NB. der StA.-schaft vom Ob.-Trib. vernichtet.

Die Berufungskammer geht bei ihrer Entscheidung von der Annahme aus, daß die Strafvorschrift des § 113 des StGB.'s nur die Fälle treffe, wo der Widerstand gegen die Person des Beamten gerichtet sei, und bezieht sich dafür auf die Fassung des II. Abs. des §, der nur von Handlungen gegen die Person spreche. Diese Annahme erscheint rechtsirrthümlich. Der § 113 cit. bedroht mit Gefängnißstrafe denjenigen, der einem Beamten in der rechtmäßigen Ausübung seines Amts durch Gewalt oder durch Bedrohung mit Gewalt Widerstand leistet. Daß nun diese Gewalt unmittelbar gegen die Person des Beamten geübt sein müsse, ist aus dem Wortlaute des Gesetzes nicht herzuleiten, wie denn auch der § 117 l. c., der in seinem I. Absatz bezüglich der Widerstandsleistung eine mit § 113 gleichlautende Bestimmung hat, in Abs. 2 die Fälle, in welchen Gewalt an der Person begangen worden, strafschärfend hervorhebt. Der § 113 cit. setzt vielmehr, wie das vom Kgl. Ob.-Tr. in wiederholten Entscheidungen ausgesprochen worden, nur voraus, daß die Kraftanwendung des Widerstandleistenden der Thätigkeit des Beamten, der in der Ausübung seines Amts handelt, hindernd entgegenwirkt, so daß dieser genöthigt ist, durch erhöhte Anstrengung den Widerstand zu überwinden, oder von der Amtshandlung abzustehen; daß aber der Widerstandleistende mit seiner Kraftäußerung direkt auf die Person des Beamten einwirke, erfordert das Gesetz nicht. Für diese Annahme ist auch aus Abs. 2 des § 113 cit. ein Argument nicht zu gewinnen, da derselbe nur den Zweck hat, den dort genannten Hülfspersonen und Mannschaften den gleichen gesetzlichen Schutz, wie den Beamten, zu gewähren, für die Auslegung des Abs. 1 aber, welche hier in Frage steht, ohne Bedeutung ist.

Ant. d. GStA.: gleichl. [16.—2.]

Schanklokal. - Schankgäste.

In Abs. 2 des § 365 des StGB.'s sind unter Gästen nur Schankgäste zu verstehen. Darunter sind alle diejenigen begriffen, welche der Wirth in Ausübung seines Schankgewerbes aufnimmt.

StGB. § 365 [n. 2, 3]; Vgl. RbOTr. 16. S. 613.

Erk. (V. I.) v. 25. Juni 1879 c. Höppner (483 I. Cr.).

Der Wirth H. hatte, nachdem Feierabeud bei ihm geboten war, noch Gäste in seinem Schanklokal sitzen, die er eingeladen hatte, noch einen Schnitt Bier auf seine Kosten zu trinken. Er ist von der auf § 365 cit. gestützten Anklage freigesprochen, das Ob.-Tr. hat aber auf NB. der StA.-schaft das Erkenntniß vernichtet.

Wie in dem Erkenntnisse Oppenh. Rechtspr. Bd. XVI S. 613 von dem Kgl. Ob.-Tr. bereits anerkannt, soll das Verbot gegen den Wirth über die Polizeistunde hinaus das Verweilen seiner Gäste zu dulden, sich nur auf die Schankgäste und nicht auf Privatgäste beziehen. Aber daraus folgt für den Begriff der Privatgäste nicht, daß darunter alle Gäste verstanden seien, welche der Wirth vielleicht nur um das Gesetz zu umgehen zur unentgeltlichen Bewirthung eingeladen hat und es läßt sich namentlich nicht anerkennen, daß Jemand der bis zur Polizeistunde in einem Wirthslokale als Schankgast anwesend gewesen ist, durch eine solche Einladung sich ohne Weiteres und unter allen Umständen in einen Privatgast verwandle, wie dieses der Berufungsrichter angenommen hat. Schankgäste sind diejenigen Personen, welche der Wirth in Ausübung seines Schankgewerbes aufnimmt und wenn dabei nach der Natur des Gewerbebetriebs regelmäßig die Absicht bei ihm unterstellt wird, aus der Bezahlung des an die Gäste auf deren Bestellung Verabreichten seinen Geschäftsgewinn direkt zu ziehen, so läßt sich doch die Ausnahmslosigkeit dieser Regel nicht in absoluter

Weise anerkennen. Es kann sehr wohl im einzelnen Falle eine Leistung zwar unentgeltlich, aber dennoch als gewerbliche erfolgt sein, indem die Wahrung des Geschäftsinteresses bei dem Schankbetriebe mit Rücksicht auf die künftige Frequenz und einen ausgedehnteren Absatz oder sonstige Vortheile gerade in diese Unentgeltlichkeit gelegt wird. Die Frage, ob im einzelnen Falle der Wirth, welcher nach Ablauf der Polizeistunde seine Schankgäste durch Verabreichung unentgeltlicher Genüsse zum Verbleiben bestimmte, oder nach dieser Verabreichung das Verbleiben gestattete, dabei in Ausübung seines Gewerbes, oder ohne Rücksicht auf künftige Gewerbevortheile, in welchen er Ersatz für die Leistungen ohne Entgelt zu finden gedachte, lediglich aus Freigebigkeit oder sonstigen dem Bestreben Gewinn zu erzielen fern liegenden Motiven gehandelt hat, ist konkreter Natur, im vorliegenden Falle aber von dem Berufungsrichter nicht zur Erörterung gezogen. Dessen Erkenntniß unterliegt hiernach der Vernichtung.

Antr. d. GStA.: gleichl. [11.—2.]

Hehlerei. - Erwerb durch strafbare Handlung.

Als strafbare Handlung im Sinne des § 259 des StGB.'s kann nur eine solche Handlung gelten, die an und für sich einen Eingriff in ein fremdes Recht enthält.

StGB. § 259 [n. 6]; Vgl. RbOTr. 17. S. 378.

Erk. (V. I.) v. 25. Juni 1879 c. Lecht (697 I. Cr.).

L. hatte mehrere Körbe Kronsbeeren um sie weiter zu verkaufen von Frauen angekauft, die sie vor der in Gemäßheit einer Polizeiverordnung der Landdrostei bestimmten Sammelzeit gepflückt hatten. Das vorzeitige Einsammeln ist mit Strafe bedroht. L. ist deshalb wegen Hehlerei bestraft und der Einwand, daß der betreffende Grundeigenthümer den Verkäuferinnen die Erlaubniß zum Sammeln gegeben habe, damit beseitigt, daß die erwähnte Polizeiverordnung der Privatwillkühr des Eigenthümers vom Waldgrund keinen Raum lasse. Das Ob.-Tr. vernichtete.

Die dem § 259 des StGB.'s entsprechende Feststellung

des Instanzrichters beruht darauf, daß der Angeklagte mehrere Körbe mit Kronsbeeren angekauft habe, obwohl er wußte, daß dieselben innerhalb der Schonzeit, d. h. vor dem in Gemäßheit der Polizei-Vdn. v. 21. Aug. 1875 für das Jahr 1878 bestimmten Anfangstage der Sammelzeit — dem 1. Oktbr. — gepflückt worden waren. Der Berufungsrichter hat dabei nicht geprüft, ob den Sammlerinnen der Beeren, den Verkäuferinnen, eine Berechtigung zum Sammeln zugestanden habe, vielmehr den Beweisantrag, daß den Sammlerinnen die Erlaubniß von den Grundeigenthümern ertheilt worden sei, aus dem Grunde abgelehnt, weil die Polizei-Verordn. v. 21. August 1875 der Privatwillkür der Eigenthümer von Waldgrundstücken keinen Raum lasse. So richtig dies letztere ist, so beruht doch die Entscheidung auf einem Rechtsirrthum und die Rüge der Gesetzesverletzung ist daher gerechtfertigt. Der Begriff der Hehlerei des § 259 des StGB.'s (Partirerei) setzt voraus, daß die Sache „mittels einer strafbaren Handlung erlangt sei". Hiermit kann es für gleichbedeutend nicht erachtet werden, wenn bei Gelegenheit der an sich rechtmäßigen Erlangung der Sachen eine andere strafbare Handlung verübt wird, welche nicht den Erwerb der Sachen selbst zu einem rechtswidrigen macht, sondern nur einen Verstoß gegen Polizei-Vorschrift über Zeit und Ort oder über die Art des Erwerbes darstellt. In solchem Falle ist der Verstoß gegen die polizeiliche Anordnung nicht als das Mittel zur Erlangung der Sachen anzusehen; als eine strafbare Handlung im Sinne des § 259 kann vielmehr nur eine solche Handlung gelten, welche an und für sich einen Eingriff in ein fremdes Recht enthält. Vergl. Erk. des Ob.-Tr.'s v. 24. Mai 1876 in Goltd. Arch. Bd. 24 S. 358).

Antr. d. GStA.: gleichl. [12.—2.]

Jagdvergehn. - Gemeinschaftlich von Mehreren? - Mangelnder Dolus der Mitjagenden.

Eine unberechtigte Jagdausübung ist keine gemeinschaftlich von Mehreren begangene, sobald die Mitjagenden ihrerseits die Jagdausübung für eine berechtigte hielten.*)

StGB. § 293.

Erk. (B. II.) v. 26. Juni 1879 c. Blumenthal (657 II. Cr.).

Eine lediglich objektive Gemeinsamkeit der äußern Handlung genügt nicht, um die Anwendung des § 293 gegen den Angeklagten zu begründen. Es bedarf hierzu eines mit dem Bewußtsein der Rechtswidrigkeit von Mehreren gewollten Zusammenwirkens. Dies ergiebt sich unzweideutig schon aus der Fassung des § 293, wonach eine Strafschärfung unter anderem eintreten soll: „wenn das Vergehen .... gemeinschaftlich von Mehreren begangen wird." Die „Mehreren" müssen also Theilnehmer des Vergehens sein, es muß sonach auch rücksichtlich mehrerer Jagdgenossen, insbesondere hinsichtlich des Bewußtseins der Rechtswidrigkeit ihrer Jagdausübung der volle Thatbestand des Vergehens vorliegen. Eine Gemeinschaftlichkeit in diesem Sinne ist gegen den Angeklagten nicht festgestellt, indem rücksichtlich der Jagdgenossen eine Theilnahme an seinem Vergehen auch in der Anklage nicht einmal behauptet, und vom App.-Richter sogar die Möglichkeit unterstellt wird, daß diese Jagdgenossen vom Angeklagten über die Jagdgrenzen geflissentlich getäuscht worden, derselbe augenscheinlich jedenfalls annimmt, daß sich die Jagdgenossen des Angeklagten im guten Glauben gefunden haben. Der in Rede stehende Strafschärfungsgrund ist daher rechtsirrthümlich als vorhanden angenommen worden und muß fortfallen. [8.—4.]

Rheinische Notarien. – Immobiliar-Versteigerungen. – Ausschließliche Befugniß.

Die Bestimmung der Verordnung der Oesterr.-

*) Der seinerseits bewußter Weise unbefugt Jagende hat aber dann die Mitjagenden als seine Werkzeuge benutzt und wird außer für seine persönliche Jagdausübung auch als Thäter der von diesen vorgenommenen zu bestrafen sein.

Bair. Landes-Administrations-Commission v. 21. Februar 1815, daß nur die Notarien Immobilar-Versteigerungen abhalten dürfen, ist nicht durch die Gewerbe-Ordnung aufgehoben.

Verordn. der Oesterr.-Bair. Landes-Administrations-Commission vom 21. Febr. und 22. April 1815 (Lottner 1 S. 316 und 320); R.-Gew.-Ordn. v. 21. Juni 1869 §§ 1, 6 u. 36; Contra was die Mobilar-Versteigerungen angeht: RdOTr. 11. S. 104.

Erk. (B. II.) v. 26. Juni 1879 c. Weber (304 II. Cr.).

In Erw., daß das angegriffene Urteil zwar als erwiesen annimmt, daß der Kassationsverklagte am 26. März 1878 zu B. eine Reihe von Immobilien, an denen er betheiligt war, nach vorheriger Bekanntmachung öffentlich versteigert hat, daß es gleichwohl die Verordnung der österreichisch-baierischen Landes-Administrations-Commission v. 21. Febr. 1815, welche eine derartige Versteigerung mit Strafe bedroht, nicht für anwendbar erachtet und zwar aus dem Grunde, weil der § 1 der Gewerbe-Ordnung v. 21. Juni 1869 der Betrieb eines jeden Gewerbes freigebe, in Ansehung dessen sie nicht eine Beschränkung vorschreibe oder zulasse, und weil in Betreff der Versteigerung von Immobilien eine Beschränkung nicht bestehe;

In Erw., daß nun aber die bezogene Verordnung nicht etwa blos die gewerbsweise geschehende Versteigerung von Mobilien und liegenden Gründen, sondern jede derartige Versteigerung durch andere Personen, als Notare, Gerichtsschreiber und Gerichtsdiener, selbst dem Eigenthümer, bei Strafe verbietet und zwar, wie die in ihrem Eingange ausgesprochenen Motive ergeben, wegen der großen Wichtigkeit für die Ordnung der öffentlichen Verkäufe und die Sicherheit des Eigenthums;

daß ein Verbot, welches nach seinem Gegenstande und seinem Grunde schon gegen die Einzelhandlung gerichtet war, nicht durch eine Bestimmung, welche den Betrieb eines Gewerbes Jedermann gestattet, aufgehoben wurde, da selbstverständlich der gewerbsweise Betrieb nur solcher Handlungen freigegeben werden sollte, welche nicht schon aus Gründen der öffentlichen Ordnung allen andern als den Notaren, Gerichtsschreibern und Gerichtsdienern verboten waren;

In Erw., daß überdies die durch die Vdn. v. 22. April 1815 gegebene Deklaration der Vdn. v. 21. Febr. 1815 ausdrücklich bestimmt, daß die außergerichtlichen Güterversteigerungen zur ausschließlichen Amtsbefugniß der Notarien gehören;

daß, da die Gewerbe-Ordnung nach ihrem § 6 auf die Notariatspraxis keine Anwendung findet, sie auch das hier in Rede stehende Verbot nicht aufgehoben haben kann;

In Erw., daß die in Ansehung der Notariatspraxis getroffene spezielle Bestimmung auch die Anwendung des der Entscheidung des ersten Richters zum Grunde gelegten § 36 der Gew.-Ordnung, nach welchem das Gewerbe der Auktionatoren frei betrieben werden kann, selbst dann ausschließen würde, wenn dieses Gewerbe nicht schon nach dem Sprachgebrauche auf die Versteigerungen von beweglichen Sachen beschränkt wäre;

In Erw., daß das angegriffene Urteil hiernach den § 1 der Gew.-Ordn. v. 21. Juni 1869 unrichtig anwendet und die §§ 1 u. 2 der Vdn. der Oesterreichisch-Baierischen Landes-Administrations-Kommission v. 21. Febr. 1815 verletzt hat und daher der Vernichtung unterliegt 2c.

[22.—4.]

Branntweinsteuer. – Ordnungswidrigkeiten. – Besitzer. – Verantwortlichkeit.

Der Brennereibesitzer haftet für die in seiner Brennerei vorgekommenen Ordnungswidrigkeiten, wenn der Thäter nicht ermittelt ist, selbständig und ohne Nachweis einer besonderen Verschuldung.

Bund.-Ges. v. 8. Juli 1868; Steuer-Ordn. v. 8. Febr. 1819 § 61 ff.; KO. v. 10. Jan. 1824; Vgl. RdOTr. 13. S. 321; 15. S. 345; 17. S. 157; 18. S. 405; 19. S. 504.

Erk. (S. I.) v. 27. Juni 1879 c. Goullon (784 I. Cr.)
Antr. d. GStA.: gleichl. [15.—3.]

Betrug. – Exekution. – Besitz von Pfandobjekten. – Falsche Angaben des Schuldners.

Falsche Angaben, welche ein Exequendus dem Exekutor über den Besitz von Pfandobjekten macht, sind nicht als Betrug zu bestrafen.

StGB. § 263.

Erk. (Z. I.) v. 2. Juli 1879 c. Ehefr. Kohemüller (778 I. Cr.).

Die NB. ist unbegründet. Die Strafkammer hat als erwiesen angenommen, daß Angeklagte bei der am 5. Oktbr. 1877 durch den Gerichtsvoigt vorgenommenen Hülfsvollstreckung, um die Pfändung gewisser Gegenstände zu verhüten, wissentlich die unwahre Angabe gemacht, sie habe diese Sachen zur Zeit nicht im Besitz, worauf der Gerichtsvoigt von der Pfändung Abstand genommen. Wenn darauf hin das Vorhandensein einer durch jene Unwahrheit hervorgerufenen rechtswidrigen Benachtheiligung verneint wird, weil Angeklagte, abgesehen von dem Falle eidlicher Manifestation, gesetzlich nicht verpflichtet gewesen, dem Gerichtsvoigt Pfandobjekte anzugeben und hinsichtlich solcher Auskunft zu ertheilen, so läßt sich dieses als rechtsirrthümlich nicht bezeichnen. Trifft auch der Gesichtspunkt nicht zu, daß es sich dabei um eine Erklärung handle, welche dem Prozeßgegner gegenüber erfolgt, der von dem Gerichtsvoigte vertreten werde, da die Exekution zwar den Antrag des Gegners erfordert, dieser Letztere aber bei der Ausführung dem Schuldner nicht als Partei, welche durch den Exekutivbeamten vertreten wird, gegenüber tritt, der Gerichtsvoigt vielmehr nur vermöge der Machtvollkommenheiten seines Amtes und, ohne an die abändernden Vorschriften seines angeblichen Mandanten gebunden zu sein, nach den Bestimmungen des Gesetzes und Dienstreglements vorgeht, so ist doch in § 542 der bürgerlichen Prozeß-Ordnung für Hannover der Weg bezeichnet, welchen behufs Ermittelung von Pfandobjekten der Gerichtsvoigt einzuschlagen hat. Danach durfte dieser sich bei der Erklärung der Angeklagten, daß sie jene in der

Wohnung wirklich vorhandenen Gegenstände nicht besitze, nicht beruhigen, sondern er mußte eigene Nachsuchung nach denselben halten und es ist nicht das unwahre Verhalten der Angeklagten, sondern das Verhalten des Gerichtsvoigts selbst, was das Nichtzustandekommen der Pfändung veranlaßt hat.

Antr. d. GStA.: gleichl. [11.—2.]

Gewerbepolizeivergehen. - Konkurrirendes Gewerbesteuervergehen. - Vorläufige Straffestsetzung durch die Regierung.

Konkurrirt mit einem Gewerbesteuervergehen ein aus § 147 der Reichs-Gew.-Ordnung zu bestrafendes Gewerbepolizeivergehen, so steht die Entscheidung ausschließlich den Gerichten zu und erfolgt keine vorläufige Straffestsetzung durch die Regierung.

R.-Gew.-Ordn. v. 21. Juni 1869 § 147; Ges. v. 3. Juli 1876 § 27.

Erk. (V. II.) v. 3. Juli 1879 c. **Edelbrock** (631 II. Cr.).

Das App.-Gericht zu M. hat auf Berufung der Angeklagten das Urteil 1. Instanz, welches dieselbe wegen Schankwirthschaftsbetrieb ohne Concession und mit Umgehung der Steuer verurteilt hat, aufgehoben und die Verfolgung für zur Zeit unstatthaft erklärt, weil es an der im § 27 des Ges.'s v. 3. Juli 1876 vorgeschriebenen vorläufigen Straffestsetzung durch die Regierung fehle.

Auf NB. des OStA.'s hat das Ob.-Tr. vernichtet und behufs Entscheidung zur Sache selbst in die 2. Instanz zurückverwiesen. Gründe:

Die Entscheidung des App.-Richters würde vollständig gerechtfertigt erscheinen, wenn es sich im vorliegenden Falle lediglich um eine Gewerbesteuer-Kontravention im Sinne der §§ 17—24 des Ges.'s v. 3. Juli 1876 handelte. Denn keine der im § 27 dieses Gesetzes für die unmittelbare Zuständigkeit des Gerichts aufgeführten Voraussetzungen trifft hier zu. Allein der Appell.-Richter hat nicht berücksichtigt, daß nicht blos ein Vergehen gegen das Gewerbesteuer-Gesetz, sondern zugleich eine Gewerbepolizei-Kontravention in Frage steht. In der Anklage ist ausdrücklich behauptet und vom ersten Richter auch thatsächlich festgestellt: daß die Angeklagte zu M. seit Januar 1878 bis dahin in ihrer Wohnung den Kleinhandel mit Branntwein betrieben habe, ohne die polizeiliche Genehmigung zu besitzen und ohne die gesetzliche Steuer entrichtet zu haben. Der erste Richter hat auch demnächst bei der Bestimmung der Strafe unter Anderem auf die §§ 33 und 147 Nr. 1 der R.-Gew.-Ordng. v. 21. Juni 1869 Bezug genommen. Es handelt sich mithin um einen Fall der idealen Konkurrenz zwischen einer Gewerbepolizei-Kontravention und einem Steuervergehen. Für einen solchen Fall bestimmt aber der § 147 vorletzter Absatz der citirten R.-Gew.-Ordnung: „Enthält die Handlung zugleich eine Zuwiderhandlung gegen die Steuergesetze, so soll nicht außerdem noch auf eine Steuerstrafe erkannt werden, es ist aber darauf bei Zumessung der Strafe Rücksicht zu nehmen." Muß nun auch, um die Anklage zu erschöpfen, wie dies auch vom ersten Richter geschehen ist, in solchem Falle sowohl die Gewerbepolizei-Kontravention als das Vergehen gegen die Steuergesetze festgestellt werden, so behält doch das Letztere nach der citirten Vorschrift des § 147 vorletzter Absatz für die Bestrafung nur die Bedeutung eines Strafzumessungsgrundes. Das Steuervergehen steht in einem derartig untergeordneten Verhältnisse zu der Gewerbepolizei-Kontravention, daß dasselbe unabhängig von der letzteren gar nicht verfolgt werden kann, weil es für solche Fälle an einem selbständig auf das Steuervergehen anzuwendenden Strafgesetze fehlt. Die gleichen Gründe, welche das Ob.-Tr. in dem Plenar-Erkenntnisse v. 31. Jan. 1874 — Oppenh. Rechspr. Bd. 15 S. 47 — bei der Annahme geleitet haben, daß bei der Konkurrenz eines aus § 147 der R.-Gewerbe-Ordnung zu bestrafenden Gewerbepolizei-Vergehens mit einer Zuwiderhandlung gegen die Steuergesetze die Steuerverwaltungsbehörde nicht befugt sei, sich der Anklage des StA.'s anzuschließen oder in dem betreffenden gerichtlichen Verfahren ein Rechtsmittel zu ergreifen, sind auch entscheidend für die Bestimmung der Kompetenz in Fällen einer solchen Konkurrenz, und müssen danach die Gerichte in solchen Fällen als die allein zuständigen, durch die Bestimmung des vom App.-Richter seiner Entscheidung zum Grunde gelegten § 27 des Ges.'s v. 3. Juli 1876 in dieser Hinsicht nicht beschränkten Behörden erachtet werden. Der erste Richter hat zwar bei Bestimmung der Strafe gesagt: „die Angeklagte war daher wegen Gewerbe- und Gewerbesteuer-Kontravention gemäß § 27 „— soll augenscheinlich heißen § 17 —" des Gewerbesteuer-Gesetzes vom 3. Juli 1876 und der §§ 33 und 147 Nr. 1 der Gew.-Ordn. v. 21. Juni 1869 mit der in ersterer Gesetzesstelle vorgesehenen Strafe des Doppelten der Jahressteuer, also mit 36 Mark Geldstrafe ..... zu belegen." Allein, wenn diese Motivirung des angewandten Strafmaßes dem mehrcitirten vorletzten Absatz des § 147 der R.-Gew.-Ordn. nicht entsprechend zu finden wäre, so würde es die Sache des App.-Richters gewesen sein, hier Remedur eintreten zu lassen. Die Zuständigkeit des Gerichts war jedenfalls nicht nach dem vom Vorderrichter zur Anwendung gebrachten Strafgesetze, sondern nach der Natur und Beschaffenheit der Thathandlung zu beurteilen, wegen deren das Strafverfahren eingeleitet worden ist.

Antr. d. GStA.: gleichl. [8.—4.]

Branntweinsteuer. - Einmaischen. - Reife Maische.

Die Einmaischung ist vollendet, sobald die Maische reif, d. i. ausgegohren ist. Bleibt eine Quantität ausgegohrener Maische bei dem Auspumpen aus dem deklarirten Maisch-Bottich in der zum Destillir-Apparat führenden Röhrenleitung zurück, so stellt dies keine Einmaischung in einem nicht deklarirten Gefäß dar.

AKO. v. 10. Jan. 1824 die Maischbottichsteuer betr. § 5; Goltd. Arch. 3 S. 824.

Erk. (Z. II.) v. 3. Juli 1879 c. v. Falkenhausen (610 II. Cr.).

Der Appell.-Richter macht sich eines Rechtsirrthums nicht schuldig, wenn er in dem Thatbestande, wie er unter seiner Billigung vom ersten Richter für nachgewiesen erachtet ist, eine Zuwiderhandlung gegen die Nr. 5 der AKO. v. 10. Jan. 1824 wegen definitiver Einführung der Maischsteuer nicht erblickt. Jene Nr. 5 bedroht „die Einmaischung oder Zubereitung von Maische, die dem Steuerbeamten gar nicht angesagt, oder an anderen Tagen, in anderen Räumen oder in anderen Gefäßen als den angesagten vorgenommen wird, mit der in dem Resolute des Kgl. Provinzialsteuerdirektors gegen den Angeklagten zur Anwendung gebrachten Strafe. Von einer „Einmaischung oder Zubereitung von Maische" kann aber hier, wo es sich nach den vorderrichterlichen Feststellungen nur um eine geringe Quantität bereits ausgegohrener Maische handelt, welche beim Auspumpen eines bereits reifen Bottichs in der Röhrenleitung und in der Pumpe zurückgeblieben ist, nicht weiter die Rede sein, denn in Betreff dieser Quantität ist in dem, wie thatsächlich feststeht, deklarirten Bottich die Einmaischung und die Zubereitung bereits beendigt gewesen, als dieselbe in Folge des Auspumpens in die Röhrenleitung eintrat. Daß unter Einmaischung und Zubereitung von Maische rechtlich und im Sinne der AKO. v. 10. Januar 1824 nur das ganze Verfahren in der Brennerei von der ersten Einbringung der Frucht an bis zur vollständigen Reife der Maische zu verstehen sei, ist bereits in dem Urteil des Kgl. Ob.-Tr.'s v. 5. Jan. 1865 c. Schützmann (Rechtspr. Bd. 5 S. 190) ausgeführt. Wenn in dem gedachten Urteile dieser Ausführung noch, worauf die RB. Gewicht legt, hinzugefügt ist „und bis zum Abbrennen derselben", so kann dies nur in dem Sinne geschehen sein, um damit diejenige Thatsache hervorzuheben, welche sich nach der Annahme des Ob.-Tr. regelmäßig unmittelbar an den Eintritt der Reife der Maische anzuschließen pflegt, und insofern das nicht weiter verkennbare Ende des Maischbereitungs-Prozesses bezeichnet.

Denn nur in diesem Sinne entsprach die Ausführung des Urteils dem klaren Wortsinn der citirten Nr. 5 und zugleich dem inneren Grunde dieser Bestimmung, welche, nachdem die Besteuerung des Branntweins nach dem Quart-Inhalt der zur Maischfertigung benutzten Bottiche eingeführt worden, — cf. Einleitung des intermist. Regul. v. 1. Dezbr. 1820 und Einleitung der citirten AKO. v. 10. Januar 1824 — nur jede nicht deklarirte Maischbereitung in den angesagten Bottichen oder in nicht angesagten Räumen und Gefäßen durch Strafandrohung verhüten wollte. Die NB. macht daher dem App.-Richter mit Unrecht den Vorwurf, daß er die ebengedachten Worte des citirten Ob.-Tr.'s-Erkenntnisses gänzlich übersehen habe, da sich dieselben auf einen zur „Einmaischung oder Zubereitung der Maische" nicht mehr gehörigen Akt beziehen.

Antr. d. GStA.: gleichl. [8.—4.]

Gewerbepolizeivergehen. – Gewerbesteuervergehen. – Konkurrenz.

Ergiebt sich bei einer Verfolgung wegen Betriebs der Schankwirthschaft ohne polizeiliche Erlaubniß aus den Verhandlungen, daß zugleich eine Zuwiderhandlung gegen die Steuergesetze durch Nicht-Anmeldung des Gewerbebetriebs vorliegt, so muß der Richter hierauf bei Zumessung der aus § 147 der R.-Gew.-Ordn. zu verhängenden Strafe Rücksicht nehmen, wenn auch in der Anklage die Thatsache der unterlassenen steuerlichen Anmeldung nicht erwähnt war.

R.-Gew.-Ordn. § 147; Ges. v. 3. Mai 1852 Artt. 31 u. 101; Vgl. RdOTr. 18 S. 105.

Erk. (**V. I.**) **v. 4. Juli 1879 c. Frentzel** (870 I. Cr.).

Antr. d. GStA.'s gleichl. [15.—3.]

---

1. Stempel. – Nachbringung. – Punktation. – Auflassung. – Grundbuchrichter.
2. Stempelsteuer-Contravention. – Rechtsirrthum.

1. Die innerhalb der gesetzlichen Frist von 14 Tagen bei dem Grundbuchamt lediglich zum Zweck der Auflassung erfolgte Vorlegung einer stempelpflichtigen Punktation entbindet die Contrahenten nicht von der Pflicht rechtzeitiger Verwendung des tarifmäßigen Stempels. Eine Uebertragung dieser Pflicht auf den instrumentirenden Richter erfolgt nur durch den Antrag auf gerichtliche Verlautbarung der Punktation.

2. Ob die Parteien bei Vorlegung der Punktation auf dem Grundbuchamt rechtsirrthümlich von der entgegengesetzten Ansicht ausgegangen sind, ist ohne Bedeutung, weil die Bestrafung wegen Stempelsteuerhinterziehung eine gesetzwidrige Absicht der Contravenienten nicht voraussetzt.

Ges. v. 7. März 1822 §§ 12, 31; AKO. v. 19. Juni 1834 und 24. Novb. 1835; Ges. v. 5. Mai 1872 §§ 1, 2; Vgl. zu 1: RbOTr. 18. S. 753.

Erk. (Z. I.) **v. 4. Juli 1879 c. Glaser** (849 I. Cr.).
Antr. d. GStA.: gleichl. [15.—3.]

Chausseegeld-Defraudation. – Guter Glaube.

Die Bestrafung wegen Chaussee- oder Brücken-Geld-Defraudation wird durch den irrigen Glauben, zur Zahlung der Abgabe nicht verpflichtet zu sein, nicht ausgeschlossen.

StGB. Abschn. IV [n. 7]; Vgl. RbOTr. 7. S. 296; 9. S. 590 und 10. S. 23.

Erk. (Z. I.) **v. 4. Juli 1879 c. Jurtz & Gen.** (631 I. Cr.).
Antrag d. GStA.: entgegen. [20.—3.]

Kuppelei, qualificirte. – Stiefeltern.

Stiefeltern, welche sich in Beziehung auf ihre

Stiefkinder der Kuppelei schuldig machen, verfallen der schwereren Strafe des

§ 181 Nr. 2 [n. 5] des StGB.'s; Vgl. RbOTr. 18. S. 200.

Erk. (V. I.) v. 4. Juli 1879 c. Riede (930 I. Cr.).

Die Ansicht des I. Richters, daß der Ausdruck „Eltern" im § 181 Nr. 2 des StGB.'s nur auf die leiblichen Eltern zu beziehen sei, wird von der NB. mit Recht als rechtsirrthümlich angegriffen. Das Königl. Ob.-Tr. hat bereits in einer früheren Entscheidung wider T. Rechtspr. des Ob.-Tr.'s XVIII. 200 näher ausgeführt, daß auf die Worte des § 181[2] „in dem Verhältniß von Eltern zu Kindern" Gewicht zu legen sei, weil dadurch angedeutet werde, daß das Aufsichts- und Respektverhältniß, in welchem Kinder nicht blos zu ihren leiblichen Eltern, sondern auch zu ihren Stiefeltern stehen, maßgebend sein sollte. Es wird darauf verwiesen, daß den Eltern, Vormünder, Geistliche, Lehrer und Erzieher gleichgestellt sind. Es ist dargelegt, daß die weitere Auffassung des Ausdruckes: „Eltern" schon nach dem früheren Pr. StGB., welchem die Vorschrift des D. StGB.'s entnommen ist, als die zutreffende erachtet werden muß, und daß sie mit der Ausdrucksweise des letzteren an anderen Stellen des Gesetzbuches nicht in Widerspruch steht. Von dieser Ansicht im vorliegenden Falle abzugehen, bieten die Ausführungen im ersten Erkenntnisse keine Veranlassung.

Antr. d. GStA.: gleichl. [18.—3.]

Branntweinsteuer-Defraudation. – Brennereibesitzer. – Subsidiarhaft. – Anstellung eines bestraften Gehülfen.

Die aus der wissentlichen Anstellung eines bereits wegen Branntweinsteuer-Defraudation bestraften Gehülfen folgende Subsidiarhaft des Brennereibesitzers erstreckt sich nicht nur auf die speziell von diesem, sondern auf alle während dessen Beschäftigung in

der Brennerei von dem Hülfspersonal überhaupt verwirkten Defraudations- und Contraventionsstrafen.

R.-Ges. v. 8. Juli 1878 betr. die subsidiarische Haftung des Brennereiunternehmers § 1.

Erk. (Z. I.) v. 4. Juli 1879 c. Snawadzki & Gen. (904 I. Cr.).

Der § 1 des Ges.'s v. 8. Juli 1878 macht zwar die Subsidiarhaft des Brennereibesitzers für die von seinem Hülfspersonale verwirkten Defraudations- und Kontraventionsstrafen im Allgemeinen von dem Nachweise abhängig, daß der Brennereitreibende bei der Auswahl, Anstellung oder Beaufsichtigung des Hülfspersonals fahrlässig, d. h. nicht mit der Sorgfalt eines ordentlichen Geschäftsmannes zu Werke gegangen sei. Als solche Fahrlässigkeit soll jedoch ohne weiteren Nachweis die wissentliche Anstellung, bezw. Beibehaltung eines wegen Branntweinsteuer-Defraudation bereits bestraften Verwalters oder Gewerbsgehülfen gelten, falls nicht die oberste Finanzbehörde die Anstellung bezw. Beibehaltung eines solchen genehmigt hat. Die thatsächlichen Voraussetzungen der hiernach gesetzlich präsumirten Fahrlässigkeit des Brennereitreibenden sind von den Instanzrichtern gegen den Grafen D. ausdrücklich festgestellt. Die dadurch begründete subsidiarische Haftbarkeit des Brennereibesitzers beschränkt sich nun nicht, wie Implorant vermeint, auf diejenigen Defraudations- und Kontraventionsstrafen, welche der ohne Genehmigung der obersten Finanzbehörde als Gewerbsgehülfe wissentlich angestellte oder beibehaltene Steuerdefraudant selbst verwirkt, sondern sie erstreckt sich nach dem Wortlaute des Gesetzes auf alle während der Beschäftigung eines solchen Defraudanten in der Brennerei von dem Hülfspersonale überhaupt verwirkten Defraudations- und Kontraventionsstrafen. Diese Unbeschränktheit der Subsidiarhaft hat auch einen naheliegenden inneren Grund. Denn es wird sich weder vorausberechnen, noch in jedem einzelnen Falle speziell nachweisen lassen, welchen Einfluß die Mitwirkuug eines zu Defraudationen nnd Kontraventionen hinneigenden Verwalters oder Gewerbsgehülfen bei dem Betriebe der Brennerei auf die von anderen Gewerbsgehülfen begangenen Defraudationen und Kontraventionen gehabt hat.

Antr. d. GStA.: gleichl. [15.—3.]

Stempelstrafresolut. – Provokation auf rechtliches Gehör. – Bei welcher Behörde anzubringen?

Die Provokation auf rechtliches Gehör gegen ein Stempelstrafresolut ist bei dem Hauptzoll- resp. Hauptsteueramt anzubringen, welches das Resolut erlassen hat. Eine bei dem Gericht, das demnächst zu entscheiden hat, angemeldete Provokation ist für nicht angebracht zu erachten.

Stempelgesetz v. 7. März 1822 § 31; Zollstrafgesetz v. 23. Januar 1838 § 34; Vereins-Zollges. v. 1. Juli 1869 § 165; Ges. v. 3. Mai 1852 Art. 136.

Erk. (Z. I.) **v. 4. Juli 1879 c. Sommer** (858 I. Cr.).

Der Appell.-Richter erachtet für die Entscheidung der Frage, bei welcher Behörde die Berufung auf rechtliches Gehör gegen Stempelstraf-Resolute der Zoll- und Steuerbehörden anzubringen sei, mit Recht den § 31 des Stempelsteuergesetzes v. 7. März 1822 soweit die spätere Gesetzgebung denselben nicht abgeändert hat, noch jetzt für maßgebend. Nach dem allegirten § soll die Berufung auf richterliche Entscheidung dem Angeschuldigten in eben der Art offen stehen, wie dies wegen der Strafresolute in Zoll- und Verbrauchssteuersachen vorgeschrieben ist. Die betreffenden Vorschriften enthält der § 155 der Zoll- und Verbrauchs-Steuer-Ordnung v. 26. Mai 1818 (GS. S. 138). Derselbe verweist auf die §§ 34 und 35 der Vdn. v. 26. Dezbr. 1808 und die §§ 243, 244, 250, 251 und 253 des Anhanges zur Allg. Gew.-Ordn. mit einigen hier in Betracht kommenden Modifikationen. Nach § 243 cit. sollte die Berufung auf rechtliches Gehör bei dem kompetenten Obergerichte angebracht werden. An die Stelle der durch die Vdn. v. 23. Jan. 1838 (GS. S. 33) aufgehobenen Zoll- und Verbrauchs-Steuer-Ordn. v. 26. Mai 1818 sind inzwischen die Vorschriften der §§ 33ff. des Zollstrafges.'s v. 23. Jan. 1838 getreten, welche im Wesentlichen noch jetzt gelten, weil der § 165 des V.-Zollges.'s v. 1. Juli 1869 es hinsichtlich des Strafverfahrens bei den Bestimmungen der Landesgesetze belassen hat. Der § 34 des Zollstrafges.'s v. 23. Jan. 1838 schreibt nun ausdrücklich vor: „Die Berufung auf rechtliches Gehör ist bei dem Hauptzoll- und Steueramte anzumelden, bei welchem die Sache anhängig ist". Der Art. 136 des Ges.'s vom 3. Mai 1852 steht dieser Vorschrift nicht entgegen, weil er keine abweichende Bestimmungen enthält. Die von dem Angeklagten gegen das Stempelstraf-Resolut des Kgl. Haupt-Zollamtes zu S. v. 1. Juli 1878 nicht bei diesem, sondern bei dem Kgl. Kreisgerichte zu O. angebrachte Provokation auf rechtliches Gehör ist demnach von den Instanzrichtern mit Recht für „nicht angebracht" erachtet worden.

Antr. d. GStA.: gleichl. [15.—3.]

Jagdberechtigter. – Rechtmäßige Ausübung seines Rechts. – Ergreifen auf frischer That. – Widerstand.

Ein Jagdberechtigter, der in seinem Jagdbezirk Jemanden bei einer unbefugten Jagdausübung oder bei einer Begünstigung der unbefugten Jagdausübung eines Anderen betrifft, ist auf Grund der gesetzlich für den Fall einer frischen That jeder Privatperson zustehenden Befugniß berechtigt, denselben behufs Feststellung der Identität zu ergreifen und der Polizeibehörde zuzuführen. Ein ihm hierbei von dem Ergriffenen durch Gewalt geleisteter Widerstand fällt unter den

§ 117 des StGB.'s; Ges. v. 12. Febr. 1850 zum Schutze der persönl. Freiheit § 3 Abs. 2 und 3; StPO. § 124 Abs. 2.

Erk. (**3. I.**) **v. 9. Juli 1879 c. Kudenholdt** (823 I. Cr.).

Antr. d. GStA.: gleichl. [9.—2.]

Appellation. – Anmeldungsschrift. – Unterschrift. – Mitunterschrift. – Rechtsanwalt.

Die von einem Rechtsanwalte, zumal von einem solchen, der in der Instanz als Vertheidiger aufgetreten ist, verfaßte und unterschriebene Appellations-Anmeldeschrift ist ausreichend, obschon die Schrift vom Angeklagten selbst nur unterkreuzt ist.

Vdn. v. 3. Jan. 1849 § 128; Vgl. RdOTr. 5. S. 399; 20. S. 142.

Erk. (V. I.) v. 11. Juli 1879 c. Kinder (869 I. Cr.).

Der auf Verletzung des § 128 der Vdn. v. 3. Jan. 1849 gerichtete Angriff des Angeklagten erscheint begründet. Unter der beim Gericht I. Instanz rechtzeitig eingegangenen Anmeldungsschrift der Appellation befinden sich drei Kreuze und der Vermerk: Handzeichen des Franz Kinder, concepi Kairies, Justizrath. Da der Justizrath Kairies im Audienztermine I. Instanz als Vertheidiger des Angeklagten fungirt hat, so war er zur Anmeldung der Appellation für denselben befugt, ohne daß es einer Mitunterschrift des Angeklagten bei dem Anmeldungsgesuche bedurfte, cfr. Rechtsprechung d. Ob.-Tr.'s V S. 399. Der Appell.-Richter mußte deshalb schon aus diesem Grunde die von dem Vertheidiger des Angeklagten konzipirte Anmeldung der Appellation zulassen. Es muß aber auch die Beschwerde des Angeklagten, daß der von dem App.-Richter angeführte Grund der Zurückweisung gegen Vorschriften des Verfahrens verstoße, für begründet erachtet werden. Allerdings ist zur Wirksamkeit einer Anmeldung die Unterzeichnung der Schrift erforderlich, weil ohne solche es an der Erkennbarkeit fehlt, ob die darin enthaltene Willenserklärung eine definitive sei. Diese Erkennbarkeit ist aber im vorliegenden Falle vorhanden, da der unter den Handzeichen befindliche Vermerk des Justizraths Kairies, wenn er auch nur in dem Worte: concepi besteht, auch auf die Thatsache, daß die Handzeichen von dem Angeklagten K. herrühren, mitzubeziehen ist, cfr. Rechtspr. d. Ob.-Tr.'s XX S. 142.

Antr. d. GStA.: gleichl. [18.—3.]

Untreue. – Bevollmächtigter. – Verfügung über Forderungen des Auftraggebers.

Darin, daß ein Bevollmächtigter, der Schuldner seines Auftraggebers ist, zur Ausgleichung seiner Schuld fingirte Posten als für denselben ausgegeben aufstellt, kann nicht der Thatbestand der Untreue gefunden werden.

StGB. § 266 Nr. 2.

Erk. (V. I.) v. 11. Juli 1879 c. Swoboda & Gen. (258 I. Cr.)

S. gründete mit mehreren anderen Personen eine Aktiengesellschaft zum Bau und demnächsten Betrieb einer Brauerei unter dem Namen: „Aktiengesellschaft der Vereins-Brauerei der Berliner Gastwirthe". Das auf 1,000,000 Thlr. festgesetzte Aktienkapital wurde von den Gründern vollständig gezeichnet. S. übernahm als Banquier den Vertrieb der Aktien und die Einziehung des Aktienkapitals und wurde ihm von den Mitgliedern aus dem Aktienkapital ein Gründergewinn von 150,000 Thlr. bewilligt. Diese Vereinbarung über den an S. zu zahlenden Gründerlohn wurde bei Auflegung der Aktien verschwiegen und dem S. dann die 150,000 Thlr. auf folgende Weise verschafft.

S. veranlaßte den Ingenieur N., die Pauschalsumme, zu welcher derselbe den Bau der Brauerei für die Gesellschaft übernahm, um 150,000 Thlr. höher zu setzen und dagegen die Auszahlung des Gründerlohns zu übernehmen. Der Aufsichtsrath der aus S. und den übrigen Gründern gebildet war, schloß den Bauvertrag mit N. unter diesen Bedingungen zu einer Pauschalsumme von 875,000 Thlr. ab. S. hielt dem N. die 150,000 Thlr. ein und brachte dann der Gesellschaft auf das von den Aktionären eingezogene Aktienkapital die ganzen 875,000 Thlr. als angeblich an N. gezahlte Bausumme in Rechnung.

Die StA.-schaft erhob von dem Standpunkt aus, daß das eingezogene Aktienkapital in der Hand des S. fremdes Geld gewesen sei, Anklage gegen S. als Thäter und gegen N. als Theilnehmer wegen Unterschlagung und Untreue.

Das App.-Gericht war der Ansicht, daß das Aktienkapital in der Hand des S. keine fremde Sache, er vielmehr nur Schuldner der Gesellschaft für den Betrag desselben gewesen sei, da S. die Aktien nicht *für die Gesellschaft* zur Zeichnung aufgelegt, sondern die bereits von den Gründern gezeichneten Aktien für *diese weiter verkauft* habe. Von dieser Annahme aus — bei welcher aber übersehn war, daß die Aktien im Augenblick des Verkaufs durch S. noch nicht voll eingezahlt waren und die weiteren Einzahlungen an S. doch nicht als Verkäufer, sondern nur als Vertreter der Gesellschaft erfolgt sein konnten — erachtete das Appell.-Gericht den Thatbestand der Unterschlagung für nicht gegeben, verurteilte aber wegen Untreue.

Auf die NB. der Angeklagten hat das Ob.-Tr. vernichtet und in die Instanz zurückverwiesen. Gründe:

§ 266 [2] des StGB.'s bestraft den Bevollmächtigten, welcher absichtlich zum Nachtheil des Auftraggebers über Forderungen oder andere Vermögensstücke desselben verfügt. Der Thatbestand dieses Vergehens erfordert mithin die Benachtheiligung des Auftraggebers, vermittelt durch eine Verfügung des Bevollmächtigten. Als Objekt dieser Verfügung bezeichnet das Gesetz Forderungen oder andere Vermögensstücke. Forderungen können dem Auftraggeber sowohl gegen den Bevollmächtigten als gegen Dritte zustehen. Daß letztere unter die Strafvorschrift des § 266 [2] cit. fallen, unterliegt keinem Bedenken. Das Gesetz will gerade den Treubruch ahnden, welcher darin liegt, daß der Bevollmächtigte die ihm eingeräumte rechtliche Möglichkeit, Rechte und Sachen des Machtgebers einem Dritten zu übertragen, absichtlich mißbraucht. Diese Möglichkeit der Uebertragung auf Dritte fehlt jedoch bei den eignen Schulden des Bevollmächtigten. Die Trennung der beiden durch das Band der Obligation vereinigten Personen, also des Gläubigers und Schuldners, ist für den Bestand der Obligation unbedingt erforderlich. Der Schuldner kann, abgesehen von hier nicht vorliegenden besonderen Voraussetzungen nicht zugleich Gläubiger sein, und als solcher über die Forderung verfügen. — § 476 Th. I Tit. 16 des ALR.'s. — Ebensowenig kann er in Betreff seiner eignen Schuld für den Gläubiger oder statt seiner handeln. — § 5 Th. I Tit. 13 des ALR.'s — Der Widerspruch zwischen dem Vortheil des Machtgebers und Bevollmächtigten, welcher bei solcher Vertretung unvermeidlich wäre, bildet nach § 21 Th. I Tit. 13 des ALR.'s die gesetzliche Schranke für den Vollmachtsvertrag. Weil der Mandatar die Persönlichkeit des Mandanten repräsentirt — Striethorst Arch. Bd. 72 S. 49 — so hat das Gesetz ausgeschlossen, daß er neben seiner Person als Schuldner kraft Vollmacht auch diejenige des Gläubigers vertreten darf. Der § 266 [2] cit. kann deshalb, wenn er von Verfügungen über Forderungen des Auftraggebers spricht, nicht die Schulden des Bevollmächtigten gemeint haben. Im vorliegenden Falle nimmt der Appell.-Richter an, daß der Angeklagte S., als Mitinhaber der Firma B. und S. der Aktiengesellschaft für die übernommene Einziehung der Aktien, 1,000,000 Thlr. verschuldete, und zwar nicht das eingezahlte Geld, sondern die Gesammtsumme als Schuld der Firma; daß ferner der Angeklagte von dieser Schuld 150,000 Thlr. zur Deckung einer unbegründeten und fingirten Bauforderung gleichen Betrages abgesetzt hat. Die rechtliche Beurteilung des Sachverhalts spricht der App.-Richter in dem Satze aus: Er — Angeklagter — hat dies dadurch ausgeführt, daß er eine Forderung von diesem Betrage, die er an die (Aktien-) Gesellschaft nicht hatte, und von der er wußte, daß er sie nicht hatte, durch das Abkommen mit N., und die auf Grund des Abkommens vorgenommenen Buchungen als eine Gesellschaftsschuld aufstellte. Damit hatte er als Bevollmächtigter über Forderungen des Auftraggebers absichtlich zu dessen Nachtheil verfügt. Diese Ausführung verstößt in mehrfacher Beziehung gegen § 266 [2] des StGB.'s. Eigene Schulden des Bevollmächtigten fallen überhaupt nicht, wie oben erörtert ist, unter die Strafvorschrift. Es fehlt ferner die Feststellung, daß der Angekl. S. bei der Bezahlung der Baugeldforderung überhaupt noch Bevollmächtigter war, und als Bevollmächtigter der Gesellschaft gehandelt hat. Die generelle Schlußfeststellung entspricht zwar dem Wortlaut des Gesetzes, sie entbehrt jedoch der thatsächlichen Grundlage. Denn wenn der App.-Richter auch für bewiesen achtet, daß der Angeklagte die Einziehung des Geldes für die Aktiengesellschaft übernommen hatte, so hat er es doch unterlassen, ausdrücklich festzustellen, ob und zu welchen Ausgaben für die Gesellschaft der Angeklagte beauftragt sein sollte. Das

Gesetz trifft aber nur diejenigen Verfügungen welche der Bevollmächtigte in dieser Eigenschaft d. h. auf Grund der ihm ertheilten Vollmacht, vornimmt, nicht auch Handlungen, welche außerhalb des Vollmachtsverhältnisses liegen. Es ist endlich nicht erfindlich, inwiefern eine Verfügung zum Nachtheil der Aktiengesellschaft Statt gefunden haben soll. Daß der Angekl. S. die N.'sche Forderung mit Geldern, welche der Gesellschaft bereits gehörten, bezahlt hat, schließt der Appell.-Richter ausdrücklich aus. Er begründet seine Ansicht vielmehr dahin, daß der Angeklagte, indem er die gezahlten 150,000 Thlr. von dem Betrage der ganzen Forderung absetzte, das Guthaben der Gesellschaft um diesen Betrag verminderte. Durch die Aufstellung einer unbegründeten Kompensationsforderung tilgt jedoch der Schuldner seine Schuld nicht. Die NB. macht deshalb mit Recht geltend, daß in der Buchung eines unrichtigen Debetpostens noch kein Nachtheil für die Gläubiger liegt. Daran ändert auch nichts der Umstand, daß der Schuldner die Unrichtigkeit des Gegenanspruches kannte. Denn eine Ausdehnung des Vergehens der Untreue auf derartige Fälle würde zur Bestrafung jedes dolosen Zuwiderhandelns gegen kontraktliche Pflichten führen. Dies ist nicht der Sinn des Gesetzes. Weder der Wortlaut noch die Entstehungsgeschichte desselben führen zu einer so weiten Auslegung des § 266 ² cit. Die vom Appell.-Richter festgestellten thatsächlichen Grundlagen seiner Entscheidung rechtfertigen hiernach nicht die geschehene Gesetzesanwendung. Das ergangene Urteil muß deshalb sowohl in Betreff des Thäters S., als des Gehülfen N. vernichtet, und die Sache zur Verhandlung und Entscheidung in die zweite Instanz zurückverwiesen werden. Dem Ergebniß dieser Verhandlung muß überlassen bleiben, ob die That unter die Strafvorschrift des § 266 ² cit. oder eines andern Strafgesetzes zu subsumiren ist. [18.—3.]

Ordensgeistlicher. – Seelsorgeamt. – Ausübung. – Rechtsirrthum.

Ein Ordensgeistlicher, der ein ihm vor dem Gesetze v. 11. Mai 1873 rite übertragenes Seelsorgeamt nach Erlaß des Klostergesf.'s v. 31. Mai 1875 auszuüben fortfährt und damit unter die Strafbestimmung des § 23 des Ges.'s v. 11. Mai 1873 resp. des Art. 2 der Deklaration v. 21. Mai 1874 fällt, ist freizusprechen, wenn er irrthümlich geglaubt hat, dazu ungeachtet des Klostergesetzes noch ferner berechtigt zu sein. Ein solcher irriger Glaube beruht nicht auf der rechtsirrthümlichen Auslegung des Strafgesetzes.

StGB. § 59 [n 15]; Ges. v. 11. Mai 1873 § 23; Deklaration v. 21. Mai 1874 Art. 2; Ges. v. 31. Mai 1875; Vgl. RdOTr. 16. S. 754; 17. S. 114, 206 u. 320; 12. S. 330 und 20. S. 181.

Erk. (Z. I.) v. 14. Juli 1879 c. Robiano (533 I. Cr.).
Antr. d. GStA.: gleichl. [11.—4.]

Chausseegeldtarif. – Befreiung. – Künstlicher Dünger. – Lohnfuhren.

Fuhren mit Asche, Gyps u. dgl. Düngungsmaterial sind in der Gemeinde-Feldmark, wie in derjenigen Feldmark in welcher die bewirthschafteten Grundstücke liegen, auch dann chausseegeldfrei, wenn sie nicht mit eigenem Gespann, sondern von einem Fuhrunternehmer gegen Lohn geleistet werden.

Chaussee-Geld-Tarif v. 29. Febr. 1840 Nr. 7b.

Erk. (Z. II.) v. 17. Juli 1879 c. Busse (576 II. Cr.).

Die Bestimmungen über die Befreiungen, welche der Chausseegeldtarif v. 29. Febr. 1840 unter Nr. 7a. und b. enthält, unterscheiden nicht, ob die Düngerfuhren mit eigenem Gespann oder gegen Lohn geleistet werden, und auch der sonstige Inhalt der gesetzlichen Vorschriften berechtigt den Richter nicht zu einer solchen Unterscheidung. Allerdings wird in dem Gesetze ein Unterschied gemacht zwischen Fuhren mit thierischem Dünger und Fuhren mit Asche, Gyps und anderem Düngungsmaterial, zu welchem auch Mergel gehört, aber dieser Unterschied beschränkt sich darauf, daß von ersteren bei allen Hebestellen ohne Ausnahme, von letzteren nur bei den Hebestellen in der Gemeinde- oder Gutsfeldmark und bei den Hebestellen in der Feldmark, wo die bewirthschafteten Grundstücke liegen, kein Chausseegeld erhoben wird. Und da es bei den Fuhren mit thierischem Dünger offenbar nicht darauf ankommt, ob dieselben als Lohnfuhren geleistet werden oder nicht, so muß aus der sonstigen Gleichstellung dieser Düngerfuhren mit den erwähnten anderen Fuhren auch für die letzteren das Gleiche angenommen werden. Jeder Zweifel wird aber durch die Vergleichung der Bestimmung unter lit. b. Nr. 7 mit der lit. c. beseitigt, wo für die Bau- und Brennmaterialienfuhren ausdrücklich vorgeschrieben ist, daß dieselben mit eigenem Gespann (oder durch Frohndienste) verrichtet sein müssen. Wäre die gleiche Einschränkung rücksichtlich der Düngerfuhren oder einer Art derselben beabsichtigt gewesen, so würde sie den gleichen Ausdruck gefunden haben.

Antr. d. GStA.'s: gleichl. [19.—4.]

Hausfriedensbruch. – Dauerndes Verhältniß. – Minderjährige Kinder im Hause der Eltern.

Die Mutter kann den Aufenthalt ihres bei ihr wohnenden minderjährigen Kindes nicht ohne Weiteres dadurch zu einem unberechtigten und als Hausfriedensbruch strafbaren machen, daß sie das Kind wegen seiner schlechten Aufführung zum Verlassen der Wohnung auffordert. Vielmehr muß zuvor das zwischen Mutter und Kind bestehende Wohnungsverhältniß im gesetzlichen Wege gelöst werden.

StGB. § 123; Vgl. RdOTr. 18. S. 557.

Erk. (V. II.) v. 17. Juli 1879 c. Schulte (500 II. Cr.).

Der Angeklagte, dessen Alter der Appell.-Richter zwar nicht ausdrücklich festgestellt hat, das er aber, wo er auf das Alte: hinweist, doch jedenfalls nicht anders angenommen hat, als es vom Angeklagten in den Verhandlungen angegeben wurden, war als 19jähriger Sohn der Wittwe des Schmieds J. Sch. an und für sich ohne Zweifel berechtigt, die von seiner Mutter gemiethete und benutzte Wohnung wenigstens so lange als die seinige zu betrachten und in derselben zu verweilen, als ihm die Befugniß hierzu nicht in einer dem zwischen Mutter und minderjährigen Sohne bestehenden Verhältnisse entsprechenden Weise entzogen worden war. Wenn der Sohn sich so schlecht aufführt, daß die Mutter mit ihm nicht mehr in denselben Wohnräumen leben konnte, oder ihr solches wenigstens nicht zuzumuthen war, so wäre es, sofern die Mutter zugleich Vormünderin des minderjährigen Angeklagten war, in welcher Hinsicht eine Feststellung nicht getroffen ist, kraft der dem Vormunde nach § 27 der Vormundschafts-Ordnung v. 5. Juli 1875 obliegenden Fürsorge für die Person des Mündels ihre Pflicht gewesen, zunächst für ein anderweitiges angemessenes Unterkommen desselben Sorge zu tragen ehe sie ihn aus dem Hause weisen durfte. Aber auch wenn sie nicht Vormünderin sein sollte, so stand ihr jedenfalls nach dem folgenden Paragraphen die Erziehung des Mündels unter der Aufsicht des Vormundes zu, es hätten daher über das fernere Unterkommen des Sohnes zunächst die nöthigen Bestimmungen mit dem Vormunde von ihr getroffen werden müssen. Von alle dem ist nach den vorliegenden Feststellungen nichts geschehen. Den Sohn einfach vor die Thüre zu weisen, war die Mutter jedenfalls nicht befugt, die Aufforderung an den Ersteren die Wohnung zu verlassen, war deshalb in dieser Gestalt auch keine berechtigte, und der Sohn nicht ex § 123 strafbar, wenn er trotz dieser Aufforderung in deren Wohnung verweilte.

Antr. d. GStA.: gleichl. [8.—4.]

Gewerbe-Ordnung. - Anlage. - Schlächterei.

Unter den gemäß § 16 der Gewerbe-Ordnung

nur mit polizeilicher Genehmigung zu errichtenden Schlächtereien sind alle Schlachtstätten ohne Unterschied, also auch jede von einem einzelnen Schlächter in seiner Behausung zum Schlachten benutzte Räumlichkeit zu verstehen.

R.-Gew.-Ordn. v. 21. Juni 1869 §§ 16 u. 147 Nr. 2; Vgl. RbOTr. 17. S. 122; 18. S. 469.

Erk. (Z. II.) v. 18. Juli 1879 c. Franselen (691 II. Cr.).
Antr. d. GStA.: gleichl. [8.—4.]

Gewerbe-Ordnung. - Gast- oder Schankwirthschaft. - Betrieb durch Stellvertreter.

Betreibt ein Gast- oder Schankwirth, der seinerseits die polizeiliche Erlaubniß zum Betrieb der Wirthschaft besitzt, die Wirthschaft durch Stellvertreter, so daß diese das Gewerbe nicht als seine Gehülfen neben ihm, sondern zwar in seiner Vertretung und für seine Rechnung, aber im Uebrigen selbständig betreiben, so bedürfen diese Stellvertreter einer besonderen polizeilichen Erlaubniß. Mangels einer solchen ist der Wirth, welcher sich vertreten läßt, als Thäter und der Stellvertreter als Theilnehmer strafbar aus

§ 147 Nr. 1 der R.-Gew.-Ordn.; Vgl. RbOTr. 17. S. 347 und 19. S. 209; Stengl. 7. S. 241: Entsch. d. Pr. Ob.-Verw.-Ger. 4. S. 329.

Erk. (Z. II.) v. 18. Juli 1879 c. Ehel. Voike (759 II. Cr.).
Antr. d. GStA.: gleichl. [5.—4.]

Impfgesetz. - Impflisten. - Unrichtige Führung.

Nicht nur die unterlassene Einreichuug von Impflisten, sondern auch deren unrichtige Führung ist gegen den betreffenden Arzt strafbar aus

§ 15 Reichs-Impfgesetz v. 8. April 1874.

Beschl. (I.) v. 3. September 1879 c. Dr. S. (1157 Cr. I.).

Dr. S. hat in den Impflisten über die im J. 1878 von ihm geimpften Kinder der Stadt E. in Spalte 8 „Angabe, woher die

Lymphe genommen" bei sämmtlichen Kindern „Casseler Impfinstitut" eingetragen, während dies nur bei einem kleinen Theile der Kinder der Fall und bei den übrigen gesammelte Lymphe aus dem Jahre vorher verwandt worden war.

Der PA. erhob dieserhalb gegen S. Anklage aus § 15 Reichs-Impfgesetz.

Das AG. lehnte die Einleitung des Hauptverfahrens ab, weil der § 15 sich nicht auf unrichtige Eintragungen in die vom Arzte zu führende und vorschriftsmäßig geführte Liste erstrecke und die Strafkammer verwarf die hiergegen ergriffene Berufung. Auch die von dem OStA. mit Ermächtigung des Justiz-Ministers eingelegte NB. hat das OT. vernichtet. Gründe:

In Erw., daß § 8 des Reichsimpfgesetzes vom 8. April 1874 (Reichs-Ges.-Bl. S. 31) den Aerzten die Verpflichtung auferlegt, über die ausgeführten Impfungen Listen in der durch den Bundesrath vorgeschriebenen Form zu führen und dieselben am Jahresschluß der zuständigen Behörde vorzulegen, unter diesen Listen aber das Gesetz nur solche tabellarische Verzeichnisse verstehen kann, welche die darin zur Frage gestellten Thatumstände dem wirklichen Sachverhalte gemäß darlegen, indem unwahre Angaben, abgesehen davon ob solche noch unter einem andern Gesichtspunkte strafbar erscheinen würden, die bezweckte Ueberwachung hinsichtlich des richtigen und zweckmäßigen Vollzugs des Gesetzes in demselben und vielleicht noch in höherem Grade erschweren müssen, wie dieses bei gänzlich unterlassener Einreichung oder unvollständiger Ausfüllung der eingereichten Listen, auf welche die Instanzgerichte anscheinend die Strafandrohung beschränken wollen, der Fall sein würde, daher ein Grund sich nicht ersehen läßt, weshalb die polizeiliche Ordnungsstrafe, mit welcher § 15 daselbst den Verstoß gegen die gesetzlich auferlegte Verpflichtung bedroht, nicht ebenso auf den einen wie auf den anderen Fall Anwendung leiden sollte.

Antr. d. GStA.: gleichl. [2.—11.]

Militairpflicht. - Entziehung. - Entlassung aus der Staatsangehörigkeit. - Wirkliche Verlegung des Wohnsitzes.

Im Sinne des § 18 Bundesges. vom 1. Juni 1870, wonach die auf Antrag ertheilte Entlassung aus der Staatsangehörigkeit unwirksam wird, wenn der Entlassene nicht binnen 6 Monaten seinen Wohnsitz außerhalb des Bundesgebiets verlegt, genügt nicht eine bloße polizeiliche Ab- und Anmeldung, sondern ist eine wirkliche thatsächliche Verlegung des Wohnsitzes in der Absicht, sich an dem anderen Orte bleibend niederzulassen, erforderlich.

StGB. § 148; Bundesges. v. 1. Juni 1870 § 18.

Erk. (Z. II.) v. 4. September 1879 c. van de Loo (Cr. II. 533).

Der zu A. in Preußen als preußischer Staatsangehöriger geborene v. d. L. hat am 7. November 1873 von der Bezirksregierung die Urkunde über seine Entlassung aus der preußischen Staatsangehörigkeit erhalten, sich auch sofort bei der Polizeibehörde zu A. ab- und bei dem Bürgermeister zu O. in Holland angemeldet, ist aber thatsächlich nach wie vor im Inlande geblieben.

Bei eingetretener Militairpflicht aus § 140 StGB. bestraft, ergriff er CR. Verwerfung. Gründe:

Auf das Cassationsmittel, soweit es auf die Verletzung des § 18 des Gesetzes vom 1. Juni 1870 gegründet ist.

In Erw., daß der § 18 cit. vorschreibt:

„die Entlassungsurkunde bewirkt mit dem Zeitpunkt der Aushändigung den Verlust der Staatsangehörigkeit. Die Entlassung wird unwirksam, wenn der Entlassene nicht binnen sechs Monaten, vom Tage der Aushändigung der Entlassungsurkunde an, seinen Wohnsitz außerhalb des Bundesgebietes verlegt, oder die Staatsangehörigkeit in einem andern Bundesstaat erwirkt."

In Erw., daß unter dem mit Beziehung auf eine Verlegung gebrauchten Ausdruck „Wohnsitz" nur die reelle Verlegung des bisherigen Wohnsitzes, — die der Absicht, sich an einem andern Orte bleibend niederzulassen, entsprechende thatsächliche Ausführung dieser Absicht zu verstehen sein würde;

daß auch nach den Motiven zum Absatz 2 des § 18, welchen das Preußische Gesetz vom 31. December 1842 über den Erwerb und Verlust der Eigenschaft als Preußischer Unterthan im § 20 noch nicht enthielt, die in jenem Absatze enthaltene Bestimmung um deswillen für erforderlich erachtet wurde, weil doch Fälle denkbar, und schon thatsächlich eingetreten seien, in welchen die Entlassung aus dem Unterthanenverbande, ohne die Absicht der wirklichen Auswanderung nur zu dem Zwecke nachgesucht werde, um sich lästigen Verpflichtungen gegen das bisherige Vaterland, namentlich der Militairpflicht, zu entziehen, es daher rathsam erscheine, derartige fingirte Auswanderungen von vorn herein abzuschneiden; daß diese Motive ergeben, daß der erklärten Absicht, auszuwandern, auch zeitig die thatsächliche Ausführung derselben folgen muß, dieser Ausführung aber nur das Aufgeben des bisherigen Wohnsitzes mit der Wahl einer Niederlassung im Auslande entspricht, welcher den animus revertendi ausschließt;

daß hiernach Wortsinn, wie Zweck des Gesetzes, nur dahin führen, daß unter dem im § 18 cit. gebrauchten Ausdruck „Wohnsitz" lediglich der eigentliche reelle Wohnsitz im juristischen Sinne zu begreifen sei, und daher auch das angegriffene Urtheil, indem es, dem entsprechend, angenommen, daß der dortige Ausdruck „Wohnsitz" nur nach dem gewöhnlichen Sprachgebrauche aufzufassen sei, und namentlich dabei von einem blos gewählten Wohnsitz die Rede nicht sein könne, das Gesetz nur richtig ausgelegt hat;

daß insbesondere die in den §§ 20 und 21 des Gesetzes behandelten, dem § 13 sub Nr. 2 und 3 sich anschließenden Erlöschungsgründe der Staatsangehörigkeit lediglich den Aufenthalt des bisherigen Staatsangehörigen im Auslande zum Gegenstand, und mit dem Erlöschungsgrunde durch Entlassung auf Antrag (§ 13 Nr. 1 und § 18 das.), welcher vom Entlassenen innerhalb der durch das Gesetz bestimmten Frist die Verlegung seines Wohnsitzes nach dem Auslande fordert, und damit selbstredend den späteren Verbleib des Entlassenen im Inlande ausschließt, nichts gemein haben;

daß darnach auch die Argumentation der Cassationsschrift sich als hinfällig erweist, welche dahin geht, daß das Gesetz, indem es, wie die bezogenen §§ 20 und 21 ergäben, zwischen Aufenthalt und Wohnsitz unterscheide, nicht verlange, daß der Entlassene seinen Aufenthalt innerhalb der gesetzlich bestimmten Frist in das Ausland verlege.

Antr. d. GStA.'s: gleichl. [2.—4.]

Gewerbesteuer. - Vermiethen möblirter Zimmer.

1. Jedes gewerbsweise Vermiethen von 3 oder mehreren heizbaren möblirten Zimmern ist gewerbesteuerpflichtig, auch wenn es sich nicht um den Betrieb eines Hôtel garni handelt.

2. Die Gewerbsmäßigkeit ist nicht dadurch ausgeschlossen, daß der Betreffende das Zimmer-Vermiethen nur nebenher betreibt, auch seinen Unterhalt nicht lediglich daraus zieht.

Gewerbesteuerges. v. 30. Mai 1820 § 9 b; Ges. v. 19. Juli 1861 § 16.

Erk. (V. II.) v. 4. Sept. 1879 c. Wittwe Salm (Cr. II. 725).

In Erw.,

daß nach § 16 des Gesetzes vom 19. Juli 1861 und § 9 litr. b des Gesetzes vom 30. Mai 1820 das gewerbsweise betriebene Vermiethen möblirter Zimmer der Gewerbesteuer unterliegt, wenn von demselben Gewerbetreibenden drei oder mehrere heizbare Zimmer vermiethet werden;

daß die Wittwe Meyer Salm beschuldigt ist, seit dem 1. Februar 1877 vier heizbare möblirte Zimmer vermiethet, ohne diesen steuerpflichtigen Gewerbebetrieb bei der Kommunalbehörde angemeldet und Gewerbesteuer bezahlt zu haben;

daß der App.-Richter gleichwohl die angeführten Gesetze auf den vorliegenden Fall nicht für anwendbar erachtet, weil unter möblirten Zimmern nur chambres garnies zu verstehen seien, die an Fremde auf Tage oder sonstige kurze Frist vermiethet würden und deren Vermiether allein einen selbstständigen Gewerbebetrieb darstelle, während möblirte Zimmer, wie dies in Cöln die Regel bilde, auf die nach Ortsgebrauch verschiedenen Kündigungsfristen an einzelne im Orte ansässige Personen vermiethet würden;

daß diese Unterscheidung jedoch weder in dem Wortlaute noch in dem Sinne der Gesetze eine Begründung findet;

daß wenn in dem § 9 lit. b des Gewerbesteuergesetzes vom 30. Mai 1820 der Ausdruck möblirte Zimmer in Parenthese durch chambres garnies erläutert ist, dieser letztere Ausdruck von dem Gesetzgeber doch nur als ein gleichbedeutender, nicht aber in einem Sinne gebraucht sein kann, welcher wie der App.-Richter annimmt, der Bedeutung der Bezeichnung „möblirte Zimmer" entgegensteht;

daß aber auch die geschichtliche Entwickelung der Gewerbesteuergesetzgebung bezüglich des Vermiethens möblirter Zimmer darüber keinen Zweifel aufkommen läßt, daß dieser Begriff niemals in der Beschränkung auf den Betrieb einer Hôtel-garni-Wirthschaft verstanden worden ist;

daß nämlich schon bei der Berathung des Gesetzes vom 30. Mai 1820 das Zimmervermiethen als ein von der Gastwirthschaft verschiedenes Gewerbe anerkannt und dies durch Aenderung der ursprünglichen Fassung des § 9 lit. a und b zum Ausdruck gebracht worden ist;

daß die Befreiungen, welche schon in den nächsten Jahren durch die Allerhöchsten Kabinets-Ordres vom 2. Januar 1822 und 30. Juni 1823, um die Härten des Gesetzes zu mildern, für diejenigen eingeführt worden sind, welche möblirte Zimmer

1. in Bade- und Brunnenorten an Badegäste,
2. in Universitätsstädten an Studenten

vermiethen, sofern nicht mehr als eine Stube nebst Kammer, diese aber quartal- oder monatweise vermiethet werden,

sowie für alle Anderen, welche nur ein möblirtes Zimmer, mindestens aber auf 3 Monate vermiethen, — beweisen, daß mit der Steuer des § 9 lit. b regelmäßig jedes Vermiethen möblirter Zimmer, gleichviel auf welche Dauer und ob an Einheimische oder Fremde, hat getroffen werden sollen, —

vgl. die Publikanda der Königlichen Regierungen vom 24. Juli 1823 und vom 19. November 1824 in Kamptz Annalen Bd. 7 S. 552 und Bd. 8 S. 1012;

daß dies auch aus den Motiven zu dem Gesetze vom 19. Juli 1861 (Nr. 131 der Drucksachen des Abgeordnetenhauses pro 1860 zu § 13, wörtlich übereinstimmend mit Nr. 29 der Drucksachen pro 1857 zu § 8) unzweideutig hervorgeht, in welchem empfohlen wird, auf dem durch die erwähnten Ausnahmebestimmungen betretenen Wege noch einen Schritt weiter zu gehen, weil von der Steuer noch eine Anzahl Personen betroffen würden, bei denen es sich um einen eigentlichen Gewerbebetrieb entweder gar nicht oder doch nur in einem geringen Umfange handle, indem sie das Vermiethen möblirter Zimmer nicht zur Gewinnung ihres Lebensunterhalts, sondern wesentlich nur in der Absicht betreiben, dadurch die Mittel zur Deckung eines Theils ihrer Wohnungsmiethe zu erhalten, während, wenn die Steuerpflichtigkeit erst mit dem Vermiethen von drei heizbaren Zimmern beginne, dieselbe auf den erheblicheren Gewerbebetrieb beschränkt werde, bei dem es sich um mehr als die Abtretung eines Theils der eigenen Wohnung handle;

daß bei den wiederholten Berathungen des Gesetzes sich gegen diese Motivirung und die dadurch bedingte Auslegung des Begriffs „möblirte Zimmer" niemals das geringste Bedenken erhoben, der Paragraph vielmehr jedesmal einstimmige Annahme gefunden hat;

in Erw.,

daß der App.-Richter auch den Begriff des Gewerbebetriebs verkennt, wenn er diesen durch einen erheblicheren Aufwand an Arbeit und Aufmerksamkeit bedingt sein läßt;

daß vielmehr jede fortgesetzte, auf Erzielung eines Vermögensvortheils gerichtete Thätigkeit im Sinne der Steuergesetze eine gewerbsmäßige ist, ohne daß es darauf ankommt, ob sie den damit Beschäftigten vollständig oder nur nebenher in Anspruch nimmt und ob sie ihm seinen Unterhalt vollständig gewährt oder nicht.

Antr. d. GStA.: gleichl. [19.—4.]

Ausländer. – Landesstrafgesetz. – Territorialitätsprinzip. – Unkenntniß des Gesetzes.

1. Das Territorialitätsprinzip des § 3 RStGB., wonach die Strafgesetze des Deutschen Reichs auf alle im Gebiete desselben begangenen strafbaren Handlungen Anwendung finden, auch wenn der Thäter ein Ausländer ist, gilt auch für die Landesstrafgesetze, sofern dieselben keine entgegengesetzte Bestimmung enthalten, insbesondere für die Strafbestimmung des

§ 309 Konk.-Ordng. v. 8. Mai 1855. StGB. § 3 [n. 1].

2. Auch kann sich der Ausländer nicht damit entschuldigen, daß er das inländische Strafgesetz nicht gekannt habe.

StGB. § 59 [n. 15].

Erk. (Z. II.) v. 4. Sept. 1879 c. Schade (Cr. II. 693).

[2.] Die Beschwerde unter pos. I. 2 rügt, indeß ebenfalls ohne Grund, Verletzung der §§ 12 und 13 der Einleitung zum ALR. Ein die Existenz des Strafgesetzes betreffender Irrthum schließt die Strafbarkeit nicht aus. Dieser Grundsatz kommt auch in dem Falle zur Anwendung, wo ein Ausländer im Inlande ein inländisches Strafgesetz verletzt hat, und sich nunmehr darauf beruft, daß er von der Existenz des Strafgesetzes keine Kenntniß gehabt habe, und daß er ebensowenig dasselbe habe kennen müssen. Die Ausdehnung dieses allgemeinen Grundsatzes auf den Fall, wo ein Ausländer sich gegen ein inländisches Strafgesetz vergangen hat, ist bedingt durch die Natur des Strafgesetzes, dessen Kenntniß ohne Rücksicht auf die Eigenschaft des Angeklagten als eines Aus- oder Inländers sich als eine durch das öffentliche und allgemeine Interesse bedingte nothwendige Anforderung darstellt; dem entsprechend sanctionirt denn auch § 3 des RStB.'s das Territorialprinzip bezüglich der Reichsstrafgesetze ohne jede Einschränkung und ohne namentlich die Strafbarkeit des Ausländers von weiter gehenden Voraussetzungen abhängig zu machen, als dies bezüglich des Inländers der Fall ist. Gleiche Bedeutung muß aber auch dem Territorialitätsprinzip in seiner Anwendung den Landesstrafgesetzen gegenüber beigelegt werden. Ob daher vorliegend die angebliche Unkenntniß der Bestimmung des § 309 der Konk.-Ord. eine entschuldbare gewesen ist oder nicht, ist hiernach für die Anwendung des Strafgesetzes bedeutungslos.

Antr. des GStA.: gleichl. [7.—4.]

Hausirhandel. – Stellvertreter. – Legitimationsschein.

1. Der für Rechnung eines Anderen Hausirhandel betreibende Stellvertreter muß für seine Person einen Legitimationsschein lösen.

2. Ausgenommen hiervon ist der Verkauf selbstgewonnener Erzeugnisse der Jagd und des Fischfangs, wie selbstverfertigter Waaren, welche zu den Gegenständen des Wochenmarkts gehören, sofern derselbe innerhalb der von der Polizeibehörde näher zu bestimmenden Umgegend des Wohnorts erfolgt.

Gew.-Ordn. v. 21. Juni 1869 §§ 55 u. 62. Vgl. zu 1. RdO. 3 S. 292; 4 S. 501; 8 S. 306; 12 S. 120 u. 20 S. 39.

Erk. (Z. II.) v. 4. Sept. 1879 c. Wienhoven (634 II. Cr.).

In Erw., daß § 55 der B.-Gew.-Ordn. vom 21. Juni 1869 den Gewerbebetrieb im Umherziehen nicht dadurch bedingt sein läßt, daß das Gewerbe von dem Umherziehenden für eigene Rechnung betrieben wird;

daß hierfür schon der Wortlaut des § 55 spricht, welcher eine dahin gehende Einschränkung, daß das Feilbieten der Waaren 2c. von dem den Hausirhandel Betreibenden für sich — in eigenem Namen und für eigene Rechnung — erfolge, nicht aufstellt;

daß diese Auffassung des § 55 auch in der früher geltenden Vorschrift des § 28 des Regulativs vom 28. April 1824, sowie in der hiermit übereinstimmenden, dermalen geltenden Strafbestimmung des § 23 des Gesetzes vom 3. Juli 1876 ihre Bestätigung findet;

Zu Erw., daß der für Rechnung eines Dritten den Hausirhandel betreibende Stellvertreter ebenfalls der im § 55 vorgeschriebenen Anforderung eines auf seine Person ausgestellten Legitimationsscheines nachzukommen hat;

daß dieses Erforderniß § 62 der B.-Gew.-Ordn. in den Worten „der Gewerbebetrieb im Umherziehen darf nicht durch Stellvertreter ausgeübt werden" aufstellt;

daß der Sinn dieser Stelle, wie schon die vorstehenden Erwägungsgründe ergeben, nicht etwa der ist, daß der Hausirhandel überhaupt nicht durch Stellvertreter betrieben werden dürfe, sondern der, daß der Hausirer nicht ermächtigt ist, auf Grund des ihm ertheilten Legitimationsscheines den Gewerbebetrieb durch einen Stellvertreter ausüben zu lassen, vielmehr der Stellvertreter gehalten, auch seinerseits einen auf seine Person lautenden Legitimationsschein zu lösen;

daß in diesem Sinne die Bedeutung der angezogenen Stelle seitens des Vertreters der verbündeten Regierungen zur Beseitigung eines zu § 62 eingebrachten Amendements festgestellt ist, — vgl. Verhandlungen des Reichstags vom Jahre 1869, Bd. II. S. 713;

daß § 62 cit. in der hier statuirten Auffassung nicht allein mit dem früher bestehenden Rechte — § 20 und 28 des Regulativs vom 28. April 1824 — sondern auch mit dem jetzt geltenden — § 18 und 23 des Gesetzes vom 3. Juli 1876 — in Uebereinstimmung steht;

daß die angezogenen Bestimmungen des Regulativs und des Gesetzes vom 3. Juli 1876 allerdings nur den in steuerlicher Beziehung in Betracht kommenden Gewerbeschein betreffen, indeß bei dem Zusammenhange, in welchem die Ertheilung des Gewerbescheines zu der des Legitimationsscheins steht, — vergl. § 58 al. ult. der B.-Gew.-Ordn. — und bei der ausdrücklichen Erwähnung der Motive zum Gesetze vom 3. Juli 1876, daß die landesgesetzliche Steuergesetzgebung bestrebt gewesen sei, sich eng an die Grundsätze der B.-Gew.-Ordn. über den Gewerbebetrieb im Umherziehen anzuschließen, davon auszugehen ist, daß, wie §§ 18 und 23 des Gesetzes vom 3. Juli 1876 unzweideutig den Stellvertreter zur Lösung eines Gewerbescheins verpflichten, so auch § 62 der B.-Gew.-Ordn. dieselbe Verpflichtung dem Stellvertreter rücksichtlich des Legitimationsscheins auferlegt habe;

In Erw., daß jedoch von der Vorschrift, wonach beim Gewerbebetrieb im Umherziehen auch der Stellvertreter für seine Person einen Legitimationsschein zu lösen hat — § 62 Abs. 1 Satz 2 rücksichtlich des An- und Verkaufs zwei Ausnahmsfälle statuirt, erstlich bezüglich der selbstgewonnenen Erzeugnisse der Jagd und des Fischfangs, und zweitens bezüglich selbstverfertigter Waaren, welche zu den Gegenständen des Wochenmarkts gehören, innerhalb einer bestimmten Umgegend des Wohnortes;

In Erw., daß in Anwendung der vorstehend erörterten Grundsätze auf den untergebenen Straffall zwar die der Freisprechung des Angeschuldigten zu Grunde liegende Annahme des Polizeirichters, daß beim Gewerbebetriebe im Umherziehen der Stellvertreter überhaupt eines Legitimationsscheines nicht bedürfe, weil er das Gewerbe nicht für eigene Rechnung betreibe, sich als eine rechtsirrthümliche darstellt, gleichwohl das freisprechende Urtheil gerechtfertigt sein würde, sofern die thatsächlichen Voraussetzungen des vorstehend bezeichneten zweiten Ausnahmefalles vorliegen sollten;

daß jedoch in dieser Beziehung noch weitere thatsächliche Ermittelungen erforderlich sind, in der Richtung, ob Leinmehl zu den Gegenständen des Wochenmarktverkehrs gehört, und namentlich, ob der von dem Angeschuldigten an verschiedenen Orten vorgenommene Verkauf innerhalb der von der Polizeibehörde bestimmten Umgegend des Wohnortes stattgefunden hat.

Antr. d. GStA.: gleichl. [7.—4.]

Maischcontravention. – Prinzipalverpflichtung des Brennereiunternehmers.

Der Brennereiunternehmer, welcher wegen einer in seiner Brennerei vorgekommenen Maischcontravention als prinzipalverpflichtet verfolgt wird, ist freizusprechen, sobald der Richter den eigentlichen Thäter für ermittelt erachtet, wenn gegen letzteren auch keine Verfolgung dieserhalb eingeleitet ist.

ACO. v. 10. Januar 1824 n. 5.

Erk. (Z. II.) v. 11. September 1879 c. Goedecke (745 II. Cr.).

Bei einer am 21. Februar 1878 durch den Obersteuer-Kontroleur Dohme vorgenommenen Revision der Brennerei des Gutspächters Goedecke in Zuzella, des jetzigen Angeklagten, fand sich, daß unter mißbrauchlicher Benutzung verschiedener Gefäße ein von Dohme auf 809 Liter berechnetes Quantum mehr eingemaischt als deklarirt war. Weil nicht ermittelt war, daß und von welchem der in der Brennerei beschäftigten Dienstleute diese Kontravention begangen war, so wurde der Gutspächter Goedecke, als Besitzer der Brennerei, durch das Strafresolut des Königlichen Provinzialsteuer-Direktors zu Breslau vom 27. Juni 1878 in Gemäßheit der ACO. vom 10. Januar 1824 Nr. 5 zur Erlegung einer Geldstrafe von 300 Mark nebst Konfiskation der Bottiche Nr. 2 und 7 und des Maischreservoirs Nr. 8, sowie zur Nachzahlung der umgangenen einfachen Gefälle von 139 M. 50 Pf. für schuldig erklärt. Derselbe trug auf gerichtliches Gehör an und suchte, ohne diejenigen von seinen Dienstleuten, von denen die Kontravention ausgegangen sein könnte, auch nur eventuell zu benennen, seinerseits nachzuweisen, daß eine Kontravention objektiv überhaupt nicht stattgefunden habe.

Der erste Richter, das Königliche Kreisgericht zu Oppeln, nahm jedoch auf Grund des in seiner Sitzung vom 18. Oktober 1878 erhobenen Beweises das Vorhandensein einer Kontravention, insbesondere die behauptete Mehreinmaischung von 809 Liter für dargethan an, und verurteilte deshalb und weil nicht ermittelt worden, daß das Steuervergehen von einem in der Brennerei beschäftigten Gewerksgehülfen verübt sei, den Angeklagten ebenfalls zu einer Geldstrafe von 300 Mark nebst Konfiskation des Maischreservoirs Nr. 8 und der Bottiche Nr. 8 und der Bottiche Nr. 5 und 7, nicht aber auch des Bottichs Nr. 2 und in die Kosten der Untersuchung. —

Der Angekl. appellirte, trat aber in seiner Appellationsrechtfertigungsschrift wiederum, ohne die eventuell Schuldigen zu benennen, Beweis darüber an, daß eine Kontravention überhaupt nicht begangen sei.

Der Appell.-Richter, das Königliche Appell.-Gericht zu Ratibor, erhob auch einen neuen Beweis, gelangte aber nach Inhalt seines Erkenntnisses vom 24. April 1879 mit einer geringen Modifikation objektiv zu derselben Feststellung, wie der erste Richter, indem auch er für erwiesen erachtete,

„daß am 21. Februar 1878 zu Zuzella in der von dem Angekl. gepachteten Brennerei eine Zubereitung von Maische, die dem Steuerbeamten gar nicht angesagt gewesen, nämlich von 809 Liter, und zwar im Bottich Nr. 7 und im Reservoir Nr. 8 vorgenommen worden sei."

Gleichwohl erkannte er,

„daß das erste Erkenntniß dahin abzuändern, beziehungsweise zu bestätigen, daß der Angekl., Rittergutspächter

Hermann Goedecke zu Zuzella nicht schuldig, für die am 21. Februar 1878 in seiner Brennerei zu Zuzella vorgekommene Maischsteuerkontravention principaliter als Thäter zu haften und deshalb von Strafe und Kosten freizusprechen, dagegen die in dem gedachten Erkenntnisse ausgesprochene Konfiskation des Bottichs Nr. 7 und des Maischreservoirs Nr. 8, nicht aber auch des Bottichs Nr. 5, aufrecht zu erhalten".

Der App.-Richter fand nämlich, wie es in den Gründen seines Urtheils heißt,

daß die thatsächlichen Unterlagen, welche durch die Muthmaßungen des (in zweiter Instanz wiederholentlich vernommenen) Zeugen Dohme in Betreff des Vorhandenseins der Ordnungswidrigkeiten in der Brennerei gegeben seien, mit vollster Bestimmtheit darauf hindeuteten, daß dieselben lediglich auf die Thätigkeit der in der Brennerei zu jener Zeit beschäftigt gewesenen Personen Gaffron, Bochen und Geitzner zurückzuführen seien.

Eine positive Feststellung hinsichtlich der subjektiven Thäterschaft der genannten drei Personen zu treffen, hielt jedoch der App.-Richter für seine Aufgabe nicht, weil das vorliegende Verfahren nur gegen den Angekl. Goedecke gerichtet sei und zwar nicht etwa deshalb, weil derselbe sich persönlich der in seiner Brennerei vorgekommenen Kontravention schuldig gemacht haben solle, sondern deshalb, weil die Steuerbehörde, bezw. der erste Richter von der Annahme ausgingen, daß der eigentliche Thäter nicht ermittelt sei, den Angekl. mithin lediglich als Besitzer der Brennerei die strafrechtliche Verantwortlichkeit treffe. Da hiernach aber der Annahme, daß die eigentlichen Thäter unermittelt geblieben seien, nicht beigepflichtet werden könne, so habe der Angekl. principaliter für nicht schuldig erklärt und in der angegebenen Richtung von Strafe und Kosten freigesprochen, dagegen auf Grund der angeführten Bestimmung in der ACO. vom 10. Januar 1824 die Konfiskation der gemißbrauchten Gefäße, wofür aber nur der

Bottich Nr. 7 und das Maischreservoir Nr. 8 anzusehen seien, ausgesprochen werden müssen.

Gegen diese Entscheidung hat nunmehr der Königliche Provinzialsteuer-Direktor zu Breslau, nachdem er sich in Gemäßheit des Art. 145 des Gesetzes vom 3. Mai 1852 der Anklage angeschlossen, rechtzeitig die NB. eingelegt und darauf angetragen:

unter Aufhebung des Erkenntnisses des Königlichen Appellationsgerichtes zu Ratibor vom 24. April 1879 den Angekl. wegen Maischsteuerkontravention mit den gesetzlichen Strafen zu belegen.

Er führt aus, daß weil der App.-Richter bezüglich der Verschuldung der genannten drei Gewerbsgehülfen eine positive Feststellung nicht getroffen, sich vielmehr mit einem unbestimmten Hinweise auf deren angebliche Thätigkeit begnügt habe, ohne die gesetzwidrigen Handlungen eines jeden zu bezeichnen, der Angekl. durch die bloße Benennung seiner für schuldig erachteten Gewerbsgehülfen von Seiten des App.-Richters der ihm gesetzlich obliegenden prinzipalen Verpflichtung zur Entrichtung der Kontraventionsstrafe nicht für enthoben erachtet werden könne.

Diese Beschwerde konnte jedoch für begründet nicht erachtet werden.

In den zahlreichen, sowohl vom App.-Richter, als auch vom Königlichen Provinzialsteuer-Direktor in Bezug genommenen Urtheilen des O.-Tr.'s ist allerdings der Grundsatz ausgesprochen und bereits umständlich motivirt worden, daß der Inhaber einer Brennerei die für eine der in Nr. 5 der ACO. vom 10. Januar 1824 vorgesehenen Maischkontraventionen verwirkte Ordnungsstrafe von 100 Thlr. (300 Mark) als Prinzipalverpflichteter zu tragen habe, so lange nicht erwiesen sei, daß einer seiner Gewerbsgehülfen die That begangen habe, so daß erst, wenn in einem solchen der eigentlich Schuldige ermittelt sei, die Frage entstehen könne, ob der Brennereibesitzer nach den §§ 1, 2 des Bundesgesetzes vom 8. Juli 1868 für die von dem Schuldigen verwirkte Strafe subsidiarisch haften müsse.

Oppenhoff's Rechtspr. Bd. XIII. S. 321; Bd. XV. S. 165; Bd. XVII. S. 195; Bd. XVIII. S. 405; Goltdammer's Archiv rc. Bd. XX. S. 282; Bd. XXII. S. 276, 461; Bd. XXV. S. 383.

Es steht auch nicht zu bezweifeln, daß es wie in einem der angeführten Erkenntnisse, dem bei Oppenhoff Bd. XV. S. 165 und bei Goltdammer Bd. XXII. S. 276 abgedruckten vom 20. März 1874, bemerkt worden, zunächst Sache des als Prinzipalverpflichteten in Anspruch genommenen Brennereibesitzers ist, in den Instanzen das erforderliche Material zur Erforschung des eigentlich Schuldigen an die Hand zu geben. Diese Verpflichtung kann indessen nicht weiter gehn, als die eines jeden der eines gemeinen Verbrechens oder Vergehens wegen verfolgt wird, seine Vertheidigungsmittel der verfolgenden Behörde, eventuell dem Richter anzugeben und bei der einen oder der anderen die entsprechenden Anträge zu stellen. Es kann daher auch die Unterlassung solcher Angaben und Anträge bei Untersuchungen der vorliegenden Art so wenig als bei allen andern, die verfolgende Behörde oder den Richter von der Verpflichtung entbinden, das, was zu Gunsten des Angeklagten sprechen möchte, von Amtswegen zu ermitteln und bei dem künftigen Definitiverkenntnisse zu berücksichtigen; ja es muß dieses in einem Falle, wie der vorliegende, wo der Angeklagte nicht selbst als Thäter, sondern nur deshalb verfolgt wird, weil der eigentliche Thäter nicht zu ermitteln sein soll, um so mehr gelten, als der aus diesem Grunde Verfolgte, selbst wenn er die erforderlichen Angaben der anklagenden Behörde macht, kein durchgreifendes Mittel hat, dieselbe zur Verfolgung derjenigen zu vermögen, die er als die eigentlich Schuldigen bezeichnet.

Es ergiebt sich hieraus, daß, wenn der App.-Richter aus dem von ihm erhobenen Beweise die in der gegenwärtigen Instanz einer Nachprüfung nicht mehr unterliegende

Ueberzeugung geschöpft zu haben meinte, daß die eigentlichen Urheber der vorgefallenen Maischkontravention ermittelt seien, er solches so, wie geschehen, aussprechen, dann aber zu dem sich gesetzlich von selbst ergebenden Schlusse gelangen mußte, daß der angeklagte Brennereibesitzer von der prinzipalen Verhaftung für die in seiner Brennerei verübte Kontravention freizusprechen sei. Daß hierbei die Möglichkeit nicht ausgeschlossen ist, es könnte gegen die vom App.-Richter als die eigentlich Schuldigen bezeichneten Personen in dem nunmehr wider sie einzuleitenden Verfahren gleichwohl ein freisprechendes Urteil ergehen und dann auch der in der gegenwärtigen Sache verfolgte Brennereibesitzer wegen der ihm zur Seite stehenden rechtskräftigen Freisprechung weder als Prinzipal- noch als subsidiarisch Verpflichteter weiter in Anspruch genommen werden, läßt sich zwar nicht verkennen, kann aber in der Sache nichts ändern, weil Aehnliches auch in Untersuchungen wegen gemeiner Verbrechen oder Vergehen vorkommen kann, wenn der Richter den zuerst Angeklagten freispricht, weil er aus dem ihm vorgelegten Beweismaterial entnehmen zu müssen glaubt, daß nicht dieser, sondern ein Anderer die That begangen habe.

Antr. d. GStA.'s gleichl. [5.—4.]

Bankerutt. – Minderjähriger. – Handelsbetrieb ohne vormundschaftliche Genehmigung.

Ein Minderjähriger, der ein Handelsgewerbe ohne vormundschaftliche Genehmigung betreibt, ist nicht Kaufmann und fällt daher betreffenden Falls nicht unter die Strafbestimmungen des betrügerischen oder einfachen Bankerutts.

StGB. § 281 u. 283.

Erk. (Z. II.) v. 15. September 1879 c. Körtge (994 II. Cr.).

Die Nichtigkeitsbeschwerde des Staatsanwalts ist nicht begründet.

Das HGB. enthält zwar in den Art. 4 u. 10 eine Bestimmung des Begriffs eines Kaufmanns, welche, soweit dadurch der kaufmännische Gewerbebetrieb von jedem anderen unterschieden wird, auch für das StGB. maßgebend ist. Dagegen sind die anderweiten Erfordernisse, welche die Landesgesetze zur Begründung der Eigenschaft eines Kaufmanns aufstellen, durch das HGB. nicht berührt worden — vergl. Art. 11 a. a. O. — und insbesondere ist den bürgerlichen Gesetzen bezüglich der Geschäfts- und Vertragsfähigkeit derjenigen Personen, welche ein kaufmännisches Gewerbe treiben wollen, nicht derogirt. Bei der Berathung des HGB. sind vielmehr alle Anträge, allgemein die Voraussetzungen zu bestimmen, unter welchen Minderjährige Handel treiben dürfen, gerade mit Rücksicht auf die weitgehende Verschiedenheit der Partikulargesetzgebungen abgelehnt worden (v. Hahn, Kommentar 2. Aufl. Bd. 1 S. 53) und eben in Folge dessen sind bezüglich des Gewerbebetriebs der Minderjährigen in den Einführungsgesetzen der verschiedenen Staaten verschiedene Bestimmungen getroffen — vgl. Preuß. Einf.-G. Art. 21, 37, 38; Bair. Einf.-G. Art. 7 („ob und unter welchen Verhältnissen Minderjährige zum Betriebe eines Handelsgewerbes befugt sind, bestimmt das bürgerliche Recht").

Hiernach darf den von dem ersten Richter angezogenen Vorschriften des § 5 des Preußischen Gesetzes vom 12. Juli 1875 betreffend die Geschäftsfähigkeit Minderjähriger und des § 42 Nr. 9 der Preußischen Vorm.-Ordnung vom 5. Juli 1875 allerdings die Berücksichtigung nicht versagt werden. Da aber nach diesen Gesetzen der Minderjährige in Ermangelung der vormundschaftlichen und obervormundschaftlichen Genehmigung zur selbstständigen Vornahme derjenigen Rechtsgeschäfte, welche der Betrieb eines Erwerbsgeschäfts, also auch eines Handelsgewerbes, mit sich bringt, unfähig ist, und alle Geschäfte, durch welche er Verbindlichkeiten übernimmt, für unwirksam erklärt sind, so hat der Schwurgerichtshof nicht rechtlich geirrt, wenn er dem unbefugten und rechtlich unwirksamen Geschäftsbetriebe des minderjährigen Angeklagten die Bedeutung eines kaufmännischen Gewerbebetriebs, dem Angeklagten selbst die Rechte und damit auch die entsprechenden Verpflichtungen eines Kaufmanns abgesprochen hat.

Antr. d. GStA.: entgegen. [19.—4.]

Register.

Die mit lateinischen Schriftzeichen gesetzten Worte verweisen auf Rechtssätze, welche dem durch die Straf-Prozess-Ordnung vom 25. Juni 1867 geregelten Verfahren angehören. — Die Nummern bezeichnen die Seiten.

I. Sach-Register.

Amtsausübung, rechtmäßige vgl. Widerstand.
Beigeordneter. Vertreter d. Gemeindevorstehers in Hannover. 90.
Exekution am Sonntag. 274.
d. Forstschutzbeamt. bei pflichtmäß. Ueberzeug. ein. Uebertretg. 123.
Gemeindeexekutor. 225.
Gewaltſ. Oeffng. d. Hausthür durch Steuerexekut. 56.
Ungerechtfert. Verwalt.-Exekut. Guter Glaube d. Exekut. 280.
eines Unterbeamten auf Grund e. formell recht-, materiell unrechtmäß. Verfüg. d. vorgesetzt. Behörde. 36.
Amtsdiener. Vollstreckungsbeamt. Widerstand 98.
Amtsunterschlagung. Empfang in amtlich. Eigensch. 160.
Beamtenqualität u. Empfang in amtl. Eigensch. Besondere Abstimmung der Geschw. 256.
Angehörige. Zusammengebrachte Kinder. 135.
Anklage. Ueberschreitg. d. A. Unstatthaftigkt. d. Strafverfolg. 244.
Anklageschrift. Zurückweis. weg. mangelnd. Angabe v. Beweismitt. für Dolus des Angekl. 83.
Anstiftung durch Anleitunggeben. 55.
Antragsvergehen. Idealkonk. mit gewöhnl. Vergeh. 156.
Verjährg. der Strafverfolg. 260.
Apostolisches Glaubensbekenntniß. Einrichtg. d. christlichen Kirche 129.
Appellation. Frist d. Zurücknahme d. Widerrufs. 140.
Appellationsanmeldungsschrift. Unterschrift des Rechtsanw. Unterkreuz d. Angekl. 142, 330.
Appellationsrichter. Befassung. Berufg. des Staatsanw. bei mehreren selbständ. Strafhdl. 259.
Arrestbruch. Beiseiteschaffen. Veränderg. des Aufbewahrgsort. mit Kenntniß d. Beamt. 296.
Zerkleinern von Holz 285.
Dolus. Abs. zu benachtheilig. 160.
Glaube an Berechtig. 71.
Entziehg. durch Drittbesitzer. 49.

Arrestbruch. (Forts.)
Entziehg. id. Konk. mit Diebst. 49.
Nach Einleitg. d. Subhastat. erfolgte Beiseiteschaffg. von vor Einleit. d. Subh. veräußert., aber räumlich noch nicht getrennter Pertinenzstücke. 24.
Vorsätzl. Beiseiteschaff. von beschlagnahmt. aber gutgläub. erworben. Sachen. 45.
Arzt vgl. Titelbeilegung.
Ausländer. Dem Landesstrafges. unterworf. 345.
Unkenntniß der Ges. 345.
Auslieferungsvertrag mit England. Bestraf. weg. anderer Handl. 207.
Bankerutt, betrügl. Unterlassene u. unordentl. Buchführg. Verschied. Einzelhandl. 193.
Verschied. Einzelhandl. Einheitl. Strafthat. 193.
Versch. Einzelhdlg. Fragstellung. 193.
Verschied. Einzelhdlg. Milderud. Umständ. 193.
Bankerutt, einfacher. Buchführg. 144.
Haftg. für unordentl. Buchführ. des socius. 105.
Verjährung. Beginn. 269.
Bankerutt. Minderjähr. Handelsbetrieb ohne vormundsch. Genehmig. 354.
Schleswigsch. Vdn. v. 16. Oktbr. 1863 bezügl. d. Nichtkaufleute aufgehoben. 47.
Bauunternehmer. Herstellg. ein. sicher. Gerüsts. Gewerbepflicht. 147.
Beamter vgl. Reichsbeamter.
Annahme v. Geschenk. für künftig. Handl. 195.
In d. Amt einschlagend. Handl. 195.
Bedrohung durch konkludent. Handl. 73.
Beerdigung vor Eintrag. in das Sterberegist. 127.
Beigeordneter. Vertreter d. Gemeindevorsteh. in Hannover 90.
Beleidigung. Beleidigende Abs. 55.

Beleidigung. (Forts.)
der Ehefrau. Strafantrag des Ehemanns. Selbständ. Recht. 118.
Form des d. Eröffng. ein. Untersuch. ablehn. Beschl. 59.
ein. Handelsgesellsch. 105.
Interesse berechtigt. Anzeig. ein. Strafhandl. 174.
Interessenwahrung. Abs. zu beleidigen. 203.
Beweisführg. 154.
Bewußtſ. der Unwahrht. 163.
Dienlichkt. d. Aeußerg. 272.
Herabwürdig. ein. Anderen. 59.
Schluß aus d. Umständ. auf Beleidig. 59.
öffentl. Briefadresse. 84.
subjekt. Thatbest. 84.
Thatsache. Charaktereigensch. 11.
Wahrheitsbeweis. Umfang. 59.
Beiseiteschaffen s. Arrestbruch. Zwangsvollstreckg.
Bernstein. Fund am Ufer. Strandrecht des Staates. 211.
Bernsteinfischerei in Pommern. Regal. 211.
Berufungsschrift. Eigenhändige Unterschr. 282.
Beschlagnahme. Observation. 244.
Bestechung vgl. Beamter.
Dolus. 123.
Betriebsinspektor. Amtl. Vorgesetzt. der Bahnpolizeibeamten. 188.
Betrug. Falsche Angabe d. Schuldners bei d. Exekut. über d. Besitz v. Pfandobjekt. 319.
Irrthserreg. Täuschung d. Richters üb. bestehend. Einspruchsberechtig. geg. verhängt. Exekution. 78.
Kunstwein. 116.
Thatsache. Behauptet. Rechtserwerb. 78.
Vermögbeschädig. Einstellg. der Exekut. 78.
Entziehg. d. Kundschaft. 223.
Feststell. d. Betrag. 219.
Minderwerth nur für Käufer. 116.

Betrug. (Forts.)
Vermögensvorthl. Erlang. ein. Zahlungsfrist. 296.
Vorspiegelg. Unberecht. Forderg. v. Zins. für ein Darlehn. 278.
Beurkundung, falsche. B. einer wissentl. von d. Partei falsch abgegeben. Erklärg. 305.
Botendienste. Gewerbsmäß. Besorg. Gewerbesteuer. 133.
Branntwein. Kognak, Liqueur 294
Branntweinsteuer. Haftg. d. Brennereitreibend. bei Nichtermittelung d. Thäters. 318.
Subsidiarhaft des Brennereibesitz. bei wissentl. Anstellg. eines bestraft. Gehülf. 326.
Verantwortlichkt. d. Inhabers. 67.
Brausteuer. Fixirter Brauer. Bezug von Bier aus anderen Brauereien. 191.
Brennereiunternehmer vgl. Branntweinsteuer. Maischkontravention.
Brennholz zum Hausbedarf. Verkauf i. S. des Ges. v. 6. Juni 1873. 126.
Brückengeld. Defraudat. Guter Glaube. 325.
Chausseegelddefraudation. Guter Glaube. 325.
Chausseegeldtarif. Befreiung für künstl. Dünger. Transport durch Lohnfuhren. 335.
Civileinrede. Jagdfrevel. Beruf. auf eine v. Berecht. ertheilte Erlaubniß. 240.
Zurückweisung. 216.
Contrebande. Bestellg im Auslande. Theilnahme. 250.
Delegation. Misshandlung der Eltern. 161.
Diebstahl. Angehörige. Zusammengebrachte. Kinder. 135.
Einbruch. Anwendg. v. Gewalt. 50.
Einsteigen. Oeffng. z. Eingang bestimmt. 228.
Getränke in Flaschen. 287.
Gewinnsücht. Abs. 132.
Versuch. Greifen in Anderer Taschen. 307.
Diebstahl. (Forts.)
Freiwillig. Rücktritt. 307.
Doktortitel s. Titelbeilegung.
Druckschrift vgl. Preßvergehen.
Unbrauchbarmachung. Selbständ. Maaßnahme bei verjährter Strafverfolg. 260.
Dünger, künstlicher. Befreiung v. Chausseegeld auch bei Transport durch Lohnfuhrwerk. 335.
Eheschließung ein. Minderjähr. Einwillig. der Mutter, welche Vormund ist. Genehmig. d. vormundsch. Gerichts. Strafbarkt. d. Standesbeamt. 183.
Eidesstattliche Versicherung. schriftl. Abgabe durch Dritte. 16.
Einbruch s. Diebstahl.
Einrichtung d. christlichen Kirche. Apostol. Glaubbekenntn. 129.
Entwendung von Genußmitteln. Getränke in Flaschen. 287.
Erpressung. Drohung mit begründet. Denuntiation. 28.
Rechtswidr. Vermögsvthl. Befreiung v. Geldschuld gegen Ueberlassung fast gleichwerther Waaren. 170.
Felddiebstahl. Gewinns. Abs. 132.
Sachbeschädg. Jd. Konk. 132.
Feldschütze. Beamter. Widerstand. 270.
Forstpolizei. Eximirte Waldungen. Im Ges. v. 6. Juli 1875 aufrecht erhaltene Bestimmungen. 178.
Forstschutzbeamte s. Amtsausübg.
Gastwirth. Verlust seiner Eigensch. als Kaufmann durch Zurückgehn seines Geschäfts. 88.
Gastwirthschaft. Betrieb durch Stellvertreter. Polizeil. Erlaubniß. 338.
Gebäudesteuer. Anmeldg. d. vor d. Gebäudesteuerges. entstandenen Geb. 167.
Geistliches Amt s. Kirchengesetze.
Geistliche Amtshandlung außerhalb d. Grenzen d. eign. Bezirks. Abs. d. Ges. v. 11. Mai 1873 zu umgehen. 12.

Geistliche Amtshandlung. (Forts.)
Guter Glaube. 12.
Hülfeleistg. in gehör. besetzt. Amt. 17.
Hülfeleistung durch nur eine Amtshdlg. 17.
Verlang. d. eignen Pfarrkinder. 12.
Gemeindeexekutor. Mittelbarer Staatsbeamt. 225.
Rechtmäß. Amtsausübg. nicht abhängig von Vereidg., Beisichführ. d. Exekutbefehls. od. vorausgegang. Mahnverfahr. 225.
Gemeindesteuer. Armenabgabe auf öffentl. Lustbarkt. 302.
Polizverbot d. Abhaltg. d. öff. Lustb. vor Entrichtg. der Abgabe. 302.
Gemeindevorsteher. Strafvollstreckungsbeamter? 43.
Gemeinschaftlichkeit vgl. Jagdvergehen.
Hausfriedbruch. Bewußtes Zusammenwirken. 175.
Gesammtstrafe. Festsetzg. im Nachtragsverfahr. 291.
Geschworenenspruch. Nichtunterzeichng. durch Vorsteher. Nichtigkeitsbeschw. des St.A. bei Nichtschuldig. 39.
Gesundheitsbeschädigung s. Körperverletzung.
Gewerbebetrieb, unbefugt. Verjährg. der Einzelhandl. 244.
unerlaubt. Irrthüml. Belehrg. der kompet. Behörde, daß d. Gewbetrieb an Concess. nicht gebunden sei. 248.
Gewerbepolizeivergehn. Konk. mit Gewsteuervergeh. Vorläufige Straffestsetzg. durch Regierg. 320.
Gewerbesteuer vgl. Hausirgewerbesteuer.
Anfängl. Steuerfreiheit, spätere Steuerpflichtigkt. Strafe der Nichtanmeld. 251.
Betrieb für fremde Rechng. 39.
Nachfolger in d. nicht angemeld. Gew. 251.
Gewerbesteuer. (Forts.)
Strafe bei Steigrg. d. Steuersatz. 251.
Verkauf ein. Konkursmasse. 4.
Vermiethen möbl. Zimmer. 342.
Gewerbesteuervergehn vgl. Gewerbepolizeivergehn.
Verjährg. Beginn. 251.
Glücksspiel. Geschloss. Gesellsch. Begr. 305.
Oekonom ein. geschloss. Gesellsch. 305.
Grundsteuer. Anzeigepflicht nur für d. eingetrag. Eigth. 207.
Gutsinspektor. Strafantragsrecht. weg. Hausfriedbruch. 18.
Hausfriedensbruch. Aufforderg. der Mutter an ihr minderjährig. Kind, ihre Wohnung zu verlassen. 336.
Befriedetes Besitzthum des durch Miethsvertrag beschränkten Eigenthümers. 247.
Eindringen. Begr. 31.
Eindringen ein. dritten Person auf d. Aufforderg. d. persönl. Nutzgsberechtigt. gegen Willen des Eigenthrs. 76.
Eindringen d. getrennt lebenden Ehefrau in d. Wohnung des Mannes behufs Wegnahme ihrer Illaten. 32.
Eindringen d. Verpächters bei Streit über Ablauf d. Pacht. 286.
Gemeinschaftl. Bewußtes Zusammenwirken. 175.
Strafverfolgantrag. Verwalter fremd. Vermög. 18.
Treppe zu Diensträumen. 277.
des Vermiethers bei Geltendmach. des Retentrechts. 74.
Hausirgewerbesteuer vgl. Gewerbesteuer.
Aufkauf v. Waaren durch umherziehend. Reisend. für ein stehend. Gewerbe Betreibenden 40.
Haftbarkeit des Auftraggebers. 201.
Hausirhandel durch Stellvertreter. Legitimatschein. 346.

Hausrecht des Eigthrs im Verhältniß z. persönl. Nutzungsberecht. 76.
Hebamme s. Körperletzung.
Hehler strafbar, wenn auch der Dieb wegen mangelnd. Strafantr. des bestohlen. Angehör. nicht verfolgbar ist. 25.
Hehlerei. Ansichbringen v. Sachen, wissend, daß sie mit durch Betr. erlangt. Gelde angekauft sind. 217.
Erwerb durch strafb. Handl. Kauf vorzeitig gepflückt. Beeren. 315.
Holstein. Sonntagsfeier. 65.
Hunde, umherlaufende. Tödtung durch Jagdberecht. Grafschaft Mark u. Stadt Dortmund. 264.
Impflisten. Unricht. Führg. durch Arzt. 338.
Jagdfrevel vgl. Civileinrede.
Purativverg. Objekt. Feststell. d. Nichtberechtig. 240.
Jagdvergehen. Gemeinschaftlkeit. Mangelnd. Dolus d. Mitjagend. 316.
Kirchengesetze vgl. Geistl. Amt.
Anwendg. d. Art. 2 Ges. v. 21. Mai 1874 auf die vor dem Ges. v. 11. Mai 1873 angestellt. Geistl. 12.
Irrth. über Amtbefugn. 181.
Körperverletzung. fahrläss. Gesundheitsbeschädig. 215.
Kunstfehler d. Medicinalpers. 215.
Trichinenhaltig. Fleisch. 217.
Waffe. Gefährl. Werkzeug. 220.
Kognak. Branntw. i. S. der Gewerbeordn. 294.
Konkurrenz. Gewerbesteuer u. Gewerbepolizvergehen. Vorläufige Straffestsetzg. durch Regier. 320.
ideale. Diebst. und Arrestbruch durch Drittbesitzer. 49.
Gewöhnl. u. Antragsvergeh. 156.
Strafausschließgsgrund. 147.
reale. Anstiftg. z. Diebst. und Hehlerei d. gestohl. Sach. 30.
Konkursmasse. Verkauf ein. K. Gewerbesteuer. 4.
Kontrebande. Relative Rechtskr. Geldstrafe statt Konfiskat. 308.
Subsid. Haftbarkt. d. Gewerbetreibend. für Diener. 19.
Unternehmen. Noch nicht überschritten. Grenze. 308.
Vieheinfuhrverbot der Verwaltungsbehörde. Strafbarkt. bei Nichtkenntn. 19.
Kreditgeben an Minderjährige. Vollendg. mit Ausstellg. der Schuldurkund. Nachher. Vernichtung. 144.
Kundschaft. Entziehg. durch Täuschung. Betr. 223.
Kuppelei. Polizeil. Duldg. d. Unzucht. 199.
schwere. Stiefeltern. 325.
Verschaff. v. Gelegenheit. Vollendung d. Verg. 193.
Vorschubleisten durch negatives Verhalt. 19.
Landesstrafgesetz. Territorialitätsprinzip. 345.
Leichenbegängniß gewöhnl. i. S. der Vdn. v. 11. März 1850 ohne Zuziehg. d. Geistl. 106.
Leichenbitter. Gewerbesteuer. 133.
Leihreglement v. 13. März 1787. 278.
Liqueur. Branntw. i. S. d. Gewerbeordn. 294.
Maischkontravention. Principalverpflicht. d. Brennereiunternehm. Ermittel. d. eigentl. Thäters. 349.
Majestätsbeleidigung.
Beleidigende Abs. 55.
Markenschutz. Strafantrag d. Generalbevollmächt. 130.
Unkenntn. d. Schutzes im Auslande bei Bekanntmach. durch Reichsanzeiger. 130.
Wissentlichkeit. 105.
Zusatz zu fremd. Waarenzeich. Wesentl. Aenderg. 200.
Medicinalpersonen. Kunstfehler Fahrläss. Körperverl. 215.
Milderes Gesetz. Anwendg. d. § 2 b. tempor. Einfuhrverbot. 100.

Militairpflicht. Entziehung d. M. bei Entlassg. aus d. Staatsangehörigkeit aber Nichtverlegung des Wohnsitzes. 340.
Minderjähriger. Handelsbetr. ohne vormundschaftl. Genehmigung. Nichtkaufmann. 354.
Naturarzt. Unbefugte Annahme v. Titel. 122.
Nöthigung. Amtshandlung. Begr. 145.
Notar rhein. Ausschließl. Befugn. zu Immobil.-Versteiger. 316.
Observation. Beschlagnahme. 244.
Oeffentlichkeitsausschluß. Beschw. des Angekl. 94.
Omissivdelikt. Beginn d. Verjährung. 257.
Ordensgeistlicher. Ausübung des Seelsorgeramts. Rechtsirrth. 335.
Passagiergepäck. Zum Handel bestimmte Waaren. 300.
Pfandkehr s. Arrestbruch.
Pfandbruch. Wegnahme d. Illaten der Ehefrau zu deren Gunsten wider Willen d. Mannes. 32.
Pfand- u. Leihreglement v. 13. März 1787. 278.
Postbeamter. Anstellg. durch Bundesstaat. Reichsbeamter. 220.
Beamtenqualität nicht abhäng. v. Vereidigung. 220.
Preßvergehn vgl. Druckschrift.
Redakteur. Abdruck aus anderen Zeitg. Selbständ. Verg. Besonderer Strafantrag. 260.
Nennung des Verfassers des strafbar. Artik. 72.
Unkennt. d. Inhalts d. strafbar. Artik. 72.
Verantwortlichkt. bei Abwesenheit v. Druckort. 234.
Privatklage. Beweis durch Privatkläger. 102.
Zurücknahme durch Ungehors. d. Klägers. 158.
Zuständigkt. d. Polizrichters bei Widerklage. 149.
Realberechtigung. Fortdauer nach d. Gewordn. 3.
Uebertrag. nach d. Gewordn. 3.
Rechtsanwalt. Benutzg. d. Presse z. Druck auf d. Richter. 107.
Verantwortlichkt. für legalisirte Proceßschrift in Injursachen. 171.
Rechtskraft, relative. Geldstrafe statt Konfiskat. 308.
Rechtsmittel. Einleg. durch Ehemann trotz Widerspruch der Ehefrau. 293.
Rechtsmittelschrift. Eigenhändige Unterschrift. 282.
Redakteur s. Preßvergehn.
Reichsbeamte. Beamtenqualität nicht abhäng. v. Vereidg. 226
Rendant v. Schulgemeind. Staatsbeamt. 51.
Retentionsrecht. Ausübg. durch nicht schriftl. Bevollmächt. 57.
Richter. Vollstreckgsbeamt. bei Ausführg. ein. processual. Maaßregel. 143.
Rücktritt, freiwilliger s. Diebst.
Saatkartoffeln. Diebst. 275.
Sachbeschädigung. Felddiebst. Id. Konk. 132.
der Thür. Miether strafantragberecht. 64.
Salzsteuer. Gewinng. v. Salz als Nebenprodukt. 94.
Schanklokal. Schankgäste. Begr. 313.
Schankwirthschaft vgl. Realberechtigung.
Ausschank außerhalb d. Lokals. 164.
Concession d. Ehefrau. Concess. widrig. Ausschank v. Branntw. durch Ehemann. 137.
Gestattg. v. Glücksspiel durch Ehemann. 137.
Schlächterei. Begr. nach d. Gew. Ordn. 337.
Schleswig. Sonntagsfeier. 65.
Vdn. v. 16. Oktob. 1863 betr. Bankerutt v. Nichtkaufleuten aufgehob. 47.
Schwurgericht vgl. Geschworenenspruch.
Schuldbekenntn. Feststellung des subjekt. Thatbestandes durch Schuldbek., des objekt. durch

Schwurgericht. (Forts.)
Bewaffn. Urteil ohne Zuziehung d. Geschw. nichtig. 235.
Zeitpunkt d. Verles. d. Verdikts bei mehreren Punkten. 26.
Schwurgerichtsprotokoll. Nachträgl. Vollzieh. Bewkraft. 153.
Sonntagsfeier. 65.
Staatsangehörigkeit. Entlassung aus d. St. Wirkl. Verleg. d. Wohnsitz. 340.
Staatsanwalt s. Waldeck.
Stempel vgl. Wechselstempel.
Nachkassirung ein. noch in d. 14tägig. Frist bei Gericht eingereicht. Urkunde durch d. Gericht. 87.
Punktat. ledigl. zum Zweck der Auflassg. 325.
Beauftrag. d. Grundbuchricht. mit Verwend. d. St. 325.
Stempelsteuerkontravention. Dolus. 117.
Rechtsirrthum. 325.
Stempelstrafresolut. Provokation auf rechtl. Gehör. Zuständ. Behörde. 328.
Steuervergehen. Verjähr. Frist. 268.
Stockwaffen verboten. 110.
Strafverbote, temporäre. Wirksamkt. nach Beendig. ihrer Geltung. 157.
Strafverfolgung. Verjährg. bei Antragsverg. Richterl. Hdlg. vor Stellg. d. Strafantr. 260.
Strafverfolgungsantrag d. Ehemanns bei Beleidig. d. Ehefrau. Selbständ. Recht. 118.
Einreich. bei unzuständ. Staatsanw. 120.
Generalbevollmächt. 130.
des Miethers b. Sachbeschädig. d. Thür. 64.
Stellung bei Polizeidirekt. 259.
Unricht. Qualifikat. d. That. 85.
Verwalter fremd. Vermög. weg. Hausfriedensbr. 18.
Zurücknahme unt. Beding. 198
Temporäre Strafverbote. Wirksamkeit nach Beendig. ihrer Geltung. 157.
Territorialitätsprincip bei Landesges. 345.
Thatsachen i. S. des § 131. Besprechen v. Zuständen. 7.
Titel vgl. Doktor, Naturarzt.
Titelbeilegung. Arzt. Beauftrag. der Behörde mit ärztl. Geschäften. 230.
unbefugte. Dolus. 136.
Todtengräber. Strafbar weg. Beerdigung vor Eintrag. in d. Sterberegister. 127.
Trichinenhaltiges Fleisch. Unterlassung d. mikroskop. Untersuchung. Fahrlässigkeit. 217.
Umherziehn s. Hausiren.
Unbrauchbarmachung. Selbständ. Maaßnahme bei Verjährg. d. Strafverfolg. 260.
Unfug, grober. Störg. d. öffentl. Ordng. Begr. 73.
Unkenntniß von Thatumständen. selbstverschuldete. 8.
Unternehmen s. Kontrebande.
Unterschlagung vgl. Amtsunterschl.
Bewußtsein d. Rechtswidrigkeit nach erfolgt. Zueigng. 298.
an durch Vorspiegelg. e. Schuld zur Ablieser. erhalt. Geld. 271.
Fremde Sache. Begr. 295.
Civilrechtl. Eigenthsbegr. 288.
Verwendung von zu ein. best. Zweck gegeb. Geld zu einem anderen Zweck. 6.
Untreue. Bevollmächt. Verfügung über Fordrg. d. Auftraggeb. 331.
Vormund. Abs. zu benachtheiligen. 176.
Unzucht. Verschwägert durch uneheliche Verwandtsch. 42.
Unzüchtige Handlung. Geben ein. öffentl. Aergern. Dolus. 125.
Urkundenfälschung. Fälschung ein. Unterschr. in d. gut. Glaub. auf Genehmig. 34.
intellektuelle. Dolus. 28.
Rechtswidr. Abs. Realisirg. ein. gült. Forderg. unter Umgehg. d. Rechtswegs. 229.
Unterzeichng. mit ein. schon vorher angenomm. falsch. Namen. 172.

Ursprungsattest z. Abwehr d. Rinderpest. Oeffentliche Urkunde. 121.
Verein, geschlossener. Fortsetzung durch Vertrieb ein. Zeitschrift. 141.
politischer. „Vorläuf. geschlossen." Richterl. Erkenntn. 82.
Vereinsgesetz. Mangelnde Anzeige. Verjährg. 257.
Verjährung. Unterbrechung durch Hdlg. e. unzuständ. Richters. 120.
Versicherung s. eidesstattl.
Versuch s. Diebstahl.
Vollstreckungsbeamter. Richter. 143.
Waarenzeichen s. Markenschutz.
Waffe s. Körperverletzung.
in Stöcken, verboten. 110.
Wahlzettel. Urkunde. 10.
Waldeck. Staatsanw. Uebernahme ein. Geschäfts durch vorgesetzt. preuß. St.A. 68.
Waldungen, eximirte s. Forstpoliz.
Wechselstempel vgl. Stempel.
„Auf d. Wechsel geleistete Zahlung." Begr. 300.
Defraudat. durch offenen Handelsgesellschafter. Haftbarkeit d. Anderen. 300.
Kassirung. 117.
Wechselstempelkontravention. Dolus. 117.
Wegnahme d. Illaten der Ehefrau zu deren Gunsten wider Willen d. Mannes. 32.
Wein, künstlicher. Betrug. 116.
Werkzeug, gefährl. s. Körperverletzung.
Widersetzlichkeit gegen Beamte. Thätl. Angriff. Dolus. 182.
Widerstand vgl. Amtsausübung rechtmäß. Widersetzlichkeit.
bei Eindring. in Wohnung zur Nachtzeit wegen im Innern d. Hauses begangener Strafhandlung. 228.
Feldschütze. 270.
Gewalt nicht unmittelbar geg. Pers. 311.
Gegen Jagdberecht. bei Ergreif. auf frischer That. 329.
geg. rechtmäß. Amtsausübung. Ausschreitung der Beamten. 119.
gegen Vollstreckgsbeamte. Verhältniß d. § 113 u. 114 Str. GB. 151.
Wohnung. Eindring. z. Nachtzeit. 228.
Zeuge. Eidesverweigerg. Gerichtsbeschluß erforderl. bei Nichtvereid. 289.
Zeuge. Recht der Parteien auf Vernehmg. 204.
Uneidl. Vernehmg. Angabe d. Grundes. 181.
Zeuge. Vereidg. eines Unfähigen. Nichtigkeit. 63.
Zimmer, möblirte. Vermiethen v. Z. Gewerbesteuer. 342.
Zolldefraudation. Augenblick der Vollendg. 300.
Zum Handel bestimmte Waaren. Passagiergepäck? 300
Zollvergehen. Betreffen e. Waare auf d. Transport im Grenzbezirk. 19.
Zwangsvollstreckung, drohende. Begr. 91.
Rechtsbehelfe gegen Zw. 232.
Stundung. 96.
Vorherige Veräußerung. 101.

II. Quellen-Verzeichniß.

A. Strafgesetzbuch für das Deutsche Reich.

Einführungsgesetz vom 31. Mai 1870.

§ 2	S. 47. 269. 278.

Strafgesetzbuch.

§ 1	S. 269.
§ 2	= 100. 158.
§ 3	= 345.
§ 41	= 261.
§ 42	= 261.
§ 43	= 307.
§ 46	= 307.
§ 48	= 30. 55.
§ 49	= 261.
Abschnitt IV.	= 325.
§ 52	= 135.
§ 59	= 8. 12. 130. 156. 198. 258.
§ 64	= 198.
§ 66	= 269.
§ 67	= 244. 257. 269.
§ 67 Abs. 4	= 269.
§ 68	= 120. 261.
§ 73	= 147.
§ 79	= 291.
§ 95	= 55.
§ 113	= 37. 57. 90. 98. 119. 143. 151. 183. 225. 229. 270. 274. 280. 311.
§ 114	= 145. 151.
§ 117	= 123. 329.
§ 123	= 18. 32. 74. 76. 176. 247. 277. 286. 336.
§ 131	= 7.
§ 137	S. 24. 45. 49. 71. 160. 244. 285. 296.
§ 148	= 340.
§ 156	= 16.
§ 166	= 129.
§ 173	= 42.
§ 180	= 193. 199.
§ 181 Nr. 2	= 326.
§ 183	= 125.
§ 185	= 84. 105.
§ 186	= 11. 59. 105.
§ 191	= 59.
§ 193	= 59. 134. 154. 163. 174. 203. 272.
§ 195	= 118.
§ 196	= 189.
§ 200	= 84.
§ 222	= 147.
§ 223	= 161. 215.
§ 223 a.	= 220.
§ 230	= 215. 217.
§ 241	= 73.
§ 242	= 276. 287.
§ 243 Nr. 2	= 50. 228.
§ 246	= 6. 271. 288. 295. 298.
§ 247	= 25. 135.
§ 253	= 28. 170.
§ 258	= 30.
§ 259	= 217. 318.
§ 263	= 78. 79. 116. 117. 219. 223. 278. 296. 319.
§ 266	= 176.
§ 266 Nr. 2	= 331.

§ 267		S. 34. 122. 172. 229.
§ 271		" 29.
§ 274	Nr. 1	" 9.
§ 280		" 89.
§ 281		" 354.
§ 281	Nr. 1-4	" 193.
§ 283		" 144. 269. 354.
§ 283	Nr. 2	" 106.
§ 285		" 138. 305.
§ 288		" 92. 96. 101. 146. 232.
§ 289		" 32. 57.
§ 293		" 316.
§ 301		" 144.
§ 302		" 144.
§ 303		S. 265.
§ 304		" 132.
§ 305		" 64.
§ 328		" 250.
§ 331		" 195. 220.
§ 333		" 123.
§ 346		" 43.
§ 348		" 43. 305
§ 350		" 51. 169. 256.
§ 359		" 51. 220. 225.
§ 360	Nr. 11	" 74.
§ 365		" 313.
§ 366	Nr. 1	" 65.
§ 367	Nr. 1	" 127.
§ 367	Nr. 2	" 127.
§ 367	Nr. 7	" 217.

B. Verordnung vom 3. Januar 1849.

§ 22	S. 63. 289.
§ 40	" 83.
§ 59	" 63.
§ 127	S. 140.
§ 128	" 142. 330.
§ 159	" 140.

C. Gesetz vom 3. Mai 1852.

Art. 18		S. 94.
" 20		" 294.
" 30		" 244.
" 31		" 324.
" 75		" 235.
" 78		" 153.
" 84		" 26.
" 86		" 26.
Art. 91	Abs. 4	" 256.
" 96		" 39.
Abschnitt IV.		" 259. 282.
Art. 101		" 324.
" 109	Abs. 2	" 39.
" 131		" 291.
" 133		" 291.
" 136		" 328.

D. Kriminalordnung.

§ 332 S. 289.

E. Straf-Prozess-Ordnung vom 25. Juni 1867.

§ 7		S. 102.
§ 34		" 69.
§ 124	Abs. 2	" 329.
§ 162		" 182.
§ 221		" 204.
§ 222		" 204.
§ 239		" 204.
§ 244		" 204.
§ 353		S. 204.
§ 390	Nr. 3	" 269.
§ 448		" 101.
§ 500		" 102.
§ 506		" 159.
§ 507		" 149.
§ 508		" 149.

F. Allgemeines Landrecht.

I.	2.	§ 60 108	S. 24.
I.	7.	§ 172 178	" 286.
I.	20.	§ 445	" 24.
II.	1.	§ 54	S. 183.
II.	15.	§ 80	" 211.
II.	16.	§ 64—68	" 265.

G. Einzelne Gesetze, Verordnungen rc.

1725 März 17. Edikt. S. 265.
1765 Juli 15. Clevische Jagd- u. Waldordnung. Titel 17 S. 265.
1765 Oktober 9. Kgl. Reskript an die Pommersche Regierung S. 211.
1815 Februar 21. Vdn. der Oesterreichisch-Bairischen Landesadministrationskommission S. 317.
1819 Februar 8. Steuerordnung §§ 61 ff. S. 318.
1820 Mai 30. Gewerbesteuergesetz.

§ 2	S. 4.	§ 19	S. 4.
§ 4	„ 164.	§ 19a.	„ 164.
§ 5	„ 4. 133.	§ 19b.	„ 342.
§ 10	„ 164.	§ 39b.	„ 252.

1822 März 7. Stempelgesetz.

§ 2	S. 87.	§ 21 22	S. 87.
§ 12	„ 87. 325.	§ 31	„ 325. 328.

1824 Januar 10. Allerh. Kab.-Ordre. S. 67. 318.
§. 5. S. 322 349.
1825 April 30. Pensions-Reglement S. 221.
1826 Juni 11. Allerh. Kab.-Ordre. S. 133.
1832 August 11. Allerh. Kab.-Ordre S. 221.
1834 Juni 19. Allerh. Kab.-Ordre. S. 325.
1835 November 24. Allerh. Kab.-Ordre. S. 87. 325.
1838 Januar 23. Zollstrafgesetz § 34 S. 328.
1840 Februar 29. Chausseegeldtarif Nr. 7b. S. 335.
1840 Juni 18. Gesetz § 10 S. 269.
1845 Januar 31. Gesetz über das Verfahren bei Civileinreden S. 240.
1846 Juli 21. Vdn. § 33 S. 171.
1847 November 1. Feldpolizeiordnung.

§ 42 Nr. 2.	S. 276	§ 42 Nr. 3	S. 132

1850 Februar 12 Gesetz zum Schutze der persönlichen Freiheit.

§ 2	S. 98.	§ 3 Abs. 2	S. 329.
§ 3	„ 98. 329.	§ 6	„ 98.

1850 März 11. Vereinsverordnung.

§ 1	S. 92.	§ 12	S. 92.
§ 2	„ 257.	§ 13	„ 257.
§ 8	„ 82. 141.	§ 16	„ 82. 141.
§ 10	„ 106.		

1850 März 11. Polizeigesetz § 15 S. 303.
1851 Mai 10. Gesetz § 16. S. 87.
1854 Mai 9. Gesetz Art. 21 S. 87.
1854 Juni 1. Instruktion S. 87.
1855 Mai 8. Konkursordnung.

§ 308	S. 88.	§ 309	S. 345.

1856 April 14. Gesetz S. 216.
Art. II. S. 240.
1856 Mai 15. Rhein. Städteordnung § 49 S. 302.
1858 März 10. Verfügung S. 87.
1860 Septbr. 21. Allerh. Kab.-Ordre S. 67.
1861 Mai 21. Gesetz. § 15. 16. 17. 19. S. 168.
1861 Juni 24. Handelsgesetzbuch Art. 4. 10. 271. 272. S. 88.
1861 Juli 19. Gesetz § 16 S. 342.

1867 Februar 8. Gesetz § 34 S. 267.
1867 Februar 22. Gesetz betr. die Bestrafung des unbefugten Aneignens von Bernstein S. 211.
1867 Juni 25. Verordnung Art. XI. S. 269.
1867 Oktober 12. Gesetz betr. die Erhebung einer Abgabe von Salz § 3 Abs. 2 S. 94.
1867 December 18. Präsidialerlaß S. 221.
1868 Juli 8. Bundesgesetz. S. 318.
1868 Oktober 8. Verordnung. S. 69.
1868 Oktober 9. Verordnung. S. 87.
1869 März 15. Subhastationsordnung. §. 9 S. 24.
1869 Juni 1. Bundesgesetz. § 18 S. 340.
1869 Juni 10. Wechselstempelgesetz § 4. 5. S. 300.
§ 11. " 300.
§ 14. " 117.
§ 15. " 117. 300.
1869 Juni 21. Gewerbe-Ordnung.
§ 1 S. 3. 17.
§ 5 " 303.
§ 6 " 317.
§ 16 " 338.
§ 33 " 3. 164. 249. 294.
§ 36 " 317.
§ 44 " 40.
§ 48 " 3.
§ 55 " 40. 346.
§ 62 S. 346.
§ 107 " 147.
§ 147 " 249. 294. 320. 324.
§ 147 Nr. 1 " 137. 164. 338.
§ 147 Nr. 2 " 338.
§ 147 Nr. 3 " 36. 122. 136. 231.
1869 Juli 1. Vereinszollgesetz.
§ 22 ff. S. 300.
§ 27. 39. 66. " 300.
§ 68. 92. " 300.
§ 134 " 20. 250. 308.
§ 136 " 300.
§ 136 Nr. 5 d " 19.
§ 136 Nr. 6 S. 250.
§ 139 " 250.
§ 153 " 20.
§ 155 " 308.
§ 163 " 20.
§ 165 " 328.
1869 Dezember 19. Anweisg. des Fin.-Ministers. Nr. 8. S. 300.
1870 Juni 1. Bundesgesetz § 18 S. 340.
1871 März 8. Gesetz betr. die Ausführung des Bundesges. über den Unterstützungswohnsitz § 74 S. 302.
1871 April 16. Verfassung des Deutschen Reichs Art. 50. S. 220.
1872 März 27. Preuß. Pensionsgesetz § 13 S. 221.
1872 Mai 5. Gesetz über den Eigenthumserwerb.
§ 1 S. 267. 325.
§ 2 " 325.
§ 11 " 45.
§ 30 S. 24.
§ 72 " 267.
1872 Mai 14. Auslieferungsvertrag zwischen dem Deutschen Reich und Großbrittannien Art. VIII. S. 208.
1872 Mai 31. Gesetz. § 4. 35. S. 191.
1872 Dezember 12. Kreisordnung. § 29. 30. S. 98.
1873 März 31. Gesetz. § 3. S. 221.
1873 Mai 11. Gesetz. § 1. 2. 3. S. 12. § 13 S. 149. § 23 S. 335.
1873 Juni 6. Gesetz. § 8 S. 126.
1873 Juni 30. Reichsodn. S. 220.
1874 März 20. Verf. d. Min. d. Inn. S. 98.

1874 April 8. Reichsimpfgesetz. § 15 S. 338.
1874 Mai 7. § 20 S. 72 234. 261.
1874 Mai 21. Gesetz. Art. 2 S. 12. 17. 149. 181.
1874 Mai 21. Deklaration. Art. 2 S. 335.
1874 Juni 5. Gesetz. S. 40.
1874 November 30. Gesetz über den Markenschutz.
§ 14 S. 105. 130. | § 20 S. 130. | § 18 S. 200.
1875 Februar 6. Reichsgesetz über d. Beurkundung des Personenstandes.
§. 29 S. 183. | § 60 S. 127. | § 69 S. 183.
1875 Mai 31. Gesetz. S. 335.
1875 Juli 6. Gesetz. § 1. S. 178.
1875 December 22. Reichsvdn. S. 220.
1876 Juli 3. Gesetz über die Besteuerung des Gewerbebetriebs.

§ 1 Nr. 2	S. 40.	§ 23	S. 40. 202.
§ 6	" 40.	§ 27	" 320.
§ 17	" 164. 252.	§ 32	" 269.
§ 18	" 40.		

1878 Juli 8. Gesetz betr. die subsidiarische Haftung des Brennerei-unternehmers. § 1 S. 327.
1878 Juli 17. Gesetz. § 120 S. 147.
1878 September 17. Regulativ für die Oberbürgermeisterei Barmen. S. 303.

FSC
www.fsc.org
MIX
Papier | Fördert
gute Waldnutzung
FSC® C083411

Kolibri 360 GmbH
Ferdinand-Jühlke-Straße 7
99095 Erfurt, Deutschland
produktsicherheit@kolibri360.de